Staatliche Ausgleichsleistungen für gemeinwirtschaftliche Verpflichtungen im Spannungsfeld zwischen Wettbewerb und Daseinsvorsorge

EUROPÄISCHE INTEGRATION UND INTERNATIONALE WIRTSCHAFTSBEZIEHUNGEN

Rechtswissenschaftliche Studien

Herausgegeben von Peter Behrens

Band 19

PETER LANG
Frankfurt am Main · Berlin · Bern · Bruxelles · New York · Oxford · Wien

Christian Rosner

Staatliche Ausgleichsleistungen für gemeinwirtschaftliche Verpflichtungen im Spannungsfeld zwischen Wettbewerb und Daseinsvorsorge

PETER LANG
Europäischer Verlag der Wissenschaften

Bibliografische Information Der Deutschen Bibliothek
Die Deutsche Bibliothek verzeichnet diese Publikation in der Deutschen Nationalbibliografie; detaillierte bibliografische Daten sind im Internet über <http://dnb.ddb.de> abrufbar.

Zugl.: Regensburg, Univ., Diss., 2005

D 355
ISSN 0948-8774
ISBN 3-631-54731-5

www.peterlang.de

Vorwort

Die vorliegende Arbeit wurde im Sommersemester 2005 von der Rechtswissenschaftlichen Fakultät der Universität Regensburg als Dissertation angenommen. Rechtsprechung und Schrifttum sind bis April 2005 berücksichtigt.

Mein besonderer Dank gilt Herrn Prof. Dr. Rainer Arnold, der nicht nur das Thema der Dissertation anregte, sondern mich auch während der Abfassung der Arbeit und im weiteren Verlauf des Promotionsverfahrens stets außerordentlich unterstützt und gefördert hat. Für seine konstruktiven Anregungen und seine stete Gesprächsbereitschaft bin ich ihm aufrichtig verbunden. Herrn Prof. Dr. Gerrit Manssen danke ich für die zügige Erstellung des Zweitgutachtens. Herrn Prof. Dr. Peter Behrens danke ich herzlich für die Aufnahme in die von ihm herausgegebene Schriftenreihe.

Meinen Eltern, Monika und Bernd Rosner, danke ich von Herzen für ihre vielfältige, fortwährende und sehr liebevolle Unterstützung während der Zeit meiner Ausbildung und der Abfassung der Dissertation. Ihnen ist diese Arbeit gewidmet.

Mein persönlicher Dank gilt außerdem Herrn Rechtsanwalt Dr. André Zorger für das mühsame Korrekturlesen, seine vielen Anregungen und Motivationshilfen sowie für seine Freundschaft. Schließlich habe ich Herrn Steuerberater Alfons Eisenreich für seine verdienstvolle Unterstützung zu danken.

München, im Januar 2006 Christian Rosner

Inhaltsübersicht

Inhaltsverzeichnis

Abkürzungsverzeichnis

a.A.	anderer Ansicht
aaO.	Am angegebenen Ort
abgedr.	abgedruckt
ABl.	Amtsblatt
ABlEG	Amtsblatt der Europäischen Gemeinschaft
Abs.	Absatz
AJDA	L'actualité juridique du Droit Administratif
Allg.	Allgemeines, allgemein
a.M.	anderer Meinung
Art.	Artikel
Bd.	Band
BayVBl.	Bayerische Verwaltungsblätter
BB	Betriebsberater
BDI	Bundesverband der Deutschen Industrie
BFHE	Entscheidungen des Bundesfinanzhofs (amtliche Slg.)
BGBl.	Bundesgesetzblatt
BGH	Bundesgerichtshof
BGHSt	Entscheidungen des Bundesgerichtshofs in Strafsachen (amtliche Sammlung)
BGHZ	Entscheidungen des Bundesgerichtshofs in Zivilsachen (amtliche Sammlung)
BSG	Bundessozialgericht
BVerfG	Bundesverfassungsgericht
BVerfGE	Entscheidungen des Bundesverfassungsgerichts (amtliche Sammlung)
BVerwG	Bundesverwaltungsgericht
BVerwGE	Entscheidungen des Bundesverwaltungsgerichts (amtliche Sammlung)
bzgl.	bezüglich
CEEP	Centre Européen des Entreprises à participation Publique et des entreprises d'intérêt économique général
CJEG	Cahier juridique de l'électricité et du gaz
C.M.L.R(ev.)	Common Market Law Review
DB	Der Betrieb
ders.	derselbe
dies.	dieselbe, dieselben

d.h.	das heißt
DÖV	Die Öffentliche Verwaltung
DVBl.	Deutsches Verwaltungsblatt
ebd.	ebenda
E.C./E.E.C.	European (Economic) Community
EG/EG-V	Vertrag zur Gründung der Europäischen Gemeinschaft
Einl	Einleitung
endg.	endgültig
engl.	englisch
EU	Europäische Union
EuG	Europäisches Gericht erster Instanz
EuGH	Europäischer Gerichtshof
EuR	Europarecht
EUV	Vertrag über die Europäische Union
EuZW	Europäische Zeitschrift für Wirtschaftsrecht
EWG	Europäische Wirtschaftsgemeinschaft
EWS	Europäisches Wirtschafts- und Steuerrecht
f.	folgende Seite
FAZ	Frankfurter Allgemeine Zeitung
ff.	folgende Seiten
frz.	französisch
FS	Festschrift
GA	Generalanwalt
gem.	gemäß
GG	Grundgesetz
grdl.	grundlegend
GS	Gedenkschrift
Hdb.	Handbuch
h.L.	herrschende Lehre
h.M.	herrschende Meinung
Hrsg.	Herausgeber
i.d.F.	in der Fassung
i.d.R.	in der Regel
IFIG	Internationales Forschungs- und Informationszentrum für öffentliche Wirtschaft und Gemeinwirtschaft
insb.	insbesondere
i.S. des (von)	im Sinne des (von)
i.V. mit	in Verbindung mit
JR	Juristische Rundschau

Jura	Juristische Ausbildung
JuS	Juristische Schulung
JZ	Juristenzeitung
Kap.	Kapitel
KOM	Europäische Kommission
lit.	litera
LKV	Landes- und Kommunalverwaltung
MDR	Monatsschrift für Deutsches Recht
m.E.	meines Erachtens
m.w.N.	mit weiteren Nachweisen
NJW	Neue Juristische Wochenschrift
Nr.	Nummer
NVwZ	Neue Zeitschrift für Verwaltungsrecht
ÖPNV	öffentlicher Personen Nahverkehr
PBefG	Personenbeförderungsgesetz
RabelsZ	Rabels Zeitschrift für ausländisches und internationales Privatrecht
RdE	Recht der Energiewirtschaft
RDP	Recours de Droit Public
RFDA	Revue française de Droit Administratif
RIW	Recht der Internationalen Wirtschaft
RMC	Revue du Marchée Commun
Rn.	Randnummer
RGZ	Entscheidungen des Reichsgerichts in Zivilsachen (amtliche Sammlung)
Rs.	Rechtssache
Rspr.	Rechtsprechung
s.	siehe
S.	Seite, Satz
SächsVBl.	Sächsische Verwaltungsblätter
Slg.	Sammlung
StädteT	Städtetag
stRspr.	ständige Rechtsprechung
str.	streitig
SZ	Süddeutsche Zeitung
Tz.	Teilziffer
u.a.	unter anderem
v.	von, vom
VBlBW	Verwaltungsblätter für Baden-Württemberg
verb.	verbundene
Verf.	Verfasser

VerfVO .... Verfahrensverordnung
Verw .... Die Verwaltung
VerwArch .... Verwaltungsarchiv
VGH .... Verwaltungsgerichtshof
vgl. .... vergleiche
VO .... Verordnung
VVDStRL .... Veröffentlichungen der Vereinigung der Deutschen Staatsrechtslehrer
WiVerw .... Wirtschaft und Verwaltung
WuW .... Wirtschaft und Wettbewerb
z.B. .... zum Beispiel
ZERP .... Zentrum für Europäische Rechtspolitik
ZEUS .... Zeitschrift für Europarechtliche Studien
ZEW .... Zentrum für Europäische Wirtschaftsforschung
ZfBR .... Zeitschrift für deutsches und internationales Bau- und Vergaberecht
ZHR .... Zeitschrift für das gesamte Handelsrecht
Ziff. .... Ziffer
ZIP .... Zeitschrift für Wirtschaftsrecht
ZNER .... Zeitschrift für Neues Energierecht
ZögU .... Zeitschrift für öffentliche und gemeinwirtschaftliche Unternehmen
ZUM .... Zeitschrift für Urheber- und Medienrecht
zust. .... zustimmend

Einleitung

Es besteht ein Spannungsverhältnis zwischen der Erbringung von Diensten von allgemeinem wirtschaftlichem Interesse und der freiheitlichen, marktwirtschaftlich geprägten Wettbewerbsordnung der Europäischen Gemeinschaft. Eines der Hauptproblemfelder ist dabei aus wettbewerbsrechtlicher Sicht die Gewährung staatlicher Beihilfen an Unternehmen, die solche Dienste leisten. Die Frage der Anwendung des Beihilfenverbots des Art. 87 Abs. 1 EG auf diese Fallkonstellation beschäftigte den Europäischen Gerichtshof in letzter Zeit mehrmals.[1]

Es stehen sich dabei zwei für die Existenz und das Funktionieren der Europäischen Gemeinschaft bedeutsame Grundkonzepte gegenüber. Das Konzept einer von der Wettbewerbsfreiheit gekennzeichneten Wirtschaftsordnung und das auf unterschiedliche Weise in den einzelnen Mitgliedstaaten verwurzelte Konzept der Dienste von allgemeinem wirtschaftlichem Interesse.[2]

Der EG-Vertrag erklärt es in Art. 3 Abs. 1 lit g) EG zum Ziel der Gemeinschaft, dass der Wettbewerb im Binnenmarkt vor Verfälschung zu schützen sei. Gleichzeitig gibt er den Mitgliedstaaten in Art. 16 EG das Recht und die Pflicht, Dienste von allgemeinem wirtschaftlichem Interesse zu fördern.

Diese beiden Konzepte kollidieren vor allem im Bereich der staatlichen Beihilfen. Fördern kann nämlich bedeuten, dass in einzelnen Marktbereichen, in denen Dienste von allgemeinem wirtschaftlichem Interesse erbracht werden, staatliche Beihilfen gewährt werden. Die Gewährung von Beihilfen bedeutet natürlich grundsätzlich eine wettbewerbsschädliche Stärkung der begünstigten Unternehmen.

Dabei ist zu berücksichtigen, dass Unternehmen, die derartige Dienste erbringen dieses in der Regel nicht freiwillig tun, sondern aufgrund staatlicher Verpflichtung. Die in Rede stehenden Dienste betreffen unter wirtschaftlichen Aspekten unattraktive Marktsegmente, in welchen Verluste zu erwarten sind. Die Erbringung dieser Dienste liegt gleichwohl im Interesse des Gemeinwohls. Oft sind sie gleichzeitig an die Erbringung einer wirtschaftlich attraktiven Hauptleistung geknüpft, wenn man etwa an die flächendeckende Versorgung mit Telekommunikationsdienstleistungen oder den Betrieb des öffentlichen Personennahverkehrs auch in entlegenen Gebieten denkt.

---

[1] EuGH v. 27.11.2003, verb. Rs. C-34/01 bis C-38/01 – Enirisorse – EWS 2004, 26ff; EuGH v. 24.7.2003, Rs. C-280/00 – Altmark Trans – Slg. 2003, I-7747; zuvor aber auch schon EuGH v. 22.11.2001, Rs. C-53/00 – Ferring/ACOSS – Slg. 2001, I-9067.

[2] In ihrer nationalen Ausprägung in Deutschland *Daseinsvorsorge*, in Frankreich *service public* genannt.

Die öffentliche Hand will daher nicht die Unternehmen selbst fördern, sondern nur die Mehrkosten für die Erbringung dieser Dienste kompensieren, also einen Ausgleich schaffen. Obgleich sie nur Ausgleichsleistungen sind, stellen diese Leistungen doch Zuwendungen des Staates an die betroffenen Unternehmen dar. Dadurch werden sie prinzipiell relevant für das europäische Wettbewerbsrecht, denn dieses verbietet in Art. 87 Abs. 1 EG finanzielle Zuwendungen an Unternehmen.

Es gilt daher eine Lösung des Konflikts zwischen Wettbewerbsfreiheit und der Förderung von Diensten in allgemeinem wirtschaftlichem Interesse auf dem Boden des europäischen Wettbewerbsrechts zu finden.

Die vorliegende Arbeit beschäftigt sich mit dieser Frage und beschränkt sich dabei auf eine Untersuchung des Primärrechts.

Im ersten Kapitel der Arbeit sollen zunächst die beiden in der Europäischen Gemeinschaft vorherrschenden Konzepte der Daseinsvorsorge und des service public untersucht werden. Die Kommission selbst verwendete ersteren Begriff in ihren Mitteilungen zu den Leistungen der Daseinsvorsorge in Europa[3] als Beschreibung des gemeinwirtschaftlichen Wirtschaftssektors.

Der Sonderstatus von Unternehmen, die zumindest in einem bestimmten Marktsegment nicht Gewinn orientiert arbeiten, sondern eine gemeinwirtschaftliche Aufgabe erfüllen, wird in Frankreich mit dem Begriff des service public bezeichnet und zu einem eigenständigen Rechtsinstitut zusammengefasst.[4] Dem entspricht in Deutschland am ehesten der Begriff der Daseinsvorsorge, der von *Ernst Forsthoff*[5] geprägt worden ist.[6] Neben der geschichtlichen Entwicklung der beiden Begriffe sollen insbesondere auch ihre rechtlichen Konsequenzen für das staatliche Handeln betrachtet werden, d.h. welche Befugnisse die betroffenen Mitgliedstaaten aus ihnen ableiten können, um im Interesse des Gemeinwohls durch die Vergabe von Beihilfen in die Unverfälschtheit des Wettbewerbs eingreifen zu können. Dabei wird sich auch zeigen, welche Unterschiede und Gemeinsamkeiten diese beiden Konzepte haben.

Als nächsten Schritt gilt es im zweiten Kapitel die Verankerung eines derartigen gemeinwirtschaftlichen Wirtschaftsbereichs im Gemeinschaftsrecht zu ergründen. Als Ausgangspunkt dient der Begriff der Dienste von allgemeinem wirtschaftlichem Interesse im EG-Vertrag. Dabei ist das Verhältnis

---

[3] Kommission, Leistungen der Daseinsvorsorge in Europa, v. 20.9.2000, KOM (2000) 580 endg., ABlEG 2001 Nr. C 17, S. 4ff.

[4] *Jung*, in: Calliess/Ruffert, EUV/EGV, Art. 16, Rn. 2; *Mestmäcker*, in: Immenga/Mestmäcker, EG-Wettbewerbsrecht II, Art. 37, 90, Rn. 2ff; *Pielow*, Grundstrukturen öffentlicher Versorgung, S. 111ff.

[5] *Forsthoff*, Die Verwaltung als Leistungsträger, insb. S. 4ff.

[6] *Mestmäcker*, in: Immenga/Mestmäcker, EG-Wettbewerbsrecht II, Art. 37, 90, Rn. 2.

letztgenannter Begriffe zu den Diensten von allgemeinem wirtschaftlichem Interesse von Bedeutung, da es weder den Begriff der Daseinsvorsorge noch den des service public im EG-Vertrag gibt.

Auf der anderen Seite stellt sich die Frage, in welcher Weise das Prinzip der Wettbewerbsfreiheit im EG-Vertrag ausgestaltet ist, da dieses den Gegenpol zu den Diensten von allgemeinem Interesse bildet. Zunächst soll die Wirtschaftsverfassung der Europäischen Gemeinschaft näher beleuchtet werden. Insbesondere ist von Bedeutung, ob diese eine Festlegung der Gemeinschaft auf ein bestimmtes Wirtschaftsmodell, etwa dasjenige der freien Marktwirtschaft beinhaltet, oder ob auch das Modell gemeinwirtschaftlicher Wirtschaftsbereiche per se zulässig ist. Als Teil einer marktwirtschaftlichen Wirtschaftsverfassung wären sodann Bedeutung und Ausgestaltung der Wettbewerbsordnung nach dem EG-Vertrag festzulegen. Abschließend für diesen Schritt soll versucht werden, ein Rangverhältnis des Vertragsziels des unverfälschten Wettbewerbs und der Dienste von allgemeinem wirtschaftlichem Interesse im EG-Vertrag zu ermitteln. Möglicherweise ergibt sich im Zuge dessen bereits auf der Ebene der vertraglichen Grundsätze eine Lösung des Zielkonflikts dieser beiden Vertragsgrundsätze.

Hieran schließt sich im dritten Kapitel eine genauere Untersuchung der Vertragsregelungen zu den Diensten von allgemeinem wirtschaftlichem Interesse an. Ziel der weiteren Betrachtung ist es, eine Lösung des beschriebenen Konflikts unmittelbar in diesen Regelungen zu finden. Zunächst gilt es, den Begriff der Dienste von allgemeinem wirtschaftlichem Interesse zu definieren. Dieser Begriff basiert zweifellos auf den im ersten Kapitel beschriebenen Begriffen der Daseinsvorsorge und des service public.[7] Das wirft die Frage auf, ob es sich beim Begriff der Dienste von allgemeinem wirtschaftlichem Interesse letztlich um einen autonomen Begriff des Gemeinschaftsrechts handelt, oder ob er im Sinne der jeweiligen mitgliedstaatlichen Interpretation aufzufassen ist. Wird diese Frage im ersten Sinn beantwortet, schließt sich die weitere Frage an, ob ein autonomer gemeinschaftsrechtlicher Begriff eine einheitliche, von der Gemeinschaft vorgegebene, Auslegung erfährt, d.h. ob es verbindliche Kriterien für die Einordnung derartiger Dienste als gemeinwirtschaftliche gibt und welche Kontrollbefugnisse die Organe der Gemeinschaft hierzu haben.

In einem letzten Schritt soll versucht werden, auf der Basis der gewonnenen Erkenntnisse, eine Lösung des Konflikts im Rahmen der beiden Normen der Art. 16 und Art. 86 Abs. 2 EG zu suchen. Hierzu ist sowohl deren Rechtsna-

---

[7] *Klotz*, in: von der Groeben/Schwarze, Art. 16, Rn. 14ff; *von Burchard*, in: Schwarze, EU, Art. 86, Rn. 55.

tur als auch ihr Regelungsgehalt und die Reichweite ihres Anwendungsbereichs zu ermitteln.

Im vierten Kapitel werden die Bereiche des Wettbewerbsrechts und der Dienste von allgemeinem wirtschaftlichem Interesse unmittelbar zueinander in Verhältnis gesetzt. Kernfrage ist hier das Verhältnis der Normen der Art. 87 Abs. 1 und Art. 86 Abs. 2 EG. Der Konflikt zwischen Wettbewerbsrecht und Daseinsvorsorge lässt sich nach dem Wortlaut dieser Normen sowohl allein nach Art. 87 Abs. 1 EG als auch unter Hinzuziehung des Art. 86 Abs. 2 EG lösen. Die unterschiedlichen hierzu vertretenen Lösungsansätze haben vor allem Auswirkung auf das Verfahren im Beihilferecht. Der hierüber bestehende Meinungsstreit soll ausführlich dargestellt werden,[8] ebenso wie die hierzu inzwischen ergangenen Entscheidungen des Europäischen Gerichtshofs,[9] der in dieser Frage eindeutig Stellung bezieht. Die Untersuchung wird abgeschlossen mit einer kritischen Würdigung dieser Rechtsprechung.

---

[8] Insbesondere der Konflikt zwischen den beiden Generalanwälten beim EuGH *Léger* und *Jacobs*; siehe GA *Léger*, Schlussanträge v. 19.3.2001, Rs. C-280/00 – Altmark Trans – Slg. 2003, I-7747; GA *Jacobs*, Schlussanträge v. 30.4.2002, Rs. C-126/01 – GEMO SA – Slg. 2003, I-13769.

[9] Zentral waren in dieser Frage die Entscheidungen des EuGH v. 22.11.2001, Rs. C-53/00 – Ferring/ACOSS – Slg. 2001, I-9067 und EuGH v. 24.7.2003, Rs. C-280/00 – Altmark Trans – Slg. 2003, I-7747.

Erstes Kapitel: Daseinsvorsorge und Service Public

In der Europäischen Gemeinschaft gibt es im Grunde nur zwei sowohl von ihrer philosophischen Entwicklung als auch ihrem rechtlichen Gehalt her sehr unterschiedliche Konzepte für gemeinwirtschaftliche Dienste: Das deutsche Konzept der Daseinsvorsorge und der vor allem in Frankreich geprägt service public.

A. Deutschland – Der Begriff der Daseinsvorsorge

Das Grundgesetz kennt den Begriff der Daseinsvorsorge nicht. Die Daseinsvorsorge ist gleichwohl ein eigenständiger Begriff im Recht der öffentlichen Verwaltung, den man auch als juristisches Allgemeingut bezeichnen könnte, angesichts der Häufigkeit seiner Verwendung bei gleichzeitiger Unsicherheit über seine Bedeutung. Im Folgenden soll sowohl die Entstehung dieses Begriffs aufgezeigt als auch eine eingehende Betrachtung unternommen werden.

I. Die Entstehung des Begriffs der Daseinsvorsorge

Seit Anfang des 20. Jahrhunderts wurde die Daseinsvorsorge in Deutschland als öffentliche Aufgabe begriffen.[1] Industrialisierung und Verstädterung sowie die sozialen Notlagen infolge der beiden Weltkriege ließen ein Bedürfnis nach staatlicher „Daseinsvorsorge“ entstehen, dem die Verwaltung unter anderem durch die Einrichtung kommunaler Versorgungsbetriebe und öffentlicher Verkehrsunternehmen begegnete.[2]

1. Das frühe 20. Jahrhundert

In der Zeit zwischen dem Beginn des 20. Jahrhunderts und den dreißiger Jahren gab es bereits einige Auseinandersetzungen mit der auf *Otto Mayer* zurückgehenden klassischen Verwaltungsrechtslehre, die sich noch stark an der hoheitlichen Eingriffsverwaltung orientierte. Insbesondere *Fleiner, Kaufmann, Köttgen* und *Jellinek* leisteten in jener Zeit wichtige Beiträge zur Prägung des Begriffs der Daseinsvorsorge. Ansatzpunkt für diese Debatte war der damals noch junge Begriff der Leistungsverwaltung.

Fleiner[3] plädierte für eine Ausdehnung des nichtgewerblichen Anstaltswe-

---

[1] *Schwarze* in: ders. (Hrsg.), Daseinsvorsorge im Lichte des Wettbewerbs, S. 9.
[2] *Schwarze*, Europäisches Verwaltungsrecht Band I, S. 111f.
[3] *Fleiner*, Institutionen des Deutschen Verwaltungsrechts; *ders.*, Über die Umbildung zivilrechtlicher Institute durch das öffentliche Recht – Akademische Antrittsrede, Tübingen 1906.

sens durch die Entwicklung eines eigenen öffentlichen Rechts für von der Verwaltung errichtete Anstalten. Solche Anstalten seien nichtgewerblich und daher öffentlich-rechtlich zu beurteilen, wenn sich die Verwaltung bei ihrer Errichtung von der Erwägung leiten ließe, dass die Anstaltsleistungen „*allen Bürgern gleichmäßig und zu gleichen Bedingungen zuteil*" würden.[4] In einer öffentlich-rechtlichen Ausgestaltung der Beziehung zu den Anstaltsnutzern, könne der den nicht-gewerblichen Unternehmen zugrunde liegende Gedanke der „*Fürsorge des Staates für seine Untertanen*"[5] verwirklicht werden.[6]

Wie *Fleiner* sprach sich auch *Köttgen*[7] für eine verstärkte Anwendung öffentlich-rechtlicher Organisations- und Handlungsformen im Bereich der neuen Verwaltungsagenden aus.[8] Vor dem Hintergrund einer im Anstaltsrecht auch damals schon beklagten „Flucht ins Privatrecht" forderte *Köttgen* eine Reform in zwei Schritten. Zunächst bedürfe es einer Einengung des Anstaltsbegriffs. Darunter sollten nur solche Einrichtungen mit unmittelbarem Kontakt zu Privaten unter Einbeziehung einer öffentlich-rechtlichen Nutzungsordnung fallen. Als nächsten Schritt sollten dann die überwiegend in privatrechtlicher Form durchgeführten Verwaltungsaufgaben wieder in das öffentliche Recht eingegliedert und somit von der privatrechtlich organisierten Erwerbswirtschaft der öffentlichen Hand abgegrenzt werden.[9]

Den Ausbau des öffentlich-rechtlichen Anstaltswesens lehnte *Kaufmann* dagegen ab.[10] Er wollte einen ganz anderen Weg beschreiten, der vom öffentlichen Recht wegführen sollte. Ursache dafür war die von *Kaufmann* ausgemachte Entwicklung des deutschen Verwaltungsrechts hin zu einem „*Sonderrecht*" für die Verfügungsgewalt der Verwaltungsbehörden.[11] Anders als in Frankreich, mit seinem vom Gedanken des service public geprägten Verständnis staatlicher Verwaltung, verharre das deutsche Verwaltungsrecht im – nach rechtsstaatlichen Grundsätzen modifizierten - Polizeirecht.[12] Dagegen sah er das Zivilrecht als entwicklungsfähig genug, um die schwierigen sozialen Probleme der damaligen Zeit zu lösen.[13] *Kaufmann* wollte das Privatrecht daher an die besonderen Bedürfnisse der Leistungsverwaltung anpassen.

---

[4] *Fleiner*, Institutionen des Deutschen Verwaltungsrechts, S. 302.
[5] *Fleiner*, ebd., S. 302.
[6] *Fleiner*, ebd., S. 313.
[7] *Köttgen*, Verwaltungsrecht der öffentlichen Anstalten, VVDStRL, H. 6 (1929), S. 105ff.
[8] *Köttgen*, ebd., S. 127.
[9] *Köttgen*, ebd., S. 125.
[10] *Kaufmann*, Verwaltung, Verwaltungsrecht, in: Stengel, Wörterbuch des Deutschen Staats- und Verwaltungsrechts, Bd. 3, S. 688ff.
[11] *Kaufmann*, ebd., S. 714.
[12] *Kaufmann*, ebd., S. 710.
[13] *Kaufmann*, ebd., S. 715.

Jellinek[14] schließlich sah den Dualismus von hoheitlichem und fiskalischem Verwaltungshandeln erschüttert. Bei ihm tritt neben diese beiden Kategorien eine dritte, die so genannten „*schlichte Hoheitsverwaltung*“, bei welcher der Staat „*von seiner Höhe herabsteigt, ohne darum Fiskus zu werden*“.[15] Für *Jellinek* zählten zu dieser Kategorie der Bau von Straßen, Grünflächen, Müllverbrennungsanlagen, aber auch Fremdenverkehrswerbung, Trinkerfürsorge und Arbeitsnachweise.

Von allen diesen Ansätzen konnte sich letztlich keiner durchsetzen. Unabhängig davon gelten diese Ansätze als Wegbereiter für die Lehre von der Daseinsvorsorge nach Forsthoff.[16]

2. Die Lehre von der Daseinsvorsorge

a) Forsthoffs Arbeiten

Der Begriff der Daseinsvorsorge wurde entscheidend von *Ernst Forsthoff*[17] in seinen ab 1935 erscheinenden Arbeiten geprägt.[18] Ausgangspunkt war seine Betrachtung der gesellschaftlichen Verhältnisse.

Er stellt fest, dass sich der „*Lebensraum*“[19] des Menschen in den *zugänglichen* und den *beherrschten* Raum unterscheiden lasse.[20] Der beherrschte Raum sei derjenige, welcher dem Menschen in so intensiver Weise zugeordnet sei, dass er diesen als sein Eigen betrachten könne.[21] Damit meinte *Forsthoff* vor allem das individuelle Eigentum: Haus, Acker, Hof, Werkstatt. Dagegen sei der effektive Raum derjenige, in dem sich das Leben über den beherrschten Bereich hinaus tatsächlich vollziehe.

---

[14] *Jellinek* Verwaltungsrecht.

[15] *Jellinek*, ebd., S. 21ff.

[16] So *Gröttrup*, Die kommunale Leistungsverwaltung, S. 58ff.

[17] *Forsthoff*, Die Verwaltung als Leistungsträger, insb. S. 4ff; siehe aber auch bereits im Jahr 1935: *ders.*, Von den Aufgaben der Verwaltungsrechtswissenschaft, Deutsches Recht 1935, S. 398ff; sowie *ders.*, Das neue Gesicht der Verwaltung und die Verwaltungsrechtswissenschaft, Deutsches Recht 1935, S. 331ff; *ders.*, Führung und Planung, Deutsches Recht 1937, S. 48f.

[18] *Scheidemann* belegt, dass *Jaspers* zuvor bereits ähnliche Überlegungen anstellte wie später *Forsthoff*, dabei jedoch nicht den Begriff der Daseinsvorsorge verwendete. Vgl. hierzu *Scheidemann*, Der Begriff Daseinsvorsorge, S. 20f.

[19] An der für das heutige Verständnis anstößigen Verwendung des Begriffes „Lebensraum“ zeigt sich die Nähe *Forsthoffs* zum Gedankengut der Nationalsozialisten – die bekanntlich die Schaffung von „Lebensraum“ zu einem ihrer Ziele erkoren hatten.

[20] *Forsthoff*, Die Verwaltung als Leistungsträger, S. 4.

[21] *Forsthoff*, ebd., S. 5.

Infolge der sozialen Wandlungen des 19. Jahrhunderts habe sich der beherrschte Raum stark verringert, während sich der effektive Raum stark vergrößert habe und noch in Ausdehnung begriffen sei.[22]

Forsthoff schließt daraus, das menschliche Dasein habe an Sicherheit verloren. Es sei ein großer Verwaltungsapparat notwendig, damit die Befriedigung der Lebensbedürfnisse, deren Versorgung der Einzelne aus der Hand gegeben habe, gesichert sei.[23] Der Einzelne könne sich die notwendigen Lebensgüter nicht mehr durch Nutzung seiner eigenen Sachen verschaffen, sondern nur mehr im Wege der Appropriation.[24] Nach *Forsthoffs* Auffassung ergibt sich daraus, dass die Verwaltung alles zum Leben Notwendige bereitstellen müsse. Diese Leistungen sind dann, unabhängig von ihrer Zuordnung zum Privatrecht, in ihrer organischen Gesamtheit zu erfassen und dem Verwaltungsrecht zuzuordnen. *„Diejenigen Veranstaltungen, welche zur Befriedigung des Appropriationsbedürfnisses getroffen werden"* seien Daseinsvorsorge.[25] Namentlich sind das:[26]

1. Die Gewährleistung eines angemessenen Verhältnisses von Lohn und Preis, wobei das Recht auf Arbeit und einen angemessen, durch Arbeit verdienten Lohn zugrunde liegt;
2. die Lenkung des Bedarfs, der Erzeugung und des Umsatzes;
3. die Darbietung von Leistungen, auf welche der in die modernen massentümlichen Lebensformen verwiesene Mensch lebensnotwendig angewiesen ist.

Der Einzelne sei dabei auf die Gemeinschaft angewiesen. Daraus ergebe sich eine staatliche Verantwortung.[27] *Scheidemann*[28] hat im übrigen in einer Analyse des geistigen Hintergrundes des Begriffs der Daseinsvorsorge belegt, dass Forsthoffs Ansichten sich mit den philosophischen Anschauungen seiner Zeit deckten.[29]

---

[22] *Forsthoff*, ebd., S. 4f.

[23] *Forsthoff*, Von den Aufgaben der Verwaltungsrechtswissenschaft, Deutsches Recht 1935, S. 398.

[24] *Forsthoff*, Die Verwaltung als Leistungsträger, S. 5. Der Begriff der Appropriation geht, wie *Forsthoff* nachweist, auf *Max Weber* zurück.

[25] *Forsthoff*, Die Verwaltung als Leistungsträger, S. 6.

[26] *Forsthoff*, Die Verwaltung als Leistungsträger, S. 7.

[27] *Forsthoff* nennt diese *„Daseinsverantwortung"* - *Forsthoff*, Die Verwaltung als Leistungsträger, S. 39.

[28] *Scheidemann*, Der Begriff Daseinsvorsorge, S. 20f.

[29] *Scheidemann* entdeckte ähnliche Ansätze wie bei *Forsthoff* auch bei *Heidegger*, *Ortega Y Gasset*, *Otto Veit* und *Friedrich Dessauer*. *Püttner,* in: Hrbek/Nettesheim (Hrsg.), Europäische Union und mitgliedstaatliche Daseinsvorsorge, S, 32, 34, verweist auf *Forsthoffs* schwer abzustreitende Nähe zum nationalsozialistischen Gedankengut. Er will ihm aber zugute halten, dass

Zwei Einschränkungen des Begriffs der Daseinsvorsorge nimmt *Forsthoff* vor. Die Fürsorge in sozialen Notlagen des einzelnen Bürgers soll nicht zur Daseinsvorsorge gehören, da diese nicht Folge der allgemeinen sozialen Umschichtung sei. Zudem versteht er die staatliche Fürsorge als einseitiges staatliches Leistungsverhältnis,[30] als ein Fürsorgesystem unter Ausschluss eigener Beteiligung der Bürger.

Er schlägt als Folgerung dieser Erkenntnisse eine gesetzliche Regelung vor, welche die Leistungspflicht für alle daseinswichtigen Leistungsverhältnisse ebenso wie den Rechtsschutz hierfür festlegt und außerdem darlegt, unter welchen Voraussetzungen bei auf Dauer berechneten Leistungsverhältnissen der Leistungsverpflichtete die Leistung verweigern darf.[31] Einen vollständigen Rückzug des Staates aus der Daseinsvorsorge will *Forsthoff* nicht zulassen.[32]

Forsthoff äußert sich aber auch zur Frage der Wirtschaftsverfassung: Er sieht es als wesentlich an, dass das Erwerbsstreben der Menschen, welches gleichsam der Motor des Wirtschaftslebens sei, vom Staat gebändigt und in die politisch gebotenen Schranken gewiesen werde.[33]

Forsthoff hält auch in seinen späteren Schriften im Wesentlichen am Grundkonzept der Daseinsvorsorge fest, definiert den Begriff jedoch teilweise anders:

„Dabei kann es zunächst keinen Unterschied ausmachen, ob diese Leistungen lebensnotwendig sind oder nicht. Der moderne Mensch ist zwar auf bestimmte Leistungen wie Wasser, Gas, Elektrizität und Verkehrsmittel in so hohem Maße angewiesen, dass ihm keine Wahl bleibt, ob er sie annehmen will oder nicht, während es in seinem Belieben steht, ob er das städtische Theater, Volksbildungsinstitute und vieles mehr besuchen will. Der Unterschied der Dringlichkeit kann auch vom Recht nicht übersehen werden, worauf noch einzugehen sein wird. An dieser Stelle bleibt er zunächst außer Betracht. Denn es darf als selbstverständlich gelten, dass sich die Vorsorge der öffentlichen Verwaltung nicht auf die elementarsten Bedürfnisse der Menschen zu beschränken braucht. Alles, was von Seiten der Verwaltung ge-

---

diese Gedanken den allgemeinen philosophischen Anschauungen der Zeit entsprachen und keine originäre Erfindung der Nationalsozialisten seien. Diese oft angeprangerte Nähe zu den nationalsozialistischen Anschauungen muss allerdings relativiert werden. *Ronellenfitsch* rehabilitiert *Forsthoff* insoweit, indem er seinen durch, wenn auch oft sublime, Widersetzungen gegen das Diktat der Nationalsozialisten mitbestimmten Werdegang skizziert; vgl dazu: Blümel (Hrsg.), Ernst Forsthoff Kolloquium, S. 53ff.

[30] *Forsthoff*, Die Verwaltung als Leistungsträger, S. 41.

[31] *Forsthoff*, ebd., S. 47f.

[32] *Forsthoff*, ebd., S. 49.

[33] *Forsthoff*, ebd., S. 12.

schieht, um die Allgemeinheit oder nach objektiven Merkmalen bestimmte Personenkreise in den Genuss nützlicher Leistungen zu versetzen, ist Daseinsvorsorge.“[34]

Dem Einzelnen sollte eine Teilhabe an den staatlichen Leistungen zugesichert werden. Gleichzeitig gesellte sich zu dem von ihm stets geforderten Primat des Staates über die Wirtschaft, Skepsis, dass das geeinte Europa die Probleme des gesellschaftlichen Daseins beherrschen könne.[35]

„Ist die leistende Verwaltung im Rahmen der Daseinsvorsorge auch in einem jeweils zu ermittelnden Umfang dem öffentlichen Recht unterstellt, so ist sie damit zugleich den für den Wettbewerb geltenden Rechtsregeln insoweit entzogen.“[36]

Forsthoffs Modell der Daseinsvorsorge legitimiert letztlich den Aufbau einer staatlichen Leistungsorganisation aufgrund der existenziellen Abhängigkeit des Einzelnen in der arbeitsteiligen Gesellschaft.[37]

b) Auseinandersetzung mit Forsthoffs Lehre

Der Begriff der Daseinsvorsorge gibt seit *Forsthoff* ein uneinheitliches Bild ab. *Ossenbühl* beschrieb einst die Haltung der Stimmen in der Literatur als zwischen schroffer Ablehnung und lobender Anerkennung schwankend.[38] In den sechziger und siebziger Jahren gab es sogar noch eine lebhafte Diskussion um das *Forsthoffsche* Modell der Daseinsvorsorge.[39] Der Begriff wird heute in den verwaltungsrechtlichen Lehrbüchern[40] weithin lediglich gestreift

---

[34] *Forsthoff*, Verwaltungsrecht Band I, S. 370.

[35] *Forsthoff*, Der Staat der Industriegesellschaft, S. 92.

[36] *Forsthoff*, Rechtsfragen der leistenden Verwaltung, S. 11.

[37] So *Oldiges*, in: ders., Daseinsvorsorge durch Privatisierung – Wettbewerb oder staatliche Gewährleistung, S. 15, 16.

[38] *Ossenbühl* DÖV 1971, 513, 514.

[39] *Badura* DÖV 1966, 624ff; *Brohm*, Strukturen der Wirtschaftsverwaltung, S. 163f; *Klein* Daseinsvorsorge, EvStL 1966, Sp. 270ff; *ders.*, Die Teilnahme des Staates am wirtschaftlichen Wettbewerb, S. 16ff; *Köttgen*, Gemeindliche Daseinsvorsorge und gewerbliche Unternehmerinitiative; *Ossenbühl* DÖV 1971, 513ff.

[40] *Achterberg*, Allgemeines Verwaltungsrecht, § 2 Rn 88; § 4 Rn 21; § 5 Rn. 25; § 15 Rn. 34; § 16 Rn. 43; § 18 Rn. 11; § 21 Rn. 276; § 22 Rn. 263; *Battis*, Allgemeines Verwaltungsrecht, S. 60; *Bull*, Allgemeines Verwaltungsrecht, Rn. 846; *Faber* Verwaltungsrecht § 5 II; *Ehlers*, in: Erichsen/Ehlers, Allgemeines Verwaltungsrecht, § 2 Rn. 89; *Ossenbühl*, in: Erichsen/Ehlers, ebd., § 9 Rn. 2; *Mayer/Kopp*, Allgemeines Verwaltungsrecht, § 1 IV 4; *Peine*, Allgemeines Verwaltungsrecht, Rn. 18, 381; *Seewald*, in: Steiner (Hrsg.), Besonderes Verwaltungsrecht, I Rn. 140; *Wolff*, Allgemeines Verwaltungsrecht. S. 39; *Wolff/Bachof/Stober*, Verwaltungsrecht

oder hinsichtlich seines inhaltlichen Umfangs als auch seiner Relevanz als umstritten bezeichnet.[41] Es fehlt an einer breiten Auseinandersetzung mit dem Begriff der Daseinsvorsorge. Der Verdacht drängt sich auf, dass der Begriff der Daseinsvorsorge meist nur noch repetiert und als bloßer Allgemeinplatz[42] benutzt wird, dem alle möglichen Bedeutungen und Funktionen zugeschrieben werden, ohne tatsächlichen Bezug zu seiner ursprünglichen Bedeutung. Andererseits gibt es gerade in letzter Zeit vielfältige neue Annäherungen und Deutungsversuche in Diskussionsforen, Monographien und der Spezialliteratur.[43]

Die Verwirrungen um den Begriff der Daseinsvorsorge haben möglicherweise ihren Ursprung darin, dass dem Begriff bereits von *Forsthoff* sowohl eine soziologische Bedeutung als auch eine Funktion als Rechtsbegriff zugeordnet worden war.

aa) Soziologischer Gehalt

Daseinsvorsorge stellt die Bezeichnung eines Wandels der Staats- und Verwaltungsaufgaben, die mit der gesellschaftlichen Wandelung von der bürgerlichen zur Industriegesellschaft hin dem Staat zufallen.[44] Diese Bestandsaufnahme der Daseinsvorsorge wird heute kaum noch bestritten.[45]

Vielfach[46] wird der Begriff der Daseinsvorsorge jedoch ausschließlich noch als soziologischer[47] oder heuristischer[48] Begriff mit reiner Hinweisfunktion

---

Band 1, § 22 Rn. 22; andere Darstellungen verzichten gänzlich auf den Begriff der Daseinsvorsorge: *Detterbeck*, Allgemeines Verwaltungsrecht; *Ipsen*, Allgemeines Verwaltungsrecht.

41 Insbesondere *Maurer*, Allgemeines Verwaltungsrecht, S. 17.

42 *Forsthoff* selbst befürchtete bereits, Daseinsvorsorge könne zu einem *„Allerweltsbegriff...werden, mit dem man alles und deshalb nichts beweisen kann"*, siehe *Forsthoff*, Rechtsfragen der leistenden Verwaltung, Vorwort.

43 Vgl. etwa *Ronellenfitsch,* in: Blümel (Hrsg.), Ernst Forsthoff Kolloquium, S. 53ff; *Broß* JZ 2003, 874ff; *Rüfner*, Daseinsvorsorge und soziale Sicherheit, in: Isensee/Kirchof, HStR III, S. 1037ff; *Schwarze,* in: ders. (Hrsg.), Daseinsvorsorge im Lichte des Wettbewerbsrechts, S. 9ff; *Püttner*, in: Cox (Hrsg.), Daseinsvorsorge und öffentliche Dienstleistungen in der Europäischen Union, S. 45ff; *ders.*, in: Hrbek/Nettesheim, Europäische Union und mitgliedstaatliche Daseinsvorsorge, S. 32ff; *Oldiges,* in: ders. (Hrsg.), Daseinsvorsorge durch Privatisierung – Wettbewerb oder staatliche Gewährleistung, S. 15ff.

44 *Ossenbühl* DÖV 1971, 513, 515.

45 *Ronellenfitsch,* in: Blümel (Hrsg.), Ernst Forsthoff Kolloquium, S. 53, 71. Eine grundsätzliche Kritik findet sich bei *Hennis*, Politik und praktische Philosophie, S. 69.

46 Namentlich *Gröttrup*, Die kommunale Leistungsverwaltung, S. 68ff; *Ossenbühl* DÖV 1971, 513; *Badura* DÖV 1966, 624, 627; *Emmerich*, Das Wirtschaftsrecht der öffentlichen Unternehmen, S. 99; *Maunz* VerwArch, 50 (1959), 315, 319; *Ipsen* NJW 1963, 2049, 2055; Weitere Hinweise bei *Stern/Püttner*, die Gemeindewirtschaft, S. 56ff.

47 *Ronellenfitsch*, in: Blümel (Hrsg.), Ernst Forsthoff Kolloquium, S. 53, 71.

48 *Ossenbühl* DÖV 1971, 513, 516.

verstanden, der aufgrund seiner dogmatischen Unsicherheit und inhaltlichen Unbestimmtheit nur mehr über einen sozialtypischen Gehalt verfüge, als Rechtsbegriff jedoch untauglich sei und daher keinen generellen Versorgungsanspruch des Bürgers begründe.[49] Eine solche Herabstufung des Begriffs wird aber vereinzelt auch kritisiert.[50]

Einigkeit besteht bei der Verwendung des Begriffs der Daseinsvorsorge für bestimmte Bereiche der öffentlichen Versorgung. Sowohl seine Befürworter als auch seine Kritiker verwendeten ihn stets als Beschreibung der Bereiche der Gewinnung und Verteilung von Wasser, Wärme, Elektrizität, Krankenhäuser, Altersheime und Kindergärten.[51] In diesem Sinne verwendet ihn auch die Rechtsprechung der obersten deutschen Gerichte und des Bundesverfassungsgerichts.[52]

bb) Rechtsbegriff

Kernfrage der Problematik der Daseinsvorsorge als Rechtsbegriff ist, ob aus den soziologisch geprägten Beobachtungen *Forsthoffs* der Schluss gezogen werden kann, dass bestimmte Aufgaben der Daseinsvorsorge der Bevölkerung originär als solche des Staates, genauer gesagt der leistenden Verwaltung, zu begreifen sind, oder dass es einen solchen Staatsvorbehalt[53] in der Daseinsvorsorge nicht gibt. Die Schwierigkeit besteht darin, dass Daseinsvorsorge nicht nur als Handlungsauftrag des Staates, sondern auch als Rechtfertigung für staatliches Tätigwerden verstanden worden ist.[54] Der Begriff der Daseinsvorsorge als Rechtsbegriff ist nicht zuletzt deswegen auf erhebliche Kritik gestoßen.[55] Viele wollen ihn weder abschließend bestimmen noch rechtliche Folgen an ihn knüpfen.

---

[49] So *Gröttrup*, die kommunale Selbstverwaltung, S. 79; ablehnend aber auch: *Tettinger* RdE 2002, 225, 227; *Storr* DÖV 2002, 357ff; *Ossenbühl* DÖV 1971, 513, 515.

[50] *Ronellenfitsch*, in: Blümel (Hrsg.), Ernst Forsthoff Kolloquium, S. 53, 73.

[51] So *Püttner*, in: Cox, Daseinsvorsorge und öffentliche Dienstleistungen in der Europäischen Union, S. 45, 50, der dem Begriff der Daseinsvorsorge ansonsten kritisch gegenüber steht. Rechtliche Schlüsse aus der Verwendung des Begriffs will *Püttner* allerdings keinesfalls ziehen.

[52] Vgl. etwa BGHZ 73, 114, 116 – dort für Krankenhäuser als Unternehmen der Daseinsvorsorge; BGH, NJW 1998, 3188, 3191f, für Abwasserbeseitigung; BGHSt 38, 119; BVerwGE 94, 273, 275; BFHE 183, 283; ebenso das Bundesverfassungsgericht: BVerfGE 38, 258, 270; BVerfGE 45, 63, 78; BVerfGE 66, 248, 258.

[53] Den Begriff „*Staatsvorbehalt*" verwendet *Oldiges*, in: ders. (Hrsg.), Daseinsvorsorge durch Privatisierung – Wettbewerb oder staatliche Gewährleistung, S. 15, 16. Er meint damit essentielle staatliche und daher der Privatisierung entzogene Aufgaben.

[54] *Storr* DÖV 2002, 357.

[55] *Fischerhof* DÖV 1957, 305; *Maunz* VerwArch 50 (1959), 315, 319; *Ipsen* NJW 1963, 2049, 2055; *Ossenbühl* DÖV 1971, 513, 517; *Püttner*, in: Hrbek/Nettesheim, Europäische Union und mitgliedstaatliche Daseinsvorsorge, S. 32, 37; *Storr* DÖV 2002, 357ff.

Als Hauptschwierigkeit bei der Verwendung des Begriffs der Daseinsvorsorge als Rechtsbegriff, wird seine mangelnde Trennschärfe ausgemacht.[56] So wird vorgebracht, eine Abgrenzung zwischen allgemeinen Trends in den Staatsaufgaben und notwendigen Aufgaben der Daseinsvorsorge sei schwer zu treffen, weil die Privatwirtschaft längst viele Versorgungsaufgaben, wie beispielsweise die Versorgung mit Lebensmitteln, von selbst übernommen habe.[57] Das Kriterium der Dringlichkeit der Aufgabe sei untauglich, weil *Forsthoff* selbst den Begriff der Daseinsvorsorge auf alles dem Bürger nützliche erweitert hatte, so dass eine Beschränkung auf dringliche Aufgaben scheitern müsse.[58] Auch das Kriterium der Garantiepflicht[59] des Staates sei verfehlt, da damit nur der Bereich der Versorgung angesprochen wäre, der von der Privatwirtschaft nicht abgedeckt wird.[60]

Umfang und konkrete Ausformung eines staatlichen Vorbehalts für eine daseinssichernde Leistungserbringung unterliegen dem Wandel von Anschauungen, gesellschaftlichen und technischen Veränderungen. Dieses erfordert eine fortlaufende Neubestimmung essentiell staatlicher Aufgaben.[61]

Aufgrund der liberalisierten Versorgung der Bevölkerung mit Diensten von allgemeinem wirtschaftlichem Interesse und der damit einher gehenden Öffnung dieses Bereichs für den Wettbewerb stellt *Püttner* den Gedanken der Daseinsvorsorge als originäre Staatsaufgabe in Frage.[62]

Die mangelnde Trennschärfe zwischen Daseinssicherung durch die Wirtschaft und Daseinsvorsorge durch den Staat gibt auch *Börner*[63] zu Bedenken. Selbst zur Zeit des Dritten Reichs sei schon ein großer Teil dessen, was *Forsthoff* Daseinsvorsorge nennt, nicht vom Staat, sondern von der Wirtschaft geleistet worden, was sich inzwischen sogar noch verstärkt habe. Die Konsequenzen dieser Tatsache für die Lehre von der Daseinsvorsorge seien noch ungeklärt.[64] *Börner* hält den Schluss von einem öffentlichen Interesse

---

[56] So vor allem *Püttner,* in: Cox (Hrsg.), Daseinsvorsorge und öffentliche Dienstleistungen in der Europäischen Union, S. 45, 49; *ders.* ZögU 2000, 373ff; *Leisner*, Grundrechte und Privatrechte, S. 203, der insbesondere auf die Unklarheit der Abgrenzung zwischen Daseinsvorsorge und fiskalischem Handeln abstellt. Allgemeiner dagegen *Gröttrup*, die kommunale Selbstverwaltung, S. 69.

[57] *Ossenbühl* DÖV 1971, 513, 516.

[58] *Ossenbühl* ebd.

[59] So vorgeschlagen von *Klein*, Die Teilnahme des Staates am wirtschaftlichen Wettbewerb, S. 174ff.

[60] *Ossenbühl* ebd.

[61] *Oldiges,* in: ders. (Hrsg.), Daseinsvorsorge und Privatisierung – Wettbewerb oder staatliche Gewährleistung, S. 16.

[62] *Püttner*, in Hrbek/Nettesheim (Hrsg.), Europäische Union und mitgliedstaatliche Daseinsvorsorge, S. 32, 37.

[63] *Börner* BayVBl. 1971, 406ff.

[64] *Börner* ebd., S. 406, 407.

auf eine öffentliche Aufgabe für unzulässig.[65] Es sei unklar, in welchem Umfang das Bestehen eines öffentlichen Interesses einen rechtlichen Rahmen für die Aufgabenerfüllung bieten solle.

Schließlich wird vorgebracht, die Idee der Daseinsvorsorge verkenne, dass die Verwaltung als Leistungsträger in aller Regel nicht in der Lage sei, die modernen Bedürfnisse der Bürger in gewünschter Weise und Preiswürdigkeit zu befriedigen.[66]

Ronellenfitsch[67] will dagegen den Rechtsbegriff der Daseinsvorsorge aus dem Sprachgebrauch sowie der staatlichen Garantie der individuellen Freiheit herleiten. Die Qualifizierung einer Aufgabe als Daseinsvorsorge müsse rechtliche Konsequenzen nach sich ziehen.[68] Anknüpfungspunkt ist für ihn die freiheitliche Grundordnung der Bundesrepublik. Soziale Mindeststandards und eine adäquate Infrastruktur gewährleisteten diese Freiheit.[69] Somit sei es Aufgabe des Staates, diese sozialen Mindeststandards und eine adäquate Infrastruktur zu garantieren.[70] Eine gegebenenfalls erforderliche zwangsweise Durchsetzung derartiger Infrastrukturen, etwa im Rahmen notwendiger Enteignungsverfahren bei der Errichtung des Netzes o. ä., könne allein der Staat durchführen, nicht aber Private.

Die Reichweite der Aufgaben der Daseinsvorsorge zu bestimmen, will *Ronellenfitsch* den einzelnen Staaten überlassen.[71] Er fordert jedoch den grundsätzlichen Vorzug der Daseinsvorsorge gegenüber dem Wettbewerbsrecht, jedenfalls dort wo der Wettbewerb die Daseinsvorsorge gefährde.

cc) Einfluss der Verfassungsordnung

Dem Begriff der Daseinsvorsorge nach *Forsthoff* wurde aber nicht nur der Vorwurf mangelnder begrifflicher Trennschärfe gemacht. Kritiker sehen auch Widersprüche zur geltenden Verfassungsordnung der Bundesrepublik Deutschland.

---

[65] *Börner* ebd., S. 406, 408.

[66] *Fischerhof* DÖV 1957, 305, 312.

[67] *Ronellenfitsch*, in: Blümel (Hrsg.), Ernst Forsthoff Kolloquium, S. 53, 73ff.

[68] *Ronellenfitsch*, in: Hrbek/Nettesheim (Hrsg.), Europäischen Union und mitgliedstaatliche Daseinsvorsorge, S. 89.

[69] Vgl. dazu auch: *Hermes*, Staatliche Infrastrukturverantwortung - Rechtliche Grundstrukturen netzgebundener Transport- und Übertragungssysteme zwischen Daseinsvorsorge und Wettbewerbsregulierung am Beispiel leitungsgebundener Energieversorgung in Europa.

[70] *Ronellenfitsch*, in: Blümel (Hrsg.), Ernst Forsthoff Kolloquium, S. 53, 76f.

[71] *Ronellenfitsch*, in: Blümel (Hrsg.), Ernst Forsthoff Kolloquium, S. 53, 80.

Ablehnung erfährt *Forsthoffs* Lehre auch deshalb, weil er expressis verbis die Grundrechte der Geschichte angehören lassen will.[72] Nach dem Grundgesetz hat der Einzelne jedoch nicht nur das Recht, sondern auch die Verantwortung für sein Dasein.[73] Der Staat ist daher Gewährleistungsstaat,[74] nicht daseinsvorsorgender Staat. Das Konzept der Daseinsvorsorge geht von einer Staatsverfassung aus, die den privaten Charakter der Einzelexistenz weitgehend aufhebt. *Forsthoff* versteht die Daseinsvorsorge zu sehr aus der Perspektive abhängiger Massen mit elementaren Lebensbedürfnissen.[75]

Mestmäcker sieht das Problem in den unterschiedlichen Vorstellungen von der Wirtschaftsverfassung. Das heutige Verständnis einer Wirtschaftsverfassung beruhe auf wirtschaftlichen Freiheitsrechten. In ihr solle die Vereinbarkeit der Ausübung von Freiheitsrechten mit dem öffentlichen Interesse durch Rechtsregeln gewährleistet werden.[76] *Forsthoff* gehe dagegen von einer dem Ordnungsprimat des Staates untergeordneten Wirtschaftsverfassung aus. *Mestmäcker* weist darauf hin, dass die Regeln des Privatrechts grundsätzlich auch für staatliche Betätigung auf dem Markt gelten, etwa im Rahmen des § 98 Abs. 1 GWB.[77] In Art. 87f GG zeige sich, dass in der Wirtschaftsordnung der Bundesrepublik oft die staatliche Aufgabe privatisiert sei, nicht die Organisationsform. Die staatliche Betätigung auf dem Markt werde daher nach modernem Verständnis nicht mehr am Begriff der Daseinsvorsorge festgemacht, sondern vielmehr an der Erfüllung einzelner Aufgaben, die sich aus der staatlichen Verantwortung durch das Grundgesetz ergeben.[78]

Ebensowenig lässt sich die von *Forsthoff* geforderte Präponderanz der Verwaltung mit dem Grundgesetz vereinbaren.[79] Die Verwaltung hat nämlich nicht nach eigener Anschauung zu entscheiden, sondern ist an die Vorentscheidungen des Grundgesetzes und des Gesetzgebers gebunden.[80]

Die Privilegierung staatlicher Aufgaben der Daseinsvorsorge führt zu einer Beschränkung der wirtschaftlichen Betätigungsfreiheit des Einzelnen. *Forsthoff* will nämlich die Bereiche der Daseinsvorsorge ausschließlich als

---

[72] *Forsthoff*, Die Verwaltung als Leistungsträger, S. 1; *ders.*, Rechtsfragen der Verwaltung, S. 22.

[73] *Hösch*, Die kommunale Wirtschaftstätigkeit, S. 28.

[74] *Nagel*, Gemeindeordnung als Hürde?, S. 18.

[75] *Fischerhof* DÖV 1957, 312.

[76] *Mestmäcker*, in: FS für Hans Zacher, S. 635, 638.

[77] *Mestmäcker* ebd., S. 635, 639.

[78] *Mestmäcker* beschreibt dieses Konzept anhand des öffentlichen Rundfunks in der Bundesrepublik, der staatliche Aufgabe sei, sich gleichwohl innerhalb der Regeln des freien wirtschaftlichen Marktes bewegt (ebd., S. 640).

[79] So *Hösch*, Die kommunale Wirtschaftstätigkeit, S. 30.

[80] Allgemein zum Grundsatz der Gesetzmäßigkeit der Verwaltung *Maurer*, Allgemeines Verwaltungsrecht, S. 112ff.

staatliche Tätigkeitsbereiche qualifizieren und somit privates Engagement verhindern, letztlich also den Wettbewerb einschränken. Daseinsvorsorge und wirtschaftliche Teilhabe sind aber keine Gegensätze. *Forsthoffs* Ansicht führt am Ende zu einer Wirtschaftslenkung.[81]

Rüfner[82] führt eine Unterscheidung des Begriffs der Daseinsvorsorge im engeren und im weiteren Sinn ein. Er selbst versteht Daseinsvorsorge (im weiteren Sinn) als Teil der Wohlfahrtspflege. Letztere ist dabei eine allgemeine staatliche Aufgabe; fördert und schützt der Staat die allgemeinen Interessen, so *Rüfner*, nütze er dabei mittelbar dem einzelnen Bürger. Daseinsvorsorge im engeren Sinn, wie *Forsthoff* sie verstehe, sei hingegen der Bereich staatlicher Wohlfahrtspflege, in dem der Staat für den einzelnen Bürger sorge, der nicht in der Lage sei, wichtige Bedürfnisse aus eigener Kraft zu befriedigen.[83] *Rüfner* will dabei allgemeine staatliche Aufgaben, wie solche polizeilicher oder wohlfahrtsfördernder Natur, aus dem Begriff der Daseinsvorsorge ausscheiden. Während *Forsthoff* mit dem Begriff die Teilhabeansprüche des Bürgers bei bestimmten Formen der Leistungsverwaltung erfassen wollte, versteht *Rüfner* darunter die Gesamtheit der Leistungen des Staates und privater Träger mit dem mittelbaren Ziel einer Befriedigung der Bedürfnisse der Bürger für eine normale Lebensführung. Trotzdem sei die Daseinsvorsorge keine Staatsaufgabe; der Bürger habe daher keinen Anspruch auf Errichtung und Betrieb öffentlicher Einrichtungen.[84]

3. Stellungnahme zur Daseinsvorsorge

Das Modell der Daseinsvorsorge als originär dem Staat vorbehaltene Aufgabe ist abzulehnen. *Ronellenfitschs* Ansatz, eine Vielzahl nicht näher bestimmter Ausgaben der Daseinsvorsorge grundsätzlich dem Staat zuzuordnen und damit gegebenenfalls den Wettbewerb um die Erbringung solcher Leistungen auszuschalten, geht fehl. Das Ziel, die individuelle Freiheit des Einzelnen durch die Erbringung von Aufgaben der Daseinsvorsorge zu gewährleisten lässt sich nur erreichen, wenn das Mittel ausreichend bestimmt ist. Genau diesen Punkt will *Ronellenfitsch* jedoch offen lassen.[85] Der Begriff der individuellen Freiheit ist so weit gefasst, dass sich letztlich nahezu jede Aufgabe zum Erreichen dieses Zieles rechtfertigen ließe.

---

[81] *Hösch*, Die kommunale Wirtschaftstätigkeit, S. 30f; ähnlich *Emmerich*, Das Wirtschaftsrecht der öffentlichen Unternehmen, S. 98f.

[82] *Rüfner*, in: Isensee/Kirchof, HStR III, S. 1037ff.

[83] So *Rüfner*, in: Isensee/Kirchof, HStR III, S. 1039 und 1044 unter Hinweis auf *Klein*, Die Teilhabe des Staates am wirtschaftlichen Wettbewerb, S. 215.

[84] *Rüfner*, in: Isensee/Kirchof, HStR III, S. 1053f.

[85] *Ronellenfitsch,* in: Blümel (Hrsg.), Ernst Forsthoff Kolloquium, S. 53, 78.

Ergeben sich nicht staatliche Leistungsansprüche bereits unmittelbar aus dem Grundgesetz, ohne dass man die Daseinsvorsorge gleichsam als Katalysator vorschalten müsste? Zudem fehlt eine klare Vorgabe, welche rechtlichen Konsequenzen sich an eine Anerkennung der Daseinsvorsorge als Rechtsbegriff anschließen sollen. Soll dem Staat erlaubt werden, bei Bedarf jegliche Aufgabe, die er neuerdings der Daseinsvorsorge zuordnet, an sich zu ziehen?

Schließlich ist nicht verständlich, wieso der Staat Aufgaben der Daseinsvorsorge nicht „*dem Spiel der Kräfte* [des freien Marktes] *überlassen*" darf.[86] Es geht doch nur darum, dem Staat gegebenenfalls Möglichkeiten der Einflussnahme auf die Durchführung der Leistungen der Daseinsvorsorge zu sichern. Diese Möglichkeiten lassen sich im Wege der Gesetzgebung aber auch ohne das Vehikel der Daseinsvorsorge realisieren. Bei *Forsthoff* und *Ronellenfitsch* findet sich ein zu großes Misstrauen gegenüber der Leistungsfähigkeit des Wettbewerbs, der letztlich Besserungen für die Mehrzahl der Bürger bringen dürfte. Es gilt innerhalb dieses Rahmens durch staatliche Maßnahmen punktuell Einfluss zu nehmen, um die sozialen Bedürfnisse der Bevölkerung abzudecken - beispielsweise die flächendeckende Versorgung, die Berücksichtigung von Minderheiten und die Einhaltung Umwelt schützender Standards. Stellt man umgekehrt letztgenannte Aspekte in den Vordergrund, indem man Aufgaben der Daseinsvorsorge prinzipiell durch staatliche Unternehmen durchführen lässt, diskriminiert man die Bedürfnisse der Mehrheit der Nutzer solcher Dienste. Zudem bringt die staatliche Regie nicht nur Vorteile, denn staatliche und staatsnahe Unternehmen erbringen Leistungen nicht notwendigerweise zur vollen Zufriedenheit der Bürger und stellen nicht zwingend eine Garantie für die Einhaltung der an sie gestellten Erwartungen dar. Außerdem verursachen sie höhere Kosten und ein stärkeres Maß an Bürokratisierung. Es erscheint daher besser, in allen Bereichen der Daseinsvorsorge den Wettbewerb zuzulassen und nur eine begrenzte staatliche *Einflussnahme* zuzulassen.

II. Bedeutung der Lehre von der Daseinsvorsorge für das geltende Recht

Die Auswirkungen der Lehre *Forsthoffs* von der Daseinsvorsorge auf das geltende deutsche Verwaltungsrecht scheinen im Ergebnis begrenzt zu sein. *Püttner* geht noch weiter, wenn er sagt, dass es bis heute keine wirkliche

[86] So aber *Ronellenfitsch*, in: Blümel (Hrsg.), Ernst Forsthoff Kolloquium, S. 53, 79. Einfügung durch den Verfasser.

rechtliche Dogmatik der Daseinsvorsorge gebe.[87] *Mestmäcker* beschreibt Forsthoffs Ansatz gar als gescheitert.[88] In vielen Schriften findet sich zwar eine Beschreibung oder Erwähnung der Lehre von der Daseinsvorsorge; Konsequenzen werden daraus für das geltende Recht aber weitgehend nicht gezogen.[89]

Dem Konzept der Daseinsvorsorge liegt ein anderes als das heutige Verständnis der Wirtschaftsverfassung zugrunde. *Forsthoff* hatte einen Staat vor Augen, der große gesellschaftliche und soziale Umwälzungen und Versorgungsnöte zu bewältigen hatte. Im Mittelpunkt seiner Überlegungen steht daher das Prinzip der staatlichen Verantwortung für den einzelnen Bürger, der sich selbst nicht zu helfen weiß.

Das moderne Verständnis der Wirtschaftsordnung beruht hingegen auf Freiheitsrechten. So gibt es etwa die Wettbewerbsfreiheit, geschützt durch das nationale und europäische Wettbewerbsrecht. Umgekehrt besteht die Aufgabe des Staates heute überwiegend in der Wahrung und Förderung der Rechte, insbesondere der Grundrechte, seiner Bürger. Daher wurde die überbordende staatliche Versorgungsverantwortung weitgehend abgelöst von einer Grundrechtsverantwortung des Staates. Die staatliche Fürsorgeaufgabe speist sich nicht mehr aus der schwer fassbaren Quelle einer universalen Daseinsvorsorge, sondern aus der Verpflichtung zu Wahrung, Schutz und Förderung der Grundrechte.[90]

Das lässt sich am Beispiel des öffentlich-rechtlichen Rundfunks verdeutlichen. Die Rundfunkfreiheit des Art. 5 Abs. 1 S. 2 GG räumt dem Bürger anerkanntermaßen keinen Anspruch gegen den Staat auf Errichtung eines privaten Rundfunks oder einer konkreten Ausgestaltung der öffentlich-rechtlichen Rundfunklandschaft ein.[91] Andererseits ist der Staat nach der Rechtsprechung des Bundesverfassungsgerichts verpflichtet, die öffentlich rechtlichen Rundfunk- und Fernsehanstalten mit angemessenen Mitteln so auszustatten,

---

[87] *Püttner*, in: Hrbek/Nettesheim (Hrsg.), Europäische Union und mitgliedstaatliche Daseinsvorsorge, S. 35 – dort legt *Püttner* eingehend dar, dass sich in der aktuellen Standardliteratur zum Verwaltungsrecht keine Auseinandersetzung mit dem Begriff finden lässt, dieser vielmehr allenfalls als Schlagwort auftaucht.

[88] *Mestmäcker*, Daseinsvorsorge und Universaldienst im europäischen Kontext, in: FS für Hans Zacher, S. 635, 639.

[89] *Püttner* (aaO, S. 35) merkt dazu an, dass der Begriff der Daseinsvorsorge zum festen Bestandteil des deutschen Verwaltungsrechts gehöre und mit einer gewissen Selbstverständlichkeit verwendet werde, ohne dass je hervortrete, welche Relevanz er haben solle.

[90] Hier liegt auch einer der bedeutenden dogmatischen Unterschiede zum service public, der vom *„Mythos der nationalen Souveränität getragen wird"*, so *Marcou*, in: Moderne/Marcou (Hrsg.), L'idée de service public dans le droit des états de l'union européenne, S. 83, 190 (Übersetzung vom Verfasser).

[91] *Ipsen*, Staatsrecht II, Rn. 430; *Wendt*, in: Münch/Kunig, GG Band 1, Art. 5, Rn. 50; *Betghe* in: Sachs GG Art. 5, Rn. 110.

dass diese die Grundversorgung der Bevölkerung mit Rundfunk- und Fernsehprogrammen sicherstellen können.[92] Bei dem am grundrechtlichen Bedarf (Informationsfreiheit) ausgerichteten Grundversorgungsauftrag ist die Rolle des Staates die eines Grundrechtsbewahrers, der zwar Gestaltungsmöglichkeiten hat, aber letztlich nur eine elementare Versorgung betreiben soll. Auf einer anderen Ebene ergeben sich weitere Problemstellungen. Es muss die Problematik gelöst werden, in welchem Verhältnis der Grundrechtsschutz im Wege der Versorgung und der Grundsatz der Wettbewerbsfreiheit, der sich letztlich auch aus dem Grundrecht auf Eigentum ergibt, zueinander stehen.

Zudem muss die Frage gestellt werden, ob das Konzept der Daseinsvorsorge durch den Liberalisierungsprozess der vergangenen Jahre nicht längst überholt ist. *Püttner* sieht einen Widerspruch zwischen dem monopolistisch geprägten Konzept der Daseinsvorsorge und dem liberalisierten Versorgungsmarkt der Gemeinschaft. Das belegt nach seiner Ansicht auch die Auffassung der Europäischen Kommission, die beide Begriffe (Daseinsvorsorge und Liberalisierung) zwar nebeneinander verwendet.[93] Gleichwohl kommt es der Kommission letztlich allein auf das gute Funktionieren der Dienste an, gleichgültig ob diese von privaten oder öffentlichen Unternehmen geleistet werden. Für das Konzept der Daseinsvorsorge sei daher praktisch kein Raum mehr. Dennoch sieht er das System der Daseinsvorsorge noch nicht als überholt an und regt daher eine neue Rolle der Verwaltung bei der Erbringung lebenswichtiger Dienstleistungen an.[94]

III. Was ist Daseinsvorsorge?

Bei aller Kritik am Begriff der Daseinsvorsorge lässt sich nicht leugnen, dass der Begriff weiterhin verwendet wird. Daseinsvorsorge ist kein normativer Rechtsbegriff, sondern weist vor allem einen soziologischen und deskriptiven Gehalt auf. Dieser Gehalt muss noch präzisiert werden.

1. Daseinsvorsorge und Leistungsverwaltung

Einer Klärung bedarf zunächst das Verhältnis der Daseinsvorsorge zum Begriff der Leistungsverwaltung. Der Begriff der Leistungsverwaltung setzte sich erst in den fünfziger Jahren als Gegenbegriff zur Eingriffsverwaltung durch.[95]

---

[92] BVerfGE 90, 60, 90.
[93] Vgl. Kommission, Leistungen der Daseinsvorsorge in Europa, KOM (2000) 580 endg., ABlEG 2001 Nr. C 17, Rn. 37ff.
[94] *Püttner*, in: Hrbek/Nettesheim (Hrsg.), Europäische Union und mitgliedstaatliche Daseinsvorsorge, S. 32, 38.
[95] *Faber* Verwaltungsrecht S. 33.

Daseinsvorsorge und Leistungsverwaltung seien schlussendlich dasselbe,[96] behaupten manche. Ganz von der Hand zu weisen ist diese Behauptung nicht. Leistungsverwaltung als Infrastrukturverwaltung, wie die öffentlichen Einrichtungen, Straßen, Universitäten, Krankenhäuser etc., bewältigt durchaus Aufgaben der Daseinsvorsorge. Nichtsdestotrotz erhält der Begriff der Leistungsverwaltung seine Bedeutung erst im rechtlichen Verhältnis zum Bürger. Das zeigt sich etwa in der viel diskutierten Frage, ob Leistungsverwaltung einer gesetzlichen Ermächtigungsgrundlage bedarf.[97] Die Frage, in welchem Umfang der Staat Aufgaben der Daseinsvorsorge überhaupt zu bewältigen hat, stellt sich indes losgelöst von den Problemen der Leistungsverwaltung. Existenzsicherung betreibt der Staat schließlich auch dort, wo er nicht einzelnen Bürgern den Zugang zu Einrichtungen sichert, sondern über die Herstellung der Einrichtungen entscheidet.[98] Dann geht es nicht um individuelle Zugangs-, und Leistungsansprüche, sondern um die Erfüllung einer Aufgabe an sich. Diese Frage steht zu Recht außerhalb des herkömmlichen Verständnisses der Leistungsverwaltung. Leistungsverwaltung ist daher ein Begriff, dessen rechtlicher Gehalt nicht zur Klärung der Frage nach den Aufgaben der Daseinsvorsorge beitragen kann.

2. Daseinsvorsorge und Sozialstaat

Zwischen der Daseinsvorsorge und dem Sozialstaatsprinzip des Grundgesetzes besteht eine unbestreitbar Nähe.[99] Die Nähe zum Sozialstaatsprinzip ergibt sich aus dem fürsorglichen und insoweit sozialen Charakter des pauschalen Versorgungsauftrags der Daseinsvorsorge.

Zugleich besteht ein wichtiger Unterschied. Das Sozialstaatsprinzip richtet sich als Staatszielbestimmung primär an den Gesetzgeber.[100] Es beinhaltet einen Sozialauftrag und fordert den Gesetzgeber zur aktiven Gestaltung der Sozialordnung auf.[101] Ansprüche des einzelnen Bürgers auf entsprechendes Handeln des Gesetzgebers hat das Bundesverfassungsgericht indes grund-

---

[96] So *Achterberg*, Allgemeines Verwaltungsrecht, § 2, Rn. 70; *Lecheler* RdE 1996, 212, 215; *Ehlers*, in: Erichsen/Ehlers, Allgemeines Verwaltungsrecht, § 1, Rn. 38; *Turegg/Kraus* Verwaltungsrecht S. 23; undeutlich: *Wolff/Bachof/Stober*, Verwaltungsrecht Band 1, S. 56.

[97] Vgl. etwa *Detterbeck*, Allgemeines Verwaltungsrecht, Rn. 285 mit einer Darstellung des Meinungsstandes speziell zur Frage der Subventionsvergabe.

[98] *Faber* Verwaltungsrecht S. 34.

[99] So *Zacher*, in: Isensee/Kirchhof, HStR I, § 25, Rn. 57. *Moderne*, in: ders./Marcou (Hrsg.), L'idée de service public dans le droit des états de l'union européenne, S. 9, 26, sieht gar eine Fortsetzung des Konzepts der Daseinsvorsorge im Sozialstaatsprinzip des Grundgesetzes.

[100] *Degenhart*, Staatsrecht I, Rn. 431.

[101] *von Münch*, Staatsrecht I, Rn. 292.

sätzlich verneint.[102] Ebenso wenig wird das Sozialstaatsprinzip als alleinige Anspruchsgrundlage für staatliche Leistungen anerkannt.[103]

Daseinsvorsorge zielt auf die Bereitstellung notwendiger Dienste und Güter unmittelbar oder mittelbar durch das Gemeinwesen ab. Sie leistet dieses aber für jedermann, nicht nur für sozial Bedürftige. Sie staffelt ihre Preise aus sich heraus nicht grundsätzlich „sozial".[104] Die Priorität der Daseinsvorsorge liegt in der Sicherheit und Allgemeinheit der Versorgung.[105] Die Bereitstellung wird bei der Daseinsvorsorge von der Frage der Erschwinglichkeit abgekoppelt. Daseinsvorsorge richtet sich schließlich nach dem Allgemeininteresse, nicht nach dem sozialen Interesse einzelner Gruppen der Gesellschaft.

Was Daseinsvorsorge ist, wird bestimmt durch die Ermittlung allgemeiner, um nicht zu sagen alltäglicher, Bedürfnisse der Bevölkerung. Sie ist daher nur insoweit sozial, als die durch sie zu lösenden Fragen solche des Zusammenlebens und Fortkommens in der Gesellschaft sind. Ihr Versorgungsauftrag bleibt dabei abstrakt und rückt niemals in die Nähe eines konkreten Bereitstellungsanspruchs, wie er etwa Gegenstand des Rechts der Leistungsverwaltung sein kann.

Daseinsvorsorge wird somit zum fortdauernden Versorgungsauftrag des Staates ohne Rechtsansprüche der Bürger, aber auch ohne Einrichtungslegitimierung auf Seiten des Staates. Sie ist ein rein materieller Begriff.[106]

Es würde zu weit gehen, der Daseinsvorsorge Verfassungsrang beizumessen,[107] zumal nicht zu erkennen ist, an welchem Verfassungsprinzip des Grundgesetzes sie festzumachen wäre. Die Daseinsvorsorge kann folglich nicht mehr als eine Handlungsmaxime des Gesetzgebers und der Verwaltung sein. Ihre konkrete Bedeutung im Einzelfall muss jedoch an den Grundrechten festgemacht werden.

---

[102] BVerfGE 1, 97, 105.

[103] So jedenfalls die Rechtsprechung des Bundesverfassungsgerichts: BVerfGE 27, 253, 283; BVerfGE 41, 126, 153; BVerfGE 84, 90; ebenso das Bundesverwaltungsgericht: BVerwG DÖV 1958, 737f; und das Bundessozialgericht: vgl. NJW 1968, 1158 und NJW 1989, 1885, 1886.

[104] *Zacher,* in: Isensee/Kirchhof, HStR I, § 25, Rn. 58. Beispielsweise hat der vermögende Bürger ebenso Zugang zu den öffentlichen Infrastrukturnetzen (Straßen, öffentliche Verkehrsmittel etc.) wie der „arme".

[105] *Zacher,* in: Isensee/Kirchhof, HStR I, § 25, Rn. 60.

[106] *Marcou,* in: Moderne/Marcou (Hrsg.), L'idée de service public dans le droit des états de l'union européenne, S. 83, 190.

[107] So aber *Broß* JZ 2003, 874 unter Berufung auf das Bundesverfassungsgericht (BVerfGE 66, 248, 258). Aus den Worten des Bundesverfassungsgerichts lässt sich jedoch eine so weitgehende Interpretation nicht ersehen.

IV. Private in der Daseinsvorsorge

Auch wenn sich in Deutschland das Konzept der Daseinsvorsorge nach *Forsthoff* nicht durchgesetzt hat, entwickelte sich eine Einbeziehung Privater in Aufgaben der öffentlichen Verwaltung. Die wirtschaftliche und soziologische Entwicklung hat sich in Deutschland nicht anders abgespielt als in Frankreich, so dass in beiden Ländern das wachsende Gewicht der Leistungsverwaltung die Einbeziehung Privater erforderte.[108] Gleichzeitig ist ein stetig wachsender Rückzug des Staates aus vielen wirtschaftlichen Bereichen zu beobachten, der mit der Privatisierungswelle der neunziger Jahre einen vorläufigen Höhepunkt fand. In Deutschland werden deswegen vielerorts Private in die staatliche Aufgabenwahrnehmung eingeschaltet. Dabei gibt es zahlreiche Formen der „Betrauung" mit öffentlichen Aufgaben:[109]

- unmittelbar durch Gesetz
- Beleihung Privater mit Hoheitsfunktionen
- Konzessionen
- gewerberechtliche Genehmigungen unter Auflagen und unter spezieller Aufsicht
- Privatisierung bei gleichzeitiger staatlicher Regulierung

Das wirft die Frage nach dem Zusammenhang zwischen der Daseinsvorsorge und der staatlichen Subventionstätigkeit auf. Es wurde dargelegt, dass das Konzept der Daseinsvorsorge den Staat nicht von vornherein dazu ermächtigt, in Verfolgung eines diffusen Gemeinwohlverständnisses, Vorkehrungen zur Versorgung seiner Bürger mit essentiellen Gütern und Dienstleistungen zu treffen, indem er die Tätigkeit der Wirtschaft in diesem Bereich a priori beschneidet. Das bedeutet jedoch nicht, dass der Staat in der Frage der Daseinsvorsorge keine Verantwortung für seine Bürger hätte. Diese Verantwortung wird, wie gezeigt wurde, konkretisiert durch die Verantwortung des Staates für die Wahrung der Grundrechte. In den frühen und mittleren Jahren seit Bestehen der Bundesrepublik wurde der Staat seiner Verantwortung dadurch gerecht, dass er die Infrastrukturen, die der Versorgung seiner Bürger dienten, erst selbst schaffte und schließlich verwaltete. Mit der fortschreitenden Entwicklung der gesellschaftlichen und wirtschaftlichen Struktur der Bundesrepublik und nicht zuletzt der durch die Europäische Gemeinschaft

---

[108] *Lecheler* RdE 1996, 212, 215; zur Aufgabenprivatisierung in Deutschland vgl. statt vieler: *Burgi,* in: Erichsen, Ehlers, Allgemeines Verwaltungsrecht, § 51 Rn. 11ff; zur Einbeziehung Privater in Frankreich, vgl. unten B II 2.

[109] Überblick bei *Lecheler* RdE 1996, 212, 215; vgl. aber auch *Burgi,* in: Erichsen/Ehlers, Allgemeines Verwaltungsrecht, § 51, Rn. 11; *Maurer*, Allgemeines Verwaltungsrecht, § 3, Rn. 9.

angestoßenen Deregulierung, änderte sich die Situation. Aus vielen Bereichen bisher fest gefügter staatlicher Infrastrukturverantwortung wurden potentielle Märkte, an denen Private sich zu beteiligen wünschten.[110] Freilich blieb es in einigen Bereichen, man denke nur an das staatliche Straßeninfrastrukturnetz, bei der Bereitstellung durch den Staat. In gleichem Maße zwingt den Staat seine Verantwortung für die Grundrechte seiner Bürger, dem Markt geöffnete Bereiche der Daseinsvorsorge mit Hilfe von Subventionen zu beeinflussen. Das steht übrigens im Einklang mit *Forsthoffs* Theorie von der Daseinsvorsorge. Er sieht das Kennzeichen einer Wirtschaftsverfassung darin, dass sie das Erwerbsstreben der Menschen bändigen und durch Hoheit in die politisch gebotenen Schranken verweisen soll.[111] Allein dieses berechtigt den Staat nicht dazu, umfassend die Versorgung seiner Bürger an sich zu ziehen. *Forsthoff* selbst spricht schon nur von einem „*Bändigen*".[112] Der Staat muss daher das *Notwendige* tun. In aller Regel wird das einerseits eine lediglich punktuelle Unterstützung der privaten Leistungsträger andererseits das Auferlegen qualifizierter Verpflichtungen in Verbindung mit dieser Unterstützung, durch Subventionen, sein.

V. Zusammenfassung

Der Begriff der Daseinsvorsorge, wenn er denn jemals Konturen hatte, hat sich jedenfalls von seiner ursprünglichen Bedeutung der Individualversorgung nach *Forsthoff* losgelöst, da sich in Deutschland eine im Wesentlichen durch die Grundrechte geprägte Gesellschafts- und Wirtschaftsverfassung herausgebildet hat. Die funktionale Trennung der staatlichen und der gesellschaftlichen Sphäre und die rechtliche Absicherung dieser Trennlinie ist in einem liberalen, auf den Schutz der individuellen Freiheitsrechte bezogenen Gemeinwesen von zentraler Bedeutung.

Der Begriff findet in unterschiedlicher, bisweilen verwirrender Weise weiterhin Verwendung. Dabei ist hervorzuheben, dass sich aus dem Begriff der Daseinsvorsorge keine rechtlichen Folgen ergeben. Vielmehr bedarf es einer genauen Beschreibung, was im Einzelfall mit der Verwendung des Begriffs Daseinsvorsorge gemeint ist.

Daseinsvorsorge als Überbegriff bezeichnet nur den Bereich öffentlicher oder privater Versorgungsleistungen, denen eine gewisse Nützlichkeit im

---

[110] *Forsthoff* selbst erkannte bereits, dass die Nachkriegsgesellschaft der Bundesrepublik Aufgaben übernommen hat, um das individuelle Dasein zu sichern. Vgl. *Forsthoff*, Rechtsfragen der leistenden Verwaltung, S. 12ff.

[111] *Forsthoff*, Die Verwaltung als Leistungsträger, S. 11f.

[112] *Forsthoff*, Die Verwaltung als Leistungsträger, S. 15.

Sinne *Forsthoffs* für die Bürger eines Staates zukommt und daher dem Gemeinwohl dienen.

Eine pauschale und nicht näher bestimmte Aufgabenzuweisung oder ein Aufgabenvorbehalt des Staates, der sich aus der Daseinsvorsorge speist, ist abzulehnen. Die Wirtschaft befriedigt die Lebensbedürfnisse des Einzelnen weitgehend in der gewünschten Weise und Preiswürdigkeit.[113] Anzuerkennen ist allerdings das Recht und die Pflicht des Staates aufgrund der Werteordnung des Grundgesetzes gesetzgeberisch, etwa mit dem Instrument der Beihilfen in dem Maße in den Wettbewerb einzugreifen, das nötig ist, um die Belange des Gemeinwohls zu gewährleisten und zu schützen. Dieses ist allerdings eher ein ordnendes und ergänzendes Verfahren, das mehr als Reaktion auf gewisse Gegebenheiten denn als prinzipielle staatliche Initiative zu begreifen ist.

B. Frankreich – Service Public

Der Begriff des service public,

„vereint in sich eine Funktion, eine Tätigkeit, eine Struktur und ein Staatsziel, sogar ein Bürgerrecht, zu einem emotionsgeladenen Ganzen, dessen Bedeutung in Frankreich allgegenwärtig, dessen rechtliche Definition darum aber nicht weniger schwierig ist."[114]

In seiner Vielschichtigkeit[115] lässt sich der Begriff des service public nicht ins Deutsche übersetzen.[116] Der Begriff, im 19. Jahrhundert von französischen Rechts- und Staatsdenkern entwickelt, erlebte fortan eine Entwicklung vom Kriterium der Rechtsprechung zur Abgrenzung von öffentlichem und privatem Recht hin zum konzeptionellen Ausgangspunkt des gesamten Staats- und Verwaltungsrechts zu Beginn des 20. Jahrhunderts in Frankreich.

Die Lehre des service public ist aufs engste mit der Person *Léon Duguit*[117] verknüpft, der als Gründer der *École de service public* von Bordeaux gilt. *Duguit* errichtete die damalige Staats- und Verwaltungsrechtslehre gänzlich auf dem Gedanken des service public. Er konzipierte den service public als staatstheoretischen Schlüsselbegriff, der den Gegenstand und das Wesen aller legitimen staatlichen Tätigkeit bezeichnete: Den Dienst an der Gesellschaft

---

[113] *Fischerhof* DÖV 1957, 305, 312.
[114] *Celestine/Felsner* RIW 1997, 105.
[115] Vgl. zu den verschiedenen Dimensionen des Begriffs etwa: *Mescheriakoff*, Droit des services publics, Nr. 23.
[116] *Celestine/Felsner* RIW 1997, 105; *Knemeyer*, Die Etablissements publics im französischen Verwaltungsrecht, S. 26.
[117] 1859 – 1928.

oder die Wahrnehmung öffentlicher Interessen.[118] Später fand der Begriff des service public sogar Eingang in die Präambel der Verfassung von 1946.[119]

I. Die Lehre vom service public nach *Duguit*

Nach *Duguits* Ansicht, die er Anfang des 20. Jahrhunderts formulierte, tritt an die Stelle des früheren juristischen Systems, das auf einer metaphysischen und individualistischen Ordnung beruht, ein juristisches System auf der Basis einer realistischen und sozialistischen Ordnung.[120]

Die Rechtswissenschaft sollte nach seiner von der Lehre *Auguste Comtes*[121] geprägten Auffassung aufgrund von Tatsachenbeobachtungen betrieben werden.[122] Ziel seines Werkes war es, der allgemein als ungenügend empfundenen liberalen Rechtsordnung eine alternative konstruktive Rechtsordnung entgegenzusetzen, die den neuen Tatsachen der zunehmenden sozialen Interdependenz im Industriestaat gerecht wird.[123] Niemand dürfe über andere verfügen und der Besitz der Macht sei eng mit der Verpflichtung verbunden, bestimmte Handlungen oder Dienstleistungen vorzunehmen.[124] Die souveräne und hoheitlich handelnde Nation setzt das Recht, an welches der Einzelne, der zugleich Bürger und Gegenstand des Staates ist, gebunden bleibt.[125] Das ist das öffentliche Recht, das *Duguit* als subjektives Recht des Staates begreift.[126] Es steht daher im Gegensatz zu den subjektiven Rechten des Individuums, wie den Menschenrechten.[127] Der Staat hat deswegen die Pflicht, sich so zu organisieren, dass der Schutz der Naturrechte des Einzelnen bestmöglich gewährleistet wird.

---

[118] Ersteres geht unmittelbar auf *Duguit* zurück, während letzteres dem service public Konzept entspricht, wie es sich in der Praxis in Frankreich durchgesetzt hat.

[119] *Püttner*, in: Cox, Daseinsvorsorge und öffentliche Dienstleistungen in der Europäischen Union, S. 45, 51. Die höchstrichterliche Rechtsprechung Frankreichs erhob den service public sogar zu einem Grundsatz von Verfassungsrang, vgl. dazu *Celestine/Felsner* RIW 1997, 105f.

[120] *Duguit*, Les transformations de Droit Public, Einleitung, S. XI.

[121] *Comtes* wollte die Sozialwissenschaften mit Hilfe der positivistischen Methode der Naturwissenschaften betreiben, da er hoffte, dadurch zu unveränderlichen Gesetzmäßigkeiten des Soziallebens zu gelangen – vgl. dazu *Comtes*, Système de politique positive.

[122] *Duguit*, Traité de droit constitutionel, S. 2f.

[123] *Duguit*, Les transformations du Droit Public, Einl., S. Xff.

[124] *Duguit*, ebd., S. 46.

[125] *Duguit*, Les transformations du Droit Public, Einl., S. XII .

[126] *Duguit*, ebd., Einl., S. XIII.

[127] Subjektive Rechte spricht *Duguit* dem Einzelnen nur sehr eingeschränkt zu. Sie müssen ganz eigene Interessen des Individuums bestimmen, sonst handelt es sich um objektives Recht – vgl. auch *Grimm*, Solidarität als Rechtsprinzip – die Rechts- und Staatslehre Léon Duguits in ihrer Zeit, S. 37.

Willensträger der Souveränität im repräsentativen System ist allerdings de facto immer nur eine Minderheit – die der Repräsentanten. Diese Minderheit kann nicht für sich in Anspruch nehmen, das Gemeinwohl, also das öffentliche Interesse, zu bestimmen.[128] Die Gesetze des demokratischen Staates sind daher in der Realität das Willensdiktat einiger weniger über alle anderen.[129] Die Souveränität ist folglich für *Duguit* absolutistisch und rechtsfeindlich – die tatsächliche Macht wird durch die Souveränität nur scheinbar legitimiert.[130] Dieses Dilemma löst *Duguit* durch die Schaffung des „*willensunabhängigen Rechts*".[131]

Für *Duguit* ergibt sich das objektive Recht aus der anthropologischen Erkenntnis, der Mensch sei zwar Individuum, er existiere aber notwendigerweise stets in gesellschaftlichen Bindungen.[132] Eine weit verzweigte Arbeitsteilung schaffe einen starken sozialen Zusammenhalt (cohésion sociale) mit gegenseitiger Abhängigkeit, was *Duguit* insgesamt „*solidarité sociale*" nennt.[133] Die solidarité sociale ist dabei unveränderliche Grundlage einer objektiven Rechtsordnung.[134] Alles, was der solidarité sociale dient, soll zugleich rechtlich geboten, alles was sie behindert, rechtlich untersagt sein.[135] Recht, so *Duguit*, seien damit allein die Normen, welche die Masse als eine wesentliche Bedingung für die solidarité sociale ansieht.[136] Der Staat selbst darf dabei nicht Quelle des Rechts sein, da er nur die Machtposition der Herrschenden verkörpere.[137] Die Herrschenden, die nur durch den Dienst am objektiven Recht legitimiert sind, haben hingegen die Rechtspflicht, die Solidarität zu fördern, wo immer es möglich ist. Letztlich stellt der Staat somit keine souveräne hoheitliche Gewalt mehr dar, sondern ist nur noch funktionale Instanz, die mit Hilfe eines ausgedehnten Apparates, die Beach-

---

[128] *Duguit* wendet sich damit gegen die Lehre *Rousseaus* vom Gemeinwillen (volonté générale). Der Gemeinwille bildet sich nach *Rousseau* durch die Addition der Sonderwillen und Privatinteressen und anschließender Herausfilterung des Gemeinwillens, der das Gemeininteresse darstellt (intérêt général), durch Abstimmung. Dadurch konstituiert die Mehrheit der Stimmen das Gemeinwohl. Nachweis bei: *Löwenberg*, Service public und öffentliche Dienstleistungen in Europa, S. 83.

[129] *Grimm*, Solidarität als Rechtsprinzip – die Rechts- und Staatslehre Léon Duguits in ihrer Zeit, S. 32.

[130] *Duguit*, Traité de droit constitutionel, Band 1, S. 631ff.

[131] *Grimm*, Solidarität als Rechtsprinzip – die Rechts- und Staatslehre Léon Duguits in ihrer Zeit, S. 46.

[132] *Duguit*, Les transformations du Droit Public, S. 17f.

[133] *Duguit*, ebd., S. 86.

[134] *Duguit*, ebd., S. 85ff.

[135] Damit, so *Grimm*, Solidarität als Rechtsprinzip – die Rechts- und Staatslehre Léon Duguits in ihrer Zeit, S. 45, gebe es bei *Duguit* keinen Unterschied mehr zwischen moralischen und rechtlichen Normen.

[136] *Duguit*, Les transformations du Droit Public, S. 116ff.

[137] *Duguit*, ebd., S. 42.

tung des objektiven Rechtes garantiert.[138] Der Gesetzgeber schafft kein Recht mehr, sondern stellt das Recht nur noch fest (deklaratorischer Gesetzgeber).[139] Der Staat selbst ist daher keine souveräne Gewalt, sondern nur noch eine Gruppe von Individuen, die nur zu dem Zweck Macht besitzen, service public zu schaffen und zu verwalten.[140] *Duguit* prägte den service public sowohl als Grund als auch als *objektive* Grenze aller Staatsgewalt.[141]

Service public definiert *Duguit* als jede Tätigkeit, deren Erfüllung durch die Regierenden gesichert, geregelt und kontrolliert werden muss, da die Erfüllung dieser Tätigkeit für die Verwirklichung und Entwicklung der interdépendence sociale unverzichtbar sei, und weil diese Erfüllung nicht anders vollständig realisiert werden könne, als durch die Intervention der Regierungsgewalt.[142]

Die drei wesentlichen Elemente des Staates sind für *Duguit* daher: Nation, service public und Territorium.[143] Der service public legitimiert überhaupt die Herrschaftsgewalt der Regierenden und tritt zugleich als „*point culminant*" an die Stelle der Staatsgewalt.[144] Er ist zugleich Fundament und Grenze der Regierungsgewalt.[145]

Infolge der gesellschaftlichen und ökonomischen Umwandlungen am Beginn des 20. Jahrhunderts, entstand die Notwendigkeit, die Versorgung der Bedürfnisse von essentieller Bedeutung der Bevölkerung zu sichern, weil sonst ein Chaos gedroht hätte, welches das soziale Leben im Staat selbst gefährdet hätte.[146] Die Erfüllung dieser Aufgabe konnte nur von sehr großen Organisationen gewährleistet werden.[147] Von der Regierung wurde daher die Einrichtung eines sog. service industriel gefordert, der nicht zum hergebrachten Bild des souveränen Staates passte, weil er Dienstleistung und nicht Befehlsgewalt bedeutete.[148] Die Funktion des Staates ändert sich: An die Stelle des hoheitlichen hierarchisch-strukturierten Staates tritt der kooperative Verwaltungsstaat, dessen vitale Funktion darin besteht, seinen Leistungs-

---

[138] *Grimm*, Solidarität als Rechtsprinzip – Die Rechts- und Staatslehre Léon Duguits in ihrer Zeit., S. 50.

[139] *Grimm*, ebd., S. 52.

[140] *Duguit*, Les transformations du Droit Public, Einl., S. XIII.

[141] *Duguit*, Traité de droit constitutionnel, S. 589. Hierin liegt auch der wesentlich Unterschied zur späteren Lehre vom service public nach Jèze, der den service public als subjektiven Begriff verstand, als verbindliche Ausrichtung staatlicher Tätigkeit auf das Gemeinwohlziel.

[142] *Duguit*, Les transformations du Droit Public, S. 51; *ders*. Traité de droit constitutionnel, Band 2, S. 61.

[143] *Duguit*, Traité de droit constitutionnel, S. 4.

[144] *Duguit*, ebd., S. 59.

[145] *Duguit*, Les transformations du Droit Public, S. 62.

[146] *Duguit*, ebd., Einl., S. XVII.

[147] *Duguit*, ebd., S. 49.

[148] *Duguit*, ebd., S. 48.

verpflichtungen nachzukommen.[149] Dem Staat oblag fortan nicht mehr nur die Ausübung der rein hoheitsstaatlichen *puissance publique*, sondern in erster Linie die Verfolgung von öffentlichen oder Gemeinwohlinteressen zur Befriedigung kollektiver Versorgungsinteressen und zur Wahrung der *solidarité sociale*.[150] Diese eher staatstheoretische Ausprägung der Lehre vom service public lässt sich als Lehre vom service public im weiten Sinne bezeichnen.[151] Sie lässt sich auf die kurze Formel bringen, service public bedeutet *staatliche* Verwirklichung des Gemeinwohls.[152]

II. Die weitere Entwicklung der Lehre vom service public

1. Institution und Tätigkeit

In reiner Form wurde *Duguits* Lehre nicht weitergeführt. Man wandte sich von der Idee einer objektiven staatlichen Machtbegrenzung ab und bemühte sich um eine subjektive Beschreibung des service public.[153] Dieses führte zu einer Verengung des service public Gedankens auf ein System, das versucht, die öffentlichen Dienstleistungen von anderen Tätigkeiten in Privatrechtsform abzugrenzen – service public im engeren Sinn.[154] Bei *Gaston Jèze* ist der service public nur noch ein rechtstechnisches Verfahren, das von den Regierenden zur Befriedigung von Gemeinwohlbedürfnissen herangezogen werden kann.[155] An die Stelle des objektiven service public Begriffs nach *Duguit* tritt bei *Jèze* der engere Begriff des *„besoin d'intérêt général"*.[156] Die Verwaltung hat nach seinem Verständnis die Aufgabe, die Bedürfnisse des Gemeinwohls zu befriedigen.[157]

---

[149] So *Grimm*, Solidarität als Rechtsprinzip – die Rechts- und Staatslehre Léon Duguits in ihrer Zeit, S. 79; *Chevallier*, Le service public, Que sais-je?, S. 21.

[150] *Pielow*, in: Hrbek/Nettesheim (Hrsg.), Europäische Union und mitgliedstaatliche Daseinsvorsorge, S. 155, 158.

[151] So *Pielow*, ebd., S. 158.

[152] *Lecheler* RdE 1996, 212, 213.

[153] *Mescheriakoff*, Droit des services publics, S. 48f. Der subjektive service public Begriff setzte sich durch und prägt bis heute das politische Handeln Frankreichs. Vgl. *Bauby/Boual*, in: dies. (Hrsg.), Les services publics au défi de l'Europe, S. 11, 13.

[154] Siehe im einzelnen zur Verengung des Begriffs des service public von einer objektiven zu einer subjektiven Konzeption und den sich anschließenden Fragen: *Mescheriakoff*, Droit des services publics, S. 48f; *Löwenberg*, Service public und öffentliche Dienstleistungen in Europa, S. 90f; *Pielow*, in: Hrbek/Nettesheim (Hrsg.), Europäische Union und mitgliedstaatliche Daseinsvorsorge, S. 155, 158ff.

[155] *Jèze*, Les principes généraux du droit administratif: La notion de service public, S. 15.

[156] *Jèze*, ebd., S. 1.

[157] *Jèze*, ebd., S. 1

Unter service public wird aber bis heute sowohl eine Verwaltungsinstitution (organisatorischer Begriff) als auch eine Tätigkeit im öffentlichen Interesse (materieller Begriff) verstanden.[158]

2. Einbeziehung des Privatrechts und der Privaten

Ein zentrales Phänomen stellte einerseits das Eindringen des Privatrechts in den Bereich des service public und andererseits die Privatisierung vieler Tätigkeiten durch die Betrauung Privater mit bestimmten Aufgaben dar. Diese Entwicklung machte eine Abschichtung zwischen ordentlicher und Verwaltungsgerichtsbarkeit erforderlich und wurde daher maßgeblich von der Rechtsprechung begleitet.[159]

So brachte die Rechtsprechung des Tribunal des Conflicts im Fall *Societé commerciale de l'Ouest africain*[160] eine bedeutende Neuerung. Das Gericht entschied, dass eine in rein privatrechtlicher Form ausgeübte staatliche Tätigkeit den Charakter eines service public haben kann.

Die Rechtsprechung des Conseil d'Etat brachte eine weitere Wende, da auch Private in das Konzept des service public eingeführt wurden. Der Conseil d'Etat entschied im Fall *Société des Autobus antibois*,[161] dass bei Einräumung einer Straßensondernutzungserlaubnis gegenüber einem Privaten, diesem ebenfalls Verpflichtungen des service public auferlegt werden können. Im Fall *Caisse primaire „Aide et protection"*,[162] bestätigte das Gericht ausdrücklich, dass auch eine Person des Privatrechts mit dem Betrieb eines service public betraut werden kann. Die Entscheidungen führten dazu, dass der Begriff des service public seine organisatorische Komponente verlor, da beim service public Tätigkeit und Verwaltung als institutioneller Rahmen fortan auseinander fallen konnten.[163]

Die organisatorische Komponente ist aber nicht aus dem funktionellen service public Begriff verschwunden, sondern wurde dahingehend modifiziert, dass der service public zwar nicht mehr nur von der öffentlichen Verwaltung betrieben wird, diese aber im Falle des Betriebs durch eine Person des Privat

---

[158] *Lachaume*, Grands services publics, S. 17; *Breidenstein*, Das Recht des service public in Frankreich, S. 10.

[159] *Pielow*, in: Hrbek/Nettesheim (Hrsg.), Europäische Union und mitgliedstaatliche Daseinsvorsorge, S. 155, 158.

[160] Tribunal des Conflicts v. 22.1.1921, Rec. Lebon, S. 91.

[161] Conseil d'Etat v. 29.1.1932, RDP 1932, S. 505.

[162] Conseil d'Etat v. 13.3.1938, RDP 1938, S. 830.

[163] *Keller*, Service public und Art. 86 Abs. 2 EGV, S. 48.

rechts Aufsicht und Kontrolle des Staates gewährleistet.[164] *Moderne*[165] spricht in diesem Zusammenhang von einer Anwendung des öffentlichen Rechts auf Private.

3. Mission de service public

Ein Gleichsetzen von öffentlich-rechtlicher Organisationsform und service public ist seither wegen der Einbeziehung Privater nicht mehr möglich. Zugleich muss nicht jedes staatliche Handeln dem Betrieb eines service public dienen. Diese Entwicklungen verleihen dem Erfordernis Nachdruck, das Vorliegen eines service public zu bestimmen, unabhängig von der Organisationsform auf der einen und des auf den service public anzuwendenden Rechts auf der anderen Seite.[166] Wann stellt also eine Aktivität einen service public dar?

In diesem Zusammenhang spricht die moderne Verwaltungsrechtslehre von „*mission de service public*“ oder „*mission d'intérêt général*“ und betrachtet dabei hauptsächlich die Tätigkeit, nicht mehr nur die Institution selbst.[167] Es stellt sich aber auch bei der mission de service public die Frage, wie ihr Vorliegen bestimmt werden soll. Das Kriterium der Tätigkeit im allgemeinen Interesse erweist sich nämlich als wenig nützlich: Es muss vom Richter im Einzelfall durch Erforschung der Intention des Gesetzgebers unter Heranziehung einer Reihe von Indizien festgestellt werden.[168] Gleichwohl setzte sich die Auffassung der mission de service public weitgehend durch, ohne dass dieses zum Verschwinden des service public Gedankens im hergebrachten Sinne geführt hätte.[169]

III. Service public heute

In der heutigen Praxis bezeichnet der Begriff des service public entweder den Gemeinwohlbezug staatlichen Handelns als so genannter materieller Begriff des service public, oder dient der Kurzbezeichnung für einen bestimmten

---

[164] „*Sous la haute direction des gouvernants*“, so *Rolland*, zitiert nach *Vlachos*, in: Recueil Dalloz 1978, Chronique, S. 257, 262.

[165] *Moderne,* in: ders./ Marcou, L'idée de service public dans le droit des états de l'union européenne, S. 9, 65.

[166] *Keller*, Service public und Art. 86 Abs. 2 EGV, S. 50.

[167] *Braibant*, Le droit administratif français, S. 134; *Breidenstein*, Das Recht des service public in Frankreich, S. 11; *Keller*, Service public und Art. 86 Abs. 2 EGV, S. 32 und S. 48ff; *Lachaume*, Grands service publics, S. 17 und 47ff.

[168] *Keller*, Service public und Art. 86 Abs. 2 EGV, S. 51, mit weiteren Nachweisen zu diesen Indizien.

[169] *Keller*, ebd., S. 55.

Kreis von Verwaltungsträgern und öffentlichen Unternehmen, die schon wegen ihrer institutionellen Zuordnung einem besonderen Gemeinwohlauftrag unterworfen sind – institutioneller oder organisatorischer service public Begriff.[170]

Ist eine bestimmte Aufgabe im Allgemeininteresse geboten, ist sie prinzipiell ureigentliche staatliche Aufgabe. Services publics, die wegen ihrer Eigenart nur von Hoheitsträgern zu erledigen sind, etwa polizeiliche, justizielle oder diplomatische Aufgaben, werden dabei als *service public administratif* bezeichnet.[171] Dienste, die nicht notwendig mit der Ausübung staatlicher Hoheitsgewalt verbunden sind und daher durchaus von anderen Stellen erbracht werden können, wie Telekommunikations-, Post- und Verkehrsdienste, Gas-, Wasser- und Elektrizitätsversorgung, heißen *services publics à caractère industriel et commercial*.[172] Das subjektive Konzept des service public legt also eine Gleichsetzung von Allgemeininteresse und staatlichem Handeln nahe.[173]

Wurde ein bestimmter Leistungsbereich zum *service public à caractère industriel et commercial* erhoben, unterliegt er fortan nicht mehr dem beliebigen Aufgabenzugriff Privater, sondern ist gleichsam „*verstaatlicht*".[174] Leitbild ist hier die Aufgabenbeherrschung im Sinne eines staatlichen „*Aufgabenmonopols*".[175] Die Voraussetzungen für die Erhebung eines bestimmten Bereiches zum service public, ist ein *starkes* öffentliches Interesse (besoin *fort* du service public), welches nur von einem service public erfüllt werden kann.[176]

1. Die Prinzipien des service public

Jeder service public, gleichgültig ob er von juristischen Personen des öffentlichen Rechts oder von Privaten erbracht wird und auch unabhängig davon, ob

---

[170] *Schweitzer*, Daseinsvorsorge, „service public", Universaldienst, S. 66. Zu den verschiedenen Begriffsebenen vgl. *Knemeyer*, Die Etablissement publics im französischen Verwaltungsrecht, S. 26f.

[171] *Pielow*, in: Hrbek/Nettesheim (Hrsg.), Europäische Union und mitgliedstaatliche Daseinsvorsorge, S. 155, 159.

[172] *Moderne*, in: ders./ Marcou (Hrsg.), L'idée de service public dans le droit des ètats de l'union européenne, S. 30. *Moderne* beschreibt das Vordringen in andere als die „klassischen" Bereiche des service public, wie soziales und Erziehung in Bereiche von Industrie und Handel. Deshalb sei es korrekt von „*mission de service public*" zu sprechen.

[173] *Bauby/Boual*, in: dies. (Hrsg.), Les services publics au défi de l'Europe, S. 11, 13; *Schweitzer*, Daseinsvorsorge, „service public", Universaldienst, S. 66f.

[174] *Pielow*, in: Hrbek/Nettesheim (Hrsg.), Europäische Union und mitgliedstaatliche Daseinsvorsorge, S. 155, 159.

[175] *Chapus*, Droit administrativ général, Band 1, S. 515.

[176] *Lecheler* RdE 1996, 212, 214.

Privatrecht oder öffentliches Recht auf ihn angewandt wird, verpflichtet seinen Betreiber, dem Gemeinwohl zu dienen.[177] Die Verpflichtung zum Gemeinwohl hat *Louis Rolland* in den drei „grands principes" des service public als Erster zusammenfassend herausgearbeitet: *Continuité, adaption* und *egalité.*[178]

Es sind immer wieder „neue" Prinzipien im Gespräch. So hat der Conseil d'État in seiner Praxis die klassischen Prinzipien des service public um weitere Prinzipien erweitert: Prinzipien der Neutralität, Partizipation, Transparenz, Verantwortung, Einfachheit und Zugänglichkeit.[179] Diese haben in der Praxis keine untergeordnete Bedeutung. Jedoch besitzen diese „neuen" Prinzipien noch nicht den Rang oder die Verbreitung wie die drei „*lois de Rolland*" genannten Prinzipien.[180]

a) Prinzip der Gleichheit

Das Prinzip der Gleichheit ist ein Verbot sachlich nicht gerechtfertigter Diskriminierung.[181] Es steht für ein Recht auf „gleichen" Zugang, also die formelle Gleichheit aller vor den services publics. Zugleich gibt es aber kein davon losgelöstes Leistungsrecht.[182] Es fügt sich das Gebot der Gleichbehandlung auch innerhalb des service public hinzu, das heißt es müssen jene gleich behandelt werden, die in einer vergleichbaren Situation sind.[183]

Ebenfalls unter das Prinzip der Gleichheit fällt das „Prinzip" der Neutralität als Aspekt des Prinzips der Gleichheit und des darin enthaltenen Verbots sachlich nicht gerechtfertigter Diskriminierung.[184]

b) Prinzip der Kontinuität

Das Prinzip der Kontinuität bezeichnet die Verpflichtung des Anbieters der service public Leistungen, diese jedermann ohne Unterbrechung anzubie-

---

[177] *Truchet*, AJDA, Spezialausgabe: Le service public, unité et diversité, S. 29, 38.

[178] *Rolland*, Précis de droit administratif, S. 18.

[179] Conseil d'État, Rapport public 1994 Nr. 46 – Études et documents du Conseil d'État (EDCE), Service public, services publics; déclin ou renouveau, La Documentation française, Paris 1995, S. 79ff.

[180] *Keller*, Service public und Art. 86 Abs. 2 EGV, S. 60. *Keller* deutet an, die „neuen" Prinzipien könnten sogar den bestehenden Prinzipien zugeordnet werden.

[181] Conseil d'État, aaO., S. 14, 27f.

[182] Vgl. dazu Conseil d'État, aaO., S. 14, 70.

[183] *Chapus*, Droit administratif général, Band 1, S. 564.

[184] So *Schweitzer*, Daseinsvorsorge, „service public", Universaldienst, S. 70; als eigenes Prinzip begreift das Prinzip der Neutralität hingegen *Lachaume*, Grands services publics, S. 223 und 315.

ten.[185] Dieses meint sowohl räumliche als auch zeitliche Kontinuität, das heißt flächendeckende und ununterbrochene Leistungsbereitsstellung.[186] Das hat weitreichende praktische Auswirkungen bis hin zum Streikrecht der Angestellten eines service public.[187]

So dient das Prinzip der Kontinuität letztlich dem Fortbestand des Staates, dessen Existenz vom Funktionieren des service public maßgeblich abhängt.[188] Jeder Betreiber eines service public darf daher die Versorgungsleistungen nicht nach seinem Belieben einstellen, sondern muss eine kontinuierliche Versorgung gewährleisten.[189] Ein schuldhafter Verstoß durch konzessionierte Betreiber kann gravierende Konsequenzen für diese haben. Zu den möglichen Folgen gehören Konzessionsentzug, Zwangsverwaltung und Umwandlung in einen Regiebetrieb.[190]

Andererseits besteht kein Anspruch der Nutzer auf Aufrechterhaltung eines bestehenden service public oder gar eines bestimmten Versorgungsniveaus. Der Staat selbst kann ungeachtet des Prinzips der Kontinuität unrentable Leistungen oder solche, für die er kein öffentliches Interesse mehr gegeben sieht, einstellen.[191]

c) Prinzip der konstanten Anpassung

Das Prinzip der konstanten Anpassung besagt, dass sich der service public immerfort an die veränderlichen Gemeinwohlbedürfnisse anpassen muss.[192] Hintergrund des Anpassungsprinzips ist die Tatsache, dass die technische und wirtschaftliche Entwicklung zum Zeitpunkt der Schaffung eines service public nicht eindeutig vorhersehbar ist.[193] Der service public muss aber das Ge

---

[185] Conseil d'État, aaO., S. 14, 75; *Rolland*, Précis de droit administratif, S. 18; so aber auch bereits *Duguit*, Les transformations du Droit Public, S. 52.

[186] *Truchet*, AJDA, Spezialausgabe: Le service public, unité et diversité, S. 32, 38f.

[187] Aus dem Kontinuitätsprinzip leitete der Conseil d'État einst ein Streikverbot für Beschäftigte eines service public ab. Dieses kollidiert aber inzwischen mit dem in der Verfassung von 1946 verankerten Streikrecht. Im Anschluss entwickelte sich eine ausufernde Rechtsprechung und Gesetzgebung, die beides zu vereinen sucht. Vgl. dazu: *Mescheriakoff*, Droit de services publics, S. 166ff m.w.N.

[188] *Boiteau* RFDA 1995, S. 320, 324.

[189] *Breidenstein*, Das Recht des service public in Frankreich, S. 35; *Löwenberg*, Service public und öffentliche Dienstleistungen in Europa, S. 105.

[190] *Chapus*, Droit administratif général, Band 1, S. 493.

[191] *Stoffaës*, in: Bauby/Boual, Les services publics au défi de l'Europe, S. 58.

[192] *Chapus*, Droit administratif général, Band 1, S. 555; *Lachaume*, Grands services publics, S. 262.

[193] *Lachaume*, ebd., S. 262ff.

meinwohl stets auf die derzeit bestmögliche Art zufrieden stellen. Das erfordert die konstante Anpassung von Organisation und Betrieb an neue Verhältnisse.[194]

Inhaltlich bedeutet das Prinzip der Kontinuität nicht nur eine ständige Anpassungspflicht, sondern vor allem eine ständige Anpassungskompetenz des Staates im Bereich des service public.[195] Mangels deutlicher Konturen der Anpassungspflicht, steht letztlich die Kompetenz des Staates, die Vorteilhaftigkeit einer Anpassung zu definieren, im Vordergrund, somit das Recht jede Anpassung des Umfangs und Inhalts eines service public zu bestimmen.[196] Dieses birgt das Risiko einer gewissen Unberechenbarkeit von Umfang und Inhalt der services publics für ihre Betreiber, aber auch für ihre Nutzer.

2. Betriebsformen

Der service public wird grundsätzlich in einer von drei Hauptbetriebsformen geleistet:[197]

- „régie", vergleichbar dem deutschen Regiebetrieb
- „établissement public", was im wesentlichen einer öffentlichen Anstalt entspricht
- „concession" – Private handeln aufgrund einer Konzession, die durch Verwaltungsakt oder Vertrag nach öffentlichem oder privatem Recht begründet wird

3. Kompetenz der öffentlichen Hand

Die öffentliche Hand ist in Frankreich für Schaffung, Abschaffung und Organisation der services publics zuständig. Dieses tut sie aus der Verantwortung für das Gemeinwohlinteresse, nach ihrem subjektiven Willen. Dabei hat die öffentliche Hand allerdings einen breiten Spielraum, da nur sie selbst bestimmen darf, was im Gemeinwohlinteresse liegt und welche Anpassungen der services publics im Wege des Anpassungsprinzips erforderlich sind. Sie ist dabei nicht völlig frei, sondern unterliegt in ihrem Ermessen den Vorgaben der Verfassung und der Gesetze.[198]

---

[194] *Rolland*, Précis de droit administratif, S. 18; *Celestine/Felsner* RIW 1997, 105, 107.
[195] *Truchet*, AJDA, Spezialausgabe: Le service public, unité et diversité, S. 38.
[196] *Schweitzer*, Daseinsvorsorge, „service public", Universaldienst, S. 70.
[197] *Lecheler* RdE 1996, 212, 214.
[198] *Mescheriakoff*, Droit des service publics, S. 104ff.

Diese Gestaltungsfreiheit gilt insbesondere für die *Handlungsform* der service public Tätigkeit. Der Staat kann also diese Tätigkeiten durch Teile der Verwaltung selbst oder durch öffentliche Unternehmen ausführen. Genauso kann er die Aufgabe aber auch an private oder gemischtwirtschaftliche Unternehmen übertragen.[199]

Die gleiche Kompetenz erlaubte es der öffentlichen Hand, jedenfalls vor der durch das Gemeinschaftsrecht erzwungenen Öffnung zahlreicher service public Bereiche für den Wettbewerb, sogar den Wettbewerb in einem bestimmten Bereich des service public auszuschließen, um die Gemeinwohlvorstellungen optimal umsetzen zu können.[200]

IV. Rechtliche Grenzen des service public

Während die verfassungsgerichtliche Überprüfung der Verstaatlichungsmaßnahmen des Jahres 1982 mit den sich im Jahre 1986 anschließenden Privatisierungen anhand der Eigentumsgarantie und der Unternehmensfreiheit letztlich nicht zur Aufhebung eben dieser Verstaatlichungs- und Privatisierungsmaßnahmen führten,[201] ist die Situation bei der Überprüfung wettbewerbswirtschaftlicher Betätigungen der öffentlichen Hand durch den Conseil d'État anders. Hier herrscht verwaltungsgerichtliche Kontrolle anhand der allgemeinen Rechtsgrundsätze zur Handels- und Gewerbefreiheit.[202] Das gilt vor allem für gemeindliches Wirtschaftshandeln. Auch wenn die Rechtsprechung in diesem Punkt bislang noch eher zurückhaltend ist, findet die Forderung nach einer Überprüfung wirtschaftlicher services publics anhand des Wettbewerbsrechts Befürworter.[203]

V. Zusammenfassung und Stellungnahme

Das Modell des service public setzt sich in einigen wesentlichen Punkten berechtigten Angriffen aus. Zu Recht wird vorgebracht, das service public Modell sei weniger ein Modell zur Versorgung der Bevölkerung, als vielmehr

---

[199] *Schweitzer*, Daseinsvorsorge, „service public“, Universaldienst, S. 71 m.w.N.

[200] *Delvolvé*, RFD adm. 1985, 1, 6.

[201] Vgl. *Pielow,* in: Hrbek/Nettesheim (Hrsg.), Europäische Union und mitgliedstaatliche Daseinsvorsorge, S. 155, 161.

[202] *Pielow,* ebd., S. 162; vgl. zur Entwicklung der Rechtsprechung in diesem Bereich: *Mescheriakoff,* Droit des services publics, S. 129f.

[203] Noch zurückhaltend die Entscheidung des Court de Cassation v. 12.12.1995, CJEG 1996, S. 180. Vgl. im übrigen *Pielow,* in: Hrbek/Nettesheim (Hrsg.), Europäische Union und mitgliedstaatliche Daseinsvorsorge, S. 155, 162 m.w.N. Es besteht eine bedrohlich anmutende Tendenz, ganze Infrastrukturnetze zu verstaatlichen oder an der Privatisierung zu hindern.

ein Mittel der Machtlegitimation.[204] So lässt sich doch nahezu jedes interventionistische Handeln des Staates, mit dem Streben nach der Erfüllung des Gemeinwohls rechtfertigen. Insbesondere die vollständige Versubjektivierung der Auffassung des Gemeinwohlinteresses durch den Staat zieht keine ausreichenden Grenzen für die weitreichenden Mittel staatlicher Eingriffe. Die sich aus den Prinzipien der Kontinuität und der konstanten Anpassung für die Unternehmen ergebenden Unwägbarkeiten bedeuten eine totale Unterordnung aller Wirtschaftsfaktoren unter das Prinzip des Gemeinwohls. Dabei ist es gefährlich, einer staatlichen Macht nahezu unbegrenzte Instrumente in die Hand zu geben, deren Einsatz und Ausgestaltung der Staat selbst jederzeit nahezu beliebig legitimieren kann.

Zudem beeinträchtigt der service public den Wettbewerb, indem er ihn beschränkt oder sogar teilweise abschafft. Mag es auch sein, dass sich in einigen Branchen trotz der Errichtung eines service public ein vitaler Wettbewerb etabliert hat.[205] Wird mit Monopolen oder Sonderrechten operiert, liegt die Beeinträchtigung des Wettbewerbs auf der Hand. Meist erhalten in diesen Branchen ohnehin staatliche oder vormals staatliche Unternehmen die für das Tätigwerden am Markt notwendigen Konzessionen. Aber auch eine Lösung über die Zulassung konkurrierender Unternehmen für einen service public Bereich bereitet Schwierigkeiten. Wettbewerb verlangt unter anderem die Möglichkeit verlässlicher Kalkulation. Der Staat hat nach dem Model des service public jedoch aufgrund des Prinzips der Anpassung das Recht, die Rahmenbedingungen des Wettbewerbs jederzeit zu verändern, was für die betroffenen Unternehmen erhebliche Planungsschwierigkeiten mit sich bringt. Die Erteilung von Konzessionen ist dem Markt fremd. Sie führt zu einem Wettbewerb vor dem Wettbewerb, dessen Regeln und Voraussetzungen weitgehend im Verborgenen bleiben und daher Einfallstore für Korruption und Misswirtschaft sind. Dieser Problematik könnte man immerhin mit einer gesteigerten Transparenz des Konzessionsverfahrens begegnen. Letztlich eignet sich das Mittel der Konzessionierung aber nicht in jedem Bereich. Es erfordert aufwendige Verfahren und Fingerspitzengefühl, da jedes Ungleichgewicht die Bedingungen des Wettbewerbs in nicht zu berechnender Weise beeinflussen können.

---

[204] *Schweitzer*, Daseinsvorsorge, „service public", Universaldienst, S. 72f m.w.N.

[205] *Pielow*, in: Hrbek/Nettesheim (Hrsg.), Europäische Union und mitgliedstaatliche Daseinsvorsorge, S. 155, 163, nennt als Beispiel den Bereich des Taxigewerbes. Dort werden parallel miteinander konkurrierende Taxiunternehmen als Konzessionäre zugelassen, so dass auf diesem Gebiet des service public durchaus Wettbewerb besteht.

C. Vergleich: Daseinsvorsorge – service public

Um beide Begriffe vergleichen zu können, muss man für die Daseinsvorsorge unterscheiden zwischen der heute verbreiteten Verwendung des Begriffs als bloßer Bereichsbeschreibung und seiner ursprünglichen Konzeption durch *Forsthoff*. Der Begriff der Daseinsvorsorge in letzterem Sinn entstammt den Erklärungsversuchen der soziologischen und ökonomischen Gesellschaftsentwicklungen Anfang des 20. Jahrhunderts. Er beschreibt insoweit die Daseinsverantwortung des Staates für seine Bürger, indem er ihm die Aufgabe zuweist, Anstalten zu ihrer umfangreichen Versorgung mit allem, was den Bürgern nützt, einzurichten. Im geltenden deutschen Recht hat sich das Konzept der Daseinsvorsorge allerdings nicht durchsetzen können, da sich in Deutschland eine grundrechtsgebundene Verfassungs- und Wirtschaftsordnung herauskristallisiert hat, die auf die Schaffung eines am Gemeinwohl orientierten Sektors öffentlicher Aufgabenerfüllung weitgehend verzichtet. Das *Forsthoffsche* Konzept der Daseinsvorsorge kann man daher als an der Wirklichkeit gescheitert bezeichnen.

Ein Bedürfnis, den Bereich der Daseinsvorsorge zu benennen und zu beschreiben besteht allerdings nach wie vor, auch wenn es in Deutschland zu keiner mit dem service public vergleichbaren Regelung dieses Bereiches durch den Staat gekommen ist.

Der service public dagegen führte seine ursprüngliche Konzeption zu einer Rechtsdogmatik, die das geltende französische Recht prägt. Es mag sich der heute geltende service public à la française auch von seiner anfänglichen Konzeption entfernt haben. Der service public entwickelte sich bereits gegen Ende des 19. Jahrhunderts als Abgrenzung zur an der öffentlichen Gewalt – „puissance public“ – orientierten Verwaltungsrechtslehre.[206] Er sollte von Anfang an die Legitimität staatlicher Macht erklären. Der service public stellt ein Rechtsprinzip der Aufgabenpublifizierung oder –monopolisierung beim Staat dar. Er wird weiter dadurch gekennzeichnet, dass er die Regeln des allgemeinen Wirtschafts- und Wettbewerbsrechts durch ein Sonderrechtsregime in abgestufter Weise abbedingt, und zwar auch dann, wenn private Unternehmen als konzessionierte Träger von *services publics industriels et commerciaux* mit der Aufgabenerledigung betraut sind.[207] Wesentlich ist für den service public der finale Ansatz, also die für das deutsche Rechtsverständnis ungewöhnliche Zweckorientierung der öffentlichen Verwaltung. Ebensolches gilt für das französische Verständnis, der Staat könne eine

[206] *Hermes*, Staatliche Infrastrukturverantwortung, S. 110.
[207] *Pielow*, Grundstrukturen öffentlicher Versorgung, S. 397.

bestimmte Aufgabe für sich deklamieren und sogleich oder später an Private delegieren, wie es das Konzept der *concession du service public* verdeutlicht.[208]

Der nach wie vor sehr verbreitete Begriff der Daseinsvorsorge kam hingegen nie über eine bloße Begrifflichkeit hinaus. Ausgehend von dieser Erkenntnis liegt die Übereinstimmung der beiden Begriffe darin, dass sie denselben Bereich notwendiger Versorgung der Bevölkerung *beschreiben*. Ihnen ist also die Zuordenbarkeit bestimmter Infrastrukturen, Anstalten und sonstiger Leistungen zu dem Bereich, den sie beschreiben gemeinsam. Gleichzeitig bleibt offen, welche Leistungen in den verschiedenen Staaten zu diesem Bereich gehören, auch wenn es große Überschneidungen gibt.

Der große Unterschied zwischen service public und Daseinsvorsorge liegt in ihrer rechtlichen Ausgestaltung. Diese ist beim service public sehr umfassend und dynamisch, während sich die Daseinsvorsorge in Deutschland nicht zu einem geregelten Institut entwickelt hat.

Vergleicht man das durch *Forsthoff* geprägte Modell der Daseinsvorsorge in seiner ursprünglichen Bedeutung mit dem service public, fällt zudem der Unterschied in der philosophischen und rechtstheoretischen Herleitung auf. Gemeinsam ist beiden Konzepten allerdings die Erkenntnis einer Notwendigkeit der Versorgung der Bevölkerung mit wichtigen Gütern und Dienstleistungen. Beide Konzepte gewannen diese Erkenntnis infolge der sozialen Umwälzungen ihrer Zeit. Während die Daseinsvorsorge sich mit der Befreiung des Individuums aus seiner durch die sozialen Umwandlungen entstandenen Unfreiheit beschäftigte, richtete der service public in seiner ursprünglichen Bedeutung sein Augenmerk nicht vorrangig auf das Individuum. Vielmehr verfolgte er öffentliche und Gemeinwohlinteressen zur Befriedigung kollektiver Versorgungsinteressen und zur Wahrnehmung der *solidarité sociale*.[209] So mag es auch zwingend erscheinen, dass sich in Deutschland infolge der Genese der Grundrechte die das Individuum betreffende Sichtweise der Lehre von der Daseinsvorsorge gleichsam erledigte. Die französische Gemeinwohlorientierung hingegen ließ sich mit den individuellen Grundrechten vereinbaren.

Die Stimmen, welche die Diffusität einer gemeinwohlbezogenen Aufgabenerfüllung erkannten, waren lauter als jene, die in der Daseinsvorsorge ein Modell zur Erfüllung der Freiheitsrechte sahen. Der Status der Grund

---

[208] *Pielow*, ebd., S. 396.

[209] *Pielow*, in: Hrbek/Nettesheim (Hrsg.), Europäische Union und mitgliedstaatliche Daseinsvorsorge, S. 155, 158.

rechte war und ist in Deutschland hingegen von überragender Bedeutung. Eine Ausrichtung staatlichen Handelns nach dem Gemeinwohl ist dagegen weniger ausgeprägt.

Das Konzept der Daseinsvorsorge kennt auch die Proklamierung einer Aufgabe als „Staatsaufgabe“, die sodann an Private delegiert werden kann, nicht.[210] Im Gegensatz zum französischen Konzessionär etwa, liegt also keine Wahrnehmung staatlicher Aufgaben, sondern ein Fall von Aufgabenprivatisierung vor.[211]

Der französische service public schafft und adaptiert seinen Anwendungsbereich gegebenenfalls fortlaufend neu, wobei er sich der Bedeutung der Aufgabenerfüllung durch Private bewusst ist und diese nutzt, indem er sie zugleich unter staatliche Kontrolle durch die Prinzipien des service public stellt. Im deutschen Recht hingegen gibt es nur eine Regelung von bereits in staatlicher Hand befindlichen Leistungen. Einer verwaltungsprivatrechtlichen Einbindung privater Betreiber von Versorgungsdiensten bedurfte es in Deutschland zudem aufgrund des Monopolprivatrechts und fachgesetzlicher Bindungen, die alternativ in Betracht kamen, nicht.[212] Die Beteiligung Privater oder deren Konkurrenz lässt sich daher konzeptionell gar nicht mit der Idee der Daseinsvorsorge regeln. Das deutsche öffentliche Recht stellt weniger die Privilegierung bestimmter Bereiche wie der Daseinsvorsorge in den Mittelpunkt, als vielmehr die Disziplinierung der öffentlichen Gewalt zur umfassenden Gewährleistung des Individualrechtsschutzes.

Gemeinsam ist den beiden Begriffen noch das Misstrauen gegenüber der Wahrnehmung öffentlicher Interessen durch Private oder jedenfalls die Bewältigung der sich daraus ergebenden Probleme. Dahinter steckt die Vorstellung eines fürsorgenden und versorgenden Staates. Das ist ein Staat, der für sich selbst in Anspruch nimmt, diese Versorgung grundsätzlich „besser“ erbringen zu können, als die Privaten. Dieser Staat reklamiert für sich, die Bedürfnisse seiner Bürger zu erkennen. Staatliche Aufgabenwahrnehmung bedeutet aber nicht immer „bessere“ Aufgabenwahrnehmung, da das regulierende Element des Marktes fehlt. Trotz dieses Misstrauens kennen beide

---

[210] *Pielow*, ebd., S. 155, 165; so auch *Moderne,* in: ders./Marcou, L'idée de service public dans le droit des états de l'union européenne, S. 9, 64; vgl. zudem *Osterloh,* in: VVDStRL 54 (1995), S. 204, 224.

[211] *Pielow*, in: Hrbek/Nettesheim (Hrsg.), Europäische Union und mitgliedstaatliche Daseinsvorsorge, S. 155, 165.

[212] *Pielow*, Grundstrukturen öffentlicher Versorgung, S. 396 und S. 451ff; vgl. auch: *Gröttrup*, Die kommunale Leistungsverwaltung, S. 67f.

Konzepte Formen der Betrauung Privater mit öffentlichen Aufgaben. Der wesentliche Unterschied besteht darin, dass die Betrauung im service public Teil des Konzeptes ist.

Beiden Konzepte ist weiter gemeinsam, dass sie kein Vertrauen in die selbst regulierenden Kräfte des Marktes haben. Zugleich verhindert die Ausrichtung auf das öffentlichen Interesse, die Orientierung an rein kommerziellen Zwecken für Unternehmen der Daseinsvorsorge oder des service public.[213] Dabei wird vergessen, dass jegliche staatliche Intervention eine *eindeutige* und *klare* Zielsetzung benötigt, will sie nicht mehr Schaden als Nutzen bringen.[214]

D. Zusammenfassung

Der Begriff der Daseinsvorsorge diente in seiner ursprünglichen Bedeutung der Begründung einer Versorgungsverantwortung des Staates für das Individuum. Nachdem diese Lehre als gescheitert anzusehen war, fand der Begriff gleichwohl weiterhin in unspezifischer Weise Verwendung im deutschen Verwaltungs- und Verfassungsrecht. Er ist im Kern als ein Begriff anzusehen, der den Leistungsbereich der Daseinsvorsorge beschreibt, ohne dass sich hieran weitere rechtliche Folgen anschließen. Nach deutschem Recht ergeben sich staatliche Aufgaben aus der Verfassung und können daher nicht von der Exekutive aus sich heraus zu Staatsaufgaben proklamiert werden. Eine Delegation dieser Aufgaben an Private ist im Rahmen der Verfassungsordnung möglich, sie berechtigt jedoch nicht zu Beschränkungen des Wettbewerbs.

Der service public fungierte anfangs als Legitimationsversuch für staatliche Macht. Schrittweise wurde er jedoch umfunktioniert in ein Rechtsinstitut, das den staatlichen Verantwortungsbereich für das Allgemeinwohl markiert. Eine in diesen Bereich fallende Aufgabe ist dann Staatsaufgabe und wird als solche zunächst vom Staat an sich gezogen. Die Aufgaben können aber auch an Private delegiert werden. Anders als bei der Daseinsvorsorge ist der service public mit umfangreichen Kompetenzen ausgestaltet, welche den Staat unter anderem zu erheblichen Einschränkungen des Wettbewerbsverhaltens privater und öffentlicher Unternehmen berechtigen.

---

[213] *Hermes*, Staatliche Infrastrukturverantwortung, S. 110.

[214] So auch *Möschel* JZ 1988, 885, 887.

Zweites Kapitel: Dienste von allgemeinem wirtschaftlichem Interesse im Wettbewerb

A. Dienste von allgemeinem wirtschaftlichem Interesse in der Europäische Union

Der Bereich der Dienste von allgemeinem wirtschaftlichem Interesse ist in der Europäischen Union neuerdings wieder Gegenstand einer lebhaften Debatte.[1] Mit zwei Schriften aus jüngerer Zeit hat die Kommission der Europäischen Gemeinschaften eine Diskussion über die Rahmenbedingungen gemeinwohlorientierter Dienstleistungen angeregt. Das ist neben der aktuellen Mitteilung der Kommission zur Thematik der Daseinsvorsorge vom 20.9.2000[2] das „*Grünbuch zu Dienstleistungen von allgemeinem Interesse*“ vom 21.5.2003[3] und das „*Weißbuch zu Dienstleistungen von allgemeinem Interesse*“ vom 12.5.2004[4]. Außerdem gibt es zur dieser Thematik von der Kommission selbst oder einzelnen Kommissaren noch zahlreiche andere Einlassungen.[5] Das Echo aus der rechtswissenschaftlichen Literatur, der Politik und den Verbänden ist nachhaltig.[6]

---

[1] Vgl. nur aus jüngster Zeit die Beiträge von *Wernicke* EuZW 2003, 481; *Knauff* EuZW 2003, 453ff; *Hösch* NJW 2003, Heft 35 Editorial.

[2] Kommission, Leistungen der Daseinsvorsorge in Europa, v. 20.9.2000, KOM (2000) 580 endg., ABlEG 2001 Nr. C 17, S. 4; zuvor bereits die gleichnamige Mitteilung v. 26.9.1996, KOM (1996) 443 endg., ABlEG 1996 Nr. C 281, S. 3.

[3] Ersteres KOM (2003) 270 endg. (Quelle: http://europa.eu.int/eur-lex/de/com/gpr/2003/com2003_0270de01.pdf). In diesem Grünbuch formuliert die Kommission eine ganze Reihe detaillierter Fragen aus allen Bereichen der Dienstleistungen von allgemeinem Interesse, die sie zur Diskussion stellte.

[4] Das Ergebnis dieser Diskussion wurde inzwischen von der Kommission im Weißbuch über Dienstleistungen von allgemeinem Interesse vorgelegt (KOM (2004) 374 – Quelle: http://europa.eu.int/comm/secretariat_general/services_general_interest/docs/com2004_374_de.pdf). Zum Weißbuch vgl. *Deuster* EuZW 2004, 526ff.

[5] Vgl. etwa das Non-Paper der Kommission zu den Diensten von allgemeinem wirtschaftlichen Interesse und staatliche Beihilfen, vom 12.11.2002, (Quelle: http://europa.eu.int/comm/competition/state_aid/others); Bericht der Kommission über den Stand der Arbeiten betref-fend die Leitlinie für staatliche Beihilfen im Zusammenhang mit Dienstleistungen von allgemeinem wirtschaftlichen Interesse, (Quelle: http://europa.eu.int/comm/competition/state_aid/others/sieg_de.pdf); sowie: *Dohms*, Die Vorstellungen der Kommission zur Daseinsvorsorge, vom 8.12.2000, (Quelle: http://europa.eu.int/comm/competition/speeches/text/sp000_025_de.pdf.

[6] Vgl. aus der umfangreichen Literatur der vergangenen Jahre: *Hrbek/Nettesheim* (Hrsg.), Europäische Union und mitgliedstaatliche Daseinsvorsorge; *Schwarze* (Hrsg.), Daseinsvorsorge im Lichte des Wettbewerbsrechts; *Cox* (Hrsg.), Daseinsvorsorge und öffentliche Dienstleistungen in der Europäischen Union; *Oldiges* (Hrsg.), Daseinsvorsorge durch Privatisierung – Wettbewerb oder staatliche Gewährleistung; *Pielow*, Grundstrukturen öffentlicher Versorgung. Siehe aber auch die politischen Einlassungen: *Pluge*, Wasserwirtschaft zwischen Daseinsvorsorge und

I. Dienste von allgemeinem wirtschaftlichem Interesse als ein Schlüsselelement der Europäischen Union

Es ist charakteristisch für moderne Industriestaaten, dass dort Dienstleistungen erbracht werden, die der Befriedigung bestimmter Grundbedürfnisse der Bevölkerung dienen. Ein weiterer Gesichtspunkt ist die Erleichterung der Integration der künftigen Mitgliedstaaten durch die Entwicklung netzgebundener Wirtschaftszweige und der Förderung des Wohlergehens der neuen Unionsbürger.[7]

Typisch hierfür sind traditionell Dienstleistungen in den Bereichen der Energie- und Wasserversorgung, der Verkehrsinfrastruktur (Straßenbau, Schiff- und Luftfahrt sowie Eisenbahn- und Nahverkehr) und der Abfallentsorgung. Daneben bestehen die moderneren Bereiche der Kommunikationsinfrastruktur, wie Post und Telekommunikation, Rundfunk und Fernsehen. Was im Einzelnen zu den Diensten von allgemeinem wirtschaftlichem Interesse gehört, wird nicht in allen Mitgliedstaaten der EU einheitlich gesehen, wenn sich auch eine gewisse Typik entwickelt hat.[8]

Wettbewerb, Quelle: http://www.bundesverband-gas-und-wa...publik/trinkwasser/ vortrag_wawi.htm; *CDU/CSU-Gruppe im EP*, Daseinsvorsorge und Wettbewerb in der Europäischen Union.

[7] So noch im Grünbuch die Kommission, Grünbuch zu den Dienstleistungen von allgemeinem Interesse, Rn. 3. Im Weißbuch findet sich nur mehr der Hinweis auf eine „*entscheidende Phase der Entwicklung der Union*“, Rn. 2.1 a.E.

[8] Vgl. dazu *Thiry*, in: Cox, Öffentliche Dienstleistungen in der Europäischen Union, S. 29, 31. Man kann aber dennoch die vorstehenden Bereiche als typische Dienste von allgemeinem Interesse bezeichnen, da sie in den meisten Mitgliedstaaten übereinstimmend mit öffentlichen Dienstleistungen assoziiert werden. Siehe für Deutschland: *Schwarze*, in: AJDA Spezialausgabe, Le service public – unité et diversité, S. 150, 152; *Hermes*, Staatliche Infrastrukturverantwortung, S. 162; für Frankreich: *Lachaume*, Grands services publics, S. 25; für Großbritannien: *Bell*, in: AJDA Spezialausgabe, Le service public – unité et diversité, S. 130, 131; *Pielow*, in: Hrbek/Nettesheim, Europäische Union und mitgliedstaatliche Daseinsvorsorge, S. 155ff; *Kennedy*,in: Moderne/Marcou (Hrsg.), L'idée de service public dans le droit de états de l'union européenne, S. 225; für Italien: *Cassese*, in: CEEP (Hrsg.), Europe, Concurrence et Service Public, S. 109; *Sabbioni*, in: Moderne/Marcou (Hrsg.), L'idée de service public dans le droit des états de l'union européenne, S. 259ff; für Spanien; *Moderne*, in: ders./Marcou (Hrsg.), L'idée de service public dans le droit des états de l'union européenne, S. 313ff; *Jimenez-Blanco*, in: CEEP (Hrsg.), Europe, Concurrence et Service Public, S. 165ff; *González-Varas*, in: Hrbek/Nettesheim, Europäische Union und mitgliedstaatliche Daseinsvorsorge, S. 210ff; für Österreich: *Holoubek/Segalla*, in: Hrbek/Nettesheim, Europäische Union und mitgliedstaatliche Daseinsvorsorge, S. 199ff; für die Benelux-Länder: *Ziller*, in: Moderne/Marcou (Hrsg.), L'idée de service public dans le droit des états de l'union européenne, S. 193.

1. Dienste von allgemeinem wirtschaftlichem Interesse als Rahmenbedingung der Wettbewerbsfähigkeit

Die Kommission ist der Auffassung, dass die Dienste von allgemeinem wirtschaftlichem Interesse zur generellen Wettbewerbsfähigkeit der europäischen Wirtschaft beitragen.[9] Sie bewirkten eine Stärkung der Wettbewerbsfähigkeit der europäischen Binnenwirtschaft, leisteten einen Beitrag zu einem hohen Niveau des Verbraucherschutzes und Verbrauchervertrauens. Effiziente Dienste von allgemeinem wirtschaftlichem Interesse sind für die Kommission nicht zuletzt ein bedeutender Faktor bei der Ansiedlung von Produktionsstätten und kommen sowohl den Unternehmen als auch deren Arbeitnehmern zugute.[10]

Eine flächendeckende Versorgung mit Dienstleistungen, welche die menschlichen Grundbedürfnisse abdecken,[11] hat eine herausragende Bedeutung, nicht nur für den Wohlstand im Allgemeinen, sondern auch für reibungslose wirtschaftliche Abläufe. Beides gehört wiederum zu den Rahmenbedingungen der Wettbewerbsfähigkeit eines wirtschaftlichen Standortes. Gleichzeitig herrscht die Einsicht in allen Mitgliedstaaten,[12] dass bestimmte Güter, Tätigkeiten und Dienstleistungen aus Gründen des Gemeinwohls nicht immer allein durch die Markt- und Wettbewerbsmechanismen in ausreichendem Umfang bereitgestellt und nicht ohne öffentliche Regulierungsmöglichkeit an Private übertragen werden können.[13] Bestimmte Güter und Dienstleistungen sind von grundlegender Bedeutung für die Gesellschaftsordnung und den sozialen Interessenausgleich - der Staat muss ihre Bereitstellung für jedermann gewährleisten.[14]

---

[9] Kommission, Leistungen der Daseinsvorsorge in Europa, KOM (2000) 580 endg., ABlEG 2001 Nr. C 17, S. 3, 23.

[10] Kommission, ebd.

[11] Der Begriff menschliche Grundbedürfnisse bedeutet keine Verengung auf eine elementare Grundversorgung. Der Bereich der Daseinsvorsorge zeigt sich allenthalben aufgeschlossen für moderne Technik und entspricht insoweit den gewachsenen Versorgungsanforderungen der Bürger, die heute weit mehr unter Grundversorgung verstehen als etwa Wasser- und Energieversorgung.

[12] Über die konkrete Ausgestaltung gibt es aber von Staat zu Staat stark unterschiedliche Auffassungen – vgl. hierzu *Schwarze*, in: ders. (Hrsg.), Daseinsvorsorge im Lichte des Wettbewerbsrechts, S. 12.

[13] So schätzt der Zentralverband der Europäischen öffentlich Wirtschaft (CEEP) die Situation ein: CEEP (Hrsg.), Europa, Wettbewerb und öffentliche Dienstleistungen, Beiträge zur öffentlichen Wirtschaft, Heft 15, S. 23.

[14] CEEP, ebd., S. 25.

2. Begriffe

a) Daseinsvorsorge und Dienste von allgemeinem wirtschaftlichem Interesse

Der EG-Vertrag verwendet in Art. 16 und Art. 86 Abs. 2 EG den Begriff „*Dienste*", bzw. „*Dienstleistungen von allgemeinem wirtschaftlichem Interesse*".

Die Kommission spricht in ihrer Mitteilung vom 20.9.2000[15] nur von „*Leistungen der Daseinsvorsorge*".[16] Das von ihr jüngst vorgelegte Weißbuch titelt dagegen mit „*Dienstleistungen von allgemeinem Interesse*". Die Kommission versteht unter diesen Begriffen, auch wenn sie diese in unterschiedlicher Weise verwendet, stets das gleiche.

Den Begriff der Daseinsvorsorge empfinden manche Stimmen in der Literatur als „*anstößig*" und „*ungenau*".[17] Von anderer Seite wird dagegen vorgeschlagen, ausschließlich den Begriff der Daseinsvorsorge zu verwenden, weil die in Art. 16 EG genannten Dienste von *allgemeinem wirtschaftlichem Interesse* nur eine Unterkategorie der *Daseinsvorsorge* darstellten.[18] Der Begriff der Daseinsvorsorge ist in der deutschsprachigen Literatur nach wie vor sehr verbreitet.[19]

Der Begriff der Daseinsvorsorge, wie ihn die Kommission bislang in der amtlichen deutschen Übersetzung verwendet hatte, stammte ursprünglich vom deutschen Sprachdienst der EU.[20] Übersetzungen in die Sprachen anderer Mitgliedstaaten lauten hingegen auf den Begriff der „Dienste von all-

---

[15] Kommission, Leistungen der Daseinsvorsorge in Europa, KOM (2000) 580 endg, ABlEG 2001 Nr. C 17; so aber auch schon in der gleichnamigen Mitteilung, KOM (96) 443 endg.

[16] In der französischen Version „*Services d'intérêt général*", in der englischen „*Services of general interest*", in der spanischen „*Servicios de interés general*".

[17] Siehe etwa: *Knauff* NJW 2003, 453; *Püttner*, in: Hrbek/Nettesheim, Europäische Union und mitgliedstaatliche Daseinsvorsorge, S. 32 weist auf die Gefahr hin, es könne der Eindruck entstehen, die EU habe den deutschen Begriff der Daseinsvorsorge rezipiert; gegen eine solche Übersetzung auch: *Moderne,* in: ders./ Marcou, L'idée de service public dans le droit des états de l'union européenne, S. 63.

[18] So *Jung,* in: Calliess/Ruffert, EUV/EGV, Art. 16, Rn. 2.

[19] Der Begriff wird beispielsweise verwendet von *Mestmäcker,* Immenga/Mestmäcker, EG-Wettbewerbsrecht II, Art. 37, 90 Rn. 1ff; *Schwarze,* Daseinsvorsorge im Lichte des Wettbewerbsrechts; *Oldiges*, Daseinsvorsorge durch Privatisierung – Wettbewerb oder staatliche Gewährleistung; *Pielow,* Grundstrukturen öffentlicher Versorgung, S. 353ff; *Schweitzer*, Daseinsvorsorge, „service public", Universaldienst. Der Begriff soll daher auch in der vorliegenden Arbeit Verwendung finden.

[20] *Ronellenfitsch,* in: Blümel (Hrsg.), Ernst Forsthoff Kolloquium, S. 53, 90.

gemeinem Interesse",[21] wie ihn die Kommission nunmehr auch in der deutschen Übersetzung verwendet.

b) Dienste von allgemeinem wirtschaftlichem Interesse

Was ist der Unterschied zwischen den Diensten von allgemeinem Interesse und den Diensten von allgemeinem *wirtschaftlichem* Interesse? Der erstgenannte Begriff wurde in der Gemeinschaftspraxis aus dem zweiten abgeleitet.[22]

Ausgehend von den Definitionen der Kommission,[23] liegt der Unterschied allein darin, dass entweder *nichtmarktbezogene* Leistungen dazugehören (so nur beim ersten Begriff) oder nicht. Marktbezogene Dienstleistungen sollen dabei diejenigen Tätigkeiten sein, die typischerweise von einem Unternehmen auf einem Markt ausgeübt werden.[24] Darunter fallen also nicht ausschließlich kulturelle, religiöse, soziale oder karitative Zwecke.[25]

Man kann bezweifeln, ob eine Abgrenzung marktbezogener und nichtmarktbezogener Leistungen überhaupt möglich ist.[26] Angesichts der häufigen Verknüpfung wirtschaftlicher Interessen mit nichtmarktbezogenen kulturellen, sozialen und sonstigen politischen Interessen ist gegebenenfalls auf den Schwerpunkt der Aufgabenübertragung abzustellen.[27]

Die beihilfenrechtliche Problematik im Bereich der Daseinsvorsorge entsteht typischerweise in Zusammenhang mit marktbezogenen Unternehmens-

---

[21] „services d'intérêt général", „services of general interest", „servicios de interés generals", „serviços de interesse geral", „servici d'interesse generale", „Tjänsten i allmänhetens interesse" oder „Diensten van algemeen Belang". Der Begriff selbst ist im EG-Vertrag so allerdings nirgends enthalten.

[22] Kommission, Grünbuch zu den Diensten von allgemeinem Interesse, Rn. 16.

[23] Im Anhang zu der Mitteilung zu Leistungen der Daseinsvorsorge in Europa, KOM (2000) 580 endg., ABlEG 2001 Nr. C 17, S. 42; ebenso im Grünbuch zu den Diensten von allgemeinem Interesse, Rn. 16.

[24] Stellungnahme des Wirtschafts- und Sozialausschuss zum Thema „Leistungen der Daseinsvorsorge" vom 21.10.1999, ABl. EG 1999 Nr. C 368/51 Ziff. 1.2.

[25] So die Kommission in Rs. 78/70 – GEMA – Slg. 1970, 49ff; ebenso *von Burchard,* in: Schwarze, EU, Art. 86, Rn. 64; *Hochbaum,* in: Schröter/Jakob/Mederer, Europäisches Wettbewerbsrecht, Art. 86, Rn. 53; *ders.,* in: GTE, Art. 90, Rn. 56; *Mestmäcker*, Europäisches Wettbewerbsrecht, S. 664.

[26] Zweifel werden insoweit geäußert in der Stellungnahme des Freistaat Bayern zu Daseinsvorsorge, abrufbar unter: http://www.bayern.de/Europa/Daseinsvorsorge.html, S. 2.

[27] *Mestmäcker,* in: Immenga/Mestmäcker, EG-Wettbewerbsrecht II, Art. 37, 90, Rn. 21, fordert eine getrennte Betrachtung von Aufgabe und Tätigkeit, da die anvisierten Aufgaben in aller Regel nichtwirtschaftliche Komponenten hätten.

tätigkeiten, da nur solche sich auf den Wettbewerb auswirken können. Diese Arbeit beschränkt sich daher auf Dienstleistungen von allgemeinem wirtschaftlichem Interesse.

c) Gemeinwohlverpflichtungen

Der Begriff der *Gemeinwohlverpflichtungen* oder *gemeinwirtschaftlichen Verpflichtungen* bezieht sich auf die besonderen Anforderungen der staatlichen Behörden an den Anbieter des betreffenden Dienstes, mit denen sichergestellt werden soll, dass bestimmte Gemeinwohlinteressen erfüllt werden – beispielsweise im Luft-, Schienen- und Straßenverkehr oder im Energiesektor. Sie können auf regionaler, nationaler oder der Gemeinschaftsebene wahrgenommen werden.[28]

II. Dienste von allgemeinem wirtschaftlichem Interesse und Wettbewerb

1. Bedeutung der Dienste für die Gemeinschaft

Der Schwerpunkt der wettbewerbsrechtlichen Aktivität der Kommission hat sich in den letzten Jahrzehnten verlagert von der Beseitigung von Handelshemmnissen hin zur Liberalisierung bis dahin monopolistisch geprägter Marktsektoren für den Wettbewerb.[29] Dabei sollen auch jene Bereiche verstärkt für den Wettbewerb geöffnet werden, in denen mitgliedstaatliche Unternehmen der Dienste von allgemeinem wirtschaftlichem Interesse traditionell eine starke Rolle spielen, und daher eine beihilfenrechtliche Überwachung durch die Kommission auf Widerstand stößt. Eine Öffnung für den Wettbewerb hat weitreichende Folgen für diese Marktbereiche: Bedeutsame Dienstanbieter können etwa vom Markt verschwinden. Die Leistungserbringung in einem oder mehreren Bereichen der Daseinsvorsorge kann dadurch insgesamt gefährdet oder gar verhindert werden.

Es gibt eine Kontroverse darüber, ob die Art und Weise des Vorgehens der Kommission bei der Liberalisierung der Märkte auch ausreichende Sensibilität gegenüber dem Bestreben vieler Mitgliedstaaten besitzt, Funktion und Eigenart der Dienste von allgemeinem wirtschaftlichem Interesse zu erhalten.[30] Die Kommission erkannte erst kürzlich Dienstleistungen von allgemei-

---

[28] Kommission, Weißbuch zu den Dienstleistungen von allgemeinem Interesse, Rn. 2.3.

[29] Kommission, ebd., Rn. 5; ähnlich *Schwarze* EuZW 2001, 334.

[30] *Nettesheim* nennt die Gefahr, die gewachsenen Systeme der Daseinsvorsorge könnten „*überrollt*" werden – Hrbek/Nettesheim, Europäische Union und mitgliedstaatliche Daseinsvorsorge, S. 39. *Broß* JZ 2003, 874, 876 spricht drastischer von einer Zerstörung der stabilisierenden Elemente der Daseinsvorsorge durch den Wettbewerb.

nem wirtschaftlichem Interesse als eines der wesentlichen Fundamente des Europäischen Gemeinschaftsmodells an, von dem Bürger und Unternehmen in Europa ein breites Leistungsspektrum bei hoher Qualität zu erschwinglichen Preisen erwarteten.[31]

Die Bedeutung der Dienste wird neuerdings zusätzliche unterstrichen von der Bestimmung des Art. 16 EG.[32] Als eine Bekräftigung des Art. 16 EG ist Art. 36 der Europäischen Grundrechtscharta[33] anzusehen. Auch unter den verschiedenen Gemeinschaftsorganen besteht Einvernehmen darüber, dass Dienste von allgemeinem wirtschaftlichem Interesse ein wesentliches Element des europäischen Gesellschaftsmodells darstellen und grundlegende Bedeutung für den sozialen Zusammenhalt der Gemeinschaft haben.[34]

In vielen Wirtschaftszweigen ist ein Prozess der Liberalisierung in Gang gekommen, der das traditionelle Modell der Daseinsvorsorge – die Einräumung einer mit Betriebspflichten verbundenen Monopolstellung – verdrängt.[35] Die Mitgliedstaaten bedienen sich im Zuge dessen eines anderen Modells: Ein im Wettbewerb operierendes Unternehmen wird mit einem gemeinwirtschaftlichen Auftrag betraut und erhält als Ausgleich für daran geknüpfte Verpflichtungen eine in unterschiedlicher Weise ausgestaltete staatliche Unterstützung.[36] Das führt zu einem großen Veränderungsdruck auf die oft als überkommen empfundenen Strukturen der klassischen öffentlichen Versorgungsunternehmen.[37]

---

[31] Europäische Kommission: Bericht für den Europäischen Rat in Laeken: Leistungen der Daseinsvorsorge KOM(2001) 598 endg., v. 17.10.2001, Rn. 1.

[32] Art. 16 EG wurde erst durch die Beschlüsse von Amsterdam mit Wirkung ab 1.5.1999 neu in den EG-Vertrag eingefügt und blieb durch den Vertrag von Nizza unverändert. Eine vergleichbare Vorläuferregelung gab es weder im EWG-Vertrag noch im Vertrag von Maastricht.

[33] Charta der Grundrechte der Europäischen Union, 18.12.2000, ABlEG 2000 Nr. C 364/1. Dort wird der Zugang der Unionsbürger zu Dienstleistungen von allgemeinem wirtschaftlichem Interesse als Mittel zur Förderung des sozialen und territorialen Zusammenhalts in der Union erklärt.

[34] So ausdrücklich: Europäische Sozialagenda, auf der Tagung des Europäischen Rates in Nizza am 7., 8., 9. Dezember 2000; ABlEG 2000 Nr. C 157/4 Rn. 11f; Europäischer Rat von Lissabon, 23./24.3.2000, Schlussfolgerungen des Vorsitzes, Ziff. 19 (Quelle: http://europa.eu.int/summits/lis1_de.htm; Kommission, Leistungen der Daseinsvorsorge in Europa, 20.9.2000, KOM(2000) 580 endg., Zusammenfassung Rn. 7, 56, 64.

[35] Vgl. hierzu *Ehlermann* RMC 1992, 613.

[36] *Nettesheim*, EWS 2002, 253. Zum Betrauungsakt siehe *Nicolaysen*, Europarecht II, S. 276.

[37] *Nettesheim*, in: Hrbek/Nettesheim, Europäische Union und mitgliedstaatliche Daseinsvorsorge, S. 39.

2. Wirtschaftlichkeit der Betreiber der Dienste von allgemeinem wirtschaftlichem Interesse

a) Öffentliche und private Unternehmen

Öffentliche Unternehmen unterliegen speziellen Gemeinwohlverpflichtungen, wie etwa der flächendeckenden Versorgung der Bevölkerung zu erschwinglichen Preisen, und arbeiten daher nicht prinzipiell gewinnorientiert.[38] Private Unternehmen, die in bestimmten Aufgabengebieten speziellen Gemeinwohlverpflichtungen unterworfen sind, operieren hingegen gewinnorientiert und bedürfen, aufgrund ihrer Belastung mit bestimmten Gemeinwohlverpflichtungen, staatlicher Zuwendungen. Man findet in diesem Zusammenhang das durchaus anschauliche Begriffspaar *altruistischer* und *egoistischer* Tätigkeit.[39] Diese beiden Zielsetzungen unterliegen naturgemäß einem Spannungsverhältnis.[40] Die jüngere Entwicklung der Versorgungsstrukturen bringt es mit sich, dass sich das Konfliktfeld nicht mehr lediglich auf die beiden Pole *öffentliche Unternehmen* und *Private,* die miteinander in Wettbewerb stehen, reduziert.[41] Das gleiche Spannungsfeld besteht zwischen staatlich bezuschussten oder sonst privilegierten Unternehmen und anderen Unternehmen, denen diese Zuwendungen fehlen.[42]

Mit anderen Worten betrifft der Konflikt nicht mehr nur den Gegensatz zwischen öffentlichen und privaten Unternehmen, sondern auch die Gewährung von Ausgleichsleistungen für die Erfüllung gemeinwirtschaftlicher Verpflichtungen.

---

[38] *Jung,* in: Calliess/Ruffert, EUV/EGV, Art. 16, Rn. 1a. Gleichwohl gilt das nicht für alle öffentlichen Unternehmen. Vor allem Unternehmen, die in Rechtsformen des Privatrechts überführt wurden, arbeiten in aller Regel innerhalb der verfassungsrechtlichen Grenzen ebenfalls moderat gewinnorientiert.

[39] Vgl. *Hösch,* Die kommunale Wirtschaftstätigkeit, S. 2. Dieses Begriffspaar ist zwar anschaulich, trifft aber nicht den Kern der Sache: Öffentliche Unternehmen handeln nicht altruistisch. Es ist vielmehr ihr Hauptzweck, dem Gemeinwohl zu dienen. Bei einer zu starken Fokussierung auf die unbestritten notwendige erwerbswirtschaftliche Tätigkeit der öffentlichen Hand, gerät die Verpflichtung auf das Gemeinwohl daher ins Hintertreffen. Siehe zur Erwerbstätigkeit der öffentlichen Hand: *Reidt,* in: Jarass Wirtschaftsverwaltungsrecht S. 194.

[40] Beispiele sind der Betrieb von öffentlich-rechtlichen Rundfunkanstalten, Sparkassen und Krankenhäusern; die kommunale Wohnungsvermittlung, BVerwG NJW 1978, S. 1539f; Tätigkeit der Gemeinde als Industriemakler, VGH Mannheim NJW 1995, S. 274f.

[41] Vgl. dazu *Müller* DVBl. 1998, S. 1256ff für den kommunalen Telekommunikationsmarkt; *Schink* NVwZ 1997, S. 435ff für den Bereich der Abfallentsorgung.

[42] Ein aktuelles Beispiel ist hierfür der Konflikt im Bereich des öffentlichen Personennahverkehrs zwischen der *Altmark Trans GmbH* und der *Nahverkehrsgesellschaft Altmark GmbH,* EuGH v. 24.7.2003, Rs. C-280/00 – Altmark Trans – Slg. 2003, I-7747.

b) Konfliktfelder

Seit vielen Jahren geht die Kommission jetzt schon recht konsequent gegen die Begünstigungen öffentlicher Unternehmen durch staatliche Subventionen vor.[43] Ihr geht es um die Durchsetzung der offenen Marktwirtschaft mit freiem Wettbewerb, auch im Bereich der Dienste von allgemeinem wirtschaftlichem Interesse.[44] Diese Haltung führt allerdings auch zu vermehrten Konflikten mit den Mitgliedstaaten. Die Kommission beteuert dabei, es bestehe eine „*absolute Vereinbarkeit von hohen Standards bei der Bereitstellung von Leistungen der Daseinsvorsorge mit den EG-Wettbewerbs- und Binnenmarktregeln*".[45] Dienste von allgemeinem wirtschaftlichem Interesse, Binnenmarkt und gemeinschaftliche Wettbewerbspolitik ergänzten einander bei der Verfolgung der Vertragsziele.[46]

Das ist richtig, wenn man die Erhöhung der Qualität und Senkung der Preise der Dienstleistungen von allgemeinem wirtschaftlichem Interesse, was letztlich regelmäßig auf einer Effizienzsteigerung beruhen dürfte, als Voraussetzungen eines besser funktionierenden Binnenmarktes anerkennt. Andererseits wird deutlich, dass diese Dienstleistungen auch dann erbracht werden müssen, wenn der Markt nicht genügend Anreize dafür gibt.[47] Ein wirtschaftlich denkendes Unternehmen der Telekommunikation hat beispielsweise wenig Interesse an einer flächendeckenden Versorgung mit seinen Leistungen, da der meiste Umsatz in Ballungsräumen gemacht wird. Ebensowenig besteht ein wirtschaftliches Interesse an behindertengerechter Versorgung oder der Verwendung umweltschonender Standards. Alle diese Ansprüche sollen aber im Bereich der Dienstleistungen von allgemeinem wirtschaftlichem Interesse möglichst weitgehend erfüllt werden.

Man mutet also den Unternehmen der Dienstleistungen von allgemeinem wirtschaftlichem Interesse einiges zu. Sie sollen nicht nur effektive, qualitativ hoch stehende und zugleich preiswerte Dienste anbieten, sondern zugleich

---

[43] Auch wenn dieses Vorgehen bisweilen an starken Widerständen der Mitgliedstaaten scheitert; dieses gilt insbesondere für wirtschaftlich starke Mitgliedstaaten. Als Beispiel lässt sich hier der Fall *Alstom* nennen (siehe SZ v. 23.9.2003, S. 23). Die Kommission ließ nach starker Einflussnahme durch die französische Regierung den wettbewerbsrechtlich bedenklichen staatlichen Rettungsplan für den angeschlagenen Konzern am Ende doch zu.

[44] Ein guter Überblick über die verschiedenen Ansätze der Kommission im Beihilfe und Kartellrecht, sowie unter Heranziehung der Grundfreiheiten, findet sich bei *Nettesheim*, in: Hrbek/Nettesheim, Europäische Union und mitgliedstaatliche Daseinsvorsorge, S. 42ff.

[45] Kommission, Leistungen der Daseinsvorsorge in Europa, KOM (2000) 580 endg., ABlEG 2001 Nr. C 17, S. 3.

[46] Kommission, ebd., S. 5.

[47] So auch die Kommission, ebd., S. 9.

universell zugänglich, flächendeckend, umweltschonend, spezielle Bedürfnisse bestimmter Bevölkerungsgruppen berücksichtigend arbeiten.

Es zeigt sich, dass die Ziele des Wettbewerbsrechts und die Ziele der gemeinwohlorientierten Wirtschaft in einer Art Verhältnis der Dichotomie stehen.[48]

Das Versprechen der Kommission, Wettbewerb und Dienste von allgemeinem wirtschaftlichem Interesse seien miteinander zu vereinbaren, besänftigt längst nicht alle Kritiker.[49] Verteidiger der nationalen Traditionen[50] sehen die Gefahr, dass ein ausschließlich wettbewerbswirtschaftlich orientiertes Europa die Strukturen der mitgliedstaatlichen Dienste von allgemeinem wirtschaftlichem Interesse vernichtet, indem es den Mitgliedstaaten die Erbringung bestimmter Leistungen durch bezuschusste Unternehmen mit gemeinwirtschaftlichen Aufgaben verbietet.[51]

Auf der anderen Seite wird aber begrüßt, dass das Gemeinschaftsrecht die Mitgliedstaaten dazu zwingt, im Bereich der Dienste von allgemeinem wirtschaftlichem Interesse genau jenen Wettbewerb zu gewährleisten, der sich in vielen anderen Bereichen auch als wohltuend und gewinnbringend erweise.[52] Vor allem die Interessenvertretungen der privaten Wirtschaft teilen diese Ansicht.[53] Schon heute, so wird argumentiert, würden viele elementare Bedürfnisse der Bevölkerung zufrieden stellend von privaten Anbietern erfüllt. Dieser Position wohnt ein tiefes Misstrauen gegenüber einer wettbewerblichen Sonderrolle der öffentlichen Hand inne.[54] Man vertraut lieber auf die Kräfte des Marktes. *Nettesheim* findet es unverständlich, dass beispielsweise der Bereich der Lebensmittelversorgung traditionell nicht zur Daseinsvorsorge gezählt werde, sich aber niemand um eine flächendeckende Versorgung der Bevölkerung mit Lebensmitteln sorge.[55]

---

[48] So formulieren es *Koenig/Haratsch* Europarecht Rn. 892.

[49] Vgl. etwa *Pluge*, Wasserwirtschaft zwischen Daseinsvorsorge und Wettbewerb; *Hellermann*, Örtliche Daseinsvorsorge und gemeindliche Selbstverwaltung, S. 46ff und 79ff.

[50] Das sind insbesondere die romanischen Länder mit einer großen Tradition der öffentlichen Daseinsvorsorge, aber auch Staaten wie die Bundesrepublik, weniger die nordischen Staaten.

[51] Vgl. dazu *Nettesheim*, in: Hrbek/Nettesheim, Europäische Union und mitgliedstaatliche Daseinsvorsorge, S. 39; kritisch auch: *Reich*, in: Winter (Hrsg.), Die Europäische Gemeinschaft und das Öffentliche, ZERP-Diskussionspapier 7/91, S. 15ff; *Hailbronner* NJW 1991, 593, 595; *Monnier*, in: Cox (Hrsg.), Öffentliche Dienstleistungen in der Europäischen Union, S. 41ff.

[52] *Nettesheim*, in: Hrbek/Nettesheim, europäische Union und mitgliedstaatliche Daseinsvorsorge, S. 39.

[53] Vgl. Deckmantel Daseinsfürsorge – Privatwirtschaft in Bedrängnis, Broschüre des BDI v. 7.12.2000.

[54] FAZ v. 23.11.2000, S. 17.

[55] *Nettesheim*, in: Hrbek/Nettesheim, Europäische Union und mitgliedstaatliche Daseinsvorsorge, S. 39, 40. Dagegen sorge man sich angesichts des weitläufigen Netzes von Sparkassen offenbar schon um die ausreichende Versorgung der Bevölkerung mit Finanzdienstleistungen.

In diesem Spannungsfeld stehen sich das Leitbild des Wettbewerbs und das Leitbild des öffentlichen Interesses gegenüber. Beide Leitbilder haben ihre Vor- und Nachteile, da sie nicht alle Anforderungen gleichzeitig zu befriedigen vermögen. Die Schwäche des Leitbilds des öffentlichen Interesses ist der finanzielle Aufwand der öffentlichen Hand für eine Aufgabenerfüllung ohne Wettbewerb. Das Leitbild des Wettbewerbes hat dagegen den Nachteil, keine sicheren Aussagen über Qualität, Flächendeckung und sonstige gemeinwohlorientierte Anforderungen der Dienstleistungen machen zu können. Diese Problematik wird auf Seiten des Leitbilds des Wettbewerbs mit „*Staatsversagen*" tituliert, denn nach diesem Leitbild wäre ein differenzierter Wettbewerb im Bereich der Dienste von allgemeinem wirtschaftlichem Interesse durchaus möglich.[56] Aus der anderen Perspektive liegt dagegen ein „*Marktversagen*" vor; öffentliche Unternehmen sollen demnach die Versorgung übernehmen, wenn diese nach marktwirtschaftlichen Regeln nicht kostendeckend beigebracht werden können.[57] Die Theorie des Marktversagens betrachtet die Prozesse der Liberalisierung, Privatisierung und Deregulierung des öffentlichen Sektors mit Skepsis. Eine Privatisierung ehemals öffentlicher Monopole bewirke keine Deregulierung, sondern erfordere wiederum neue Regulierung, um die noch immer bestehenden Gemeinwohlbelange zu sichern.[58]

Für die Kommission sind diese gegensätzlichen Positionen keineswegs unvereinbar. Grundsätzlich garantiere der Markt, also der freie Wettbewerb, den „*besten Mechanismus für die Bereitstellung solcher Leistungen* [von allgemeinem wirtschaftlichem Interesse]".[59] Stelle der Staat aber eine unzureichende Befriedigung der Leistungsanforderungen fest, könne er jederzeit die Erfüllung dieser Verpflichtungen durch Gewährung besonderer oder ausschließlicher Rechte oder der Bereitstellung besonderer Finanzierungsmechanismen gewährleisten.

Es wird deutlich, dass sich nach dieser Konzeption der Umfang der Wettbewerbsfreiheit nach dem jeweiligen nationalen Maß staatlicher Intervention richtet. Die Sicherstellung der Dienste von allgemeinem wirtschaftlichem Interesse bleibt dabei letztlich in der Hand der Mitgliedstaaten.

Rund dreißig Prozent der gemeinschaftlichen Wirtschaftsleistungen werden auf dem Gebiet der Dienste von allgemeinem wirtschaftlichem Interesse er-

---

[56] Von *Weizsäcker* WuW 1997, S. 572ff; *Blankart/Knieps* ZEW 1996, 483ff.

[57] *Thiemeyer*, in: IFIG (Hrsg.), Perspektiven der öffentlichen Wirtschaft in Europa – Die Aufgaben der öffentlichen Unternehmen im Binnenmarkt, S. 25ff.

[58] Vgl. *König/Benz*, in: dies., Privatisierung und staatliche Regulierung, S. 13ff und S. 67ff.

[59] Kommission, Leistungen der Daseinsvorsorge, KOM (2000) 580 endg., ABlEG 2001 Nr. C 17, S. 3, 9. Ergänzung durch den Autor.

bracht.[60] Deshalb ist es geboten, dass ein angemessener Ausgleich zwischen den Interessen der Mitgliedstaaten an der autonomen Gestaltung ihrer Wirtschaftspolitik und Daseinsvorsorge sowie dem Interesse der Gemeinschaft an der Einheit des Gemeinsamen Marktes und einem chancengleichen Wettbewerb aller Marktteilnehmer angestrebt wird.[61]

3. Lösungsansatz der Kommission

Die Kommission strebt es an, die Dienste von allgemeinem wirtschaftlichem Interesse nach dem Gemeinschaftsrecht zu regeln, insbesondere mithilfe des Art. 86 Abs. 2 EG. Dieser Standpunkt markiert die Position der Kommission infolge ihrer jahrzehntelangen Bemühungen, die Märkte der Daseinsvorsorge zu deregulieren und dem Wettbewerb zu öffnen.[62] Die weitere Öffnung für den Wettbewerb soll eine Qualitätsverbesserung bringen. Gleichzeitig sieht man keine Gefahr für die sichere Versorgung der Bevölkerung infolge einer weiteren Öffnung des Marktes.[63]

Die Liberalisierung des Sektors der Dienste von allgemeinem wirtschaftlichem Interesse und die Öffnung für den Wettbewerb haben nach Darstellung der Kommission außerordentlich positive Auswirkungen auf den Markt, so dass die insoweit gehegten Befürchtungen sich nicht bewahrheitet haben: Die Preise der betreffenden Dienste sind im Zeitraum 1996 bis 2002 im Durchschnitt gesunken und die Auswirkungen auf den Arbeitsmarkt waren keinesfalls nachteilig sondern eher von Vorteil.[64]

Die Kommission legt in ihrer Mitteilung zu Leistungen der Daseinsvorsorge drei Prinzipien fest, die der Anwendung des Art. 86 EG zugrunde liegen. Diese werden im Folgenden wiedergegeben:[65]

1. Die **Neutralität** in Bezug auf die Form der Unternehmensorganisation – öffentlich-rechtlich oder privatrechtlich – wird durch Art. 295 EG-Vertrag gewährleistet. Die Kommission macht also keine Vorgaben dahingehend, dass Leistungen der Daseinsvorsorge von öffentlichen oder von privaten Unter-

---

[60] *Magiera,* in: FS für Rauschning, S. 269, 289.

[61] Magiera, ebd.

[62] Vgl. dazu: *Mestmäcker*, in: FS für Zacher, S. 535ff. Letztlich führten diese Bemühungen der Kommission zur Aufnahme des Art. 16 EG in den EG-Vertrag und der Verabschiedung des Art. 36 der Charta der Grundrechte der Europäischen Union.

[63] So *Monti* EuZW 2001, 161.

[64] Kommission, Grünbuch zu Dienstleistungen von allgemeinem Interesse, Rn. 6. Die Liberalisierung hat demnach auf dem Arbeitsmarkt zur Entstehung von 1 Million Arbeitsplätze geführt – vgl. Der Binnenmarkt – Zehn Jahre ohne Grenzen, SEK (2002) 1417 v. 7.1.2003.

[65] Kommission, Leistungen der Daseinsvorsorge in Europa, KOM (2000) 580 endg., Rn. 21ff. Nummerierung und Hervorhebung durch den Autor.

nehmen zu erbringen sind, und verlangt auch nicht die Privatisierung öffentlicher Unternehmen. Gleichzeitig gelten aber die Vorschriften des Vertrags und insbesondere die wettbewerbs- und binnenmarktrechtlichen Bestimmungen ungeachtet des (öffentlich- oder privatrechtlichen) Status eines Unternehmens.

2. **Gestaltungsfreiheit** bedeutet, dass für die Definition dessen, was ausgehend von den spezifischen Merkmalen einer Tätigkeit als Dienstleistung von allgemeinem wirtschaftlichem Interesse zu gelten hat, vorrangig die Mitgliedstaaten zuständig sind. Diese Definition darf nur einer Kontrolle auf offenkundige Fehler unterworfen werden. Sie können besondere oder ausschließliche Rechte gewähren, die die Unternehmen zur Erbringung der ihnen übertragenen Aufgaben benötigen, sie können deren Tätigkeiten reglementieren und sie können sie erforderlichenfalls finanzieren. Wo es noch keine gemeinschaftsrechtlichen Vorschriften gibt, haben die Mitgliedstaaten bei der Gestaltung ihrer einschlägigen Politik großen Spielraum; hier unterliegen sie lediglich einer Kontrolle auf offenkundige Fehler. Die Frage, ob ein Dienst als Leistung der Daseinsvorsorge anzusehen ist und wie er organisiert werden soll, wird zuallererst auf nationaler Ebene entschieden [...]. Damit die Ausnahme nach Art. 86 Abs. 2 EG-Vertrag auch greifen kann, muss der Versorgungsauftrag in jedem Falle klar definiert und ausdrücklich durch Hoheitsakt (Verträge eingeschlossen) aufgetragen sein. Dies ist aus Gründen der Rechtssicherheit und der Transparenz gegenüber den Bürgern unerlässlich und zudem notwendig, damit die Kommission die Verhältnismäßigkeit der Maßnahme bewerten kann.

3. Der Grundsatz der **Verhältnismäßigkeit** in Verbindung mit Art. 86 Abs. 2 EG-Vertrag besagt, dass die Mittel, die zur Erfüllung des Versorgungsauftrags eingesetzt werden, keine unnötigen Handelshemmnisse erzeugen dürfen. Konkret ist sicherzustellen, dass Einschränkungen gegenüber den EG-Vertragsbestimmungen und insbesondere Einschränkungen des Wettbewerbs oder der Binnenmarktfreiheiten nicht über das zur tatsächlichen Erfüllung des Auftrags erforderliche Maß hinausgehen [...].

Zum Teil folgt die Kommission insoweit den Forderungen nach einer größeren Selbstverantwortung bei den Diensten von allgemeinem wirtschaftlichem Interesse. Zum Teil stellt sie aber auch erhöhte Anforderungen an die Mitgliedstaaten.

Bemüht um einen versöhnlichen Ton in der Debatte, kommt die Kommission vor allem den Mitgliedstaaten Frankreich und Deutschland beim Punkt Gestaltungsfreiheit entgegen, indem sie den Mitgliedstaaten keine Vorschriften darüber macht, was diese als Dienste von allgemeinem wirtschaftlichem Interesse ansehen dürfen und was nicht. Ausdrücklich sieht die Kommission im Weißbuch zu den Diensten von allgemeinem Interesse von der Schaffung einer Rahmenrichtlinie ab.[66] Gleichzeitig unterstreicht sie die Bedeutung verstärkter Einheitlichkeit im Bereich dieser Dienstleistungen.[67]

Das Prinzip der Verhältnismäßigkeit gebietet für den Bereich der Dienste von allgemeinem wirtschaftlichem Interesse das geringstmögliche Abweichen von den Binnenmarktregeln.[68] So dürfen staatliche Zuschüsse nach der Vorstellung der Kommission nicht über den Betrag der Nettomehrkosten der zu erbringenden Zusatzleistung hinausgehen.[69] Außerdem dürfen Unternehmen, die solche Dienste erbringen, sich diese Zuständigkeit nicht selbst geben, sondern müssen durch einen staatlichen Hoheitsakt damit betraut werden.[70]

Zudem wird auf die Anwendung der de minimis Schwelle hingewiesen, aber auch darauf, dass eine verbotene Beihilfe sich gemäß Art. 87 EG auf den innergemeinschaftlichen Handel auswirken müsse; dieses hat die Kommission aber bisweilen für einzelne Beihilfen verneint.[71]

III. Zusammenfassung

Der Bereich der Dienste von allgemeinem wirtschaftlichem Interesse ist ein Schlüsselelement des Europäischen Wirtschafts- und Gesellschaftsmodells. Es wird im Zuge dessen allgemein anerkannt, dass die Bereitstellung bestimmter Dienste eine herausragende Bedeutung für die Gesellschaft und die Wirtschaft in der Gemeinschaft hat. Die einzelnen Mitgliedstaaten beurteilen es unterschiedlich, welche Arten von Diensten hierzu gehören. Die Dienste von allgemeinem wirtschaftlichem Interesse haben einen Bezug zum Tätigkeitsbereich der Stärkung des wirtschaftlichen und sozialen Zusammenhalts nach Art. 3 Abs. 1 lit. k EG. Sie erfahren aber auch eine Aufwertung durch die Hervorhebung ihrer Bedeutung in Art. 16 EG und durch Art. 36 der Europäischen Grundrechtscharta.

Die Öffnung dieser vormals durch die Mitgliedstaaten protegierten Marktbereiche für den Wettbewerb nährt vielfach die Befürchtung, der Wett-

---

[66] Kommission, Weißbuch zu den Diensten von allgemeinem Interesse, Rn. 4.1.

[67] Kommission, ebenda.

[68] *Blankart*, ebd., S. 344.

[69] Kommission, Leistungen der Daseinsvorsorge, KOM (2000) 580 endg., ABlEG Nr. C 17, S. 3, Rn. 26.

[70] Kommission, ebd., Rn. 22.

[71] Siehe *Monti* EuZW 2001, 161. *Monti* wird bezüglich des letzten Punktes allerdings der Rechtsprechung des EuGH nicht ganz gerecht, der eine Beeinträchtigung des innergemeinschaftlichen Handels regelmäßig ohne große Umschweife bejaht.

bewerb könnte die mitgliedstaatlichen Traditionen gemeinwohlorientierter Dienstleistungen jedenfalls teilweise ruinieren. Die Mitgliedstaaten umgehen dieses Problem, indem sie im Wettbewerb stehende Unternehmen mit der Erfüllung gemeinwohlorientierter Aufgaben betrauen und im Gegenzug einen Ausgleich für die so entstehenden Nachteile für die Unternehmen gewähren. Diese Entwicklung mündet in das Problemfeld der Beihilfen im Bereich der Daseinsvorsorge. Das Beihilfenrecht wird in der Gemeinschaft primär von der Europäischen Kommission überwacht, die nach eigenem Bekunden jedoch die Bedeutung der Dienste von allgemeinem wirtschaftlichem Interesse anerkennt und sie als mit dem Wettbewerbsrecht vereinbar ansieht. Genau hier liegt das Spannungsfeld, das man aus ökonomischer Sicht auch als Spannungsbogen zwischen Staatsversagen und Marktversagen beschreiben kann.

Die Kommission will die Märkte gemeinwirtschaftlicher Dienstleistungen weiterhin vorsichtig für den Wettbewerb öffnen, unter Beachtung der Prinzipien der *Neutralität*, *Gestaltungsfreiheit* und *Verhältnismäßigkeit*, denen zufolge insbesondere den Mitgliedstaaten ein nur der Kontrolle auf offensichtliche Fehler unterworfenes Definitionsrecht bezüglich der Dienste zusteht.

IV. Das weitere Vorgehen

Kernproblem der Auseinandersetzung ist also die Frage, ob das Wettbewerbsrecht gleichsam vorbehaltlos durchgesetzt werden kann oder ob und in welchem Umfang es notwendig ist, auf die gewachsenen Strukturen der Dienste von allgemeinem wirtschaftlichem Interesse in einigen Mitgliedstaaten Rücksicht zu nehmen.[72]

Neben den bereits erwähnten Unterschieden in der Ausprägung gemeinwirtschaftlicher Sektoren in den einzelnen Mitgliedstaaten existieren in einigen von ihnen auch noch unterschiedliche Wirtschaftskonzepte. Dabei sind insbesondere die Modelle der deutschen sozialen Marktwirtschaft und dem französischen Wirtschaftsmodell der „planification" zu nennen. Das wirft die Frage nach dem Zustand der Wirtschaftsverfassung der Gemeinschaft auf und welchen Stellenwert das Prinzip der Marktwirtschaft und des freien Wettbewerbs darin hat. Im Anschluss daran kann untersucht werden, ob sich aus diesen Erkenntnissen Schlüsse auf die Ausprägung und den Stellenwert der Wettbewerbsordnung in der Gemeinschaft ziehen lassen, um somit letztlich das Verhältnis der Verpflichtung zur Förderung gemeinwirtschaftlicher Dienste und den marktwirtschaftlichen Prinzipien zu klären.

---

[72] So bringt *Schwarze* EuZW 2001, 334 die Diskussion auf den Punkt.

B. Wirtschaftsverfassung und Stellenwert der Wettbewerbsordnung in der Europäischen Gemeinschaft

I. Begriff der Wirtschaftsverfassung

Mit dem Begriff der Wirtschaftsverfassung wird eine Verknüpfung der Begriffe „Wirtschaft“ und „Verfassung“ hergestellt. Diese Begriffe sind aus juristischer Sicht mit unterschiedlichen Bedeutungen belegt. Ersterer ist ein etwas schillernder Begriff, der sich rechtlich nicht leicht fassen lässt, während der zweite einen Bezug zur „Staatsverfassung“ vermittelt. Die Kombination aus beiden Begriffen darf somit als schwierig gelten. Es zeigt sich keine deutliche Überordnung des einen Begriffs im Verhältnis zu dem anderen. Offen bleibt, ob die „Wirtschaft“ sich unter den Primat der „Verfassung“ fügt oder diese gleichsam bezwingt.

Einige Stimmen[73] verstehen den Begriff der Wirtschaftsverfassung als besondere rechtliche Verfassung der Wirtschaft. Von der herrschenden Meinung wird er hingegen als Ordnung der Wirtschaft durch das Verfassungsrecht aufgefasst.[74] Es muss in jedem Fall der Eindruck vermieden werden, der Bereich der Wirtschaft hätte seine eigene „Verfassung“ neben derjenigen des politischen Gemeinwesens.[75]

Wenn man von diesem Standpunkt ausgeht, ist der Begriff der Wirtschaftsverfassung aber auch notwendig, um das Verhältnis von Wirtschaftsrecht und Wirtschaftspolitik zur Verfassung zu klären und zu interpretieren. Das Wirtschaftsverfassungsrecht lässt sich somit charakterisieren als systematisierende Gesamtschau des Verfassungsrechts in seiner Bedeutung für die Ordnung der Wirtschaft eines staatlich organisierten Verbandes.[76] Man könnte es auch mit dem Schlagwort der verfassungsmäßigen Ordnung der Wirtschaft bezeichnen.

---

[73] *Rapold*, Demokratie und Wirtschaftsordnung, S. 146, 147.

[74] Vgl. *Zacher*, in FS für Böhm, S. 63, 77; *Basedow*, Von der deutschen zur europäischen Wirtschaftsverfassung, S. 8; *Huber*, Wirtschaftsverwaltungsrecht I, S. 23; *Oppermann* Europarecht Rn. 802; *Scherer*, Die Wirtschaftsverfassung der EWG, S. 45; *Schmitt*, Der Hüter der Verfassung, S. 96; *Zuck* BB 1967, 806.

[75] *Scherer*, Die Wirtschaftsverfassung der EWG, S. 46.

[76] *Scherer*, ebd., S. 51; *Schwarze* EuZW 2004, 135, 136.

II. Bundesrepublik Deutschland

Regelungen zum Wirtschaftsleben sind in der Bundesrepublik Deutschland über das gesamte Grundgesetz verstreut.[77] Das Grundgesetz hat sich dabei nach herrschender Lehre,[78] die sich auch auf das Bundesverfassungsgericht[79] berufen darf, nicht ausdrücklich für ein bestimmtes Wirtschaftssystem entschieden. Es bleibt daher wirtschaftspolitisch weitgehend neutral. Der Gesetzgeber ist also nicht an eine bestimmte Wirtschaftsordnung gebunden, sondern verfügt über einen wirtschaftspolitischen Spielraum, dessen Grenzen durch das Grundgesetz gesteckt werden.[80] Es steht ihm deswegen grundsätzlich frei, ein System der Planwirtschaft oder eine strenge marktwirtschaftliche Wirtschaftsordnung anzustreben,[81] solange er dabei die Wertvorgaben der Verfassung, insbesondere die Grundrechte beachtet.[82] Hätte das Grundgesetz die marktwirtschaftliche Wirtschaftsform in die Verfassung aufgenommen, müsste das Bundesverfassungsgericht gegebenenfalls jedwede Regelung am Maßstab der Marktkonformität messen.[83] Alleiniger Wertemaßstab bleiben vielmehr die Grundrechte, die allgemeinen Verfassungsprinzipien und die Kompetenzvorschriften des Grundgesetzes.[84]

Das Wettbewerbsrecht der Bundesrepublik ist Teil der Wirtschaftsverfassung, die im Grundgesetz angelegt ist. Die Entfaltungsfreiheit auf wirtschaftlichem Gebiet einschließlich der Vertragsfreiheit und des Privateigentums, sind Grundprinzipien der deutschen Wirtschaftsordnung und werden daher -

---

[77] Etwa: Art. 75 Nr. 4 GG (Währungs-, Geld-, und Münzwesen; Art. 91a Abs. 1 Nr. 2 GG (Gemeinschaftsaufgabe Verbesserung der regionalen Wirtschaftsstruktur); Art. 109 Abs. 2 GG (Hauswirtschaft und gesamtwirtschaftliches Gleichgewicht).

[78] Wohl zurückgehend auf *Krüger* DVBl. 1951, 361ff; später: *Badura,* in: FS für Stern S. 409, 414; *Häde,* in: Calliess/Ruffert, EUV/EGV, Art. 4, Rn. 8; *Huber* Wirtschaftsverwaltungsrecht S. 30; *Ipsen,* in: Isensee/Kirchhof, HStR IV, § 92 Rn. 10; *Jarass,* in: ders. Wirtschaftsverwaltungsrecht § 3 Rn. 2; *Scholz,* in: Maunz-Dürig, Komm. z. GG, Art. 12 Rn. 77; *Maurer*, Staatsrecht I, § 8, Rn. 87; *Nicolaysen*, Europarecht II, S. 318; *Schramm*, Staatsrecht Band I, S. 245; *Stein/Frank* Staatsrecht S. 365; *Tettinger*, in: Sachs, GG, Art. 12 Rn. 14a; *Vollmer* DB 1993, 25; **a.A.**: *Rapold*, Demokratie und Wirtschaftsverfassung, S. 5 und *Nipperdey*, Die soziale Marktwirtschaft in der Verfassung der Bundesrepublik.

[79] BVerfGE 4, 7; 50, 290, 388.

[80] *Baumbach/Hefermehl* Wettbewerbsrecht, Allg. Rn. 42.

[81] *Kilian* (Europäisches Wirtschaftsrecht, Rn. 201) weist in diesem Zusammenhang darauf hin, dass das Prinzip der sozialen Marktwirtschaft im Vertrag über die Schaffung einer Währungs-, Wirtschafts- und Sozialunion vom 18.5.1990, Kap. 1, Art. 1 Abs. 3; BGBl. II, S. 518, für Deutschland festgeschrieben worden sei.

[82] So das BVerfG aaO; näher zur Beschränkung der wirtschaftspolitischen Umgestaltungsmöglichkeiten des Gesetzgebers durch das Grundgesetz: *Badura*, in: FS für Stern, S. 409, 415ff.

[83] So *Basedow*, Von der deutschen zur europäischen Wirtschaftsverfassung, S. 20.

[84] *Maurer*, Staatsrecht I, § 8 Rn. 89.

gestützt auf die Grundrechte - durch das Grundgesetz garantiert.[85] Es besteht kein subjektives Recht auf Wettbewerb. Die Wettbewerbsfreiheit ist vielmehr bloße Folge der allgemeinen Handlungsfreiheit, Art. 2 Abs. 1 GG und der Berufsfreiheit, Art. 12 GG.[86] Die nationalen Gesetze zum Wettbewerbsrecht schützen somit nur diese Freiheiten und stellen insoweit Eingriffe in die grundrechtlich geschützten Freiheitsrechte der Konkurrenten dar. Bei Achtung der grundgesetzlichen Vorgaben, wäre es prinzipiell möglich, auch eine andere als die bestehende wettbewerbsrechtliche Ordnung zu verfassen. Freilich sprechen hiergegen mittlerweile die Vorgaben des Gemeinschaftsrechts wie auch die Tatsache, dass sich das wettbewerbsrechtliche System in der Bundesrepublik erfolgreich etabliert hat.

III. Die Europäische Gemeinschaft

Die Situation der Europäischen Gemeinschaft ist dagegen anders als diejenige der Bundesrepublik. Die Gemeinschaft umfasst Mitgliedstaaten, die bereits ausgeprägte Wirtschaftsverfassungen haben. Die Europäische Gemeinschaft stellt den Versuch dar, ihre Mitgliedstaaten in einem gemeinsamen Wirtschaftsraum (Gemeinsamer Markt) zusammenzuschließen.[87] Ziel der Gemeinschaft kann es daher nicht sein, den Mitgliedstaaten ein weiteres Wirtschaftskonzept „überzustreifen“. Der EWG-Vertrag von 1957 legte deswegen ursprünglich die Gemeinschaft nicht auf ein bestimmtes wirtschafts- und ordnungspolitisches Modell fest. Vielmehr beließ er den Mitgliedstaaten ausdrücklich die originäre Verantwortlichkeit für die Wirtschafts- und Konjunkturpolitik.[88] Es hat sich auch in der Zwischenzeit nicht gezeigt, dass ein bestimmtes wirtschaftliches Konzept, wie etwa die soziale Marktwirtschaft der Bundesrepublik sich in der gesamten Gemeinschaft durchgesetzt hätte.[89] Die Entscheidung über die nationale Wirtschaftspolitik soll deshalb auch in Zukunft grundsätzlich bei den Mitgliedstaaten verbleiben.

Gleichwohl stellt sich auf der Gemeinschaftsebene die Frage nach der Wirtschaftsverfassung, zumal die Gemeinschaft über wirtschaftliche Aktionsmöglichkeiten verfügt. Existiert in der Gemeinschaft ein Gesamtkonzept, das derartigen Aktionen die Richtung weist und ihnen Grenzen setzt?

---

[85] Vgl. *Gloy*, in: ders., Handbuch des Wettbewerbsrechts, § 1 Rn. 4.
[86] *Baumbach/Hefermehl* Wettbewerbsrecht, Allg., Rn. 42.
[87] *Oppermann* Europarecht, Rn. 802.
[88] *Vollmer* DB 1993, 25.
[89] *Nicolaysen*, Europarecht II, S. 318.

1. Wirtschaftssysteme innerhalb der Gemeinschaft

In den Mitgliedstaaten der Europäischen Gemeinschaft sind heute überwiegend Marktwirtschaften unterschiedlicher Ausprägung anzutreffen. Aber auch andere Wirtschaftssysteme spielen eine Rolle. *Müller-Graff*[90] analysierte die verschiedenen Verfassungstexte der Mitgliedstaaten der Europäischen Gemeinschaft und kam zu dem Schluss, dass die wettbewerbliche Marktwirtschaft nur in wenigen Verfassungen als ausdrückliches Verfassungsprinzip auftaucht oder jedenfalls *„der Sache nach"* abgesichert ist.[91]

a) Marktwirtschaft

Der Sektor der Marktwirtschaft lässt sich unterteilen in die (wohl nur theoretische) Form der reinen Marktwirtschaft, die staatlich kontrollierte und die soziale Marktwirtschaft.

Die reine Marktwirtschaft als System, das ausschließlich nach den Grundsätzen des Wettbewerbs, schrankenlos und ohne staatliche Intervention funktioniert,[92] darf als reines Denkmodell gelten und wird so nirgendwo praktiziert. Das Modell der staatlich kontrollierten Marktwirtschaft wird charakterisiert durch den Grundsatz des freien Wettbewerbs, der durch lenkende, „marktkonforme", aber unsystematische staatliche Eingriffe beaufsichtigt wird, wobei die Eingriffe auf punktuelle und kurzfristige Maßnahmen beschränkt werden.[93] Auch dieses Modell existiert in der Praxis nicht.

Zahlreiche Anhänger hat neben der Bundesrepublik hingegen das Modell der sozialen Marktwirtschaft gefunden. Auf dem Boden der freien Marktwirtschaft sichert der Staat den Wettbewerb institutionell, indem er gegen Wettbewerbsbeschränkungen einschreitet; die marktwirtschaftliche Freiheit findet jedoch dort ihre Grenzen, wo die soziale Gerechtigkeit es fordert.[94] In der EU sind Versuche, die soziale Marktwirtschaft als eigenen Begriff in den EG-Vertrag einzuführen, bislang gescheitert.[95]

---

[90] *Müller-Graff* EuR 1997, 433.

[91] *Müller-Graff* EuR 1997, 433, 445f.

[92] *Scherer*, Die Wirtschaftsverfassung der EWG, S. 53f; *Jarass*, in: ders. Wirtschaftsverwaltungsrecht § 3 Rn. 34.

[93] Vgl. *Huber*, Wirtschaftsverwaltungsrecht Band I, S. 34.

[94] *Huber*, Wirtschaftsverwaltungsrecht Band I, S. 36f; *Scherer*, Die Wirtschaftsverfassung der EWG, S. 55.

[95] Vgl. Entschließung des Europäischen Parlaments zur Vorbereitung der Reform der Verträge und der nächsten Regierungskonferenz (C5-0143/1999 – 1999/2135(COS), 17.11.1999 Rn. 41; Quelle: http://www.europarl.eu.int/igc2000/offdoc/pdf/ta18111999_de.htm.

b) Planwirtschaft

Die Planwirtschaft[96] ist gekennzeichnet durch das Merkmal der Zentralisierung. Individuelle Einzelpläne werden durch einen mittelfristigen staatlichen Gesamtwirtschaftsplan ersetzt oder gebunden. Der Staat ist befugt, jedermann eine beliebige Aufgabe zuzuweisen. Produktion und Verbrauch werden bis in die Details aufgrund politischer und technokratischer Planziele, die sich nicht an der Marktlage orientieren, vorgeschrieben.[97]

c) Gelenkte Wirtschaft

Als ein zwischen Markt- und Planwirtschaft liegendes Modell hat sich die sogenannte gelenkte Wirtschaft etabliert. Diese hat heute keine geringe Relevanz, findet sie sich doch unter anderem im französischen Wirtschaftsraum und hat dabei großen Einfluss auf die Wirtschaftsverfassung der EG.

Der Erzeugungs- und Verteilungsapparat für Wirtschaftsgüter liegt dort ganz überwiegend in der Hand privater Unternehmer; der Wirtschaftsablauf wird jedoch von einer zentralen staatlichen Planungsstelle gesteuert.[98]

Als Spielart der gelenkten Wirtschaft ist insbesondere das in Frankreich anzutreffende Modell der „*Planification*"[99] zu nennen. Kennzeichen dieser Wirtschaftsform ist eine umfassende mittelfristige (fünfjährige) staatliche Wirtschaftsplanung, mit der jeweils die Planziele Wirtschaftswachstum, Raumordnung und sozialer Fortschritt verwirklicht werden sollen. [100] Mittel der Planverwirklichung sind die volkswirtschaftliche Gesamtrechnung, das Nationalbudget und die wirtschaftliche Vorschau.[101] Der Unterschied zur Planwirtschaft liegt in der mittelfristigen und demokratisch ausgestalteten Planung.

---

[96] Dieser Oberbegriff wird noch unterteilt in den Begriff der *totalen Planwirtschaft*, in der Privateigentum noch existiert und den der *totalen Staatswirtschaft*, in der der Staat die Mehrzahl an Produktionsmitteln besitzt – vgl. *Huber*, Wirtschaftsverwaltungsrecht, S. 42 und 45; *Scherer*, Wirtschaftsverfassung der EWG, S. 65.

[97] *Stober*, Wirtschaftsverwaltungsrecht, Rn. 20; *Huber*, Wirtschaftsverwaltungsrecht I, S. 42.

[98] *Huber*, Wirtschaftsverwaltungsrecht Band I, S. 37; *Scherer*, Die Wirtschaftsverfassung der EWG, S. 55.

[99] Vgl. *Scherer*, Die Wirtschaftsverfassung der EWG, S. 56.

[100] *Stober*, Wirtschaftsverwaltungsrecht I, Rn. 27.

[101] Eingehend *Scherer*, Die Wirtschaftsverfassung der EWG, S. 57f, m.w.N.

d) Gemeinwohlorientierte Wirtschaft

Der Begriff der gemeinwohlorientierten Wirtschaft ist in den Wirtschaftswissenschaften als eigene Wirtschaftsform nicht anerkannt.[102] Gleichwohl spielt er infolge der Einführung des Art. 16 EG durch den Vertrag von Maastricht nunmehr in der EG eine gewisse Rolle. In der Literatur[103] ist seither die Rede von einem eigenen Wirtschaftsmodell, in dem sich einzelne dem Gemeinwohl verpflichtete Unternehmen, geschützt durch staatlich garantierte Wettbewerbs-Protektorate, unter anderem etwa der flächendeckenden Versorgung der Bevölkerung zu bezahlbaren Preisen verschreiben. Die Einzelheiten dieser Thematik sind bislang noch nicht geklärt. Es finden sich Andeutungen, dass sich diese Frage unter der Rubrik soziale Marktwirtschaft einordnen lässt.[104] In Anbetracht der Vielzahl unterschiedlicher Spielarten des Modells der Marktwirtschaft und der beschränkten Relevanz dieses Modells für den Bereich der Dienste von allgemeinem wirtschaftlichem Interesse, liegt es nahe, den Begriff der gemeinwohlorientierten Wirtschaft nicht als eigenes Wirtschaftmodell aufzufassen, sondern allenfalls als Teilaspekt der sozialen Marktwirtschaft.

e) „mixed economy"

In Reinform ist heute in den Mitgliedstaaten der EG weder die Markt-, noch die Planwirtschaft anzutreffen. Vielmehr haben sich zahlreiche Zwischenformen etabliert. Man könnte daher die vorhandenen Wirtschaftsformen als „*mixed economy*" bezeichnen, da Elemente aus allen volkswirtschaftlichen Modellen in den einzelnen praktizierten Wirtschaftsformen enthalten sind. Dieser Begriff sieht sich jedoch der Kritik einer gewissen Inhaltsleere ausgesetzt, da er suggeriert, es gäbe eine Wirtschaftsform, die weder an der Markt-, noch an der Planwirtschaft orientiert ist.[105] Es wird deswegen vorgeschlagen, je nach Ausgestaltung der Wirtschaftsform, besser von hinkendem Dualismus oder hinkendem Monismus zwischen Staat und Wirtschaft zu sprechen.[106]

---

[102] Vgl. etwa die Zusammenstellung verschiedener Wirtschaftsformen bei *Müller-Armack*, Wirtschaftsordnung und Wirtschaftspolitik.

[103] Vgl. *Jung*, in: Calliess/Ruffert, EUV/EGV, Art. 16, Rn.6f; *Hatja*, in: Schwarze (Hrsg.), EU, Art. 16, Rn. 2; *Rodrigues* RMC 1998, 37, 41.

[104] In diese Richtung geht etwa *Jung*, in Calliess/Ruffert, EUV/EGV, Art. 16 Rn. 1.

[105] Vgl. *Fikentscher*, Wirtschaftsrecht Band 1, § 1 I 9; so auch *Nahamowitz*, Staatsinterventionismus und Recht, S. 57.

[106] *Stober*, Wirtschaftsverwaltungsrecht, Rn. 22; ähnlich *Nahamowitz*, Staatsinterventionismus und Recht, S. 57.

2. Wirtschaftsverfassung der Europäischen Gemeinschaft

Nachdem die verschiedenen möglichen Wirtschaftsmodelle und ihre Verwendung in den Mitgliedstaaten aufgezeigt wurden, stellt sich nunmehr die Frage, welche Wirtschaftsverfassung die Europäische Gemeinschaft hat.

a) Der EG-Vertrag als Grundlage einer europäischen Wirtschaftsverfassung

In den frühen Jahren der Europäischen Gemeinschaft wurde die Thematik der Wirtschaftsverfassung der EG in der deutschen Literatur noch allenfalls gestreift.[107]

Scherer[108] kommt in seiner Arbeit von 1970 schon zu dem Ergebnis, der EWG-Vertrag sei eine Wirtschaftsverfassung schlechthin.[109] Es verhalte sich mit dem EWG-Vertrag gerade umgekehrt zum deutschen Grundgesetz, welches vorrangig eine politische Ordnung anstrebe. Der Vertrag ziele nämlich primär auf die Errichtung eines Gemeinsamen Marktes ab, der wiederum nur das Mittel sei, um den dynamischen und politischen Aufbau der Wirtschaftsgemeinschaft und deren wirtschaftliche Ordnung zu erreichen.[110]

Die These, dass der EG-Vertrag die Wirtschaftsverfassung der Gemeinschaft darstellt, gilt aber, zumindest in juristischen Kreisen[111] und dort vor allem in der älteren Literatur, wohl noch immer nicht als allgemein anerkanntes Ergebnis der Debatte um die Wirtschaftsverfassung der EG.

Eine ausdrückliche Stellungnahme des Europäischen Gerichtshofs gibt es zu dieser Frage nicht. Der Rat der Europäischen Union äußerte sich im Verfahren *Maizena/Rat*[112] einmal dahingehend, dass der EG-Vertrag keine Stütze für die Behauptung biete, die Gemeinschaft habe eine prinzipiell freie Wirtschaftsverfassung.[113] Diese Äußerung darf jedoch nicht als Ablehnung einer freien Wirtschaftsverfassung verstanden werden. Das Verfahren bezog sich nämlich speziell auf den Agrarsektor. Der Rat wollte zum Ausdruck bringen, dass die Agrarwirtschaft nicht schon nach dem EG-Vertrag dem Diktat

---

[107] Vgl. *Mestmäcker* DÖV 1964, S. 606, 612; *ders.*, in: FS für Böhm, S. 345ff; *Ophüls* ZHR 124 (1962), 136.

[108] *Scherer*, Wirtschaftsverfassung der EWG, S. 82ff.

[109] So auch *Ipsen*, der deutsche Jurist und das europäische Gemeinschaftsrecht, S. 11; *Ipsen, Hans Peter/Nicolaysen* NJW 1964, 2336.

[110] *Scherer*, Wirtschaftsverfassung der EWG, S. 83; *Cartou*, Europäische Organisationen, S. 423.

[111] Vgl. zur wirtschaftswissenschaftlichen Betrachtung der Problematik einer Europäischen Wirtschaftsverfassung eingehend: *Mussler*, Die Wirtschaftsverfassung der Europäischen Gemeinschaft im Wandel, S. 113ff.

[112] Stellungnahme des Rates im Verfahren EuGH v. 29.10.1980, Rs. 139/70 – Maizen/Rat – Slg. 1980, 3393, 3407.

[113] Vgl. *Zuleeg* EuR 1982, 21, 26f.

einer freien Marktwirtschaft ohne Entscheidungsprärogative der Organe der Europäischen Gemeinschaft unterworfen ist.

Die Literatur ist vielstimmig. *Beutler* etwa vermisst ein, wie er meint, wesentliches Element einer jeden Wirtschaftsverfassung - die Eigentumsordnung.[114] Man wird ihm allerdings entgegenhalten müssen, dass die Frage der Eigentumsordnung in sämtlichen Mitgliedstaaten der Gemeinschaft auf Verfassungsebene bereits geregelt ist. Die Vertragsparteien erachteten daher die Eigentumsordnung durch die bestehenden Regelungen der Mitgliedstaaten als so gefestigt und selbstverständlich, dass sie auf eine erneute ausdrückliche Regelung im EG-Vertrag verzichtet haben.

Verloren van Themaat stützt seine These von der *„ordepolitieke neutraliteit"* der Gemeinschaftsverträge darauf, dass sie zwar durch die Verbürgung von Freiheitsrechten die negative Integration bewirkten, indem sie Maßnahmen der Marktabschottung verhinderten.[115] Die positive Integration hingegen sei durch eine gemeinschaftliche Wirtschaftspolitik größtenteils den politischen Organen der Gemeinschaft, d.h. Rat und Kommission überlassen.

Dieser Ansatz kommt aber schwerlich einer Ablehnung der Existenz einer Wirtschaftsverfassung gleich. Es wird allenfalls die mangelnde Nachhaltigkeit einer Wirtschaftsordnung beklagt, wenn *Verloren van Themaat* eine positive Integration vermisst.

Auch in *Basedows*[116] Stellungnahme kommt ein großes Bedauern mangelnder Dynamik des wirtschaftspolitischen Integrationsprozesses in der Gemeinschaft zum Ausdruck, der so vielen Skeptikern einer europäischen Wirtschaftsverfassung gemein ist. Da seine Arbeit aus der Zeit vor dem Vertrag von Maastricht stammt, ist nicht bekannt, ob er die zwischenzeitlichen Veränderungen im EG-Vertrag mit ihrer stärkeren Betonung marktwirtschaftlicher Elemente als ausreichende Impulse ansieht.

Der Lösung der Frage nach der Wirtschaftsverfassung rückte man im Laufe der Zeit durch die Fortentwicklung der Römischen Verträge und der damit einher gehenden wachsenden konzeptionellen Geschlossenheit der wirtschaftlichen Gestalt der Europäischen Gemeinschaft näher.

Das wird deutlich in *Nicolaysens* Feststellung, dem EWG-Vertrag von 1957 habe noch eine für das Postulat einer Europäischen Wirtschaftsverfassung notwendige kohärente konzeptionelle Festlegung gefehlt.[117] Durch die Einheitliche Europäische Akte und den Vertrag von Maastricht seien jedoch endlich Konzepte und Ziele, die sich der Vorstellung einer gemeinschaftlichen

---

[114] *Beutler*, in: ders./Bieber/Pipkorn/Streil, Die Europäische Union, S. 67.

[115] *Kapteyn/Verloren van Themaat*, Inleiding tot het recht van de Europese Gemeenschappen, S. 62.

[116] *Basedow*, Von der deutschen zur europäischen Wirtschaftsverfassung, S. 27.

[117] *Nicolaysen*, Europarecht II, S. 318f.

Wirtschaftsverfassung zuordnen ließen, vorgelegt worden; namentlich der Art. 3a EGV [Art. 4 EG].[118]

Hier reiht sich auch überwiegend die neuere Literatur[119] ein, die zum Ausdruck bringt, dass der EG-Vertrag nur eine grundsätzliche Entscheidung für eine marktwirtschaftlich geprägte Wirtschaftsordnung beinhalte, jedoch keine genaueren Vorstellungen über die konkrete Ausgestaltung der Wirtschaftspolitik vermittle.[120] *Petersmann* sieht im Bekenntnis der Gemeinschaft zu justiziablen Verfassungsprinzipen eines Gemeinsamen Marktes und eines Systems, das den Wettbewerb innerhalb des Gemeinsamen Marktes vor Verfälschungen schützt, sowie in den Marktfreiheiten die Voraussetzungen einer echten Wirtschaftsverfassung erfüllt.[121]

An anderer Stelle wird dagegen beschwörend darauf hingewiesen, dass es sich bei der EG-Wirtschaftsverfassung, angesichts der unterschiedlichen Intensität der Gemeinschaftsgewalt in den verschiedenen Wirtschaftsbereichen, allenfalls um eine unvollständige Verfassung handeln könne.[122]

Ipsen[123] schließlich warnt sogar davor, die Frage der Wirtschaftsverfassung der Gemeinschaft zu überschätzen. Ihm geht es vor allem um eine Begrenzung des Begriffs der Wirtschaftsverfassung auf die Normen des Primären Rechts der EG.

Müller-Graff beschwichtigt die Diskussion, da die in Rede stehenden Begriffe, wie die wettbewerbsverfasste Marktwirtschaft nicht notwendig einen in allen Einzelheiten konsentierten Gegenstand umfassen müssten. Jedenfalls sei das Institut der wettbewerbsverfassten Marktwirtschaft im EG-Vertrag enthalten,[124] die Einführung einer Planwirtschaft hingegen ausgeschlossen.[125]

Teilweise wird der doch recht sperrige Begriff der Wirtschaftsverfassung sogar ganz ausgespart und insbesondere angesichts der Mischung aus zahlrei-

---

[118] *Nicolaysen*, ebd., S. 318f.

[119] *Häde*, in: Calliess/Ruffert, EUV/EGV, Art. 4, Rn. 8; *Oppermann* Europarecht, Rn. 806; *Petersmann* EuZW 1993, 593; gegen eine solche Festlegung jedoch *Schwarze* EuZW 2004, 135, 136.

[120] So *Eiden*, in: Bleckmann Europarecht Rn. 2117; *Sydow* DÖV 2003, 605.

[121] *Petersmann* EuZW 1993, 593, 594.

[122] *Oppermann* Europarecht, Rn. 806: Die Gemeinschaftspolitik im Bereich des freien Warenverkehrs und der Gemeinsamen Agrarpolitik fällt beispielsweise gegenüber einer gemeinsamen Steuer- und Energiepolitik viel stärker aus.

[123] *Ipsen*, Europäisches Gemeinschaftsrecht, S. 563.

[124] *Müller-Graff* EuR 1997, 433, 436 – siehe hierzu aber auch unten.

[125] *Müller-Graff* ebd. S. 440. Über letztere These besteht in der Literatur weitgehend Einigkeit; dieses auch angesichts der französischen Planification, die ihrem Grundwesen nach der Marktwirtschaft zugeordnet wird.

chen Einzelpolitiken, die Betrachtung auf die einzelnen Wirtschaftspolitiken der Gemeinschaft gerichtet.[126]

Die Gemeinschaft hat jedenfalls seit der Unterzeichnung des Vertrages von Maastricht unverkennbar einen Kurs aufgenommen, hin zu einer gemeinschaftlichen Wirtschaftsverfassung. Insbesondere die Implementierung des Art. 4 EG mit den Grundsätzen zur Wirtschafts- und Währungspolitik verstärkt die auch davor schon bestehenden Tendenzen, den EG-Vertrag zur Grundlage einer gemeinschaftlichen Wirtschaftsverfassung zu machen. Daher sind die neueren Entwicklungen im Schrifttum zu begrüßen, welche die Existenz einer gemeinschaftlichen Wirtschaftsverfassung anerkennen. Diese Wirtschaftsverfassung könnte man charakterisieren als wirtschaftliches Leitbild der Europäischen Gemeinschaft, das sich aus den vertraglichen Grundlagen im primären Gemeinschaftsrecht sowie allgemeinen Rechts- und Programmsätzen ergibt.[127]

b) Verankerung der Marktwirtschaft im EG-Vertrag

Es wurde dargelegt, dass die Europäische Gemeinschaft im EG-Vertrag[128] eine Wirtschaftsverfassung hat. Es stellt sich nunmehr die Frage, welche Rolle das Modell der Marktwirtschaft und somit die Wettbewerbsfreiheit im Rahmen der Europäischen Wirtschaftsverfassung spielt.

In den sechziger Jahren war es in der Literatur umstritten, ob die (soziale) Marktwirtschaft überhaupt im EWG-Vertrag verankert ist.[129] Die Maastrichter Verträge haben aber dann die Marktwirtschaft gleich in mehreren Bestimmungen für die EG und die Mitgliedstaaten verbindlich festgelegt.[130] Dennoch ist die Debatte darüber noch nicht gänzlich verstummt. Es wird nach wie vor erörtert, ob die Wirtschaftsverfassung der Gemeinschaft eine marktwirtschaftliche Prägung aufweist.

Die Verankerung des Grundsatzes, die Gemeinschaft habe ihre Wirtschaftspolitik auf eine offene Marktwirtschaft mit freiem Wettbewerb auszurichten, durch den Vertrag von Maastricht, wird weit überwiegend als deutliches Bekenntnis der Gemeinschaft zur vom Wettbewerb geprägten Marktwirtschaft

---

[126] Vgl. *Mestmäcker*, in: Immenga/Mestmäcker, EG-Wettbewerbsrecht I, Einl. Rn. 36; ähnlich auch *Oppermann* Europarecht Rn. 806, der aber den Begriff der Wirtschaftsverfassung durchaus benutzt.

[127] *Oppermann* Europarecht Rn. 803; so auch *Ipsen*, Europäisches Gemeinschaftsrecht, S. 565f; ähnlich: *Schubert*, Der Gemeinsame Markt als Rechtsbegriff, S. 133f.

[128] Zur Einordnung der Marktwirtschaft ins Gemeinschaftsrecht nach dem Entwurf eines Vertrages über eine Verfassung für Europa, vgl. *Schwarze* EuZW 2004, 135, 136f.

[129] **Dagegen**: *Bleckmann* RabelsZ 1984, 419ff; *Ophüls* ZHR 1962, 136, 149 bejahte dieses hingegen.

[130] Vgl. Art. 4 Abs. 1, Art. 98 Satz 2, Art. 105 Abs. 1 Satz 2 EG.

verstanden.[131] Die Ausgestaltung der Eigentums- und Unternehmensordnung bleibt dabei den Mitgliedstaaten überlassen.[132]

Das Kernstück der Wirtschaftsverfassung der Gemeinschaft bildet der Gemeinsame Markt.[133] Dessen Schaffung für den Bereich Kohle und Stahl sah bereits der EGKS-Vertrag (Art. 1 und Art. 3 EGKSV) vor. Gleiches strebte der EAG-Vertrag für Uranerz, Ausgangsstoffe und besondere spaltbare Stoffe zur Kernenergieerzeugung an, Art. 2 und Art. 93 EAGV. Mit der Gründung der Europäischen Wirtschaftsgemeinschaft wurde schließlich die Errichtung eines Gemeinsamen Marktes für alle Sektoren und Produktionsfaktoren angestrebt. Der Gemeinsame Markt sollte sowohl Ziel der Europäischen Integration wie auch das Mittel zur Verwirklichung der weiteren Ziele einer harmonischen und stetigen Wirtschaftsentwicklung und der politischen Zusammenarbeit sein.[134] Unter dieser Voraussetzung hat sich auch der Ansatz entwickelt, das Vertragsziel des Gemeinsamen Marktes als zwingenden Grund für das Bestehen einer Marktwirtschaft in der EG zu akzeptieren.[135]

Diejenigen Stimmen, die eine marktwirtschaftliche Ausrichtung des EG-Vertrages bejahen, stützen ihre Ansicht auf das im EG-Vertrag verankerte Prinzip des Gemeinsamen Marktes. Nur eine Marktwirtschaft könne diesen Grundsätzen entsprechen.[136] Für planwirtschaftliche Elemente sei dagegen kein Raum.[137] Eine Mischung verschiedener marktwirtschaftlicher Elemente soll aber zulässig sein. Der EG-Vertrag gehe zwar grundsätzlich von einer marktwirtschaftlichen Wirtschaftsordnung aus, sei dabei aber nicht von bestimmten Vorstellungen geprägt.[138] Das ergäbe sich aus seiner Entstehungsgeschichte wie auch aus den bislang recht unterschiedlichen Wirtschaftspoliti-

---

[131] *Arndt* Europarecht S. 13; *Badura,* in: FS für Stern, S. 409, 412; *Basedow*, Von der deutschen zur europäischen Wirtschaftsverfassung, S. 26f; *ders.*, in: FS für Everling, S. 49, 68; *Behrens* Jura 1989, 561, 562; *Bleckmann* Europarecht Rn. 748; *Borchardt*, Die rechtlichen Grundlagen der Europäischen Union, Rn. 598; *von Estorff/Molitor*, in: GTE, Art. 3a, Rn. 18; *Hatje*, in: Schwarze, EU, Art. 4, Rn. 9; *Häde*, in: Calliess/Ruffert, EUV/EGV, Art. 4, Rn. 8; *Mestmäcker* in: FS für v. d. Groeben, S. 16; *Scherer*, Die Wirtschaftsverfassung der EWG, S. 104; *Schröter,* in: ders./Jakob/ Mederer, Europäisches Wettbewerbsrecht, Vor Art. 81 bis 89, Rn. 9; *Schweitzer/Hummer*, Europarecht, Rn. 1258; *Streinz*, Europarecht, Rn. 800; *Waelbroeck/Stuyck,* in: Vogelaar/Stuyck/ van Reeken, Competition Law, S. 11.

[132] *Badura*, in: FS für Stern, S. 409, 412.

[133] *Borchardt*, Die rechtlichen Grundlagen der Europäischen Union, Rn. 543; so auch *Schubert*, Der Gemeinsame Markt als Rechtsbegriff, S. 133.

[134] Vgl. Art. 2 EG.

[135] Vgl. etwa *Markert* EuR 1970, 349.

[136] *Scherer*, Die Wirtschaftsverfassung der EWG, S. 103f; *Oppermann* Europarecht Rn. 890; *Nicolaysen,* Europarecht II, S. 319f; *Eiden*, in: Bleckmann, Europarecht, Rn. 2117.

[137] *Scherer,* Die Wirtschaftsverfassung der EWG, S. 104.

[138] *Eiden*, in: Bleckmann, Europarecht, Rn. 2117.

ken der Mitgliedstaaten und den unterschiedlichen Regelungen der EG für den Warenverkehr und die Landwirtschaft.[139]

Andere Auffassungen negieren zwar nicht prinzipiell die Vorherrschaft der Marktwirtschaft in der EG, sprechen sich aber für eine differenzierende Betrachtung der Begriffe des Gemeinsamen Marktes und der Marktwirtschaft aus.

Am deutlichsten zieht heute noch *Kilian*[140] die Existenz einer Wirtschaftsverfassung der Gemeinschaft in Zweifel. Er meint, die Europäische Gemeinschaft habe nach wie vor keine klare Festlegung auf ein bestimmtes Wirtschaftssystem.[141] Jedoch leugnet auch er nicht die jedenfalls faktische Vorherrschaft der Marktwirtschaft in der Gemeinschaft.

Andere Autoren argumentieren rechtspolitisch und zielen auf eine abgeschwächte Liberalisierung des Gemeinsamen Marktes.[142] Die lenkende und leitende Intervention der EG sei notwendig, um ein Funktionieren des Gemeinsamen Marktes zu garantieren.[143] Man plädiert daher für eine Abkehr von einer streng liberal geprägten Wirtschaftsordnung der Gemeinschaft. Die soziale Marktwirtschaft allein könne nicht automatisch gewährleisten, dass die wirtschaftlichen Ziele des Art. 2 EG erreicht würden, da die Marktwirtschaft letztlich in den verschiedenen Mitgliedstaaten unterschiedlich ausgeprägt sei.[144]

Es wird insgesamt deutlich, dass es nicht so sehr auf eine pauschale Etikettierung der gemeinschaftlichen Wirtschaftsverfassung ankommt, sondern auf deren Ausgestaltung im einzelnen. Es ist eine Mischung aus liberalen und dirigistischen Elementen erkennbar.[145] Die Grundentscheidung der Gemeinschaft zu einer Wirtschaftsverfassung mit marktwirtschaftlichen Grundlagen ist aber vorherrschend.[146]

Auch in der Rechtsprechung des EuGH greift der Begriff der Marktwirtschaft immer mehr Platz. So stellt der Gerichtshof etwa in seiner Rechtsprechung zu nationalen Beihilfen auf das Verhalten und die Erwartungen eines Investors in einer *Marktwirtschaft* ab.[147] In einer anderen Entscheidung bezieht sich der Gerichtshof auf das normale Kräftespiel in einer *Marktwirtschaft*.[148] In der Sache *Ferreria Padana/Kommission* stellt der Gerichtshof

---

[139] *Eiden*, ebd.
[140] *Kilian*, Europäisches Wirtschaftsrecht, Rn. 206.
[141] *Kilian*, ebd. Rn. 208.
[142] So *Bleckmann* MDR 1986, 5, 6f.
[143] *Bleckmann*, ebd., S. 6.
[144] *Bleckmann*, ebd., S. 7.
[145] So *Oppermann* Europarecht, Rn. 806ff.
[146] *Oppermann*, ebd. Rn. 890.
[147] EuGH Rs. C-278/280/92 – Spanien/Kommission – Slg. 1994, I-4103, 4153.
[148] EuGH Rs. C-305/89 – Italien/Kommission – Slg. 1991, I-1603, 1640.

fest, dass bestimmte Interventionen Abweichungen vom „*Prinzip der Marktwirtschaft*„ darstellen.[149]

Bandilla[150] leitet daraus ab, dass sich bereits bestimmte verbindliche Folgerungen aus dem Begriff der Marktwirtschaft ergeben. Er versteht die Verwendung des Begriffs der Marktwirtschaft als Bezugnahme auf bestimmte Regeln und Vorgehensweisen in einer Marktwirtschaft, so dass damit nicht konkret die Ausprägung der Marktwirtschaft im einen oder anderen Mitgliedstaat verstanden werden kann, sondern eine Beschränkung der wirtschaftspolitischen Mittel auf marktwirtschaftliche.

Bleckmann[151] und *Basedow*[152] sehen die EG durch die Bestimmungen der Maastrichter Verträge, namentlich der Art. 3 und 4 EG, gar auf das Prinzip der Marktwirtschaft verbindlich festgelegt. *Bleckmann* meint gar, die EG und ihre Mitgliedstaaten dürften künftig nur mehr marktkonforme Maßnahmen ergreifen; Maßnahmen die das Funktionieren der freien Marktwirtschaft gefährdeten, dürften nicht ergriffen werden. So müsse auch die Marktwirtschaft der Grundkonzeption nach in allen Mitgliedstaaten erhalten bleiben, was zwar eine gewisse Abweichung, wie die „*planification souple*“ einschließe, eine veritable Zentralwirtschaft hingegen wäre völlig undenkbar, da sich die betroffene Volkswirtschaft nicht mehr nach den marktwirtschaftlichen Gesetzen orientiere, sondern nach dem staatlichen Plan.[153]

Von Estorff/Molitor gehen noch weiter und sehen in den Regelungen der Maastrichter Verträge einen „*neuen ordnungspolitischen Anspruch*“, demnach Mitgliedstaaten und Gemeinschaft auf das Ordnungsprinzip einer offenen Marktwirtschaft mit freiem Wettbewerb verpflichtet seien.[154]

3. Stellungnahme

Es ist zutreffend, dass sowohl Art. 2 als auch Art. 3 und insbesondere Art. 4 EG die Prinzipien des Gemeinsamen Marktes, der Wettbewerbsfreiheit und der Marktwirtschaft an sich hervorheben.[155] Gleichwohl normiert der EG-Vertrag, insbesondere in Art. 3 Abs. 1 EG, auch andere Gemeinschaftstätigkeiten, wie die Stärkung des wirtschaftlichen und sozialen Zusammenhalts (Art. 3 Abs. 1 lit. k EG). Diese können zu einer Differenzierung des marktwirtschaftlichen Leitbilds führen.

---

[149] EuGH Rs. 276/80 – Ferreria Padana/Kommission – Slg. 1982, 517, 544.
[150] *Bandilla,* in: Grabitz/Hilf, Das Recht der Europäischen Union I, Art. 4 EGV, Rn. 7.
[151] *Bleckmann* DVBl. 1992, 335, 341.
[152] *Basedow,* Von der deutschen zur europäischen Wirtschaftsverfassung, S. 32.
[153] *Bleckmann,* in: ders. Europarecht Rn. 749ff.
[154] *Von Estorff/Molitor,* in: GTE, Art. 3a, Rn. 18.
[155] Vgl. Art. 2; Art. 3 Abs. 1 lit. a, c, g; Art. 4 Abs. 1 EG.

Die Stärkung dieses Leitbilds, insbesondere durch den Vertrag von Maastricht, ist daher anzuerkennen. Das bedeutet jedoch keine gemeinschaftsweite Festlegung auf das Wirtschaftsmodell der sozialen Marktwirtschaft. Vielmehr lassen sich andere, an das Modell der Marktwirtschaft angelehnte Modelle, wie diejenigen der gelenkten und der gemeinwohlorientierten Wirtschaft unter das Leitbild der Marktwirtschaft fassen. Dafür spricht auch die Einführung des Art. 16 EG, der eine Stärkung gemeinwohlorientierter Wirtschaftsformen bewirken soll. Innerhalb dieser Systeme muss aber ein Schutz der Wettbewerbsfreiheit gewährleistet sein, um Unternehmen aus Staaten mit stark marktwirtschaftlich ausgeprägten Wirtschaftssystemen im Wettbewerb nicht zu benachteiligen.

Als Gegenpol zur Marktwirtschaft jedweder Ausprägung stellt sich eine starke interventionistische Ordnungspolitik dar. Die Gefahr einer massiven Häufung entsprechender Maßnahmen auf gemeinschaftlicher oder mitgliedstaatlicher Ebene, ist heute viel größer als die Wahrscheinlichkeit der Einführung der Planwirtschaft. Staatliche Intervention darf daher nicht durch Europäisches Recht begünstigt werden und muss einigen wenigen Ausnahmebereich vorbehalten bleiben. Als schädlich ist dabei insbesondere die unkontrollierte Gewährung von Beihilfen aller Art anzusehen. Diese können die Wettbewerbsfähigkeit der Konkurrenz herabsetzen oder beseitigen, der Wettbewerb am Binnenmarkt kann dadurch zum Erliegen kommen. So kommt dem Bekenntnis der Europäischen Union zu einer Marktwirtschaft mit freiem Wettbewerb neben den Grundfreiheiten erhebliche Bedeutung zu, denn der Binnenmarkt kann nur funktionieren, wenn freier Wettbewerb garantiert ist.

4. Fazit zur Wirtschaftsverfassung der Gemeinschaft

Abschließend bleibt festzuhalten, dass jedenfalls unter den Befürwortern der Existenz einer Europäischen Wirtschaftsverfassung der Konsens besteht, dass diese Wirtschaftsverfassung marktwirtschaftlich geprägt ist und sich entsprechende Grundentscheidungen in den Verträgen befinden. Auch angesichts unterschiedlicher Auffassungen über die Intensität einer Festlegung des EG-Vertrags auf marktwirtschaftliche Mittel, ist festzustellen, dass heute niemand mehr ernsthaft das grundsätzliche Bestehen einer marktwirtschaftlichen Ordnung in der Europäischen Gemeinschaft leugnet. Unabhängig von der jeweiligen marktwirtschaftlichen Ausrichtung muss gemeinschaftsweit der freie Wettbewerb geschützt werden, vor allem um Unternehmen aus anderen Mitgliedstaaten nicht zu benachteiligen.

IV. Das Wettbewerbsrecht in der Wirtschaftsverfassung der EG

Was die Dienste von allgemeinem wirtschaftlichem Interesse angeht, besteht gegenüber dem marktwirtschaftlich erforderlichen Ziel der Schaffung eines Wettbewerbssystems ein gewisses Konkurrenzverhältnis. Es soll untersucht werden, wie sich dieses Konkurrenzverhältnis im Einzelnen darstellt. Dabei stellt sich zunächst die Frage, welchen Inhalt das Prinzip der Wettbewerbsfreiheit hat. Sodann ist zu klären, in welchem Rangverhältnis diese beiden Vertragsprinzipien zueinander stehen.

1. Wettbewerbsbegriff

Trotz seiner zentralen Rolle im Vertragsganzen, existiert, anders als etwa im deutschen *Gesetz gegen Wettbewerbsbeschränkung*,[156] an keiner Stelle des EG-Vertrags eine Definition des Begriffs Wettbewerb.[157] In Art. 3 Abs. 1 lit. g EG wird der Begriff des Wettbewerbs vorausgesetzt. Gefordert wird ein System, dass den Wettbewerb vor Verfälschung schützt.

Es ist nicht unumstritten, ob eine Definition des Wettbewerbs überhaupt gelingen kann.[158] Wirtschaftlicher Wettbewerb ist ein vielgestaltiges soziologisches Phänomen.[159] Es fehlt an einheitlichen wirtschaftswissenschaftlichen Leitbildern. Es wird deswegen vorgeschlagen, den Blick weniger auf den Begriff des Wettbewerbes selbst zu richten, als vielmehr auf den der einzelnen Wettbewerbsbeschränkungen.[160] Erst anhand der Beschränkungen lässt sich bisweilen feststellen, dass überhaupt Wettbewerb bestanden hatte.

In der Literatur gibt es Definitionsversuche. Wettbewerb wird demzufolge charakterisiert als Wahlmöglichkeit für Produzenten, Händler und Konsumenten.[161] Er soll immer dann gegeben sein, wenn die Marktbürger ihre Leistungen im zwischenstaatlichen Wirtschaftsverkehr frei von privaten und staatlichen Verzerrungen anbieten und nachfragen können.[162] Die Existenz

---

[156] Vgl. dazu *Gloy*, in: ders., Hdb. des Wettbewerbsrechts, S. 2.

[157] *Scherer*, Die Wirtschaftsverfassung der EWG, S. 136; *Markert* EuR 1970, 349, 352; *Kilian*, Europäisches Wirtschaftsrecht, Rn. 205.

[158] Vgl. den Überblick über die Meinungen bei *Emmerich* Kartellrecht S. 10 m.w.N.

[159] *Gassner*, Grundzüge des Kartellrechts, S. 3.

[160] *Bunte* Kartellrecht, S. 3; *Fikentscher*, Wettbewerb und gewerblicher Rechtsschutz, S. 33ff; *Herdzina* Wettbewerbspolitik S. 82ff; *Möschel*, Recht der Wettbewerbsbeschränkungen, S. 48ff; *Schmidt*, Wettbewerbspolitik und Kartellrecht, S. 77f.

[161] *Von der Groeben*, Europa-Archiv 1961, 643, 647; *Günther*, Wege zur europäischen Wettbewerbsordnung, S. 194.

[162] *Catalano*, Manuel de droit des Communautés européenes, S. 431f; *von Gamm*, Das Kartellrecht im EWG-Bereich, S. 26; *Scherer*, Die Wirtschaftsverfassung der EWG, S. 137.

von Märkten, Anbietern und Nachfragern und antagonistisches Verhalten prägen ihn.[163]

Nach herrschender Meinung liegt dem EG-Vertrag die Vorstellung eines *„wirksamen Wettbewerbs"* (workable competition)[164] zugrunde[165] - im Gegensatz zum Modell eines *„vollkommenen Wettbewerbs"*.[166] Das Modell eines oligopolistischen Marktes kann dem EG-Vertrag mittelbar insofern entnommen werden, als dort Wettbewerbsbeschränkungen nicht durchweg verboten sind.[167] Dieses Modell steht unter der Prämisse, dass die Marktwirtschaft dem einzelnen Marktbürger nicht nur den größtmöglichen Freiheitsraum für eigenverantwortliche, selbständige Tätigkeiten sichert, sondern auch am ehesten geeignet ist, seine wirtschaftliche Aktivität zu stimulieren.[168] Ein solches System soll gleichzeitig im Interesse der Allgemeinheit eine optimale Nutzung der Produktionsfaktoren sicherstellen und den wirtschaftlichen und technischen Fortschritt voranbringen, insbesondere eine optimale Allokation der Ressourcen bewirken.[169]

Der Zweck der Wettbewerbsregeln besteht darin, auf dem Gemeinsamen Markt einen *„freien, redlichen, unverfälschten und gleichzeitig wirksamen Wettbewerb"* zu gewährleisten.[170] Eingriffe in den Marktmechanismus unterliegen deswegen dem Verbotsprinzip, soweit sie den Handel zwischen den Mitgliedstaaten beeinträchtigen oder dem Interesse der Gemeinschaft zuwider laufen.[171]

---

163 *Bunte* Kartellrecht S. 4; *Gassner*, Grundzüge des Kartellrechts; *Schmidt*, Wettbewerbspolitik und Kartellrecht, S. 1f.

164 Vgl. zu den einzelnen Wettbewerbstheorie statt vieler die Darstellungen bei *Emmerich* Kartellrecht S. 3ff und *Burkhardt* Kartellrecht Rn. 20ff.

165 *Ipsen*, Europäisches Gemeinschaftsrecht, S. 608; *Ritter/Braun/Rawlinson*, European Competition Law, S. 15; *Röpke*, in: HDSW 1965, 33f; *Scherer*, Wirtschaftsverfassung der EWG, S. 137; *Ukrow*, in: Calliess/Ruffert, EUV/EGV, Art. 3, Rn. 11; ausdrücklich auch der EuGH v. 25.10.1977, Rs. 26/76 – Metro/Kommission – Slg. 1977, 1875, 1905.

166 Vgl. *Eucken*, Die Grundlagen der Nationalökonomie, S. 95f.

167 Vgl. *Scherer*, Die Wirtschaftsverfassung der EWG, S. 138.

168 *Schröter*, in: ders./Jakob/Medere, Europäisches Wettbewerbsrecht, Vor Art. 81 bis 89, Rn. 14.

169 Schröter, ebd.

170 Vgl. dazu *Schröter*, ebd., Rn. 8 m.w.N.

171 *Schröter*, ebd. ; *Mestmäcker*, in: Immenga/Mestmäcker, EG-Wettbewerbsrecht I, Einl. Rn. 24.

2. Wettbewerbssystem als Teil der Europäischen Wirtschaftsverfassung

Das Prinzip des freien Wettbewerbs ist im EG-Vertrag[172] an mehreren Stellen in Zusammenhang mit der Frage der Errichtung und Regelung einer *„offenen Marktwirtschaft"* (Art. 4 Abs. 1 und Abs. 2, Art. 98 S. 2, Art. 105 Abs. 1 S. 3 EG) oder *„offenen Märkten"* (Art. 154 Abs. 2 S. 1, Art. 157 Abs. 1 S. 2 EG) genannt.

a) Aussagen des EG-Vertrages

Schon die Präambel des EG-Vertrages drückt den Entschluss aus, den wirtschaftlichen und sozialen Fortschritt der Mitgliedstaaten zu sichern.

Art. 2 EG bezeichnet als Aufgaben der Gemeinschaft die *„Errichtung eines Gemeinsamen Marktes"* und *„einen hohen Grad von Wettbewerbsfähigkeit und Konvergenz von Wirtschaftsleistungen"*.

Art. 3 Abs. 1 lit. g EG fordert *„ein System, das den Wettbewerb innerhalb des Binnenmarkts vor Verfälschung schützt"*. Es ist vor allem diese Vorschrift, die die besondere Bedeutung des Wettbewerbs für die Europäische Union hervorhebt.[173]

Art. 4 Abs. 1 EG legt den *„Grundsatz einer offenen Marktwirtschaft mit freiem Wettbewerb"* als eine Grundlage der gemeinschaftlichen Wirtschaftspolitik fest.

Man muss unterscheiden zwischen Vorschriften des Vertrages, die den Wettbewerb direkt ansprechen und seinen „Rang" in der Gemeinschaftsordnung unmittelbar untermauern und solchen Vorschriften, die lediglich wirtschaftliche Ziele und Aufgaben ansprechen, deren Erreichen aber allein mit dem Vehikel des Wettbewerbs möglich ist. Bei letzteren Vorschriften darf die Bedeutung weiterer Vertragsziele außerhalb des unmittelbaren wirtschaftlichen Bereichs nicht außer Acht gelassen werden. Die Wettbewerbsvorschriften der Art. 81 bis 89 EG, die die Verhinderung von Wettbewerbsverfälschungen bezwecken, sind im Lichte des wirksamen Wettbewerbs auszulegen.[174] Neben diesen ausdrücklichen Wettbewerbsvorschriften des EG-Vertrages, beziehen sich noch zahlreiche Vorschriften direkt oder indirekt auf die Verhinderung von Wettbewerbsbeschränkungen. Erwähnt seien hier die Art. 38, 76, 96, 97,

---

[172] Der Entwurf zu einem Vertrag über eine Verfassung für Europa belässt es im Bereich des Wettbewerbsrechts im Wesentlichen beim bislang geltenden Recht. Vgl. dazu *Schwarze* EuZW 2004, 135, 136.

[173] *Schollmeier/Krimphove*, in: Bleckmann Europarecht Rn. 1784.

[174] *Zuleeg*, in: Von der Groeben/Schwarze, Art. 3, Rn. 8; *Hatje*, in: Schwarze, EU, Art. 3, Rn. 13.

108, 132, 296 und 298 EG.[175] Im Montanbereich sind noch die Art. 65 bis 67 EGKSV zu nennen. Außerdem existiert zu allen diesen genannten Normen ein umfangreiches sekundäres Gemeinschaftsrecht. Neben allgemeinen Regelungen bestehen auch zahlreiche Einzelentscheidungen der Kommission gegenüber Unternehmen. Zudem hat der EuGH und seit 1989 das EuG eine breite Rechtsprechung in Wettbewerbssachen aufgefächert[176] und damit dem Schutz des Wettbewerbs das Gewicht des richterlichen Wortes verliehen.

Man kann die besondere Rolle des Wettbewerbs aber auch aus dem Begriff des Gemeinsamen oder *„offenen"* Marktes herleiten,[177] wenn man den Wettbewerb als integralen Bestandteil einer marktwirtschaftlichen Wirtschaftsordnung wie der Europäischen Gemeinschaft versteht. Die Öffnung der nationalen Märkte für Waren und Dienstleitungen aus anderen Mitgliedstaaten führt zwangsläufig zu Wettbewerb im Handel zwischen den Mitgliedstaaten.[178] Der Wettbewerb wird so zur Vorbedingung offener Märkte. Gleichwohl gibt es innerhalb des Gemeinsamen Marktes Teilbereiche, die rein tatsächlich nicht dem gemeinschaftsweiten Wettbewerb unterliegen, etwa weil es sich um regional begrenzte Märkte handelt.[179]

b) Die Regelung des Art. 3 Abs. 1 lit. g

Aufgaben und Ziele der Europäischen Gemeinschaft sind in Art. 2 und 3 EG niedergelegt. Art. 2 EG nennt die grundlegenden Ziele, Art. 3 EG die Aufgaben der Gemeinschaft im einzelnen.[180]

Das Ziel der Errichtung eines Gemeinsamen Marktes in Art. 2 EG steht in direktem Zusammenhang mit der Forderung des Art. 3 Abs. 1 lit. g EG nach einem System, das den Wettbewerb innerhalb des Binnenmarktes vor Verfälschung schützt.[181] Letztere Vorschrift geht von Wettbewerb in diesem Binnenmarkt aus. Dem EG-Vertrag liegt die Vorstellung zugrunde, dass Gemeinsamer Markt und vor Verfälschung zu schützender Wettbewerb untrennbar sind.

Art. 3 Abs. 1 lit. g EG darf darüber hinaus als ausdrückliches Bekenntnis der Gemeinschaft zur Notwendigkeit des Bestehens von Wettbewerb verstan-

---

[175] *Waelbroeck/Stuyck,* in: Vogelaar/Stuyck/van Reeken, Competition Law, S. 12; *Verstrynge,* in: 1988 Fordham Corp. L. Inst., S. 17-14; *Bach,* Wettbewerbsrechtliche Schranken für staatliche Maßnahmen nach europäischem Gemeinschaftsrecht, S. 232.

[176] Vgl. *von Winterfeld* EuR 1987, S. 68ff; *Everling* WuW 1990, S. 795ff.

[177] So tut es *Markert* EuR 1970, 349.

[178] *Oppermann* Europarecht Rn. 890.

[179] Vgl. *Bleckmann* MDR 1986, 5, 6.

[180] *Gleiss/Hirsch,* EG-Kartellrecht Band 1, Einl. A Rn. 15.

[181] *Waelbroeck/Stuyck,* in: Vogelaar/Stuyck/van Reeken, Competition Law, S. 15; *Hanlon,* European Community Law, S. 217.

den werden.[182] Das Ziel des unverfälschten Wettbewerbs steht umgekehrt aber auch in engem Zusammenhang mit dem weiteren Gebot des Art. 2 EG, eine harmonische Entwicklung des Wirtschaftslebens innerhalb der Gemeinschaft zu fördern.[183] Ebenso besteht ein enger Zusammenhang mit der vierten Erwägung der Präambel, die ein einverständliches Vorgehen fordert, um einen redlichen Wettbewerb zu gewährleisten.[184]

Das Prinzip der Wettbewerbsfreiheit findet sich also fest eingeknüpft in mehrere Aufgaben der Gemeinschaft. Dabei ist die Schaffung eines Systems, das den Wettbewerb innerhalb des Binnenmarktes schützt, selbst eine der vorrangigen Aufgaben der Europäischen Gemeinschaft.[185] Es wird ein Gemeinsamer Markt angestrebt, auf dem ein von staatlicher Einflussnahme möglichst freier Wettbewerb um Güter, Abnehmer, Beschaffungsquellen etc. besteht, dessen Teilnehmer sich in ihrer Verhaltensorientierung am wirtschaftlichen Erfolg gegenseitig beeinflussen.[186] Die Aufgabe der Errichtung eines Systems, das den Wettbewerb innerhalb des Binnenmarkts vor Verfälschung schützt, soll also letztlich der Errichtung des Gemeinsamen Marktes dienen.[187] Die Öffnung nationaler Märkte wäre wenig hilfreich, wenn die Unionsbürger oder die Mitgliedstaaten durch wettbewerbsbeschränkende Maßnahmen wiederum künstliche Handelsgrenzen aufrichten könnten.[188]

Die Ausgestaltung dieses Wettbewerbsystems ist nicht in vollem Umfang durch den EG-Vertrag vorgegeben. Bisweilen fehlt in Teilbereichen des Wirtschaftslebens der Gemeinschaft ein echter Wettbewerb gänzlich. Am Binnenmarkt sind schließlich auch stark organisierte Marktstrukturen anzutreffen, wie der Bereich der Landwirtschaft, der gemäß Art. 32ff EG durch eine gemeinsame Marktorganisation der Gemeinschaft derart geregelt ist, dass ein echter Wettbewerb nicht stattfindet.[189]

Art. 3 Abs. 1 lit. g EG verlangt als Mindestvoraussetzung, dass der Wettbewerb am Binnenmarkt nicht völlig ausgeschaltet wird.[190] Ziel aller wettbe-

---

[182] *Scherer*, Die Wirtschaftsverfassung der EWG, S. 135; *Zuleeg*, in: GTE, Art. 3, Rn. 7 m.w.N.

[183] *Ukrow*, in: Calliess/Ruffert, EUV/EGV, Art. 3, Rn. 11; *v. Bogdandy*, in: Grabitz/Hilf, EU, Art. 3, Rn. 14; *Zuleeg*, in: GTE, Art. 3, Rn. 7; *Ritter/Braun/Rawlinson*, European Competition Law, S. 14.

[184] So EuGH v. 13.7.1966, Rs. 32/65 – Italien/Kommission – Slg. 1966, 457, 483.

[185] *Koenig/Haratsch*, Europarecht, Rn. 807.

[186] *Koenig/Haratsch*, Europarecht, Rn. 808.

[187] *Geiger*, EG-Vertrag, Art. 3, Rn. 2.

[188] *Catalano*, Manuel de droit des Communautés européenes, S. 408 ; *Waelbroeck/Stuyck*, in : Vogelaar/Stuyck/van Reeken, Competition Law, S. 11.

[189] Vgl. dazu *Eiden* DVBl. 1988, 1087ff.

[190] EuGH v. 21.2.1973, Rs. 6/72 – Europemballage und Continental Can/Kommission – Slg. 1973, 215, Rn. 23f; *Ukrow*, in: Calliess/Ruffert, EUV/EGV, Art. 3, Rn. 11.

werbsrechtlichen Intervention muss es aber letztlich sein, einen wirksamen Wettbewerb herbeizuführen.[191] Der Gerichtshof versteht Art. 3 Abs. 1 lit. g EG daher als Grundlage des Primats des Wettbewerbsrechts.[192] Die Vorschriften des EG-Wettbewerbsrechts sind deswegen sämtlich im Lichte des Art. 3 Abs. 1 lit. g EG auszulegen.[193] Das gilt auch für den Bereich der mitgliedstaatlichen Beihilfen.[194]

Die Vorschrift des Art. 3 Abs. 1 lit. g EG entwickelt sich dabei zur „*Bestandsgarantie für die Institution des Wettbewerbs*".[195] Der Gerichtshof fordert außerdem, dass am Binnenmarkt so viel Wettbewerb vorhanden sein muss, dass die grundlegenden Forderungen des Vertrags erfüllt und seine Ziele, insbesondere die Bildung eines einzigen Marktes mit Binnenmarkt-Verhältnissen erreicht werden.[196] Ferner muss die Chancengleichheit der einzelnen Wirtschaftsteilnehmer gewährleistet sein.[197]

c) Zusammenfassung zum EG-Wettbewerbssystem

Das Prinzip der Wettbewerbsfreiheit wird im EG-Vertrag aus den Art. 2, Art. 3 Abs. 1 lit. g und Art. 4 EG hergeleitet. Seine Ausgestaltung erfolgt im Primärrecht im Wesentlichen in den Art. 81ff EG. Für das Prinzip der Wettbewerbsfreiheit von zentraler Bedeutung ist die Norm des Art. 3 Abs. 1 lit. g EG, welche die Schaffung eines Systems zum Schutz des Wettbewerbs vor Verfälschung zu den Vertragszielen erhebt. Dieser Norm wohnt auch ein Bekenntnis der Gemeinschaft zur Wettbewerbsfreiheit als Beitrag zur Errichtung des Gemeinsamen Marktes inne.

Die Mindestvoraussetzung des Art. 3 Abs. 1 lit. g EG ist, dass der Wettbewerb nicht völlig ausgeschaltet werden darf. Das Gemeinschaftsrecht ist darüber hinaus gegebenenfalls im Lichte des Art. 3 Abs. 1 lit. g EG auszulegen.

---

[191] *Zuleeg*, in: GTE, Art. 3, Rn. 7; siehe dazu auch das Folgende.

[192] EuGH Rs. 6/72 – Continental Can – Slg. 1973, 215, Rn. 24; vgl. *Ritter/Braun/Rawlinson*, European Competition Law, S. 15.

[193] *Zuleeg*, in: Von der Groeben/Schwarze, Art. 3 Rn. 8; *Hatje*, in: Schwarze, EU, Art. 3 Rn. 13; *Streinz*, in: ders.: EUV/EGV, Art. 3, Rn. 23.

[194] Dort insbesondere für die Frage der Rückforderung nationaler Beihilfen: EuGH v. 20.9.1990, Rs. 5/89 – Kommission/Deutschland – Slg. 1990, I-3437, Rn. 19.

[195] So *Hatje*, in: Schwarze, EU, Art. 3 Rn. 14.

[196] EuGH v. 25.10.1977, Rs. 26/76 – Metro SB-Großmärkte/Kommission – Slg. 1977, 1875, 1905.

[197] EuGH v. 13.12.1991, Rs. C-18/88 – GB-Inno-BM – Slg. 1991, I-5941, Rn. 25.

3. Die Rolle der Wettbewerbsfreiheit im EG-Vertrag

a) Wettbewerbsfreiheit als Vertragsziel

Sowohl die Präambel des EG-Vertrages als auch Art. 3 Abs. 1 lit. g EG sprechen sich für den Grundsatz der Wettbewerbsfreiheit aus. Die Wettbewerbsregeln des Vertrages sind in ihrer Gesamtheit identisch mit dem vom Vertrag geforderten System, das den Wettbewerb innerhalb des Binnenmarktes vor Verfälschung schützt und seinerseits der Erfüllung der Gemeinschaftsaufgaben in Art. 2 EG dient.[198] Daneben bestehen aber in der Gemeinschaftsordnung noch zahlreiche andere Vertragsziele und Aufgaben der Gemeinschaft, die sich mit dem Wettbewerbsrecht nicht immer vereinbaren lassen.

Die Bedeutung des Wettbewerbes für die wirtschaftliche Integration der Europäischen Gemeinschaft wird allerdings seit jeher hoch angesiedelt. Der Rat der Europäischen Gemeinschaft charakterisierte bereits früh die Rolle des Wettbewerbs in der Gemeinschaft dahingehend, dass das freie Spiel des Marktes eines der wichtigsten Mittel sei, um *„die Zielsetzung der mittelfristigen Wirtschaftspolitik und insbesondere den rationellsten Einsatz der Produktionsfaktoren zu gewährleisten“*.[199] Daher müsse der Wettbewerb als außerordentlich wichtiges Element des wirtschaftlichen Fortschritts erhalten, und dort, wo er unzulänglich sei, hergestellt und gefördert werden.[200]

Die Wettbewerbswirtschaft ist aber nicht nur Mittel zur Errichtung eines gemeinsamen Wirtschaftssystems, sondern zugleich das Ziel, nämlich die Wirtschaftsordnung, die auf Dauer das Wirtschaftsgeschehen in einem vollendeten Gemeinsamen Markt bestimmt.[201] Gemeinsamer Markt und Wettbewerbsordnung sind als unteilbare Einheit anzusehen, denn ein Gemeinsamer Markt kann ohne gemeinsame Marktregeln nicht funktionieren.

Es soll aber nicht nur das Nahziel der Errichtung des Binnenmarktes erreicht, sondern auch die weitergehenden Ziele der Gemeinschaft aus Art. 2 EG, verwirklicht werden.[202] Dem Vertrag liegt der Gedanke zugrunde, dass die Ziele des Art. 2 EG am ehesten bei freiem, redlichen, unverfälschten und wirksamen Wettbewerb erreicht werden.[203] Ein durch Wettbewerb gestärkter

---

[198] EuGH v. 13.7.1966, Rs. 32/65 – Italien/Rat und Kommission – Slg. 1966, 457, 483; EuGH v. 21.2.1973, Rs. 6/72 – Continental Con – Slg. 1973, 215, 244f; EuGH v. 22.1.1974, Rs. 6 und 7/73 – Commercial Solvents – Slg. 1974, 223, 254; EuGH v. 13.2.1976, Rs. 85/76 – Hoffmann-La Roche – Slg. 1979, 461, 552f.

[199] Rat der Europäischen Gemeinschaft, ABl. S. 1521/67 v. 25.4.1967.

[200] Rat der Europäischen Gemeinschaft, ebd.

[201] *Markert* EuR 1970, 349, 352.

[202] *Schröter*, in: ders./Jakob/Mederer, Europäisches Wettbewerbsrecht, Vor Art. 81 bis 89, Rn. 10f.

[203] *Schröter*, ebd. Rn. 12.

Binnenwirtschaftsraum ist eher in der Lage den finanziellen Aufwand zu erbringen, der für die Erfüllung dieser anderen Ziele, wie etwa der gemeinschaftlichen Sozial- und Umweltpolitik, erforderlich ist.

Ipsen war schon im Jahre 1972 der Auffassung, die Regelung des Wettbewerbs im Gemeinschaftsrecht könne auch „*als prinzipielle Entscheidung der Gemeinschaftsverfassung für die Wettbewerbsfreiheit an sich und für ihre funktionelle Eignung als Mittel optimaler Marktentwicklung und Selbstregulierung*" verstanden werden.[204] Ebenso streitet *Scherer*[205] für die herausragende Bedeutung der Wettbewerbsfreiheit, die jedoch nicht schrankenlos gewährt werden könne, da das Belassen des freien Spiels der Kräfte die Handelsschranken letztlich wieder errichten würde, weil wettbewerbsverfälschende Maßnahmen sowohl der Unternehmen als auch der Mitgliedstaaten zu befürchten seien.[206]

Es gab aber auch Stimmen,[207] die sich für eine verstärkte Globalsteuerung der Wirtschaft unter teilweiser Abkehr von den ordnungspolitischen Prinzipien des freien Wettbewerbs aussprachen. Die integrative, fördernde und lenkende Wirkung des Wettbewerbs lässt sich nur schwerlich leugnen. Dem Wettbewerb wird daher ein „*besonderer Rang unter den Vertragszielen*" eingeräumt.[208]

b) Zielkonflikte

Art. 3 EG formuliert gleich 21 Tätigkeitsfelder und Ziele, die sich in ihrer Zielsetzung und Anwendung teilweise überschneiden. Diese unterschiedlichen Ziele der Gemeinschaft bilden jedoch untereinander eine systematische Einheit.[209] Bei der Durchführung der ihnen übertragenen Aufgaben haben die Gemeinschaftsorgane sämtliche dieser Ziele zu berücksichtigen.[210]

Es gibt im Rahmen des Art. 3 EG kein „Superprinzip", vielmehr besteht unter den Vertragszielen des Art. 3 EG grundsätzlich Gleichrangigkeit.[211]

---

[204] *Ipsen*, Europäisches Gemeinschaftsrecht, S. 607.

[205] *Scherer*, Die Wirtschaftsverfassung der EWG, S. 135.

[206] Vgl auch *von der Groeben* WuW 1961, 373, 378; *Ophüls* ZHR 124 (1962), 150; *Verloren van Themaat* WuW 1963, 555, 559.

[207] *Ritter* BB 1968, 1393, 1398, jedoch schon mit dem Hinweis, dieses könnte unter Umständen zu einer Kollision mit dem Gemeinschaftsrecht führen.

[208] So *Oppermann* Europarecht Rn. 1026. Dieser mahnt jedoch in diesem Zusammenhang an, dass das Wettbewerbsrecht seinen besonderen Rang unter den Vertragszielen verlieren könnte, infolge der Stärkung der Industrie-, Regional- und Sozialpolitik durch den Vertrag von Maastricht..

[209] *Mestmäcker*, in: Immenga/Mestmäcker, EG-Wettbewerbsrecht I, Einl., Rn. 20.

[210] *Ukrow*, in: Calliess/Ruffert, EUV/EGV, Art. 3, Rn. 2; EuGH v. 21.2.1973, Rs. 6/72 – Europemballage und Continental Can/Kommission – Slg. 1973, 215, Rn. 25; EuGH v. 13.5.1971, verb. Rs. 41-44/70 – Fruit Company/Kommission – Slg. 1971, 411, Rn. 68/72.

[211] *Oppermann* Europarecht Rn. 1026.

Gleichwohl muss anerkannt werden, dass der Verpflichtung zur Errichtung eines Wettbewerbssystems in Art. 3 Abs. 1 lit. g EG ein unbedingter Auftrag innewohnt, dessen Erfüllung von entscheidender Bedeutung für die Marktordnung der EG ist.[212]

Die Lösung von Zielkonflikten durch die Schaffung eines Ausgleichs zwischen den verschiedenen Gemeinschaftszielen, ist im Wettbewerbsrecht des EG-Vertrags bereits angelegt durch verschiedene Ausnahmeregelungen zum Grundsatz des Verbots von Wettbewerbsbeschränkungen, wie zum Beispiel Art. 86 Abs. 2 oder Art. 87 Abs. 2 und 3 EG. Ein Ausgleich unter den Vertragszielen ließe sich also von den Organen der EG durch die Anwendung dieser Ausnahmeregelungen, herbeiführen. Ziel eines Ausgleichs müsste dabei aber stets die optimale Entfaltung aller berührten Ziele des Vertrages sein, da Leitbild des Vertrages die gegenseitige Ergänzung der Ziele und Aufgaben, nicht gegenseitige Behinderung ist.

Die neuen mit der Wirtschafts- und Währungsunion angestrebten Ziele stehen unter dem Vorbehalt der *„vollen Wahrung des gemeinschaftlichen Besitzstandes"*.[213] Hierzu gehört nach der Rechtsprechung des EuGH[214] auch die Einheit des Marktes, mitsamt des Systems unverfälschten Wettbewerbs und den dieses System konkretisierenden Normen.[215] Es handelt sich jedoch nur um einen Vorbehalt. Eine verbindliche Rangordnung lässt sich auch aus dieser Entscheidung des Gerichtshofs nicht ersehen.

Zu dieser Interpretation passt auch, dass der Europäische Gerichtshof einerseits die Bedeutung des in Art. 3 Abs. 1 lit. g EG niedergelegten Systems, *„das den Wettbewerb im Binnenmarkt vor Verfälschung schützt"*, welches der EG-Vertrag *„schaffen und erhalten"* wolle betont,[216] andererseits aber feststellt, dass Art. 3 EG konkurrierende Ziele verankert, so dass dem Prinzip des unverfälschten Wettbewerbs kein absoluter Vorrang eingeräumt sei.[217] Dabei bezieht sich der Gerichtshof auf das Verhältnis des Vertragsziels der Einführung einer gemeinsamen Agrarpolitik und der Errichtung eines Systems des

---

[212] *Oppermann*, ebd.

[213] *Mestmäcker*, in: Immenga/Mestmäcker, EG-Wettbewerbsrecht I, Einl. Rn. 20. Der gemeinschaftliche Besitzstand und seine Weiterentwicklung gehören zu den Zielen der Union, Art. 2 Spiegelstrich 5 EU, und sie begrenzen die Maßnahmen zur Verwirklichung der neuen Ziele, Art. 3 Abs. 1 EU.

[214] EuGH v. 20.4.1978, verb. Rs. 80 und 81/77 – Société Les Commissionaires Réunis/Receveur des douanes – Slg. 1978, 927, 947.

[215] Das folgert *Mestmäcker*, in: Immenga/Mestmäcker, EG-Wettbewerbsrecht I, Einl. Rn. 53 aus der eben dargelegten Rechtsprechung des Gerichtshofs.

[216] EuGH v. 22.6.1994, Rs. C-9/93 – IHT Internationale Heiztechnik GmbH u.a./Ideal Standard GmbH u.a. – Slg. 1994, I-2789, Rn. 45.

[217] EuGH v. 5.10.1994, Rs. C-280/93 – Bundesrepublik Deutschland/Rat – Slg. 1994, I-5039, 5060f.

unverfälschten Wettbewerbs. In der genannten Entscheidung löst der EuGH das von ihm konstatierte Konkurrenzverhältnis unter Berufung auf Art. 36 EG zugunsten der gemeinsamen Agrarpolitik, die demgemäß Vorrang vor den Zielen des Vertrages im Wettbewerbsbereich habe.[218] Dieser Vorrang besteht aber nicht prinzipiell. Bei Konflikten zwischen der Landwirtschafts- und der Wettbewerbspolitik ist vielmehr ebenso nach einem Ausgleich zwischen den betroffenen Zielen zu suchen, und zwar auf der Ebene des Gemeinschaftsrechts und mit dessen Mitteln und Verfahren, um das primäre Ziel der Gemeinschaft, die Errichtung des europäischen Binnenmarktes, so wenig wie möglich zu beeinträchtigen.[219] Das ergibt sich wiederum aus der Forderung des Vertrages, einzelne Ziele nicht völlig auszuschalten.

Eine schleichende Entwertung der Bedeutung des Wettbewerbsrechts muss aber generell verhindert werden. Trotz der Gleichrangigkeit aller Vertragsziele, muss die Verwirklichung des in Art. 4 EG hervorgehobenen Grundsatzes einer offenen Marktwirtschaft mit freiem Wettbewerb gewährleistet sein. Dieser Auftrag ist im Hinblick auf den Binnenmarkt im Einzelfall vorrangig gegenüber Zielen wie der Stärkung des wirtschaftlichen und sozialen Zusammenhaltes, der Stärkung der Wettbewerbsfähigkeit der Industrie der Gemeinschaft und der Forschungs- und Technologieförderung (vgl. Art. 3 Abs. 1 lit. k, m, n EG), die allenfalls unterstützende Funktion für die Verwirklichung des Binnenmarktes haben.[220]

4. Zusammenfassung

Die Bedeutung des Wettbewerbsrechts im EG-Vertrag ist hoch anzusiedeln. Das liegt zum einen an der starken Verankerung des Wettbewerbsprinzips in den Grundsätzen des EG-Vertrags. Zum anderen ergibt es sich aus der Tatsache, dass Marktwirtschaft und Wettbewerb als unteilbare Einheit anzusehen sind. Schließlich ist noch an die gebotene Förderung der anderen Vertragsziele durch die Gewährleistung von Marktwirtschaft und Wettbewerb zu denken.

Trotzdem sind Schranken der Wettbewerbsfreiheit notwendig, denn eine schrankenlose Gewährung der Wettbewerbsfreiheit würde letztlich zu einer Verdrängung aller anderen gemeinschaftlichen Aufgaben und Ziele führen.

Die verschiedenen Vertragsziele des EG-Vertrags sind prinzipiell gleichran-

---

[218] EuGH, ebd.

[219] *Emmerich* Kartellrecht S. 370f; grundlegend dazu EuGH v. 5.5.1981, Rs. 112/80 – Firma Anton Dürbeck/Hauptzollamt Frankfurt a.M., Slg. 1981, 1095, 1119; EuGH v. 15.7.1982, Rs. 245/81 – Edeka AG/Bundesrepublik Deutschland – Slg. 1982, 2745, 2757.

[220] *Mestmäcker,* in: Immenga/Mestmäcker, EG-Wettbewerbsrecht I, S. 1ff; *Oppermann* Europarecht Rn. 1026.

gig. Die Harmonisierung des Wettbewerbsprinzips mit den anderen Grundsätzen und Zielen des Vertrages ist jedoch bisweilen erforderlich. Zielkonflikte sind soweit möglich im Rahmen einer Anwendung der Ausnahmeregelungen des Wettbewerbsrechts zu lösen. Bei all diesem ist stets zu berücksichtigen, dass die völlige Ausschaltung eines der Ziele des EG-Vertrages, wie etwa des Wettbewerbsprinzips, nicht zulässig ist.

V. Das Beihilfenrecht im System des Europäischen Wettbewerbsrechts

1. Die Regelung des Beihilfenrechts im EG-Vertrag

Wettbewerbsverfälschungen können sowohl durch wettbewerbsbeschränkendes Verhalten der Wirtschaftssubjekte selbst als auch durch interventionistische staatliche Maßnahmen, die den Wettbewerb verhindern oder begrenzen, herbeigeführt werden.[221] Daraus ergeben sich zwei Ansatzpunkte für das gemeinschaftsrechtliche Wettbewerbsrecht.[222] Einige Autoren[223] bevorzugen eine präzisere Aufteilung des Wettbewerbsrechts in fünf Teilbereiche, wobei sie sich an der Natur der Störung, nicht am Verursacher, orientieren. Gängig ist dabei die Unterteilung in die Bereiche Kartellrecht, Missbrauch marktbeherrschender Stellung, Fusionskontrolle, Öffentliche Unternehmen und staatliche Beihilfen.[224] In manchen Darstellungen entsteht dagegen der Eindruck, der Bereich staatlicher Beihilfen gehöre nicht zum Wettbewerbsrecht.[225] Insbesondere in der englischsprachigen Literatur wird das Beihilfenrecht regelmäßig ausgeklammert.[226] Die Vorschriften der Art. 87 bis 89 EG sind aber Teil der Wettbewerbsregeln und gehören als solche zu dem nach Art. 3 Abs. 1 lit. g EG zu errichtenden System, das den Wettbewerb innerhalb

---

[221] EuGH v. 13.7.1966, verb. Rs. 56 und 58/64 – Costen GmbH und Grundig-Verkaufs-GmbH/Kommission – Slg. 1966, 322, 387.

[222] *Huber*, Recht der Europäischen Integration, § 17 Rn. 79, spricht zutreffend von *„zwei Säulen“* des gemeinschaftsrechtlichen Wettbewerbsrechts – dem Kartellrecht und dem Beihilferecht. Eine ähnliche Aufteilung findet sich bei *Oppermann*, Europarecht, Rn. 1025ff.

[223] Vgl. etwa *Nicolaysen*, Europarecht II, S. 234ff; *Herdegen*, Europarecht, S. 284ff; *Hobe* Europarecht S. 214ff.

[224] So handhabt es *Nicolaysen*, ebd.

[225] Vgl. *Bleckmann* Europarecht S. 650ff und S. 743ff. Dort wird der Bereich des Wettbewerbsrechts und der staatlicher Beihilfen jeweils einer eigenen Hauptüberschrift zugeordnet. *Dörr/Haus* JuS 2001, 313ff sehen im Bereich der Beihilfe nur eine Ergänzung des europäischen Wettbewerbsrecht aus.

[226] Vgl. nur *Cunningham*, The Competition Law of the E.E.C.; *Bellamy/Child*, Common Market Law of Competition; *Alexander*, The EEC Rules of Competition; Korah, EC Competition Law and Practice.

des gemeinsamen Marktes vor Verfälschungen schützen soll.[227] Mit den Art. 87 bis 89 EG wird nämlich die Wettbewerbsgleichheit zwischen den Unternehmen geschützt, die sonst durch eine unkontrollierte Beihilfenpraxis der Mitgliedstaaten gestört würde.[228]

Der EG-Vertrag sieht natürlich für beide Fälle - Wettbewerbsverfälschung durch Private sowie durch den Staat - entsprechende Regelungen vor.[229] Dabei weist der Vertrag eine Zweiteilung im Sinne der oben beschriebenen zwei Säulen auf. Abschnitt 1 des Kapitels *Wettbewerbsregeln* enthält *Vorschriften für Unternehmen*, Abschnitt 2 desselben Kapitels regelt *Staatliche Beihilfen.*

Es gibt aber auch Grenzbereiche. Die Mitgliedstaaten sind nach Art. 10 EG zur Vertragstreue verpflichtet. Sie müssen alles tun, was die Wettbewerbsordnung in der Gemeinschaft fördert, und umgekehrt alles unterlassen, was die Verwirklichung der Wettbewerbsfreiheit behindert.[230] Die Mitgliedstaaten dürfen daher kein privates Unternehmen von den Verboten des Art. 81 und 82 EG befreien oder durch staatliche Maßnahmen zu einem wettbewerbsbeschränkenden Verhalten zwingen, das als selbständiges Handeln des Unternehmens Art. 81 oder 82 EG verletzt.[231] Betroffen sind hier also mittelbare Auswirkungen staatlichen Handelns, das aber zu keiner Umgehung der Wettbewerbsvorschriften des EG-Vertrages führen soll und daher die Mitgliedstaaten gleichfalls zur Achtung der an die Unternehmen gerichteten Vorschriften verpflichtet. Außerdem gelten die Vorschriften der Art. 81ff EG ebenso für öffentliche Unternehmen.[232]

Die Kontrolle der mitgliedstaatlichen Beihilfen ist in den Art. 87 bis 89 EG geregelt.[233]

---

[227] So ausdrücklich der EuGH v. 20.9.1983, Rs. 171/83 R – Kommission/Frankreich – Slg. 1983, 261, 2627. Ebenso die überwiegende Meinung in der Literatur. Vgl. *Cremer,* in: Calliess/Ruffert, EUV/EGV, Art. 87, Rn. 1; *Mederer*, in: Schröter/Jakob/Mederer, Europäisches Wettbewerbsrecht, Vor Art. 87 bis 89, Rn. 1; *ders.*, in: GTE, Vor Art. 92 bis 94, Rn. 1; *Götz,* in: Dauses, Hdb. des EU-Wirtschaftsrechts Band 2, H. III, Rn. 10; *König/Kühling/Ritter*, EG-Beihilfenrecht, S. 19; *Nicolaysen*, Europarecht II, S. 279; *von Wallenberg*, in: Grabitz/Hilf I, Vor Art. 87-89, Rn. 1.

[228] *Koenig/Kühling* NJW 2000, 1065; *Deininger*, Die Subventionen als Instrument der Wirtschaftspolitik, S. 2; *Geiss*, Rechtsstaatliche Grundsätze im Beihilferecht der Europäischen Gemeinschaft, S. 27.

[229] Art. 81 bis 86 EG und Art. 87 bis 89 EG.

[230] *von der Groeben*, Europa – Plan und Wirklichkeit, S. 193f.

[231] *Scherer*, Wirtschaftsverfassung der EWG, S. 142.

[232] *Catalano*, in: FS für Riese, S. 133; *Vygen*, Öffentliche Unternehmen im Wettbewerbrecht der EWG, S. 17.

[233] Der Bereich der Wettbewerbsbeschränkung durch Private soll hier ausgenommen werden, da sich die vorliegende Arbeit auf die Fragen des Wettbewerbsrechts im Bereich staatlicher Beihilfen konzentriert.

2. Praxis des Beihilferechts

Die Kommission trifft nach Maßgabe des Vertrages und anderer einschlägiger Vorschriften die Entscheidung, ob von den Mitgliedstaaten gewährte Beihilfen mit dem Gemeinsamen Markt vereinbar sind. Es ist gängige Praxis der Kommission, dass staatliche Beihilfen nur dann genehmigt werden, wenn sie *„eindeutig definierten Zielen dienen, wie beispielsweise Forschung und Entwicklung, Umwelt, regionale Entwicklung, Entwicklung kleiner und mittlerer Unternehmen, Schaffung von Arbeitsplätzen, Förderung von Ausbildung etc.,* ***und*** *wenn unzumutbare Wettbewerbsverfälschungen vermieden werden.“*[234]

Die Kommission[235] registrierte im Jahr 2003 etwa 1000 Fälle. Im Zeitraum 2001-2003 wurden insgesamt nur 5% aller abschließenden Entscheidungen negativ beschieden.

Das Gesamtvolumen der von den Mitgliedstaaten gewährten Beihilfen ist in der EU von 67 Mrd. € im Jahr 1997 auf nur noch 49 Mrd. € im Jahr 2002 zurückgegangen. In den letzten Jahren gingen die Beihilfen nach einem anfänglich drastischen Rückgang auf 52 Mrd. € im Jahre 1999 nur noch um durchschnittlich 1 Mrd. € pro Jahr zurück. Absolut gesehen gewährte die Bundesrepublik die meisten Beihilfen (13 Mrd. €), gefolgt von Frankreich (10 Mrd. €) und Italien (6 Mrd. €). Im Verhältnis zum EU-weiten Bruttoinlandsprodukt (BIP) machten die staatlichen Beihilfen im Jahr 2002 0,56% aus;[236] dabei variierten die Anteile am BIP von Mitgliedstaat zu Mitgliedstaat erheblich, von 0,20% in den Niederlanden, Finnland, Schweden und dem Vereinigten Königreich über etwa 0,55% in Deutschland, Spanien und Portugal bis zu 0,72% in Dänemark.

Im Jahr 2003 flossen 49% der registrierten Fälle auf das Verarbeitungs- und Dienstleistungsgewerbe, 39% auf die Landwirtschaft, 6% auf die Fischerei und 6% auf Verkehr und Energie.

In rund 15% der untersuchten Fälle ging die Einleitung des Kontrollverfahrens nicht auf die Mitgliedstaaten, sondern auf die Kommission zurück, nachdem diese etwa durch eine Beschwerde von der Beihilfe erfahren hatte.

---

[234] Kommission, Anzeiger für staatliche Beihilfen Ausgabe vom Frühjahr 2003, KOM(2003) 225 endg., S. 4; Quelle: http://europa.eu.int/comm/competition/state_aid/scoreboard/2003/de.pdf.

[235] Die nachfolgenden Statistiken beruhen auf dem Anzeiger für staatliche Beihilfen, Ausgabe vom Frühjahr 2004, KOM(2004) 256 endg., S. 4ff.

[236] In der Gesamtsumme sind die Beihilfen für den Schienenverkehr nicht enthalten.

C. Zusammenfassung

Die Dienste von allgemeinem wirtschaftlichem Interesse genießen in der Gemeinschaft einen bedeutsamen Stellenwert, auch wenn sie nicht unmittelbar Teil der Vertragsziele sind. Ihre inhaltliche Bestimmung ist den Mitgliedstaaten überlassen und unterliegt lediglich einer Missbrauchskontrolle durch die Gemeinschaftsorgane.

Der Stellenwert der Marktwirtschaft und ihrem Ordnungsinstrument der Wettbewerbspolitik sind im EG-Vertrag hoch anzusiedeln. Das Bekenntnis zur Marktwirtschaft und zu offenen Märkten im Vertrag bedeutet jedoch keine Fixierung auf ein bestimmtes wirtschaftspolitisches Modell. Vielmehr lassen sich vom wirtschaftstheoretischen Ansatz her sowohl das den Wettbewerb favorisierende Modell der (sozialen) Marktwirtschaft als auch das die Dienste von allgemeinem wirtschaftlichem Interesse begünstigende Konzept der gemeinwohlorientierten Wirtschaft mit den Grundsätzen des EG-Vertrags vereinbaren.

Maßgeblich ist vielmehr die Betrachtung der jeweiligen Ausgestaltung der Systeme. Diese Ausgestaltung muss mit den Regelungen des EG-Vertrages, insbesondere dem Wettbewerbsrecht zu vereinbaren sein.

Der Auftrag an die Gemeinschaft, eine System zu errichten, das den Wettbewerb im Binnenmarkt vor Verfälschung schützt, gehört zu den Vertragszielen des EG-Vertrags. Diesem Ziel kommt eine weitreichend Bedeutung zu, da es unmittelbar der Errichtung des Binnenmarktes und mittelbar der Erfüllung aller anderen Vertragsziele dient. Gerade im Beihilfenrecht sind Konflikte mit den Diensten von allgemeinem wirtschaftlichem Interesse möglich.

Bei einem solchen Konflikt ist allerdings der Rang des Wettbewerbsrechts als Vertragsziel zu berücksichtigen. Die Bedeutung der Dienste von allgemeinem wirtschaftlichem Interesse ist jedoch auch im Rahmen der Wettbewerbsfreiheit anzuerkennen und steht insoweit im Einklang mit der Regelung des Art. 16 EG, der die Bedeutung der Dienste hervorhebt. Im Rahmen der Anwendung des Wettbewerbsrechts ist daher auf die Bedeutung der Dienste und ihre in den Mitgliedstaaten gewachsenen Strukturen Rücksicht zu nehmen.

D. Das weitere Vorgehen

Nachdem die Entwicklung und Bedeutung der Begriffe des service public und der Daseinsvorsorge untersucht, sowie der Stellenwert des Schutzes des Wettbewerbs vor Verfälschung im EG-Vertrag herausgearbeitet worden ist, gilt es nunmehr das Spannungsfeld zwischen Wettbewerb und Daseinsvorsorge rechtlich aufzulösen. Es wird das Verhältnis der Normen der Art. 16, 86

Abs. 2 und 87 Abs. 1 EG zu betrachten sein. Anknüpfungspunkt ist zunächst der Begriff der Dienste von allgemeinem wirtschaftlichem Interesse.

Im Folgenden ist zunächst zu untersuchen, ob der Begriff der Dienste von allgemeinem wirtschaftlichem Interesse im EG-Vertrag als gemeinschaftsautonomer Begriff aufzufassen ist und welcher Bedeutungsgehalt ihm zukommt.

Drittes Kapitel: Dienste von allgemeinem wirtschaftlichem Interesse in Art. 16 und Art. 86 Abs. 2 EG

A. Das Konzept der Dienste von allgemeinem wirtschaftlichem Interesse in Art. 86 Abs. 2 und Art. 16 EG

I. Dienste/Dienstleistungen von allgemeinem wirtschaftlichem Interesse

Der Begriff der Dienste von allgemeinem wirtschaftlichem Interesse taucht im primären Gemeinschaftsrecht, insbesondere im EG-Vertrag, in Art. 86 Abs. 2, vor allem aber in Art. 16 EG[1] auf.

Die deutsche Textfassung spricht in Art. 16 EG von „*Diensten*", während in Art. 86 Abs. 2 EG von „*Dienstleistungen*" die Rede ist. In beiden Vorschriften ist jedoch das gleiche gemeint.[2] Das zeigt ein Vergleich der anderen Sprachfassungen des EG-Vertrages.[3] Die im EG-Vertrag verwendeten Begriffe der Dienste/Dienstleistungen von allgemeinem wirtschaftlichem Interesse sind daher als identisch anzusehen.[4]

Der Begriff der Dienstleistungen/Dienste ist weit gefasst. Er geht über die in Art. 50 Abs. 1 EG verwendete Dienstleistungskonzeption hinaus, die anders als Art. 86 Abs. 2 EG Warenleistungen ausdrücklich ausnimmt.[5]

Gleichermaßen weit zu verstehen ist das allgemeine wirtschaftliche Interesse.[6] Es liegt nach der Rechtsprechung der Gemeinschaftsgerichte im Falle von Dienstleistungen zugunsten sämtlicher Nutzer im gesamten Hoheitsgebiet des betreffenden Mitgliedstaats, ohne Rücksicht auf Sonderfälle und auf die Wirtschaftlichkeit des betreffenden Vorgangs vor.[7] Ausge-

---

[1] Nach dem Entwurf zum Europäischen Verfassungsvertrag wird Art. 16 EG in der EU-Verfassung Art. III-6 sein, der in einem Zusatz vorsieht, dass die Grundsätze und Bedingungen für das Funktionieren der gemeindlichen Daseinsvorsorge durch europäische Gesetze festgelegt werde. Auf Art. III-6 soll jedoch hier nicht weiter eingegangen werden.

[2] *Tettinger* RdE 1999, 45, 49; *Koenig/Kühling/Rasbach* ZNER 2003, 3.

[3] Engl.: operation of services; frz.: la gestion de services. Eingehend hierzu: *Tettinger,* in: Cox, Daseinsvorsorge und öffentliche Dienstleistungen in der Europäischen Union, S. 97, 106.

[4] *Klotz,* in: von der Groeben/Schwarze, Art. 16, Rn. 13; *Koenig/Kühling/Rasbach* ZNER 2003, 3; *Püttner* ZögU 2000, 373, 375; *Tettinger* RdE 1999, 45, 49; *Koenig/Haratsch* Europarecht Rn. 891.

[5] *Hochbaum,* in: GTE, Art. 90, Rn. 52f; *Jung,* in: Calliess/Ruffert, EUV/EGV, Art. 86, Rn. 36; *von Wilmowsky* ZHR 155 (1991), 545, 550.

[6] Siehe auch GA *Lamothe*, Schlussanträge v. 7.7.1971, Rs. 10/71 – Hafen von Mertert – Slg. 1971, 723, 739.

[7] EuGH v. 19.5.1993, Rs. C-320/91 – Corbeau – Slg. 1993, I-2533, Rn. 15; EuGH v. 25.10.2001, Rs. C-475/99 – Glöckner/Landkreis Südpfalz – Slg. 2001, I-8089, Rn. 55; EuG v. 11.7.1996, verb.

schlossen sind Dienstleistungen, die einem Privat- oder Partikularinteresse dienen.[8] Der Bezug auf den wirtschaftlichen Charakter der Maßnahme bewirkt, dass Unternehmen, die karitative, fürsorgerische, soziale und kulturelle Dienstleistungen erbringen, nicht unter den Begriff der Dienstleistungen von allgemeinem wirtschaftlichem Interesse fallen.[9]

II. Art. 86 Abs. 2 EG

1. Art. 86 Abs. 2 EG in der Kritik

Manche Stimmen halten die Regelung des Art. 86 Abs. 2 EG für schlicht unnötig; die übrigen Normen des EG Vertrages, so wird argumentiert, reichten aus, um den öffentlichen Sektor in den Binnenmarkt zu integrieren.[10]

Art. 86 Abs. 2 EG wird aber überwiegenden nicht als unnötig oder funktionslos eingeschätzt, denn aus der Vorschrift folgt, dass den Mitgliedstaaten kein unüberprüfbares Zuständigkeitsreservat für den öffentlichen Sektor verblieben ist.[11] Die Vorschrift wird teilweise als eng begrenzte Bereichsausnahme aufgefasst.[12] Andere Stimmen sehen in der Vorschrift eine Legalausnahme.[13] Der begriffliche Unterschied liege darin, dass nur Letztere eine Entscheidung im Einzelfall zulasse.[14] Dieser Streit um Begrifflichkeiten kann hier jedoch offen bleiben, da im Ergebnis jedenfalls Einigkeit besteht, dass die Norm restriktiv auszulegen ist.[15]

Bemerkenswert ist dabei, dass ein Dispens von den Wettbewerbsvorschrif-

---

Rs. T-528/93, T-542/93, T-543/93, T-546/93 – Métropole télévision SA u.a. – Slg. 1996, II-649, Rn. 116; EuG v. 27.2.1997, Rs. T-106/95 – FFSA – Slg. 1997, II- 229, Rn. 67.

[8] EuGH v. 27.3.1974, Rs. 127/73 – BRT II – Slg. 1974, 313, Rn. 23.

[9] *Koenig/Kühling,* in: Streinz, EUV/EGV, Art. 86, Rn.46; *Hochbaum,* in: GTE, Art. 90, Rn. 56; *Jung,* in: Calliess/Ruffert, EUV/EGV, Art. 86, Rn. 38.

[10] *Von Wilmowsky* ZHR 155 (1991), 545, 571f; *Emmerich* BB 1989 Beilage 3, S. 9, 12; *ders.* Kartellrecht 7. Auflage 1994, S. 586.

[11] *Mestmäcker,* in: Immenga/Mestmäcker, EG-Wettbewerbsrecht II, Art. 37, 90, Rn. 17; *Kapp,* in: FK VI, Art. 86 Rn. 100.

[12] *Hochbaum,* in: GTE, Art. 90, Rn. 43; *Jung,* in: Calliess/Ruffert, EUV/EGV, Art. 86, Rn. 34; *Jungbluth,* in: Langen/Bunte, Kartellrecht, Art. 86, Rn. 36; *Gleiss/Hirsch*, EG-Kartellrecht Band 1, Art. 90, Rn. 15; *Kühne* RdE 2002, 257, 258.

[13] So ausdrücklich: *Kapp*, in: FK VI, Art. 86 Rn. 101; *Hochbaum*, in: Schröter/Jakob/Mederer, Europäisches Wettbewerbsrecht, Art. 86, Rn. 46; ähnlich: *Jungbluth,* in: Langen/Bunte Kartellrecht Art. 86, Rn. 36; *Emmerich*, in: Dauses, Hdb. des EU-Wirtschaftsrechts, H.II. Rn. 158; *Ehricke* EuZW 1993, 211, 213f.

[14] *Kapp*, in: FK VI, Art. 86, Rn. 101.

[15] So EuGH v. 27.3.1974, Rs. 127/73 – BRT II/SABAM – Slg. 1974, 318, Rn. 16/17; *von Burchard,* in: Schwarze, EU, Art. 86, Rn. 71; *Kapp,* in: FK VI, Art. 86, Rn. 101; *Jung*, in: Calliess/Ruffert, EUV/EGV, Art. 86, Rn. 34; *Ehricke* EuZW 1993, 211, 215; *Dohms*, in: Wiedemann, Hdb. KartellR, § 35 Rn. 274.

ten nach Art. 86 Abs. 2 EG in der Praxis der Gemeinschaftsorgane bislang nur äußerst selten gelang.[16]

Die Norm wird als Ausdruck der Sonderstellung der Dienste von allgemeinem wirtschaftlichem Interesse verstanden. Es scheint daher zulässig, aus der Vorschrift Schlüsse über den Begriff der in Rede stehenden Dienste zu ziehen.

2. Bezug zum Konzept des service public

Die Ausgestaltung des Art. 86 Abs. 2 EG weist einen unübersehbaren Bezug zum service public Konzept auf. Voraussetzung eines Sonderregimes im Wettbewerbsrecht ist hier wie dort das Gemeinwohl.[17] Die Bestimmung wurde auf Antrag der französischen Delegation in den Vertrag aufgenommen.[18] Die Vorschrift wird mitunter als Kompromiss zwischen den Mitgliedstaaten mit überwiegend privatwirtschaftlich organisierter Wirtschaft und denjenigen mit ausgeprägtem öffentlichem Sektor angesehen.[19] Die Tatbestandsmerkmale der Dienste von allgemeinem wirtschaftlichem Interesse entsprechen grundsätzlich denjenigen des service public.[20] Beide setzen ein starkes öffentliches Interesse, sowie einen staatlichen Betrauungsakt für das ausführende Unternehmen voraus.[21] *Von Pielow* begreift deswegen die Regelung des Art. 86 Abs. 2 EG sogar als eine Etablierung des service public als Ausnahmetatbestand auf Gemeinschaftsebene.[22]

3. Stellungnahme

Die Auffassung *von Pielows* ist missverständlich. Der service public wurde unbestritten bei der Schaffung des Art. 86 Abs. 2 EG als politisches Anliegen

---

[16] Vgl. *Jungbluth*, in: Langen/Bunte, Kartellrecht, Art. 86, Rn. 44; *Jung*, Calliess/Ruffert, EUV/EGV, Art. 86, Rn. 35; siehe auch: *von Wilmowsky* ZHR 155 (1991), 545, 571.

[17] *Lecheler* RdE 1996, 212, 216.

[18] *Neri/Sperl*, Traité instituant la Communauté Economique Européenne, S. 224; *Hochbaum*, in: Schröter/Jakob/Mederer, Europäisches Wettbewerbsrecht, Art. 86, Rn. 46; *Lecheler* RdE 1996, 212, 216. Letzterer weist ergänzend darauf hin, mit der Aufnahme des damaligen Art. 90 Abs. 2 EWG sei kein Festschreiben des Gedankens des service public auf der Ebene des Gemeinschaftsrechts intendiert worden.

[19] *Von Burchard*, in: Schwarze, EU, Art. 86, Rn. 1; *Pernice*, in: Grabitz/Hilf II, Art. 90, Rn. 1.

[20] So *Lecheler* RdE 1996, 212, 216 – der Begriff der Dienste von allgemeinem wirtschaftlichem Interesse wurde als solcher ebenfalls auf die Initiative der französischen Delegation hin in den Vertrag aufgenommen.

[21] Zum service public vgl. oben. Zu den Voraussetzungen der Dienste von allgemeinem wirtschaftlichen Interesse, vgl. nur *Jung*, in: Calliess/Ruffert, EUV/EGV, Art. 86, Rn. 36ff.

[22] *von Pielow*, in: Hrbek/Nettesheim, Europäische Union und mitgliedstaatliche Daseinsvorsorge, S. 171.

erkannt.[23] Es gibt keine Hinweise darauf, dass Art. 86 Abs. 2 EG nicht tatsächlich die Möglichkeit eröffnen sollte, insbesondere Unternehmen des service public aus dem Anwendungsbereich der Wettbewerbsregeln auszunehmen. Daraus aber auf eine Etablierung des service public als Ausnahmetatbestand zu schließen, geht zu weit. Es gab überhaupt keine Veranlassung dieses Modell gemeinschaftsweit einzurichten, da es auch bei der Gründung der Gemeinschaft bereits unterschiedliche Ausgestaltungen gemeinwohlorientierter Aufgaben in den Mitgliedstaaten gab. Es ist daher nicht nachvollziehbar, dass die Gemeinschaft nur den service public hätte regeln wollen, alle anderen Wirtschaftsformen hingegen nicht. Außerdem gilt die Ausnahmeregel des Art. 86 Abs. 2 EG gemeinschaftsweit für alle derartigen Dienste, nicht nur für diejenigen des service public.

Es spricht vieles dafür, dass es sich beim Begriff der Dienste von allgemeinem wirtschaftlichem Interesse um einen autonomen gemeinschaftsrechtlichen Begriff handelt.[24] Das liegt schon daran, dass dieser Begriff in der Rechtsordnung keines Mitgliedstaates der Europäischen Union vorkommt.[25]

Das Modell des service public, das bei der Schaffung des Art. 86 Abs. 2 EG Pate gestanden hat, existiert nicht in allen Mitgliedstaaten der Gemeinschaft. Eine spezielle Regelung nur des service public Bereichs in den betroffenen Mitgliedstaaten ergibt keinen Sinn,[26] da der Konflikt zwischen den Anforderungen des Binnenmarktes und der wirtschaftlichen Tätigkeiten zu einem öffentlichen Interesse in sämtlichen Mitgliedstaaten besteht.[27] Außerdem handelt es sich beim Konzept des service public um ein sehr weitreichendes Konzept mit umfassenden, komplexen Strukturen und staatlichen Befugnissen. Eine schlichte Referenz durch das Gemeinschaftsrecht verbietet sich daher. Der service public kann somit zur Konkretisierung des gemein-

---

[23] Es wurde bereits erwähnt, dass die Bestimmung des Art. 86 Abs. 2 EG auf Antrag der französischen Delegation in den Vertrag aufgenommen worden ist – siehe *Hochbaum*, in. Schröter/Jakob/Mederer, Europäisches Wettbewerbsrecht, Art. 86, Rn. 46.

[24] In diesem Sinne: *Badura*, in: Liber amoricum Thomas Oppermann, S. 571, 578; *Emmerich*, Das Wirtschaftsrecht der öffentlichen Unternehmen, S. 454; *Gutsch*, Die Rechtsstellung der Postbank im nationalen und europäischen Bankenwettbewerb, S. 212; *Nicolaysen*, Europarecht II, S. 275; *Stewing*, Gasdurchleitungen nach europäischem Recht, S. 150.

[25] *Hochbaum*, in: Schröter/Jakob/Mederer, Europäisches Wettbewerbsrecht, Art. 86, Rn. 51.

[26] Insoweit irreführend ist daher die Bezeichnung des Art. 86 Abs. 2 EG als „service public Vorbehalt“, so aber *von Burchard*, in: Schwarze, EU, Art. 86, Rn. 55.

[27] Vgl. dazu *Mestmäcker*, in: Immenga/Mestmäcker, Europäisches Wettbewerbsrecht II, Art. 37, 90, Rn. 1; *Hochbaum*, in: Schröter/Jakob/Mederer, Europäisches Wettbewerbsrecht, Art. 86, Rn. 46; *Badura*, in: Schwarze (Hrsg.), Daseinsvorsorge im Lichte des Wettbewerbsrechts, S. 25, 30.

schaftsrechtlichen Begriffs der Dienste von allgemeinem wirtschaftlichem Interesse allenfalls herangezogen werden.[28]

4. Mitgliedstaatliche Auffassung von öffentlichem Interesse

a) Das öffentliche Interesse in den Mitgliedstaaten
aa) Verschiedene Interpretationen

Zentraler Gedanke des Konzepts der Dienste von allgemeinem wirtschaftlichem Interesse ist die Möglichkeit, den unterschiedlichen Strukturen zur Wahrung des öffentlichen Interesses in den einzelnen Mitgliedstaaten Rechnung zu tragen. Das öffentliche Interesse wird jedoch in den einzelnen Mitgliedstaaten verschieden interpretiert. Erkennt man nämlich eine mitgliedstaatsspezifische Interpretation des öffentlichen Interesses an, bedeutet das, dass derselbe gemeinschaftsrechtliche Begriff in jedem Mitgliedstaat letztlich etwas anderes bedeutet. Das wirft die Frage auf, ob die Berücksichtigung des jeweiligen öffentlichen Interesses in den Mitgliedstaaten einem eigenständigen gemeinschaftsrechtlichen Begriff der Dienste von allgemeinem wirtschaftlichem Interesse im Wege steht.

bb) Autonomer gemeinschaftsrechtlicher Begriff

Die Wahrung des öffentlichen Interesses der einzelnen Mitgliedstaaten spricht nicht gegen einen autonomen gemeinschaftsrechtlichen Begriff der Dienste von allgemeinem wirtschaftlichem Interesse. Ein solcher Begriff ist gleichsam ein Sammelbecken für alle in den Mitgliedstaaten existierenden Konzepte gemeinwohlorientierter Wirtschaftsbereiche und als solcher notwendigerweise weit gefasst.[29] Das bedeutet, dass er alle bestehenden Konzepte auch anerkennen muss und insoweit der mitgliedstaatlichen Interpretation unterliegt. Er ist aber zugleich Gemeinschaftsbegriff, denn die Gemeinschaft erkennt mit seiner Regelung die Existenz der mitgliedstaatlichen Konzepte an und unterwirft sie ihrer Regelungsgewalt, denn es darf auf Seiten der Mitgliedstaaten nicht zu einer unkontrollierten Auslegung des öffentlichen Interesses kommen. Ein autonomer gemeinschaftsrechtlicher Begriff der Dienste von allgemeinem wirtschaftlichem Interesse gewährleistet einen einheitlichen Kontrollmaßstab für die Auslegung des öffentlichen Interesses.

Dieses widerspricht nicht dem Subsidiaritätsgrundsatz, denn die Kontrolle

---

[28] *Gutsch*, Die Rechtsstellung der Postbank im nationalen und europäischen Bankenwettbewerb, S. 212.

[29] Siehe dazu oben B I.

der Auslegung des öffentlichen Interesses durch die Mitgliedstaaten dient dem Vertragsziel der Wahrung der Wettbewerbsfreiheit und fällt daher unter Art. 5 Abs. 2 EG. Eine Harmonisierung des Begriffs der Dienste von allgemeinem wirtschaftlichem Interesse auf Gemeinschaftsebene ist unerlässlich, da nicht zu erwarten ist, dass sich die Mitgliedstaaten bei der Beurteilung des Vorliegens einer Dienstleistung im öffentlichen Interesse selbst effektiv kontrollieren. Es besteht eine Neigung vieler Mitgliedstaaten, vorschnell ein solches öffentliches Interesse zur Überbrückung der Wettbewerbsregeln zu bejahen. Doch selbst wenn eine Selbstkontrolle zufrieden stellend gelänge, bestünde das Bedürfnis einer gemeinschaftsrechtlichen Kontrolle, da auch eine Dienstleistung im öffentlichen Interesse, mag sie aus Sicht der Mitgliedstaaten noch so berechtigt sein, letztlich auf Gemeinschaftsebene zu einer nicht hinnehmbaren Beeinträchtigung der Wettbewerbsfreiheit führen kann. Die Wettbewerbsfreiheit zu wahren und zu schützen ist jedoch gemäß Art. 3 Abs. 1 lit. g EG Aufgabe der Gemeinschaft[30] und muss gegebenenfalls den nationalen Interessen der Mitgliedstaaten gegenüber verteidigt werden. Gerade dieser potentielle Interessenkonflikt auf der Ebene der Mitgliedstaaten erfordert deswegen eine Regelung auf Gemeinschaftsebene im Sinne des Art. 5 Abs. 2 EG.

Die Bestandsgarantie, bzw. das Recht auf eigenständige Gestaltung der Dienste von allgemeinem wirtschaftlichem Interesse lässt sich auch auf das Subsidiaritätsprinzip des Art. 5 EG stützen.[31] Eine Vorgabe für die Mitgliedstaaten durch die Gemeinschaft ist weder wünschenswert noch notwendig, so dass es nach dem Subsidiaritätsprinzip insoweit nur eine Regelungskompetenz für die Mitgliedstaaten geben kann.

Der Europäische Gerichtshof erkennt das Interesse der Mitgliedstaaten am Einsatz bestimmter Unternehmen als Instrument der Wirtschafts- und Fiskalpolitik ausdrücklich an: Art 86 Abs. 2 EG bringt nach seiner Rechtsprechung die Interessen der Mitgliedstaaten mit den Interessen der Gemeinschaft an der Einhaltung der Wettbewerbsregeln in Einklang.[32] Dabei sind die Mitgliedstaaten hinsichtlich der Auswahl der Unternehmen, die sie mit derlei Aufgaben betrauen, grundsätzlich frei.[33]

---

[30] *Hatje*, in: Schwarze, EU, Art. 3, Rn. 13; *Zuleeg*, in: von der Groeben/Schwarze, Art. 3, Rn. 8; *Ukrow*, in: Calliess/Ruffert, EUV/EGV, Art. 3, Rn. 11.

[31] *Harms*, in: Brede, Wettbewerb in Europa und die Erfüllung öffentlicher Aufgaben, S. 25, 27.

[32] EuGH v. 19.3.1991, Rs. C-202/88 – Frankreich/Kommission – Slg. 1991, I-1223, Rn. 12; EuGH v. 23.10.1997, Rs. C-159/94 – Kommission/Frankreich – Slg. 1997, I-5812, Rn. 55; EuGH v. 23.10.1997, Rs. C-157/94 – Kommission/Niederlande – Slg. 1997, I-5699, Rn. 39.

[33] *Badura*, in: Schwarze (Hrsg.), Daseinsvorsorge im Lichte des Wettbewerbsrechts, S. 25, 30; *Hochbaum*, in: Schröter/Jakob/Mederer, Europäisches Wettbewerbsrecht, Art. 86, Rn. 54.

Die Mitgliedstaaten können aber nicht völlig frei darin sein, festzulegen, dass eine Aufgabe im öffentlichen Interesse liegt. Insbesondere geht eine Ausrichtung an, regelmäßig mit erheblichen Ermessensspielräumen versehenen, nationalen Rechtsbegriffen wie Daseinsvorsorge oder service public zu weit.[34] Ausnahmebereiche im EG-Vertrag müssen begrenzt bleiben und lassen sich mit staatlicher Ermessensausübung nicht vereinbaren.[35] Die Zuerkennung solcher Gemeinwohlinteressen muss vielmehr in irgendeiner Weise unter gemeinschaftsrechtlicher Kontrolle stehen.[36] Es stellt sich daher die Frage, in welchem Umfang die Gemeinschaft über die Entscheidung der Mitgliedstaaten Kontrolle ausüben kann.

b) Gleichmäßige Kriterien

Es wird oft vorgebracht, dieses ließe sich am besten durch das Aufstellen bestimmter gleichmäßiger Kriterien bewerkstelligen.[37] Das soll aber nicht heißen, dass dadurch zwangsläufig in allen Mitgliedstaaten die gleichen Dienste als solche von allgemeinem wirtschaftlichem Interesse anzusehen sind. Es geht den Anhängern dieser Auffassung nicht um eine gemeinschaftsweite Vereinheitlichung der Dienste. Bezweckt werden vielmehr einheitliche Kriterien, anhand derer von den Mitgliedstaaten eine Überprüfung des eigenen öffentlichen Interesses vorgenommen werden könne.[38] Die Zuordnung zum öffentlichen Interesse eines Mitgliedstaates allein soll daher nicht genügen. Zusätzlich seien weitere Kriterien erforderlich, mit deren Hilfe sich das öffentliche Interesse konkretisieren und gemeinschaftsrechtlich als allgemeines wirtschaftliches Interesse anerkennen ließe.[39]

Es gibt Versuche, diese vereinheitlichten Kriterien darzustellen. Vielfach wird das allgemeine Interesse des Art. 86 Abs. 2 EG in der Weise verstanden, dass das wirtschaftliche Verhalten der Unternehmen einem rechtsverbindlich festgelegten Zweck dienen müsse und die Unternehmen zur Erfüllung dieses

---

[34] *Mestmäcker,* in: Immenga/Mestmäcker, Europäisches Wettbewerbsrecht II, Art. 37, 90, Rn. 43.

[35] *Stewig*, Gasdurchleitungen nach Europäischem Recht, S. 162; *Gutsch*, Die Rechtsstellung der Postbank, S. 212.

[36] *von Burchard,* in: Schwarze, EU, Art. 86, Rn. 63; *Mestmäcker,* in: Immenga/Mestmäcker, Europäisches Wettbewerbsrecht II, Art. 37, 90, Rn. 43; das ergibt sich jedoch auch aus Art. 86 Abs. 3 EG.

[37] *Mestmäcker,* ebd., Rn. 43; *Gutsch*, Die Rechtsstellung der Postbank im nationalen und europäischen Bankenwettbewerb, S. 212; *Emmerich*, Das Wirtschaftsrecht der öffentlichen Unternehmen, S. 449 und 454; *Kapp,* in: FK VI, Art. 86, Rn. 113.

[38] *Stewig*, Gasdurchleitungen nach Europäischem Recht, S. 162 bezeichnet diese „Vereinheitlichung" als das Finden des *„kleinsten gemeinsamen Nenners"* der Mitgliedstaaten.

[39] So *Gutsch*, Die Rechtsstellung der Postbank, S. 213.

Zweckes im öffentlichen Interesse auch dann verpflichtet sein sollen, wenn ihr unternehmerisches Eigeninteresse dem entgegenstehen würde.[40] Die Dienstleistungen von allgemeinem wirtschaftlichem Interesse sind demnach Tätigkeiten, die jenseits der ökonomisch und marktwirtschaftlich gebotenen Unternehmenstätigkeit von den Unternehmen in einem Leistungsbereich erbracht werden, für den keine marktwirtschaftlichen Handlungsanreize mehr bestehen, sondern nur noch gemeinwohlbezogene. Man kann solche Dienstleistungen dann als gegeben sehen, wenn das öffentliche Interesse das individuelle Interesse eines Unternehmens übersteigt.[41]

Die Kommission formuliert ihren Standpunkt ähnlich:[42]
„...marktbezogene Tätigkeit, die im Interesse der Allgemeinheit erbracht und daher von den Mitgliedstaaten mit besonderen Gemeinwohlverpflichtungen verbunden werden."

Der Unterschied besteht nur in der Betonung der Verbindung mit besonderen Gemeinwohlverpflichtungen.
An einem allgemeinen Charakter fehlt es, wenn die Dienstleistung nur im Interesse einzelner Personen oder Personenkreise, bzw. im Interesse einzelner Industriekreise erbracht wird.[43] Es genügt das Interesse nur eines Teils der Bevölkerung oder sogar einer einzelnen Gemeinde.[44] Ein starkes Indiz für ein Handeln zugunsten der Allgemeinheit liege darin, dass ein Unternehmen auch dort tätig wird, wo dies seinen eigenen wirtschaftlichen Interessen widerspricht.[45]
Es existieren also handhabbare Kriterien zur Bestimmung der Dienste von allgemeinem wirtschaftlichem Interesse. Diese Kriterien richten sich zunächst an die Mitgliedstaaten, denen ja die Kompetenz zur Einordnung der Dienste als solche im allgemeinen wirtschaftlichen Interesse obliegt. Die

---

[40] *Mestmäcker,* in: Immenga/Mestmäcker, Europäisches Wirtschaftsrecht II, Art. 37, 90, Rn. 43; *ders.* RabelsZ 52 (1988), 526, 565; *Pernice,* in: Grabitz/Hilf II, Art. 90, Rn. 36; *Gutsch,* Die Rechtsstellung der Postbank im nationalen und europäischen Bankenwettbewerb, S. 214f; *Stewing,* Gasdurchleitungen nach Europäischem Recht, S. 162ff.

[41] *Gutsch,* Die Rechtsstellung der Postbank im nationalen und europäischen Bankenwettbewerb, S. 215.

[42] Kommission, Leistungen der Daseinsvorsorge in Europa, KOM (2000) 580 endg., ABlEG 2001 Nr. C 17, S. 3, 42; genauso nunmehr im Grünbuch zu den Dienstleistungen von allgemeinem Interesse, S. 8,

[43] *Hochbaum,* in: Schröter/Jakob/Mederer, Europäisches Wettbewerbsrecht, Art. 86, Rn. 51; *Koenig/Haratsch,* Europarecht, Rn. 882; *Jung,* in: Calliess/Ruffert, EUV/EGV, Art. 86, Rn. 38; EuGH v. 27.3.1974, Rs. 127/73 – BRT II – Slg. 1974, 313, Rn. 23.

[44] *Jung,* in: Calliess/Ruffert, EUV/EGV, Art. 86, Rn. 38 m.w.N.

[45] Dieses ist ganz im Sinne der ersten dargestellten Definition. Vgl. dazu *Jung,* in: Calliess/Ruffert, EUV/EGV, Art. 86, Rn. 38; *Pernice,* in: Grabitz/Hilf II, Art. 90, Rn. 36.

Kriterien setzen allerdings nur den äußeren Rahmen für den Gestaltungsspielraum der Mitgliedstaaten.[46] Sie müssten dann jedoch auch Maßstab für eine Kontrolle durch die Gemeinschaftsorgane sein. Konsequenterweise würde dieses eine uneingeschränkte Prüfungskompetenz durch Kommission und Gerichtshof hinsichtlich der Einhaltung dieser Kriterien erfordern.[47]

5. Kontrolle durch Kommission und Rechtsprechung

a) Kontrolle anhand verbindlicher Kriterien

Den Mitgliedstaaten steht prinzipiell ein weiter Spielraum bei der Definition des allgemeinen wirtschaftlichen Interesses zu.[48] Das umfasst die Einschätzung der Erforderlichkeit einer Beeinträchtigung des Wettbewerbs, denn die Wahrnehmung einer Aufgabe im allgemeinen wirtschaftlichen Interesse bedeutet noch nicht, dass ein Monopol oder eine bestimmte Privilegierung notwendig ist.[49] Die Erbringung von Diensten von allgemeinem wirtschaftlichem Interesse wird daher in einer breiten Palette von Fällen anzunehmen sein.[50] Eine Kontrolle der mitgliedstaatlichen Entscheidung durch die Gemeinschaftsorgane ist somit notwendig. Fraglich ist der Umfang einer solchen Kontrolle.

b) Bloße Kontrolle auf missbräuchliche Anwendung

Überwiegend wird in der Literatur gefordert, die Kontrolle durch die Kommission und den Europäischen Gerichtshof solle sich darauf beschränken, festzustellen, ob im Einzelfall eine missbräuchliche Anwendung erfolgte.[51]

Der Europäische Gerichtshof selbst hat sich zu dieser Forderung jedoch bislang allenfalls implizit bekannt.[52]

---

[46] *Dohms,* in: Wiedemann, Hdb. KartellR, § 35 Rn. 276.

[47] Siehe dazu bereits oben B I und B II 4 a) bb).

[48] Vgl. *Koenig/Kühling,* in: Streinz, EUV/EGV, Art. 86, Rn. 47 sprechen insoweit von *„Einschätzungs-prärogative"* der Mitgliedstaaten; *Lecheler/Gundel*, RdE 1998, 92, 93 meinen sogar, dass eine *„Definitionshoheit"* der Mitgliedstaaten vorliege. **a.A.** *von Burchard*, in: Schwarze, EU, Art. 86 Rn. 63, der den Mitgliedstaaten einen lediglich begrenzten Spielraum in dieser Frage zugestehen will.

[49] So *Storr* DÖV 2002, 357, 363.

[50] So *Koenig/Kühling,* in: Streinz, EUV/EGV, Art. 86, Rn. 48.

[51] So jedenfalls die h.L.: *Nettesheim* EWS 2002, 253, 254; *Pielow*, Grundstrukturen öffentliche Versorgung, S. 80ff; *Storr* DÖV 2002, 357, 363; *Koenig/Kühling,* in: Streinz, EUV/EGV, Art. 86, Rn. 47; *Edward/Hoskins,* C.M.L.R. 1995, 157; siehe aber auch GA *Léger,* Schlussanträge v. 17.5.2001, Rs. C- 475/99 – Ambulanz Glöckner – Slg. 2001, I-8089, Rn. 149.

[52] Dabei sollen die Entscheidungen des EuGH v. 21.9.1999, Rs. C-67/96 – Albany Internation BV – Slg. 1999, I-5751 Rn. 107 und EuGH v. 19.3.1991, Rs. C-202/88 – Frankreich/Kommission

Die Kommission befürwortet ebenfalls eine bloße Kontrolle auf offenkundige Fehler.[53] Sie will „*in vernünftiger und realistischer Weise und unter der Aufsicht des Gerichtshofs über die Einhaltung des Verhältnismäßigkeitsgrundsatzes*" wachen.[54]

Das Europäische Gericht räumt der Kommission bei dieser Überprüfung ein weites Ermessen ein.[55] Dieses stützt das Gericht auf das ebenfalls nach seiner Auffassung parallel bestehende weite Ermessen der Mitgliedstaaten bei der Festlegung der Dienste in allgemeinem wirtschaftlichem Interesse.[56]

c) Stellungnahme

Eine bloße Kontrolle auf missbräuchliche Anwendung ist vorzugswürdig. Eine weitergehende Kontrolle anhand bestimmter Kriterien belässt den Mitgliedstaaten nicht die oben beschriebene Interpretationskompetenz. Diese Kompetenz ist jedoch ein wichtiges Instrument der Mitgliedstaaten, um ihre gemeinwohlorientierten Strukturen und Traditionen zu erhalten. Die Bedeutung der Eigenständigkeit dieser Strukturen wurde in dieser Arbeit bereits mehrfach erörtert. Dieses ist zugleich Ausdruck einer Stärkung dieser Strukturen, wie sie in Art. 16 EG gefordert wird.

Diese Ansicht steht auch im Einklang mit der Regelungssystematik sowohl des Art. 86 Abs. 2 als auch des Art. 16 EG. Dort kommt jeweils der Vorrang der Wettbewerbsregeln gegenüber dem Konzept der Dienste von allgemeinem wirtschaftlichem Interesse zum Ausdruck. Es ist gerade die Aufgabe des Wettbewerbsrechts, die durch Art. 16 EG anerkannte Stärkung der gemeinwohlorientierten Dienste im Sinne des Wettbewerbsschutzes einzuschränken. Eine solche Einschränkung darf daher nicht schon beim Begriff der Dienste von allgemeinem wirtschaftlichem Interesse ansetzen, sondern muss erst durch die Regeln des Wettbewerbsrechts erfolgen. Hier ist insbesondere an

– Slg. 1991, I-1223, Rn. 12 heranzuziehen sein. Diese lassen jedoch nur schwerlich eine solche Deutung zu. Vgl. auch EuGH v. 23.10.1997, Rs. C-159/94 – Kommission/Frankreich – Slg. 1997, I-5815. Jedoch auch diese Entscheidung trifft keine eindeutige Aussage. Auch in der Entscheidung EuGH v. 25.10.2001, Rs. C-475/99 – Ambulanz Glöckner – Slg. 2001, I-8089, Rn. 56 tritt der EuGH nicht in eine nähere Prüfung ein, ob ein Dienst in allgemeinem wirtschaftlichem Interesse im Sinne des Art. 86 Abs. 2 EG vorliegt, sondern erörtert nur, ob eine Beschränkung des Wettbewerbsrechts erforderlich ist.

[53] Kommission, Leistungen der Daseinsvorsorge in Europa, KOM (2000) 580 endg., ABlEG 2001 Nr. C 17, S. 3, Rn. 21ff.

[54] Kommission, ebd., S. 12.

[55] EuG v. 27.2.1997, Rs. T-106/95 – FFSA – Slg. 1997, II-229, Rn. 99 .

[56] EuG ebd.

eine enge Fassung der Tatbestandsmerkmale der Ausnahmevorschriften des Wettbewerbsrechts zu denken.[57]

d) Enge Fassung der Tatbestandsmerkmale

Der Gerichtshof stellte bei Art. 86 Abs. 2 EG lange Zeit stets hohe Anforderungen an das Tatbestandsmerkmal des Betrauungsaktes.[58] In den letzten Jahren waren allerdings gewisse Aufweichungstendenzen bei der Interpretation dieses Tatbestandsmerkmals zu beobachten.[59] Eine ähnliche Veränderung ist beim Tatbestandsmerkmal der Verhinderung erkennbar.[60] Diese Entwicklungen werden in Teilen der Literatur begrüßt.[61]

So wird gefordert, mit Hinblick auf Art. 16 EG die Anforderungen an das Tatbestandsmerkmal der Betrauung im Sinne einer Entformalisierung zu lockern.[62]

Der Betrauungsakt erfordert aber aus Gründen der Rechtssicherheit und Transparenz eine klare Formulierung der Sonderaufgabe durch einen sichtbaren, hoheitlichen Akt.[63] Der Betrauungsakt ist gerade das Gestaltungsinstrument der Mitgliedstaaten, das eine bestimmte Aufgabe zu einem Dienst von allgemeinem wirtschaftlichem Interesse macht.[64] Deshalb sind Tendenzen einer Senkung der Anforderungen an dieses Tatbestandsmerkmal abzulehnen.

Beim Merkmal der Verhinderung wird von manchen Stimmen in Ansehung des Art. 16 EG eine weite Auslegung gefordert.[65] Diese Stimmen sehen durch Art. 16 EG eine weniger strikte Anwendung des Wettbewerbsrechts geboten.

Wortlaut und Sinn des Art. 86 Abs. 2 EG stehen allerdings neben den beim

---

[57] Der Ansatz einer engen Auslegung der Ausnahmevorschriften wurde bereits im zweiten Kapitel dargestellt.

[58] EuGH v. 14.7.1981, Rs. 172/80 – Züchner/Bayerische Vereinsbank – Slg. 1981, 2021, Rn. 7; EuGH v. 2.3.1983, Rs. 7/82 – GVL – Slg. 1983, 483, Rn. 29ff.

[59] Vgl. die Nachweise bei *Koenig/Kühling*, in: Streinz, EUV/EGV, Art. 86 Rn. 53f mit kritischer Anmerkung.

[60] EuGH v. 23.10.1997, Rs. C-157/94 – Kommission/Niederlande – Slg. 1997, I-5699, Rn. 43, 52; EuGH v. 23.10.1997, Rs. C-158/94 – Kommission/Italien – Slg. 1997, I-5789, Rn. 54; EuGH v. 23.10.1997, Rs. C-159/94 – Kommission/Frankreich – Slg. 1997, I-5815, Rn. 59; EuGH v. 21.9.1999, Rs. C-67/96 – Maatschappij Drijvende Bokken BV – Slg. 1999, I-5751, Rn. 107; EuGH v. 10.2.2000, verb. Rs. C-147/97 und 148/97 – Deutsche Post AG – Slg. 2000, I-825, Rn. 50.

[61] *Keller*, Service public und Art. 86 Abs. 2, S. 162; *Fehling*, in: Schwarze, Daseinsvorsorge im Lichte des Wettbewebsrechts, S. 195, 203.

[62] So *Kühne* RdE 2002, 257, 259.

[63] So die Kommission, Leistungen der Daseinsvorsorge in Europa, KOM (2000) 580 endg., ABl. 2001 Nr. C 17, S. 3, Rn. 22.

[64] *Dohms*, in: Wiedemann, Hdb. KartellR, § 35 Rn. 276.

[65] *van Miert*, La Conférence Intergouvernementale et la politique communautaire de concurrence, Competition Policy Newsletter Nr. 2, S. 1, 5; *Rodrigues* RMC 1998, 37, 42 und 46.

Merkmal der Betrauung genannten Argumenten ebenso wenig für eine Aufweichung des Tatbestandsmerkmals der Verhinderung. Prinzipiell ordnet Art. 86 Abs. 2 EG nämlich die Anwendbarkeit der Wettbewerbsregeln auf die Unternehmen der Daseinsvorsorge an. Das gilt aber nicht, wenn die Anwendung der Vorschriften des Vertrages, insbesondere die Wettbewerbsregeln, es den Unternehmen, die mit der Leistungserbringung betraut sind, rechtlich oder tatsächlich unmöglich machen würde, die gewünschten Leistungen zu erbringen.[66] Maßstab für den Europäischen Gerichtshof ist dabei die Möglichkeit für die fraglichen Unternehmen, ihre Aufgaben zu wirtschaftlich tragbaren Bedingungen zu erbringen.[67]

Der Wortlaut des Art. 86 Abs. 2 EG stellt auf die Erfüllung der den Unternehmen übertragenen *Aufgaben* ab, nicht darauf, dass den konkreten *Unternehmen* die Aufgabenerfüllung unmöglich wird.[68] Dieses wird von Wortlaut und Normzweck des Art. 86 Abs. 2 EG untermauert. Er dient der Sicherung der Aufgabenerfüllung, nicht dem Bestandsschutz der mit den Sonderaufgaben befassten Unternehmen.[69] Das lässt sich in zweifacher Hinsicht begründen. Zunächst durch eine Auslegung anhand des Wortlauts. Die Wettbewerbsvorschriften gelten gemäß Art. 86 Abs. 2 EG, soweit dieses nicht die Erfüllung der „*ihnen*", das heißt den Unternehmen „*übertragenen Aufgaben...verhindert*". Der Wortlaut rückt die Verhinderung der Aufgabe in den Vordergrund. Zum zweiten ist zu beachten, dass ein Abstellen auf die Aufgabenerfüllung durch konkrete Unternehmen dazu führen würde, dass die Mitgliedstaaten es in der Hand hätten, den Anwendungsbereich des Art. 86 Abs. 2 EG zu bestimmen. Sie könnten die Form der Aufgabenerfüllung so gestalten, dass für die betroffenen Unternehmen zur Aufgabenerfüllung eine Vertragsverletzung notwendig würde und somit ein Dispens nach Art. 86 Abs. 2 EG berechtigt wäre.[70]

In einem letzten Schritt erfordert Art. 86 Abs. 2 EG eine Prüfung, ob die Entwicklung des Handelsverkehrs durch die Maßnahme nicht entgegen den Interessen der Gemeinschaft beeinträchtigt wird.

Schließlich ist noch auf die verfahrensrechtliche Hürde hinzuweisen, dass die Mitgliedstaaten das Vorliegen des Tatbestands des Art. 86 Abs. 2 EG be-

---

[66] *Harms,* in: Brede, Wettbewerb in Europa und die Erfüllung öffentlicher Aufgaben, S. 25, 28; *Hochbaum,* in: Schröter/Jakob/Mederer, Europäisches Wettbewerbsrecht, Art. 86, Rn. 60; Koenig/Haratsch Europarecht Rn. 885; *von Burchard,* in: Schwarze, EU, Art. 86, Rn. 72; *Gleiss/Hirsch*, EG-Kartellrecht Band 1, Art. 90, Rn. 15.

[67] EuGH v. 23.10.1997, Rs. C-159/97 – Kommission/Frankreich – Slg. 1997, I-5815, Rn. 96; EuGH v. 10.2.2000, verb. Rs. C-147/97 und C-148/97 – Deutsche Post AG – Slg. 2000, I-825, Rn. 52.

[68] *Koenig/Kühling*, in: Streinz, EUV/EGV, Art. 86, Rn. 62.

[69] Koenig/Kühling, ebd.

[70] So *Koenig/Kühling*, in: Streinz, EUV/EGV, Art. 86, Rn. 62.

weisen müssen, das umfasst unter anderem auch den Nachweis der Erforderlichkeit der Maßnahme.[71]

6. Konsequenz für die Anwendung des Art. 86 Abs. 2 EG

Es wurde gezeigt, dass der Begriff der Dienste von allgemeinem wirtschaftlichem Interesse der Einschätzungsprärogative der Mitgliedstaaten unterliegt. Kommission und Gerichtshof verfügen nur über eine eingeschränkte Prüfungskompetenz bei der Anwendungskontrolle des Begriffs. Diese Offenheit des Begriffs der Dienste von allgemeinem wirtschaftlichem Interesse infolge der Stärkung gemeinwohlorientierter Wirtschaftsformen bedeutet jedoch noch keine Abkehr von der wettbewerbsrechtlich gebotenen restriktiven Anwendung des Art. 86 Abs. 2 EG. Diese ist über eine enge Auslegung der übrigen Tatbestandsmerkmale zu erreichen.[72]

Es ergeben sich sodann einige Hürden für einen Diensterbringer. Erst wenn trotz restriktiver Auslegung des Ausnahmebereichs des Art. 86 Abs. 2 EG seine Voraussetzungen erfüllt sind, liegt ein Ausnahmefall vor. Dann kann ein Dispens vom Wettbewerbsrecht des EG-Vertrages erteilt werden. Dieses ist zugleich Ausdruck des Ausgleichs zwischen Wettbewerbsrecht und der Bedeutung der Dienste von allgemeinem wirtschaftlichem Interesse. Eine eigentliche Begünstigung von Unternehmen durch staatliche Beihilfen ist jedoch grundsätzlich nicht statthaft.[73]

7. Stellungnahme und Zusammenfassung

Das Konzept des service public hat zweifellos die Norm des Art. 86 Abs. 2 EG geprägt. Dabei ging es auch darum, das Konzept des service public in gewissem Umfang auf gemeinschaftsrechtlicher Ebene zu „legalisieren“. Dadurch wurde jedoch das herausragende Prinzip der Markt- und Wettbewerbsfreiheit nicht ausgehebelt. Dieses Prinzip, sowie Sinn und Zweck des Art. 86 Abs. 2 EG beschränken daher den Anwendungsbereich der Norm auf einen engen Ausnahmebereich. Erfüllt ein bestimmter Dienst allerdings die Voraussetzungen des Art. 86 Abs. 2 EG, so muss ein Dispens von den Wettbewerbsvorschriften erteilt werden. Für diese Frage ist es allerdings unerheblich, ob sich ein solcher Dienst dogmatisch unter das Konzept des service public oder den Begriff der Daseinsvorsorge einordnen lässt, sondern es

---

[71] EuGH v. 25.6.1998, Rs. C-203/99 – Dusseldorp – Slg. 1998, I-4075, Rn. 67; *von Burchard,* in: Schwarze, EU, Art. 86, Rn. 74.

[72] Vgl. dazu bereits oben B II 5 d).

[73] *Harms,* in: Brede, Wettbewerb in Europa und die Erfüllung öffentlicher Aufgaben, S. 25, 28.

müssen nur die Voraussetzungen des Ausnahmebereichs des Art. 86 Abs. 2 EG gegeben sein. Diese Konsequenz beseitigt zudem Bedenken gegen eine weite Fassung des Begriffs der Dienste von allgemeinem wirtschaftlichem Interesse und einer entsprechenden Einschätzungsprärogative der Mitgliedstaaten.

Letztlich wurde mit dem Begriff der Dienste von allgemeinem wirtschaftlichem Interesse ein autonomer gemeinschaftsrechtlicher Begriff geschaffen. Er unterliegt dabei gewissen Mindestanforderungen des Gemeinschaftsrechts: Neben dem Bezug zu einem öffentlichen Interesse, muss die spezifische Verpflichtung des Unternehmens durch den Staat sich gegenläufig zu den rein privatwirtschaftlichen Interessen des Unternehmens darstellen.

Der Begriff untersteht aber dennoch der Entscheidungsprärogative der Mitgliedstaaten. Eine Kontrolle der Entscheidungsprärogative der Mitgliedstaaten findet nur mit Hinblick auf eine missbräuchliche Anwendung statt.

Insgesamt sprechen einige Gesichtspunkte dafür, dass gemeinwirtschaftliche Tendenzen auf der Ebene der Gemeinschaft im Ausnahmebereich des Art. 86 Abs. 2 EG keine wesentliche Verstärkung erfahren sollten. Einmal ist hier die dargelegte geringe Relevanz der Norm in Hinblick auf ihre praktische Anwendung zu nennen.[74] Ebenfalls wurde der restriktive Auslegungsspielraum der Norm aufgezeigt. Auch darf nicht übersehen werden, dass Art. 86 Abs. 1 EG als Grundtatbestand zunächst einmal die Eingliederung eben dieser Unternehmen in den Wettbewerb anordnet, sich Art. 86 Abs. 2 EG als Ausnahmetatbestand erst hieran anschließt und schon von daher den gemeinwirtschaftlichen Bestrebungen kein allzu großes Gewicht verleihen kann.

Schließlich verweist auch der Europäische Gerichtshof auf den „Ausgleichcharakter" des Art. 86 Abs. 2 EG. Dem lässt sich entnehmen, dass es dem EuGH vor allem auf das Konzept des Ausgleiches, weniger auf die Durchsetzung des hinter dem Ausgleich stehenden nationalen Interesse ankommt, das im Rahmen eines Ausgleichs in gewissem Umfang zurückzutreten hat.

---

[74] *Jung*, in: Calliess/Ruffert, EUV/EGV, Art. 86, Rn. 35 belegt zwar eine gewisse Ausdehnung der Anwendung des Art. 86 Abs. 2 EG in der Praxis der Gemeinschaftsorgane. Es handelt sich dabei allerdings um eingegrenzte Bereiche, wie der Post- und Fernmeldemonopole und in engen Grenzen der Elektrizitätsversorgung. Im Bereich der Monopole bei Gas und Elektrizität verzeichnet er zudem eine seit 1997 sich abzeichnende Tendenz großzügigerer Anwendung. Diese Entwicklung lässt sich aber jedenfalls teilweise mit den typischen Problemen eines Monopolmarktes erklären und darf nicht überbewertet werden.

III. Art. 16 EG

1. Entstehung der Norm und Regelungszusammenhang

Art. 16 EG[75] wurde durch die Beschlüsse von Amsterdam mit Wirkung ab 1.5.1999 neu in den EG-Vertrag eingefügt und durch den Vertrag von Nizza unverändert gelassen.[76] Vor dem Hintergrund des Bestehens eines bedeutenden öffentlichen Wirtschaftssektors in vielen Mitgliedstaaten stellt sich die Norm als Stärkung teilweise außerhalb des Marktes operierender, gemeinwohlorientierter Wirtschaftsformen dar. Art. 16 EG wird auch als Reaktion der Gemeinschaft auf die Stärkung des Wettbewerbsprinzips im Gemeinschaftsvertrag und in dessen Anwendungspraxis, insbesondere durch die Kommission, verstanden.[77]

Drei Zusatzerklärungen zum Vertrag von Amsterdam stehen in Zusammenhang mit Art. 16 EG.[78] Die bedeutsamste dieser Zusatzerklärungen dürfte die 13. Erklärung zur Schlussakte sein, da sie die Umsetzung des Art. 16 EG unter uneingeschränkter Beachtung der Rechtsprechung des EuGH in Bezug auf die Grundsätze der Gleichbehandlung, der Qualität und der Dauerhaftigkeit der sozialen Dienste fordert.[79] Außerhalb des EG-Vertrages wird Art. 16 von Art. 36 der Europäischen Menschenrechtscharta flankiert.[80] Auf letztere Regelung soll hier jedoch nicht weiter eingegangen werden.[81]

---

[75] Wie oben bereits dargelegt wurde, ist für Art. 16 EG in der Europäischen Verfassung Art. III-6 vorgesehen, was hier jedoch nicht näher thematisiert werden soll.

[76] Im Vertrag von Amsterdam ursprünglich Art. 7 d.

[77] So *Koenig/Kühling*, in: Streinz, EUV/EGV, Art. 16, Rn. 1; *Koenig/Haratsch*, Europarecht, Rn. 890; *Harms*, in: Brede, Wettbewerb in Europa und die Erfüllung öffentlicher Aufgaben, S. 25, 27.

[78] Vertrag von Amsterdam v. 2.10.1997, 13. Erklärung zur Schlussakte, Erklärung zu Art. 7 d des Vertrages zur Gründung der europäischen Gemeinschaft, ABl. 1997 Nr. C 340, S. 1ff (133); Vertrag von Amsterdam, 37. Erklärung zur Schlussakte, Erklärung zu öffentlich-rechtlichen Kreditinstituten in Deutschland, ABl. 1997 Nr. C 340, S. 1ff (138); Vertrag von Amsterdam, Protokolle zur Gründung der Europäischen Gemeinschaft, Protokoll über den öffentlich-rechtlichen Rundfunk in den Mitgliedstaaten, ABl. 1997 Nr. C 340, S. 1ff (109).

[79] Vertrag von Amsterdam v. 2.10.1997, 13. Erklärung zur Schlussakte, Erklärung zu Art. 7 d des Vertrages zur Gründung der europäischen Gemeinschaft, ABl. 1997 Nr. C 340, S. 1ff (133).

[80] ABl. 2000 Nr. C 364, S. 1ff.

[81] In der Literatur finden sich keinerlei Interpretationsansätze, die sich mit dem Einfluss des Art. 36 der Europäischen Grundrechtscharta auseinandersetzen. Vgl. nur *Jung*, in: Calliess/Ruffert, EUV/EGV, Art. 16, Rn. 1.

2. Systematische Einordnung und Rechtswirkung

Art. 16 EG befindet sich im ersten Teil des EG-Vertrages und gehört zu den programmatischen Grundsatzvorschriften der Gemeinschaft. Dieser Norm kommt daher ein besonderer Stellenwert zu.[82] Ihr Inhalt fand jedoch keine Aufnahme in den Katalog der Tätigkeiten der Gemeinschaft,[83] obwohl dieses zunächst von der Kommission angestrebt worden war – Art. 3 EG sollte auch eine Regelung umfassen, die der Gemeinschaft auferlegen sollte, *„einen Beitrag zur Förderung der gemeinwohlorientierten Leistungen"* zu erbringen.[84]
Ebenfalls gescheitert ist ein Vorschlag der CEEP, in einem Art. 94a festzulegen, unter welchen Voraussetzungen die Mitgliedstaaten Unternehmen einrichten und mit Dienstleistungen von allgemeinem wirtschaftlichem Interesse betrauen können.[85]
Schließlich wurde es auch verworfen, die Besonderheit der Dienste von allgemeinem wirtschaftlichem Interesse in den Grundsätzen der Wirtschafts- und Währungspolitik im heutigen Art. 4 EG zu verankern.[86]

a) Zuordnung zu den Grundsätzen

Die rechtlichen Konsequenzen aus der Verankerung des Art. 16 EG in den Grundsätzen des Vertrages werden unterschiedlich eingeschätzt. Man schließt daraus teilweise, dass Art. 16 EG eine bloße politische Absichtserklärung und Handlungsaufforderung darstellt.[87] Die Vorschrift ziele darauf ab, im Rahmen der bestehenden Kompetenzen, die Dienste von allgemeinem wirtschaftlichem Interesse zu fördern.[88] Daher entfalte Art. 16 EG weder unmittelbare Wirkung,[89] noch räume er Individualrechte ein.[90] Gleichzeitig konstatieren

---

[82] *Badura,* in: Liber amoricum Thomas Oppermann, S. 371, 378; *Schwarze* EuZW 2001, 334, 336; *Klotz*, in: von der Groeben/Schwarze, Art. 16, Rn. 1; *Jung*, in: Calliess/Ruffert, EUV/EGV, Art. 16, Rn. 13; *Lenz*, in: ders./Borchardt, EUV/EGV, Art. 16, Rn. 6; *Frenz* EuR 2000, 901, 913.
[83] *Klotz*, in: von der Groeben/Schwarze, Art. 16, Rn. 21; *Jung*, in: Calliess/Ruffert, EUV/EGV, Art. 16, Rn. 11.
[84] ABlEG 1996 Nr. C 281 S. 12. Kritisch dazu: *Tettinger* DVBl. 1997, 341, 346, der vor Unsicherheiten aus einer solchen Änderungen des Art. 3 EG warnt. Er gibt insbesondere ein Spannungsverhältnis zwischen einer solchen Änderung und Art. 86 Abs. 2 EG zu bedenken.
[85] CEEP, Europa, Wettbewerb und öffentliche Dienstleistungen, ZögU 18 (1995), 455, 456f.
[86] *Frenz* EuR 2000, 901, 902.
[87] *Jung*, in: Calliess/Ruffert, EUV/EGV, Art. 16, Rn. 13; *Tettinger* RdE 1999, 45, 49; *Klotz*, in: von der Groeben/Schwarze, Art. 16, Rn. 23; differenzierend: *Frenz* EuR 2000, 901, 915f.
[88] *Klotz,* in: von der Groeben/Schwarze, Art. 16, Rn. 23.
[89] *Koenig/Kühling,* in: Streinz, EUV/EGV, Art. 16, Rn. 7; *Klotz,* in: von der Groeben/Schwarze, Art. 16, Rn. 23; *Frenz* EuR 2000, 901, 918; *Lenz*, in: ders./Borchardt, EUV/EGV, Art. 16, Rn. 14; ähnlich: *Löwenberg*, Service public und öffentliche Dienstleistungen in Europa, S. 308.

dieselben Stimmen, dass Art. 16 EG im Hinblick auf die Tätigkeit der Kommission, etwa durch ihre Mitteilungen zur Daseinsvorsorge, jedenfalls eine mittelbare Wirkung in Bezug auf die Förderung der Dienste von allgemeinem wirtschaftlichem Interesse habe. Außerdem sei zu befürchten, dass die Norm künftig bei der Auslegung des Art. 86 Abs. 2 EG verstärkt herangezogen werde.[91]

Andere Stimmen messen der Vorschrift eine stärkende Wirkung in Bezug auf gemeinwohlbezogene Dienstleistungen bei.[92] Sie verstehen die Vorschrift deswegen gleich als Aufforderung zu einer stärkeren Berücksichtigung der Bedeutung gemeinwohlbezogener Dienstleistungen bei der Auslegung der Vertragsvorschriften.[93] Sie sehen in Art. 16 EG die Normierung eines *Vertragsprinzips* des EG-Vertrags.[94] Am deutlichsten erkennt *Ross* eine gehobene Bedeutung der Dienste von allgemeinem wirtschaftlichem Interesse aufgrund Art. 16 EG an.[95] Es sei Ziel des Art. 16 EG, den Rigorismus des europäischen Wettbewerbsrechts zugunsten gemeinwohlverpflichteter Unternehmen zu lockern. Art. 16 EG werde daher zum Ausdruck des Balanceaktes der Gemeinschaft zwischen marktbezogenen Überlegungen und sozialer Solidarität.[96]

b) Stellungnahme

Die Bedeutung des Art. 16 EG geht über eine bloße politische Absichtserklärung und Handlungsaufforderung hinaus. Gegen ein solches Verständnis der Norm spricht schon die Aufnahme in die Vertragsgrundsätze.[97] Den Normen der Grundsatzvorschriften kommt generell eine gesteigerte Bedeutung zu. Selbst für den mit Art. 16 EG vergleichbaren Art. 6 EG ist es anerkannt, dass durch ihn eine Festlegung der Gemeinschaftspolitiken und Gemeinschaftsmaßnahmen stattfindet.[98]

Neben der Stellung des Art. 16 EG in den Grundsätzen des Vertrages, spricht auch die Ausnahme der Vertragsvorschriften Art. 73, 86, 87 EG für

---

[90] *Hatje,* in: Schwarze, EU, Art. 16, Rn. 7; *Jung*, in: Calliess/Ruffert, EUV/EGV, Art. 16, Rn. 11; *Klotz,* in: von der Groeben/Schwarze, Art. 16, Rn. 23; *Koenig/Kühling,* in: Streinz, EUV/EGV, Art. 16, Rn. 7.

[91] Vgl. *Jung,* in: Calliess/Ruffert, EUV/EGV, Art. 16, Rn. 13.

[92] *Rodrigues* RMC 1998, 37, 41; *Hatje*, in: Schwarze, EU, Art. 16, Rn. 4.

[93] *Geiger* EGV, Art. 16 Rn. 5; *Koenig/Kühling,* in: Streinz, EUV/EGV, Art. 16, Rn. 2.

[94] *Koenig/Kühling*, ebd., Rn. 9.

[95] *Ross,* in: Wyatt & Dashwood's, European Union Law, S. 729f.

[96] *Ross,* ebd.

[97] Auf diese Bedeutungssteigerung verweist auch *Klotz*, in: von der Groeben/Schwarze, Art. 16, Rn. 21

[98] Vgl. *Hatje,* in: Schwarze, EU, Art. 6, Rn. 11.

die Bedeutsamkeit der Norm jenseits einer bloßen politischen Absichtserklärung und Handlungsaufforderung. Der Vorbehalt zugunsten dieser Vorschriften ergibt in einer bloßen Absichtserklärung und Handlungsaufforderung keinen Sinn. Die genannten Normen wären ohnehin vorrangig zu beachten, angesichts des niedrigeren Stellenwertes einer bloßen Absichtserklärung und Handlungsaufforderung. Dagegen deutet vielmehr die Ausnahme der Art. 73, 86, 87 EG an, dass ein Bezug des Art. 16 EG zu eben diesen Normen des EG-Vertrages hergestellt wird. Diese sollen vorrangig gelten, obwohl Art. 16 EG als Norm der Vertragsgrundsätze eine gegenüber diesen Regelungen höherrangige Stellung einnimmt. Gerade das spricht übrigens auch für die Auslegungsfunktion der Norm. Art. 16 EG wäre überdies ohne Bezug zu den Wettbewerbsvorschriften gleichsam sinnentleert.[99] Er kann seine Wirkung sinnvoll nur zusammen mit diesen Vorschriften entfalten.

Deswegen ist die von *Koenig/Kühling* vertretene Einordnung des Art. 16 EG als Normierung eines Vertragsprinzips vorzugswürdig. Unter Einhaltung der Vorschriften der Art. 73, 86 und 87 EG, also insbesondere bestimmter Wettbewerbsvorschriften, wird der Gemeinschaft und den Mitgliedstaaten aufgetragen, dafür Sorge zu tragen, dass die Bedingungen ihrer gegebenenfalls bestehenden gemeinwohlorientierten Dienste so gestaltet sind, dass sie ihre Aufgaben erfüllen können. Das Prinzip des Art. 16 EG lässt sich also mit Verantwortung für gemeinwohlorientierte Dienste im Rahmen der Wettbewerbsregeln auf den Punkt bringen.

Eine Einordnung als Vertragsprinzip wird auch der von den Vertragsgebern beabsichtigten Stärkung gemeinwohlorientierter Wirtschaftsformen eher gerecht, denn Art. 16 EG wäre als Vertragsprinzip bei der Auslegung der Normen des EG-Vertrags zu berücksichtigen. Das Verhältnis des Vertragsprinzips des Art. 16 EG zu den Wettbewerbsregeln ist im Folgenden zu untersuchen.

B. Das Verhältnis von Art. 16 zu Art. 86 Abs. 2 EG

I. Der Regelungszusammenhang der Normen

Art. 16 EG gehört zu den Grundsätzen des EG-Vertrages, Art. 86 EG zu den Wettbewerbsregeln. Art. 86 Abs. 2 EG normiert neben den Ausnahmeregelungen der Art. 87 Abs. 2 und 3 EG zum Beihilfenverbot des Art. 87 Abs. 1 EG den Tatbestand einer Bereichsausnahme.[100] Art. 86 Abs. 2 EG

---

[99] So *Koenig/Kühling,* in: Streinz, EUV/EGV, Art. 16, Rn. 8, unter Hinweis auch auf die Entstehungsgeschichte des Art. 16 EG.

[100] So die überwiegend verwendete Bezeichnung in der deutschen Kommentarliteratur, vgl. *Hochbaum,* in: GTE, Art. 90, Rn. 49ff. Siehe dazu aber unten B II 1.

stellt eine Ausnahme zu den Wettbewerbsvorschriften des EG-Vertrags dar und kann daher auch eine Ausnahme zum Beihilfenverbot des Art. 87 Abs. 1 EG begründen.[101] Art. 86 Abs. 2 EG kommt als sachgebietsübergreifende Ausnahmeklausel erst zum Zuge, nachdem die im EG-Vertrag vorgesehenen sachgebietsspezifischen Ausnahmebestimmungen ausgeschöpft worden sind.[102] Bei den staatlichen Beihilfen sind daher die Ausnahmetatbestände des Art. 87 Abs. 2 und 3 EG vorrangig.[103] Das umstrittene Verhältnis[104] der Bereichsausnahme des Art. 86 Abs. 2 EG zum Beihilfenverbot des Art. 87 Abs. 1 EG soll hier allerdings zunächst ausgeklammert werden. Es ist festzuhalten, dass Art. 86 Abs. 2 EG als Bereichsausnahme prinzipiell auf das Beihilfenverbot des Art. 87 Abs. 1 EG anwendbar ist.

Art. 16 EG beschreibt dagegen als zu den Vertragsgrundsätzen des EG-Vertrags zählende Norm weder vom Wortlaut her noch gemäß ihrem Bedeutungsgehalt einen ausdrücklichen Ausnahmetatbestand zum Beihilfenverbot des Art. 87 Abs. 1 EG. Zu diskutieren ist in diesem Zusammenhang allerdings die Auswirkung der Norm auf den Anwendungsbereich der Art. 86 Abs. 2 und Art. 87 EG.[105]

Art. 16 EG beinhaltet ein in den Vertragsgrundsätzen verankertes Vertrags*prinzip* ohne eigene Rechtsfolgen.[106] Die Wettbewerbsvorschriften des EG-Vertrags stellen dagegen *Regeln* dar, weil sie einen Tatbestand mit einer Rechtsfolge verknüpfen.

Die Wettbewerbsregeln des EG-Vertrags besitzen nach dem Wortlaut des Art. 16 EG auch im Bereich der Daseinsvorsorge prinzipielle Geltung.[107] Für die vorliegende Arbeit besonders bedeutsam ist insoweit der prinzipielle Vorrang des Beihilfenverbots des Art. 87 EG, das durch die Ausnahmeregel des Art. 86 Abs. 2 EG ergänzt wird.[108]

Zentrale Voraussetzung der Ausnahmeregel des Art. 86 Abs. 2 EG ist der Umstand, dass die Anwendung der Wettbewerbsvorschriften die Erfüllung der den betroffenen Unternehmen übertragenen Pflichten verhindern würde.

---

[101] *Lübbig/Martín-Ehlers*, Beihilfenrecht der EU, Rn. 458; *von Burchard,* in: Schwarze, EU, Art. 86, Rn. 54; *Geiger* NJW 2004, Heft 15 Editorial.

[102] *Koenig/Kühling*, in: Streinz, EUV/EGV, Art. 86, Rn. 37.

[103] *Hochbaum,* in: GTE, Art. 90, Rn. 63; *Jung,* in: Calliess/Ruffert, EUV/EGV, Art. 86, Rn. 47.

[104] Siehe insbesondere EuG v. 10.5.2000, Rs. T-46/97 – SIC – Slg. 2000, II-2125 und EuGH v. 22.11.2001, Rs. C-53/00 – Ferring/ACOSS – Slg. 2001, I-9067.

[105] Dazu sogleich mehr. Vgl. aber: *Klotz,* in: von der Groeben/Schwarze, Art. 16, Rn. 21ff.

[106] *Koenig/Kühling,* in: Streinz, EUV/EGV, Art. 16, Rn. 9.

[107] Art. 16 EG formuliert: „*unbeschadet der Art. 73, 86 und 87*". Beachtlich ist dabei, dass auch Art. 86 Abs. 2 EG die prinzipielle Anwendbarkeit der Vertrags- und insbesondere der Wettbewerbsregeln anordnet. Insoweit stehen die beiden Normen im Gleichklang.

[108] Zum strittigen Verhältnis der beiden Vorschriften vgl. ausführlich das vierte Kapitel.

II. Auswirkung des Art. 16 auf Art. 86 Abs. 2 EG

1. Verschiebung des Regel-Ausnahme-Verhältnisses

Der Einfluss des Art. 16 EG auf die Regelung des Art. 86 Abs. 2 EG wird unterschiedlich beurteilt. Manche schließen aus der *negativen* Formulierung des Art. 86 Abs. 2 EG gegenüber der *positiven* Formulierung des Art. 16 EG, welcher der Gemeinschaft und den Mitgliedstaaten die Verpflichtung auferlegt, die Grundsätze und Bedingungen für das Funktionieren der Dienste so zu gestalten, dass sie ihren Pflichten nachkommen können, eine Verschiebung des Regel-Ausnahme-Verhältnisses des Art. 86 Abs. 2 EG zu Gunsten gemeinwohlorientierter Dienstleistungen.[109] Ergänzend wird der Grundsatz der Subsidiarität, Art. 5 Abs. 2 EG als Argument dafür herangezogen, dass die Gemeinschaft erst tätig werden dürfe, wenn die Maßnahmen der Mitgliedstaaten zum Schutze des Wettbewerbs nicht ausreichten.[110]

Überwiegend wird eine solche Verschiebung des Regel-Ausnahme-Verhältnisses des Art. 86 Abs. 2 EG jedoch abgelehnt. Dafür werden verschiedene Argumente ins Feld geführt. Es wird vorgebracht, dass die Begrenzung der Reichweite des Art. 16 EG in Bezug auf das Wettbewerbsrecht einen Ausschluss jeglicher Änderung an Inhalt und Auslegung des Art. 86 EG begründe.[111] In der Regelung komme gerade zum Ausdruck, dass die Parteien des Amsterdam-Vertrages das disproportionale Gleichgewicht zwischen Wettbewerbswirtschaft und gemeinwohlorientierter Wirtschaft nicht verschieben wollten und sich beide Modelle daher nicht auf einer Ebene gegenüber stünden.[112] Rechtstechnisch folge daraus, dass Art. 16 EG den vorhandenen Allokationsmechanismus des Art. 86 Abs. 2 EG nicht modifizieren solle.[113] Zudem setze Art. 86 Abs. 2 EG die Grenze für eine Förderung gemeinwohlorientierter Dienste.[114]

---

[109] *Schwarze* EuZW 2001, 334, 336; *Storr* DÖV 2002, 357, 361; ähnlich: *Lecheler* JuS 1998, 392, 397.

[110] *Storr* DÖV 2002, 357, 361.

[111] *Jung*, in: Calliess/Ruffert, EUV/EGV, Art. 16, Rn. 12; *van Miert*, La Conférence Intergouvernementale et la politique communautaire de concurrence, Competition Policy Newsletter 1997 Nr. 2, S. 1, 3; *Hatje,* in: Schwarze, EU, Art. 16, Rn. 9.

[112] *Van Miert*, La Conférence Intergouvernementale et la politique communautaire de concurrence, Competition Policy Newsletter 1997 Nr. 2, S. 1, 4; *Pingel-Lenuzza*, in: Léger Commentaire Art. 16, Rn. 6.

[113] *Hatje,* in: Schwarze, EU, Art. 16, Rn. 9; *Jung*, in: Calliess/Ruffert, EUV/EGV, Art. 16, Rn. 12; *Kämmerer* NVwZ 2002, 1041, 1042; *Klotz,* in: von der Groeben/Schwarze, Art. 16, Rn. 29; *van Miert*, La Conférence Intergouvernementale et la politique communautaire de concurrence, Competition Policy Newsletter 1997 Nr. 2, S. 1, 3; *Koenig/Kühling,* in: Streinz, EUV/EGV, Art. 16, Rn. 9.

[114] *Jung,* in: Calliess/Ruffert, EUV/EGV, Art. 16, Rn. 12.

In dieselbe Richtung geht die Auffassung, dass die beiden Rechtspositionen der Art. 16 EG und Art. 86 Abs. 2 EG nicht auf derselben rechtsdogmatischen Ordnungsebene stünden, da erstere Norm ein Vertrags*prinzip* ausdrücke, zweitere dagegen eine Vertrags*regel* sei.[115] Aus diesem Grund greife auch das bisweilen vorgebrachte Argument nicht, Art. 16 EG käme aufgrund seiner zeitlich späteren Implementierung in den EG-Vertrag eine vorrangige Bedeutung gegenüber Art. 86 Abs. 2 EG zu.[116]

Auch des Europäische Gericht erster Instanz geht davon aus, dass Art. 16 EG zur Auslegung nur insoweit herangezogen werden könne, als das Grundverständnis der auszulegenden Norm unberührt bleibe.[117] Eine Stellungnahme des Europäischen Gerichtshofs zur Bedeutung des Art. 16 EG fehlt bislang, soweit ersichtlich.

Gegen einen solchen geringen Einfluss des Art. 16 EG auf die Regelung des Art. 86 Abs. 2 EG wird wiederum vorgebracht, dass der Stellenwert des Art. 16 EG als einer der Vertragsgrundsätze nicht ausreichend berücksichtigt sei.[118] Die Regelung des Art. 16 EG wäre, so wird weiter argumentiert, nicht eingefügt worden, wenn sie keine Änderung habe bewirken sollen.[119]

2. Daseinsvorsorge im Wettbewerb

Innerhalb der Gruppe der Befürworter einer begrenzten Reichweite des Art. 16 EG auf das Wettbewerbsrecht, gibt es Stimmen, die eine Klärung der Fragen der Daseinsvorsorge durch die Kräfte des Wettbewerbs vorziehen. Sie fordern Daseinsvorsorge im Wettbewerb.[120]

Art. 86 Abs. 2 EG gehe davon aus, auch Leistungen der Daseinsvorsorge seien primär im Wettbewerb zu erbringen.[121] Die Vorschrift ermögliche daher nur dann ausnahmsweise die Nichtanwendung der Wettbewerbsvorschriften, wenn der Wettbewerb im Einzelfall nicht geeignet sei, die Erbringung der Dienste von allgemeinem wirtschaftlichem Interesse zu gewährleisten.[122] Das in Art. 86 Abs. 2 EG kodifizierte Regel-Ausnahme-Prinzip beinhalte für die Dienste von allgemeinem wirtschaftlichem Interesse den Grundsatz *„soviel*

---

[115] *Koenig/Kühling,* in: Streinz, EUV/EGV, Art. 16, Rn. 9.

[116] So aber *Schwarze* EuZW 2001, 334, 336f.

[117] EuG v. 28.5.2001, Rs. T-53/01 R – Poste Italiane – Slg. 2001, II-1479, Rn. 132f; ähnlich *Hatje,* in: Schwarze, EU, Art. 16, Rn. 9.

[118] *Rodrigues* RMC 1998, 37, 42.

[119] *Lenz,* in: ders./Borchardt, EUV/EGV, Art. 16, Rn. 5.

[120] So insbesondere *Koenig* EuZW 2001, 481; einschränkend *Harms,* in: Brede, Wettbewerb in Europa und die Erfüllung öffentlicher Aufgaben, S. 25, 30.

[121] *Harms,* in: Brede, Wettbewerb in Europa und die Erfüllung öffentlicher Aufgaben, S. 25, 30.

[122] *Klotz,* in: von der Groeben/Schwarze, Art. 16, Rn. 26f; *Koenig* EuZW 2001, 481.

Wettbewerb wie möglich, soviel Ausnahme wie nötig".[123] Der wesentliche Unterschied zwischen Art. 16 und Art. 86 Abs. 2 EG ist dabei, dass ersterer darauf abstellt, was nötig ist, um die Erfüllung der Dienstleistung an sich nicht zu verhindern. Art. 86 Abs. 2 EG dagegen gewähre den mit den Diensten von allgemeinem wirtschaftlichem Interesse betrauten Unternehmen eine Privilegierung. Insoweit ergäbe sich daher auch ein funktionaler Widerspruch bei Verschiebung des Regel-Ausnahme-Verhältnisses, da dieses auf eine Förderung der Unternehmen, nicht der Dienste hinausliefe.[124] In diesem Zusammenhang wird noch vorgebracht, die Wettbewerbsvorschriften und die Daseinsvorsorgeziele würden zu sehr in einem Verhältnis der Dichotomie gesehen.[125] Es sei nicht ausgeschlossen, Leistungen der Daseinsvorsorge auch im Wettbewerb zu erbringen.[126]

3. Praktische Konkordanz

Vermittelnd ist dagegen der Ansatz von *Schwarze.* Dieser will eine Kollision der beiden „*Vertragsprinzipien*" mit dem auch im deutschen Verfassungsrecht eingesetzten Mittel der praktischen Konkordanz, bzw. der Vornahme eines „*möglichst schonenden Ausgleichs*" lösen.[127] *Schwarze* sieht die Reichweite des europäischen Wettbewerbsrechts mit Hinblick auf die Dienste von allgemeinem wirtschaftlichem Interesse begrenzt, weshalb ein verhältnismäßiger Ausgleich der beiden Prinzipien vorzunehmen sei.[128] Wie dieser Ausgleich vorzunehmen sein soll, ist jedoch offen.

Das Prinzip der Wettbewerbsfreiheit und die Daseinsvorsorge stehen, wie bereits im ersten Kapitel gezeigt wurde, nicht auf einer Stufe. Die fehlende Gleichrangigkeit der Wettbewerbsregeln mit den Diensten von allgemeinem wirtschaftlichem Interesse zeigt das Wort „*unbeschadet*" in Art. 16 EG.[129]

---

[123] *Klotz,* in: von der Groeben/Schwarze, Art. 16, Rn. 29.

[124] *Klotz,* ebd. Vgl. dazu aber auch oben II 2 c).

[125] *Nettesheim,* in: Hrbek/Nettesheim, Europäische Union und mitgliedstaatliche Daseinsvorsorge, S. 39, 50; *Koenig/Haratsch* Europarecht Rn. 892.

[126] *Koenig* EuZW 2001, 481; *ders./Haratsch* Europarecht Rn. 892; *Koenig/Kühling,* in: Streinz, EUV/EGV, Art. 16, Rn. 2, die als Beispiel für wettbewerbskonforme Strategien die Regelung der §§ 17ff des deutschen Telekommunikationsgesetzen nennen, mit dem eine flächendeckende und angemessene Versorgung der Bevölkerung mit Telekommunikationsdienstleistungen unter weitgehender Wahrung des Wettbewerbs ermöglicht werde.

[127] *Schwarze* EuZW 2001, 334, 339. Vgl. zur Umsetzung dieser Prinzipien im Gemeinschaftsrecht: *Schwarze* JZ 1993, 585, 591. Befürwortet wird die Auffassung *Schwarzes* auch von *Kühne* RdE 2002, 257, 260.

[128] *Schwarze* EuZW 2001, 334, 339.

[129] *Koenig/Kühling,* in: Streinz, EUV/EGV, Art. 16, Rn. 8; *Jung,* in: Calliess/Ruffert, EUV/EGV, Art. 16, Rn. 12; *van Miert,* La Conférence Intergouvernementale et la politique communautaire de concurrence, Competition Policy Newsletter Nr. 2 1997, S. 1, 4.

Dieser Verweis, insbesondere auf die Art. 86 und 87 EG wirft allerdings die Frage auf, in welchem Umfang diese Normen einer Auslegung unter Berücksichtigung des Art. 16 EG überhaupt fähig sind. Man kann sich auf den Standpunkt stellen, dass das Wort *„unbeschadet“* eine komplette Ausnahme jeglicher Veränderung des bestehenden Wettbewerbssystems, wie es von Art. 86, 87 EG verkörpert wird, bedeutet, und es insoweit keine Auslegung im Sinne des Art. 16 EG in diesem Bereich geben kann. Dieses Verständnis griffe aber zu kurz. Art. 16 wäre weitgehend sinnentleert,[130] da er seine Wirkung hauptsächlich in Zusammenhang mit den Wettbewerbsvorschriften entfaltet.

III. Stellungnahme

Eine Verschiebung des Regel-Ausnahme-Verhältnisses in Art. 86 Abs. 2 EG durch Art. 16 EG, ist abzulehnen. Eine solche Verschiebung stünde im Widerspruch zum klaren Wortlaut des Art. 16 EG, der die unbeschadete Fortgeltung der Wettbewerbsvorschriften anordnet. Ein derart weitgehender Eingriff in den sensiblen und sehr restriktiv auszulegenden Regelungsgehalt des Art. 86 Abs. 2 EG lässt sich daher nicht mehr als eine Anwendung des Art. 16 EG *„unbeschadet“* des Art. 86 Abs. 2 EG rechtfertigen. Dieses würde die im zweiten Kapitel dargelegte Vorrangstellung der Wettbewerbsfreiheit gegenüber der Stärkung der Dienste von allgemeinem wirtschaftlichem Interesse umkehren.[131]

Als problematisch ist aber auch die Anwendung der Grundsätze der praktischen Konkordanz anzusehen. Praktische Konkordanz bedeutet, dass zwei verfassungsrechtlich geschützte Rechtsgüter in der Problemlösung einander so zugeordnet werden, dass jedes von ihnen realisiert werden kann.[132]

Der Schutz des Wettbewerbs ist, wie bereits dargelegt wurde, ein Vertragsziel und Prinzip des EG-Vertrages. Auch Art. 16 EG beinhaltet ein Vertragsprinzip. Eine praktische Konkordanz zweier Vertragsprinzipien stößt aber dann auf Schwierigkeiten, wenn zumindest eines der beiden Prinzipien ausführlich geregelt wurde. Für das Prinzip der Wettbewerbsfreiheit existieren im EG-Vertrag die Wettbewerbsregeln der Art. 81ff EG. Andere Vertragsprinzipien können daher im Rahmen dieser Regeln nur im Wege der Auslegung oder einer entsprechenden Ermessensanwendung berücksichtigt werden.

Dieses Ergebnis wird auch vom Regelungszusammenhang des EG-Vertrags gestützt. Art. 16 EG enthält einen Vorbehalt zugunsten der Wettbewerbsre-

---

[130] *Frenz* EuR 2000, 901, 915.

[131] Dieses verkennt insbesondere *Kühne* RdE 2002, 257, 260.

[132] *Hesse*, Grundzüge des Verfassungsrechts der Bundesrepublik Deutschland, Rn. 72.

geln. Aufgrund dieses Vorbehalts, der einen Vorrang der Wettbewerbsregeln gegenüber der durch Art. 16 EG intendierten Stärkung gemeinwohlorientierter Dienste ausdrückt, lässt sich die Zulässigkeit einer praktischen Konkordanz nur schwer rechtfertigen. Der von *Schwarze* geforderte Ausgleich der Vertragsprinzipien wird außerdem bereits durch die Regelung des Art. 86 Abs. 2 EG gewährleistet, indem jedenfalls ein rigider Vorrang des Wettbewerbsprinzips zugunsten eines begrenzten Ausnahmebereichs beschränkt wird. Durch den Einsatz des Verhinderungs-Tatbestandsmerkmals wird die optimale Entfaltung beider Prinzipien nach den Maßstäben des EG-Vertrags bereits gesichert, auch wenn man einräumen muss, dass das Schwergewicht bei der Aufrechterhaltung des Wettbewerbsrechts liegt.

Es war die Entscheidung der Vertragsgeber, dass die Entfaltung der gemeinwohlorientierten Dienste sich erst dort gegenüber den Wettbewerbsregeln durchsetzen soll, wo ihre Ausübung *verhindert* würde. Eine darüber hinausgehende optimale Entfaltung der gemeinwohlorientierten Dienste ist nicht erwünscht, da sie zu sehr im Widerspruch zu den Wettbewerbsregeln stünde.

Zuzustimmen ist vielmehr der Ansicht, welche sowohl eine Verschiebung des Regel-Ausnahme-Verhältnisses als auch die Anwendung der Grundsätze der praktischen Konkordanz ablehnt und Art. 16 EG als bei der Auslegung der Regelungen des Wettbewerbsrechts heranzuziehende Vorschrift versteht.

Hierfür sprechen im Wesentlichen dieselben Gründe, aus denen die Verschiebung des Regel-Ausnahme-Verhältnisses abgelehnt wurde. Dabei ist anzumerken, dass das Argument, diese Ansicht berücksichtige den Stellenwert des Art. 16 EG unzureichend,[133] nicht greifen kann. Der Stellenwert des Art. 16 EG ist durch seinen begrenzten Anwendungsbereich zunächst einmal bereits erheblich relativiert. Zudem verkörpert Art. 16 EG ein Vertragsprinzip, das ausdrücklich keine Aufnahme in die Gemeinschaftsaufgaben und Gemeinschaftstätigkeiten gefunden hat. Außerdem wird Art. 16 EG nach der hier vertretenen Ansicht immerhin bei der Auslegung der Wettbewerbsvorschriften herangezogen, so dass von einer Nichtberücksichtigung seines Stellenwertes nicht die Rede sein kann. Es schließt sich allenfalls die Frage an, in welchem Umfang sein Stellenwert berücksichtigt werden soll.

---

[133] So *Rodrigues* RMC 1998, 37, 42.

IV. Möglichkeiten der Anwendung des Art. 16 EG im Rahmen des Art. 86 Abs. 2 EG

Dazu wird vorgeschlagen Art. 16 EG im Rahmen der Rückausnahme des Art. 86 Abs. 2 Satz 2 EG einzusetzen.[134] Ist also gemäß Art. 86 Abs. 2 Satz 1 EG die Notwendigkeit einer Ausnahme vom Wettbewerb festgestellt worden, hätte Art. 16 EG gegebenenfalls die Wirkung, dass eine Beeinträchtigung des Handelsverkehrs nach Art. 86 Abs. 2 Satz 2 EG in einem höheren Ausmaß als zuvor hingenommen werden müßte, um dem Gemeinschaftsinteresse an der Aufrechterhaltung der Dienste von allgemeinem wirtschaftlichem Interesse gerecht zu werden.

Eine Anwendung auf Art. 86 Abs. 2 Satz 1 EG ist auch nicht vorstellbar, da es in diesem Teil der Vorschrift kein Tatbestandsmerkmal gibt, das einer Art. 16 EG wohlwollenden Auslegung fähig wäre. Das zentrale Tatbestandsmerkmal der Verhinderung ist nicht normativ, sondern stellt auf eine tatsächliche Verhinderung ab.[135] Die Durchführung der Aufgabe muss unter den fraglichen Bedingungen unmöglich sein.[136] Bisweilen soll es aber nach der umstrittenen Rechtsprechung des Europäischen Gerichtshofs bereits genügen, wenn die Erfüllung der Dienste gefährdet ist.[137]

Hierzu muss noch angemerkt werden, dass es bei fortgesetzt großzügiger Auslegung dieses Tatbestandsmerkmals durch den Gerichtshof einer weitergehenden Stärkung der Dienste von allgemeinem Interesse eigentlich nicht mehr bedarf,[138] da bereits die mangelnde Restriktion in Bezug auf das Tatbestandsmerkmal der Verhinderung in die Richtung einer Verschiebung des Regel-Ausnahme Verhältnisses des Art. 86 Abs. 2 EG tendiert.

Art. 86 Abs. 2 Satz 2 EG dagegen verfügt über das normative Tatbestandsmerkmal des Interesses der Gemeinschaft. Insoweit ist also Art. 16 EG direkt anwendbar, da Art. 16 EG, wie gezeigt wurde, das Gemeinschaftsinteresse interpretiert. Allerdings ist Art. 86 Abs. 2 Satz 2 EG nur eine Rückausnahme von der ohnehin restriktiv anzuwendenden Ausnahmevorschrift des Art. 86

---

[134] *Klotz,* in: von der Groeben/Schwarze, Art. 16, Rn. 30; *Tettinger,* in: Cox, Daseinsvorsorge und öffentliche Dienstleistungen in der Europäischen Union, S. 107; *Koenig/Kühling/Rasbach* ZNER 2003, 3, 4; *Löwenberg,* Service public und öffentliche Dienstleistungen in Europa, S. 307; *Frenz* EuR 2000, 901, 919; in diese Richtung tendiert auch *Jung,* in: Calliess/Ruffert, EUV/EGV, Art. 16, Rn. 13 und Art. 86 Rn. 49.

[135] Siehe dazu *Jung,* in: Calliess/Ruffert, EUV/EGV, Art. 86, Rn. 44f.

[136] *Jung,* in: Calliess/Ruffert, EUV/EGV, Art. 86, Rn. 45; *von Burchard,* in: Schwarze, EU, Art. 86, Rn. 71.

[137] EuGH v. 23.10.1997, Rs. C-159/94 – Monopole bei Gas und Strom – Slg. 1997, I-5815, Rn. 59.

[138] Der Gerichtshof stützt seine neuerdings weniger enge Auslegung des Tatbestandsmerkmals der Verhinderung gerade nicht auf Art. 16 EG.

Abs. 2 Satz 1 EG. Schon von daher bleibt der Anwendungsbereich des Art. 16 EG in diesem Bereich sehr klein.

Um die Relevanz des Art. 16 EG zu erhöhen, wäre vorzuschlagen, die Rückausnahme des Art. 86 Abs. 2 Satz 2 EG regelmäßig unter dem Gesichtspunkt des Art. 16 EG zu verneinen und nur noch in Ausnahmefällen anzuwenden.

C. Zusammenfassung

Der Begriff der Dienste von allgemeinem wirtschaftlichem Interesse ist ein autonomer gemeinschaftsrechtlicher Begriff des EG-Vertrages, der allerdings durchaus vom Konzept des service public inspiriert wurde. Er findet sich im EG-Vertrag in den Normen des Art. 16 und Art. 86 Abs. 2 EG.

Erstere Norm drückt ein zu den Vertragsgrundsätzen gehörendes Prinzip aus, während letztere Bestandteil des Regelungskomplexes der Wettbewerbsregeln des Vertrages ist und als solche eine Bereichsausnahme zu den Wettbewerbsregeln beschreibt.

Der Begriff der Dienste von allgemeinem wirtschaftlichem Interesse unterliegt zunächst der Einschätzungsprärogative der Mitgliedstaaten. Kennzeichnendes Merkmal einer solchen Dienstleistung ist es, dass die Unternehmenstätigkeit von einem Unternehmen in einem Leistungsbereich erbracht wird, für den keine marktwirtschaftlichen Handlungsanreize mehr bestehen, sondern nur noch gemeinwohlbezogene. Die Kontrolle dieser Begriffsinterpretation durch die Gemeinschaftsorgane erlaubt lediglich eine Missbrauchskontrolle. Dagegen ist der Ausnahmetatbestand des Art. 86 Abs. 2 EG im übrigen restriktiv anzuwenden, vor allem was das Tatbestandsmerkmal der Verhinderung angeht.

Bei Art. 16 EG ist vor allem der Grad seiner Auswirkung auf die Bereichsausnahme des Art. 86 Abs. 2 EG umstritten. Die Palette der Meinungen geht von einer Verschiebung des Regel-Ausnahmeverhältnisses über eine Konfliktlösung im Wege der praktischen Konkordanz mit dem Wettbewerbsprinzip bis zur faktisch begrenzten Auswirkung auf Art. 86 Abs. 2 EG.

Es wurde gezeigt, dass letztere Ansicht vorzugswürdig ist, da sie insbesondere mit dem Wortlaut des Art. 16 EG und dem Regelungszusammenhang der Art. 16 und Art. 86 Abs. 2 EG zu vereinbaren ist. Art. 16 EG soll bei der Auslegung des Art. 86 Abs. 2 EG Anwendung finden. Das geschieht einmal durch die Anerkennung einer Einschätzungsprärogative bei den Diensten von allgemeinem wirtschaftlichem Interesse durch die Mitgliedstaaten. Zum anderen sollte als Konsequenz der Stärkung gemeinwohlorientierter Dienste in Art. 16 EG die Rückausnahme des Art. 86 Abs. 2 Satz 2 EG nur mehr in Ausnahmefällen angewendet werden.

D. Schlussfolgerungen

Die grundsätzlich restriktiv anzuwendende Bereichsausnahme des Art. 86 Abs. 2 EG schafft einen, wenn auch begrenzten, Ausnahmebereich für die Wettbewerbsregeln, insbesondere auch das Beihilfenverbot des Art. 87 Abs. 1 EG. Die Mitgliedstaaten können im Zuge ihrer weitgehend freien Zuordnung gemeinwohlorientierter Dienste zu den Diensten von allgemeinem wirtschaftlichem Interesse im Sinne des Art. 86 Abs. 2 EG den Zugang zur Bereichsausnahme des Art. 86 Abs. 2 EG im Interesse der von ihnen angestrebten Politik zu den gemeinwirtschaftlichen Unternehmen ohne größere Schwierigkeiten eröffnen. Die in Rede stehenden Dienste unterliegen jedoch im Folgenden einer strengen wettbewerbsrechtlichen Kontrolle, die einen Dispens von den wettbewerbsrechtlichen Vorschriften zur stark begrenzten Ausnahme macht.

Art. 86 Abs. 2 EG eignet sich daher nicht für die Vielzahl staatlicher Maßnahmen, die Unternehmen tatsächlich weit unterhalb der Schwelle einer eigentlichen Begünstigung fördern. Meist handelt es sich im Beihilfenbereich um punktuelle Zuschüsse, die begrenzte Nachteile aus der Erfüllung einer dem Unternehmen auferlegten Aufgabe ausgleichen sollen. Hauptproblem ist in diesem Zusammenhang nicht der Nachweis, dass die Nicht-Gewährung einer Maßnahme gleich die Erfüllung einer bestimmten Aufgabe verhindern würde. Problematisch ist vielmehr die Frage, ob eine einzelne Förderung dem fraglichen Unternehmen in der Tat einen Vorteil einräumt, der mit dem Beihilferecht des EG-Vertrages unvereinbar wäre.

Das führt zu der strittigen Frage des materiellen Beihilfenrechts, unter welchem rechtlichen Gesichtspunkt derartige Förderungen zu betrachten sind.

Viertes Kapitel: Beihilfen in der Daseinsvorsorge und Art. 87 Abs. 1 EG

Es gibt eine Vielzahl von Fällen, in denen die Mitgliedstaaten Unternehmen, die mit Dienstleistungen von allgemeinem wirtschaftlichem Interesse betraut sind, bestimmte Gemeinwohlverpflichtungen auferlegen. Als Ausgleich für die aus diesen Verpflichtungen entstehenden Nachteile gewähren die Mitgliedstaaten bestimmte Leistungen. Den Europäischen Gerichtshof haben derartige Fälle bereits mehrfach beschäftigt.[1] Die aus wettbewerbsrechtlicher Sicht zentrale Frage bei diesen Fallkonstellationen lautet, ob die Gewährung einer derartigen Ausgleichsleistung überhaupt eine Beihilfe im Sinne des Art. 87 Abs. 1 EG darstellt.

Die Systematik der Wettbewerbsvorschriften verlangt, dass zunächst eine Beihilfe im Sinne des Art. 87 Abs. 1 EG vorliegen muss, bevor überhaupt geprüft werden kann, ob einer der vorrangigen Ausnahmetatbestände des Art. 87 Abs. 2 und 3 EG oder das Vorliegen einer Bereichsausnahme nach Art. 86 Abs. 2 EG gegeben ist.

A. Lösungsansätze zum Verhältnis von Art. 87 Abs. 1 EG und Art. 86 Abs. 2 EG

I. Die verschiedenen Ansätze

Für die Behandlung von Ausgleichsleistungen im Rahmen des Beihilfenrechts werden im Wesentlichen drei verschiedene Lösungsansätze diskutiert.

1. Die Tatbestandslösung

Dieser Lösungsansatz geht zunächst vom Wortlaut des Art. 87 Abs. 1 EG aus, der eine Begünstigung bestimmter Unternehmen oder Produktionszweige verlangt. Für eine Begünstigung ist es erforderlich, dass die Lasten, welche das Unternehmen zu tragen hat, durch die staatliche Zuwendung vermindert werden.[2] Hieraus folgern die Anhänger der Tatbestandslösung,[3] dass eine

[1] Zuletzt EuGH v. 20.11.2003, Rs. C-126/01 – GEMO SA – Slg. 2003, I-13769; EuGH v. 27.11.2003, verb. Rs. C-34/01 bis 38/01 – Enirisorse – EWS 2004, S. 26ff; sowie EuGH v. 24.7.2003, Rs. C-280/00 – Altmark Trans GmbH/Nahverkehrsgesellschaft Altmark GmbH – Slg. 2003, I-7747; EuGH v. 22.11.2001, Rs. C-53/00 – Ferring SA/ACOSS – Slg. 2001, I-9067; EuGH v. 7.2.1985, Rs. 240/83 – ADBHU – Slg. 1985, 531ff.

[2] StRspr. seit EuGH v. 23.2.1961, Rs. 30/59 – De Gezamenlijke Steenkolenmijnen/Hohe Behörde – Slg. 1961, 1ff.

Maßnahme nicht mehr als Begünstigung angesehen werden könne, wenn sie nur eine angemessene Gegenleistung für Betätigungen des Empfängers darstellten, die im Gegenzug für die Zuwendungen erbracht würden. Mit diesem Entgelt würden also lediglich durch die Gemeinwohlverpflichtungen entstandene Aufwendungen des Empfängers ausgeglichen. Beihilfe soll daher nur derjenige Teil der staatlichen Leistung sein, der den Wert der Gegenleistung des Unternehmens übersteigt.

Staatliche Ausgleichsleistungen fallen also, soweit sie den Wert der Gegenleistung nicht übersteigen, gar nicht in den Anwendungsbereich des Art. 87 Abs. 1 EG – der Tatbestand dieser Norm ist folglich nicht erfüllt.

Die Konsequenz für das beihilfenrechtliche Verfahren besteht darin, dass staatlichen Maßnahmen in diesem Umfang nicht von der Anmeldepflicht (Notifizierung) des Art. 88 Abs. 3 Satz 1 EG erfasst werden.[4]

2. Die Rechtfertigungslösung

Nach der Rechtfertigungslösung sind grundsätzlich alle Ausgleichsleistungen als Beihilfen anzusehen.[5] Ausgehend von einem weiten Beihilfenbegriff werden nämlich alle staatlichen Leistungen an Unternehmen als Begünstigung eingestuft, unabhängig davon, dass sie als Gegenleistung für die Erbringung gemeinwirtschaftlicher Pflichten gedacht sind.

Diese Beihilfen sind dann gegebenenfalls an den Ausnahmetatbeständen der Art. 87 Abs. 2 und 3 EG zu messen. Schließlich bleibt noch die Möglichkeit, den Ausnahmebereich des Art. 86 Abs. 2 EG als demgegenüber nachrangigen Rechtfertigungsgrund anzuwenden. Art. 86 Abs. 2 EG ändert hiernach nichts am Vorliegen einer staatlichen Beihilfe. Die Regelung modifiziert also nicht die Tatbestandsvoraussetzungen des Art. 87 Abs. 1 EG. Die Funktion des Art. 86 Abs. 2 EG besteht lediglich darin, eine Ausnahme von der Rechtsfolge, also dem Verbot, des Art. 87 Abs. 1 EG vorzusehen und ist daher ein Rechtfertigungstatbestand.[6]

---

[3] *Oppermann*, Deutsche Rundfunkgebühren und europäisches Beihilferecht, S. 34; *ders.* Europarecht Rn. 1111; *Koenig/Haratsch* Europarecht Rn. 849; *Dörr/Cloß* ZUM 1996, 105, 112. Auch der Europäische Gerichtshof neigt inzwischen deutlich der Tatbestandslösung zu. Siehe dazu ausführlich im dritten und vierten Abschnitt dieses Kapitels.

[4] *Nettesheim* EWS 2002, 253, 258.

[5] *Von Wallenberg*, in: GS für Grabitz, S. 867, 871; *Selmer/Gersdorf*, Die Finanzierung des Rundfunks in der Bundesrepublik Deutschland auf dem Prüfstand des EG-Beihilferegimes, S. 25ff; *Engel*, Europarechtliche Grenzen für öffentlich-rechtliche Spartenprogramme, S. 20ff; *Gas/Rücker* DÖV 2004, 56, 62. Diese Auffassung teilt auch das Europäische Gericht erster Instanz. Siehe dazu ausführlich im zweiten Abschnitt dieses Kapitels.

[6] So *Lübbig/Martín-Ehlers*, Beihilfenrecht der EU, Rn. 462.

Die Rechtfertigungslösung knüpft in gleicher Weise wie die Tatbestandslösung am Begriff der Begünstigung in Art. 87 Abs. 1 EG an. Das Merkmal der Begünstigung wird hier jedoch sehr weit gefasst. Eine Begünstigung liegt nach dieser Auffassung immer dann vor, wenn mit der staatlichen Maßnahme keine marktgerechte Gegenleistung des Begünstigten korrespondiert.[7] Es wird allein darauf abgestellt, ob der den Vorteil vermittelnde Effekt für den Nutznießer zum Maßnahmezeitpunkt am Markt zu erlangen gewesen wäre.[8] Dieses trifft jedoch auf die Ausgleichsleistungen regelmäßig nicht zu, da sie von der öffentlichen Hand geleistet werden, so dass sie nach dieser Lösung sämtlich begrifflich als Beihilfe anzusehen sind.

Die Rechtfertigungslösung erfordert daher stets eine Anmeldung bei der Kommission nach Art. 88 Abs. 3 EG.

3. Die Spezialitätenlösung

Nach diesem Lösungsansatz sind Ausgleichsleistungen ebenfalls grundsätzlich als Beihilfen anzusehen.[9] Sie werden aber von Art. 87 Abs. 1, 1. Halbsatz und Art. 86 Abs. 2 EG erfasst und sind daher nicht verboten. Gleichwohl ist die Notifizierungspflicht des Art. 88 Abs. 3 EG gegeben, da Art. 88 Abs. 3 EG nur an das Vorliegen einer Beihilfe anknüpft, nicht an die Erfüllung des Tatbestands des Art. 87 Abs. 1 EG.[10]

4. Differenzierung zwischen Spezialitäten- und Rechtfertigungslösung

Spezialitäten- und Rechtfertigungslösung kommen zum gleichen Ergebnis, da die Frage der Beihilfequalität einer Maßnahme nach beiden Ansätzen einheitlich beantwortet wird. Die Unterscheidung zwischen beiden Lösungen liegt in der Anwendung der Ausnahmevorschriften. Das ist einmal eine Anwendung infolge der Spezialitätsregelung des Art. 87 Abs. 1 („*soweit in diesem Vertrag nicht etwas anderes bestimmt ist*"), zum anderen die Anwendung dieser Vorschriften im Rahmen der Rechtfertigung. Es kommen aber nach beiden Ansätzen die Ausnahmevorschriften der Art. 87 Abs. 2 und 3 EG sowie des Art. 86 Abs. 2 EG erst zur Anwendung, nachdem das Vorliegen einer Beihilfe bejaht wurde. Somit hat die Differenzierung dieser beiden Lösungen letztlich keine Auswirkung auf das Verhältnis von Art. 87 Abs. 1 EG zu Art. 86 Abs. 2 EG.

---

[7] *Selmer/Gersdorf*, Die Finanzierung des Rundfunks in der Bundesrepublik Deutschland auf dem Prüfstand des EG-Beihilferegimes, S. 26; *Müller-Graff* ZHR 152 (1988), 403, 418.
[8] *Müller-Graff* ZHR 152 (1988), 403, 418.
[9] Zur Spezialitätenlösung siehe *Nettesheim* EWS 2002, 253, 258.
[10] *Nettesheim* EWS 2002, 253, 258.

II. Auswirkungen auf das Beihilfeverfahrensrecht

Der Hauptunterschied zwischen den Lösungen liegt in der Anwendung des Beihilfeverfahrens, insbesondere bei neuen oder umgestalteten Beihilfen. Diese Beihilfen unterliegen der Notifizierungspflicht nach Art. 88 Abs. 3 EG.

Ordnet man Ausgleichsleistungen als Beihilfen ein, wie das die Spezialitäten- und die Rechtfertigungslösung tun, besteht grundsätzlich eine Notifizierungspflicht, wenn nicht eine der Ausnahmen von dieser Pflicht vorliegt.[11]

1. Beurteilung neuer und umgestalteter Beihilfen

a) Die Notifizierungspflicht

Die Mitgliedstaaten sind gemäß Art. 88 Abs. 3 Satz 1 EG, Art. 2 der Verfahrensverordnung[12] verpflichtet, jede beabsichtigte Einführung oder Umgestaltung von Beihilfen bei der Kommission anzumelden.[13]

Folgt man der Tatbestandslösung, entfällt die Notifizierungspflicht nur dann, wenn durch die Ausgleichsleistung lediglich zusätzlichen Kosten infolge der Gemeinwohlverpflichtung abgedeckt werden. Geht man nach den anderen beiden Lösungsansätzen vor, besteht unabhängig davon eine Notifizierungspflicht.

Das Bestehen einer Notifizierungspflicht hat einschneidende Folgen für die Gewährung einer Ausgleichsleistung. Zunächst unterliegt jede neue oder umgestaltete Beihilfe im Sinne des Art. 87 Abs. 1 EG bis zum positiven Abschluss des Vorprüfungsverfahrens oder dem Ablauf der zweimonatigen Vorprüfungsfrist nach Art. 4 VerfVO einem Durchführungsverbot.[14] Verstößt ein Mitgliedstaat gegen die Sperrwirkung des Art. 88 Abs. 3 Satz 3 EG, ist die gewährte Beihilfe formell rechtswidrig.[15]

Die unterlassene Notifizierung alleine bewirkt aber, wie sich aus dem

---

[11] Vgl. zu den Ausnahmevorschriften: *Cremer*, in: Calliess/Ruffert, EUV/EGV, Art. 88, Rn. 8 m.w.N.

[12] Verordnung (EG) Nr. 659/1999 des Rates v. 22.3.1999 über besondere Vorschriften für die Anwendung von Artikel 88 des EG-Vertrags, ABl. 1999 L 83/1 v. 27.3.1999; im Folgenden nur VerfVO. Ausführlich zur VerfVO siehe *Bartosch* EuZW 2004, 43 ff.

[13] *Heiß* VBlBW 2003, 429, 430.

[14] EuGH v. 11.12.1973, Rs. 120/73 – Lorenz/Deutschland – Slg. 1973, 1471 Rn. 4; EuGH v. 24.2.1987, Rs. 310/85 – Deufil – Slg. 1985, 1315 Rn. 35; EuGH v. 11.7.1996, Rs. C-39/94 – SFEI/La Poste – Slg. 1996, I-3547 Rn. 38; EuGH v. 30.6.1992, Rs. C-47/91 – Italien/Kommission – Slg. 1992, I-4145 Rn. 24; *Bär-Bouyssière*, in: Schwarze, EU, Art. 88, Rn. 13f; *Rosenfeld*, Das Verfahrensrecht der gemeinschaftsrechtlichen Beihilfenaufsicht, S. 45.

[15] Mitteilung der Kommission, ABl. 1983 C 318, S. 3.

Normzusammenhang der Art. 13 und 14 VerfVO ergibt,[16] keine automatische Rückforderung. Vielmehr geht die Kommission, sofern sie von der Beihilfe Kenntnis erlangt, in diesem Fall mit einem Auskunftsersuchen an den Mitgliedstaat in ein zeitlich unbegrenztes Vor- und Hauptprüfungsverfahren über.[17] Im Zuge dieses Verfahrens kann die Kommission die vorläufige Aussetzung von Beihilfezahlungen,[18] oder auch unter bestimmten Voraussetzungen gemäß Art. 11 Abs. 2 VerfVO die einstweilige Rückzahlung der Beihilfe inklusive Zinsen anordnen.[19] Die endgültige Rückzahlung der Beihilfe kann die Kommission allerdings erst anordnen, wenn sich die Beihilfe im Hauptverfahren als mit dem Gemeinsamen Markt unvereinbar und somit materiell rechtswidrig erwiesen hat.[20]

Die beschriebenen Mittel stehen der Kommission nach der Rechtsprechung des Europäischen Gerichtshofs auch zu, wenn ein Mitgliedstaat die Beihilfe schon vor Abschluss des Vorprüfungsverfahrens nach Art. 88 Abs. 3 Satz 3 EG gewährt.[21]

b) Das Notifizierungsverfahren

Es ergeben sich neben den Problemen der formellen Rechtswidrigkeit aber auch Schwierigkeiten in der Praxis, wenn man im Sinne der Rechtfertigungs-, oder Spezialitätenlösung jede Ausgleichsleistung als Beihilfe einstuft.

Zunächst muss der Mitgliedstaat, das Land oder die Gemeinde, die eine solche Ausgleichsleistung erbringen, erkennen, dass es sich dabei um eine notifizierungspflichtige Beihilfe handelt.[22] Geschieht das nicht, gilt die Beihilfe als formell rechtswidrig, mit allen beschriebenen Konsequenzen. Gerade in Fällen, in denen durch die Leistungen nur die Lasten der gemeinwohlverpflichteten Unternehmen abgedeckt werden, ist es für die handelnden Stellen unter Umständen nicht immer nachvollziehbar, dass sie eine Beihilfe erbringen, obwohl wirtschaftlich betrachtet keine tatsächliche Begünstigung des betroffenen Unternehmens eintritt.

Zudem wird das Notifizierungsverfahren immer wieder als schwierig in der Durchführung bezeichnet.[23] Die Praxis zeigt, dass die Anmeldungen infolge

---

[16] EuGH v. 14.2.1990, Rs. C-301/87 – Frankreich/Kommission – Slg. 1990, I-307 Rn. 17.
[17] *Bär-Bouyssière*, in: Schwarze, EU, Art. 88, Rn. 24ff.
[18] EuGH v. 14.2.1990, Rs. C-301/87 – Frankreich/Kommission – Slg. 1990, I-307 Rn. 19.
[19] Vgl. *Koenig/Kühling/Ritter*, EG-Beihilfenrecht, S. 189, sowie *Reuter* ZIP 2002, 737, 740 zu den einzelnen Voraussetzungen.
[20] So EuGH v. 14.2.1990, Rs. C-301/87 – Frankreich/Kommission – Slg. 1990, I-307 Rn. 17.
[21] So EuGH v. 14.2.1990, Rs. C-301/87 – Frankreich/Kommission – Slg. 1990, I-307 Rn. 20.
[22] Auf die Problematik dieser Einschätzung verweist *Franzius* NJW 2003, 3029, 3030.
[23] Vgl. dazu im Einzelnen: *Rosenfeld*, Das Verfahrensrecht der gemeinschaftsrechtlichen Beihilfenaufsicht, S. 41.

dessen häufig unvollständig sind,[24] mit der Folge, dass sich das Vorprüfungsverfahren zum Teil erheblich verlängern kann.

Erschwerend wirkt zusätzlich die Tatsache, dass diese Ausgleichsleistungen häufig im Bereich der eingegliederten Gebietskörperschaften (Länder und Gemeinden) gewährt werden, diese selbst aber weder notifizierungsberechtigt noch notifizierungsverpflichtet sind.[25] Vielmehr muss für sie gemäß Art. 88 Abs. 3 EG der Mitgliedstaat handeln.[26] Das bedeutet, dass sich der bürokratische Aufwand schon bei der Erstellung der Anmeldung verdoppeln kann. Das ist zeitaufwendig und birgt das Risiko unrichtiger Anmeldungen. Hinzu kommt die mindestens zweimonatige Vorprüfungsfrist durch die Kommission. Diese Frist verlängert sich etwa bei Unvollständigkeit der Anmeldungsunterlagen noch teilweise erheblich.[27]

Es kann deshalb mitunter zu erheblichen Verzögerungen bei der Gewährung der Beihilfe kommen. Das kann zu Schwierigkeiten führen, wenn die Beihilfe in Zusammenhang mit einem Dienst von allgemeinem wirtschaftlichem Interesse steht.[28] Die Versorgung der Bürger kann gefährdet werden. Während die Zulässigkeit von Ausgleichszahlungen an private Unternehmen, die sich in diesem Bereich betätigen, von der Kommission geprüft wird, können diese Dienste unter Umständen nicht erbracht werden und müssen bis zu einer Entscheidung zunächst ausfallen.[29] Die Kommission hat zudem nach Auskunft des Wettbewerbskommissars *Monti* kein Interesse daran, „*eine Flut von Beihilfeanmeldungen aus allen öffentlichen Dienstleistungen zu bekommen*".[30]

Generalanwalt *Léger* tritt diesen Befürchtungen entgegen. Die Interessen der Mitgliedstaaten seien bereits durch den engen Tatbestand des Art. 87 Abs. 1 EG, die Zweimonatsfrist im Vorprüfungsverfahren und die Möglichkeit der Anwendung der Gruppenfreistellungsverordnung nach Art. 89 EG

---

[24] *Sinnaeve*, Die Rückforderung gemeinschaftsrechtswidriger nationaler Beihilfen, S. 216.

[25] Siehe *von Wallenberg*, in: Grabitz/Hilf II, Art. 88, Rn. 17.

[26] Dafür ist in der Bundesrepublik das Referat E C 3 im Bundesministerium der Finanzen zuständig.

[27] So *Koenig/Kühling/Ritter*, EG-Beihilfenrecht, S. 181. Zu den einzelnen praktischen Problemen in diesem Zusammenhang siehe: *Repplinger-Hach*, in: Koenig/Roth/Schön, Aktuelle Fragen des EG-Beihilfenrechts, S. 29, 31ff.

[28] *Gas/Rücker* DÖV 2004, 56, 64 erwägen deshalb die Nichtanwendung des Durchführungsverbots des Art. 88 Abs. 3 EG auf Fälle der Daseinsvorsorge.

[29] So argumentierte etwa die französische Regierung im Verfahren EuGH v. 22.6.2000, Rs. C-332/98 – Frankreich/Kommission – Slg. 2000, I-4833 Rn. 27ff. Ähnlich auch GA *Jacobs*, Schlussanträge v. 30.4.2002, Rs. C-126/01 – GEMO SA – noch nicht in der amtlichen Sammlung, Rn. 115.

[30] Vgl. SZ v. 25.7.2003, S. 17.

ausreichend geschützt.[31] *Léger* wird jedoch entgegengehalten, dass insbesondere die Möglichkeit des De-minimis Schwellenwertes[32] ihrer Natur nach nicht auf jede Ausgleichsleistung anwendbar sei.[33] Auf die Dehnbarkeit der Zweimonatsfrist des Art. 4 Abs. 5 VerfVO wurde bereits hingewiesen. Hinsichtlich des Arguments der Anwendung einer Gruppenfreistellungsverordnung räumt der Generalanwalt schließlich selbst ein, dass es eine solche bislang noch nicht gebe.[34]

2. Überwachung bestehender Beihilfen

In den Verfahren bei bestehenden Beihilfen, sowohl im Rahmen des Art. 88 Abs. 1 als auch des Art. 86 Abs. 3 EG, ergibt sich ebenfalls ein Verlust der Kontrollmöglichkeiten durch die Kommission.[35] Sieht man die Ausgleichsleistungen nicht als Beihilfen an, sind sie der fortlaufenden Beihilfenkontrolle der Kommission gänzlich entzogen. Fällt diese Möglichkeit der Kontrolle weg, ist die Kommission auf die Instrumente des Auskunftsersuchens beschränkt. Das bedeutet vor allem, dass die Pflicht zur Zusammenarbeit und das Recht auf Verfahrensbeteiligung für andere Mitgliedstaaten, wie sie im Rahmen des Art. 88 Abs. 1 EG bestehen,[36] ausscheiden.

3. Beweislast und gerichtliche Zuständigkeit

Ein weiterer Unterschied besteht in der Frage der Beweislastverteilung. Während im Rahmen des Art. 87 Abs. 1 EG die Kommission hinsichtlich des Vorliegens der Voraussetzungen dieser Norm die Beweislast trägt, bedeutet eine Anwendung der Ausnahmevorschrift des Art. 86 Abs. 2 EG faktisch eine Verkehrung der Beweislast zu Lasten der Mitgliedstaaten.[37] Nach ständiger Rechtsprechung des Europäischen Gerichtshofs müssen die Mitgliedstaaten

---

[31] GA *Léger*, Schlussanträge v. 14.1.2003, Rs. C-280/00 – Altmark Trans - (nach Wiedereröffnung der mündlichen Verhandlung), Slg. 2003, I-7747, Rn. 62ff. Zustimmend *Herten-Koch/Pick* LKV 2004, 62, 63.

[32] Siehe dazu die Verordnung (EG) Nr. 69/2001 der Kommission v. 12.1.2001 über die Anwendung der Art. 87 und 88 EG-Vertrag auf De-minimis-Beihilfen, ABl. L 10, S. 30.

[33] Es darf der Schwellenwert von 100.000 € nicht überschritten werden. Zudem gilt die De-minimis Regelung nicht für den Verkehrssektor.

[34] GA *Léger*, Schlussanträge v. 14.1.2003, Rs. C-280/00 – Altmark Trans - (nach Wiedereröffnung der mündlichen Verhandlung), Slg. 2003, I-7747, Rn. 73 m.w.N.

[35] Vgl. GA *Léger*, Schlussanträge v. 19.3.2002, Rs. C-280/00 – Altmark Trans – Slg. 2003, I-7747, Rn. 91ff.

[36] Siehe dazu *Bär-Bouyssière*, in: Schwarze, EU, Art. 88, Rn. 10.

[37] *Bartosch* NVwZ 2002, 174, 175; *ders.* EuZW 2000, 333, 334; *Werner/Quante* ZEuS 2004, 83, 100.

die Voraussetzungen des Art. 86 Abs. 2 EG darlegen.[38] Im Zuge der Rechtfertigungslösung müssten daher die Mitgliedstaaten nachweisen, dass keine Vorteilsgewährung über den Betrag der Kosten der Gemeinwohlverpflichtungen hinaus besteht.[39]

Geht man dagegen nach der Tatbestandslösung vor, ist es an der Kommission, den Beweis zu führen, dass die Kosten der Verpflichtung durch die Ausgleichsleistung überschritten werden.

Ein letzter Unterschied besteht darin, dass Art. 87 Abs. 1 EG keine unmittelbare Wirkung entfaltet.[40] Nur die Kommission kann daher nach dieser Vorschrift handeln. Den Konkurrenzunternehmen bleibt dann nur der Klageweg gegen eine Beihilfengenehmigung der Kommission.[41] Art. 86 Abs. 2 Satz 1 EG dagegen ist unmittelbar anwendbar; nationale Behörden und Gerichte können deshalb selbst darüber entscheiden, ob eine Betrauung mit Aufgaben von allgemeinem wirtschaftlichem Interesse vorliegt und ob deren Erfüllung durch die Anwendung der Wettbewerbsregeln verhindert wird.[42]

Auf die Ausgleichsleistungen hat dieser Unterschied jedoch keine Auswirkung, da hier nach allen drei Ansätzen entweder eine Entscheidung der Kommission vorliegt, die vor den Gemeinschaftsgerichten angegriffen werden müsste, oder nicht. Im letzteren Fall wäre aber ein Verfahren mangels Gegenstandes nicht denkbar.

III. Zusammenfassung

Die beihilferechtliche Beurteilung von kostendeckenden Ausgleichsleistungen der Mitgliedstaaten an Unternehmen, die gemeinwirtschaftliche Pflichten erfüllen, kann auf zwei Wegen geschehen: Ausschließlich im Rahmen des Art. 87 Abs. 1 EG (Tatbestandslösung) oder im Rahmen des Art. 86 Abs. 2 EG (Rechtfertigungs- oder Spezialitätenlösung). Die unterschiedliche Anwendung des einen oder des anderen Lösungswegs hat bedeutsame Auswirkungen auf das Verfahrensrecht. Dabei stellen sich die rechtlichen Konse-

---

[38] EuGH v. 23.10.97, Rs. C.159/94 – Kommission/Frankreich – Slg. 1997, I-5815 Rn. 94f; EuGH v. 25.6.1998, Rs. C-203/96 - Dusseldorp – Slg. 1998, I-4075 Rn. 67.

[39] Vgl. dazu *Bartosch* NVwZ 2002, 174; *Ruge* EuZW 2002, 50.

[40] EuGH v. 19.6.1973, Rs. 77/72 – Capolongo/Maya – Slg. 1973, 611 Rn. 6; EuGH v. 22.3.1977, Rs. 74/76 – Iannelli/Meroni – Slg. 1977, I-557 Rn. 11/12; EuGH v. 22.3.1977, Rs. 78/76 – Steinike und Weinlig – Slg. 1977, 595 Rn. 8-10.

[41] *Cremer*, in: Calliess/Ruffert, EUV/EGV, Art. 87, Rn. 5.

[42] EuGH v. 18.6.1991, Rs. C-260/89 – ERT – Slg. 1991, I-2925 Rn. 34; EuGH v. 19.5.1993, Rs. C-320/91 – Corbeau – Slg. 1993, I-2533 Rn. 19-21; EuGH v. 27.4.1994, Rs. C-393/92 – Almelo – Slg. 1994, I-1477 Rn. 50f; EuG v. 18.11.1992, Rs. T-16/91 – Rendo/Kommission – Slg. 1992, II-2417 Rn. 99; bestätigt durch EuGH v. 19.10.1995, Rs. C-19/93 – Rendo – Slg. 1995, I-3319 Rn. 18f.

quenzen der Tatbestandslösung insgesamt für die Unternehmen und Mitgliedstaaten gegenüber der Rechtsfertigungs- oder Spezialitätenlösung günstiger dar. Die Ausgleichsleistungen brauchen nicht notifiziert zu werden. Die Beweislast trägt die Kommission und auch nur diese kann gerichtlich nach Art. 87 Abs. 1 EG vorgehen.

B. Die Unterschiede in der Rechtsprechung der Gemeinschaftsgerichte

In der Frage der Beihilfenqualität von Ausgleichsleistungen für gemeinwirtschaftliche Verpflichtungen bestand bislang ein Unterschied zwischen der Rechtsprechung des Europäischen Gerichtshofs und des Europäischen Gerichts erster Instanz. Auch in der Literatur und sogar unter den Generalanwälten beim Gerichtshof existieren hierzu verschiedene Ansichten.

I. Die *Altöl*-Entscheidung des EuGH

Der Europäische Gerichtshof hat über die Frage der Beihilfequalität von staatlichen Ausgleichsleistungen erstmals 1985 in der Entscheidung *ADBHU*[43] Stellung genommen. In dem Verfahren vor dem Europäischen Gerichtshof, einem Vorlageverfahren, ging es um eine Verordnung, die den Betrieb von Wärmeeinrichtungen zur Altölbeseitigung regelte. Der Betrieb dieser Anlagen war ausschließlich staatlich zugelassenen Unternehmen gestattet. Diese hatten nach der Verordnung bestimmte, vor allem verfahrenstechnische Pflichten zu erfüllen und konnten im Gegenzug mit staatlichen Zuschüssen rechnen.

Auf Vorlage des Tribunal de grande instance Créteil zur Vorabentscheidung prüfte der Gerichtshof die Vereinbarkeit der Richtlinie 75/439 zur Altölbeseitigung[44] mit dem primären Gemeinschaftsrecht. Die Artikel 5 und 6 sowie 13 und 14 der Richtlinie waren aufgrund der Fragen zur Vorabentscheidung auf ihre Vereinbarkeit mit den Grundsätzen der Handelsfreiheit, des freien Warenverkehrs und des freien Wettbewerbs zu überprüfen.[45]

---

[43] EuGH v. 7.2.1985, Rs. 240/83 – ADBHU - Slg. 1985, 531 (im Folgenden: *Altöl*-Entscheidung).

[44] Richtlinie des Rates v. 16.6.1975 zur Altölbeseitigung, ABl. 1975 L194, S. 31ff.

[45] Die Frage der Vereinbarkeit der Richtlinie mit den Grundsätzen der Handelsfreiheit und des freien Warenverkehrs soll hier nicht näher erörtert werden, da diese keine weiterführenden Erkenntnisse für die Beihilfenproblematik erwarten lässt.

1. Das Verfahren

Die Artikel 5 und 6 der Richtlinie 75/439 regeln, die Möglichkeit einer Aufteilung der Territorien der Mitgliedstaaten in Bezirke, in denen dann jeweils eines oder mehrere von den Mitgliedstaaten autorisierte Unternehmen die Altölsammlung und Altölbeseitigung in dem Stand der Technik entsprechenden Anlagen durchführen.

Die Artikel 13 und 14 der Richtlinie 75/439 sehen vor, dass die zur Altölsammlung und -beseitigung zugelassenen Unternehmen als Ausgleich für ihre Verpflichtungen aus Artikel 5 der Richtlinie Zuschüsse erhalten. Die Mittel für diese Zuschüsse sollen dabei durch eine Abgabe auf die Erzeugnisse, durch deren Verwendung Altöl entsteht, aufgebracht werden.

Im Verfahren vor dem Tribunal de grande instance Créteil ging es um die vom Procureur de la République geforderte Auflösung der als Antragsgegnerin im Ausgangsverfahren auftretenden *Association de défense des brûleurs d'huiles usagées*.[46] Der *ADBHU* wurde Beihilfe zu Verstößen gegen das Dekret Nr. 79/981 vom 21. November 1979 samt zweier Durchführungsverordnungen vom gleichen Tag, die auf der oben genannten Richtlinie basieren, vorgeworfen, was nach französischem Recht zur Auflösung der *ADBHU* geführt hätte.[47]

Im Rahmen des Verfahrens erlangte die Frage der Rechtmäßigkeit der Rechtsgrundlage von Dekret und Durchführungsverordnung Bedeutung und führte zur Aussetzung des Verfahrens und Vorlage beim EuGH nach Art. 234 EG.

2. Die Entscheidung des Europäischen Gerichtshofs

Der Europäische Gerichtshof sah keinen Widerspruch der Artikel 13 und 14 der Richtlinie 75/439 zum Grundsatz des freien Wettbewerbs.[48] Wie zuvor schon die Kommission[49] und der Rat[50] war auch der Gerichtshof der Auffassung, dass die fraglichen Zuschüsse lediglich als Gegenleistung für die von den Unternehmen erbrachten Leistungen im öffentlichen Interesse zu betrachten seien. Zudem verbiete Art. 13 Abs. 2 der Richtlinie Wettbewerbsverzerrung und künstliche Handelsströme.[51]

---

[46] Im Folgenden *ADBHU*.
[47] Artikel 3 des Gesetzes vom 1. Juli 1901.
[48] EuGH v. 7.2.1985, Rs. 240/83 – ADBHU - Slg. 1985, S. 531 Rn. 20.
[49] Vgl. EuGH v. 7.2.1985, Rs. 240/83 – ADBHU – Slg. 1985, 531, 543.
[50] Vgl. EuGH v. 7.2.1985, Rs. 240/83 – ADBHU – Slg. 1985, 531, 544.
[51] EuGH v. 7.2.1985, Rs. 240/83 – ADBHU - Slg. 1985, S. 531 Rn. 18f.

Daher handle es sich bei den angeprangerten Zuschüssen nicht um Beihilfen im Sinne der Art. 87ff EG, *„sondern um die Gegenleistung für die von den Abhol- oder Beseitigungsunternehmen erbrachten Leistungen“*.[52]

Der Gerichtshof unterscheidet also gegenseitige und einseitige Leistungen. Nur letztere fallen grundsätzlich unter den Beihilfetatbestand des Art. 87 Abs. 1 EG.

II. Die Entscheidungen des Europäischen Gerichts erster Instanz

1. *FFSA*- und *SIC*-Entscheidung

In dem Verfahren *FFSA*[53] ging es um die Rechtmäßigkeit staatlich gewährter Steuererleichterungen für die französische Post, welche diese als Ausgleich für die Erfüllung gemeinwohlorientierter Verpflichtungen, namentlich ihre Präsenz in ländlichen Gebieten, erhielt.

Das Europäische Gericht erster Instanz wendete den weiten Beihilfebegriff des EuGH zu Art. 87 Abs. 1 EG konsequent an. Beihilfen sind demzufolge *„alle von staatlichen Stellen gewährten Vorteile, die in verschiedener Form die Belastungen mindern, die Unternehmen normalerweise zu tragen haben“*.[54] Die Steuererleichterungen waren demnach als Belastungsminderung und somit als Beihilfen anzusehen. Das Gericht setzte sich jedoch nicht mit der vom Europäischen Gerichtshof in der *Altöl*-Entscheidung gemachten Einschränkung des Beihilfebegriffs auseinander, demzufolge eine Beihilfe nicht vorliegt, wenn die fraglichen staatlichen Zuschüsse die Kosten der Aufgabenerfüllung im öffentlichen Interesse zuzüglich eines angemessenen Gewinns, nicht übersteigen. Das Gericht stützte seine Entscheidung zusätzlich auf die Rechtsprechung des EuGH zu Anwendung und Wirkung des Art. 86 Abs. 2 EG im Rahmen des Kartellverbots und des Verbots des Missbrauchs einer marktbeherrschenden Stellung (Art. 81 und 82 EG).[55]

Im gleichen Sinne entschied das Gericht erneut in der *SIC*-Entscheidung im Jahre 2000.[56] In diesem Verfahren ging es um die Zulässigkeit von Sub-

---

[52] EuGH v. 7.2.1985, Rs. 240/83 – ADBHU – Slg. 1985, S. 531 Rn. 18.

[53] EuG v. 27.2.1997, Rs. T-106/95 - FFSA/Kommission - Slg. 1997, II-229.

[54] Der EuGH hatte diese Definition aufgestellt in den Entscheidungen v. 26.9.1996, Rs. C-241/94 - Frankreich/Kommission - Slg. 1996, I-4551, Rn. 34 und v. 11.7.1996, Rs. C-39/94 - SFEI u.a. - Slg. 1996, I-3547, Rn. 58 und insbesondere v. 15.3.1994, Rs. C-387/92 - Banco Exterior de Espana - Slg. 1994, I-877, Rn. 13.

[55] Namentlich die Entscheidungen des EuGH v. 19.5.1993, Rs. C-320/91 – Corbeau – Slg. 1993, I-2533 und EuGH v. 27.4.1994, Rs. C-393/92 – Almelo – Slg. 1994, I-1477 Rn. 46. Es ist anzumerken, dass es der Gerichtshof in den genannten Verfahren stets ausschließlich mit Fragen des Kartellverbots und des Missbrauchs einer marktbeherrschenden Stellung zu tun hatte.

[56] EuG v. 10.5.2000, Rs. T-46/97 – SIC/Kommission – Slg. 2000, II-2125.

ventionen für die *Radiotelevisão Portuguesa, SA, (RTP)* die, vergleichbar mit dem deutschen öffentlichrechtlichen Fernsehen, in Portugal unter staatlicher Kapitalbeteiligung, als Konzessionärin des portugiesischen öffentlichen Fernsehdienstes, drei Fernsehprogramme betreibt. Dabei wird die *RTP* nicht alleine über Werbeeinnahmen finanziert, wie das bei den portugiesischen Privatsendern der Fall ist, sondern auch über staatliche Mittel, die ihr wegen ihrer gemeinwirtschaftlichen Verpflichtungen gewährt werden.[57] In dem Verfahren vor dem Europäischen Gericht klagte die *Sociedade Independente de Communicação, SA, (SIC)* die seit 1992 einen der führenden privaten Fernsehkanäle in Portugal betreibt.

Erneut stellte das Gericht allein auf den weiten Beihilfebegiffs ab. Prüfungsmaßstab einer Beihilfe ist, nach Auffassung des EuG,[58] alleine, ob ein Unternehmen eine wirtschaftliche Vergünstigung erhalten hat, die es unter normalen Marktbedingungen nicht erhalten hätte. Die Motivation für diese Vergünstigung soll dagegen keine Frage des Tatbestandes der Beihilfe sein, sondern nur bei der Beurteilung der Subvention im Rahmen der Art. 87 und 86 Abs. 2 EG eine Rolle spielen.[59] Weiter führt das Gericht aus,[60] dass Art. 87 Abs. 1 EG nicht nach den Gründen und Zielen der staatlichen Intervention unterscheide. Vielmehr sei die Intervention nach ihrer Wirkung zu beurteilen. Daraus leitet das Gericht ab, dass der Begriff der Beihilfe ein objektiver sei. Die Einordnung eines Zuschusses als Mittel zur Kompensation spezieller Kosten, die durch die Erfüllung gemeinwirtschaftlicher Verpflichtungen entstünden, habe folglich keine Auswirkung auf die Qualifizierung dieser Maßnahme als Beihilfe.[61] Das Gericht verweist insoweit auf seine eigene Rechtsprechung im Fall *FFSA* sowie auf eine *„Bestätigung durch den Gerichtshof"* im entsprechenden Berufungsverfahren.[62] Das Gericht stellt nicht in Abrede, dass die Bezuschussung wegen der Erfüllung gemeinwirtschaftlicher Aufgaben wettbewerbskonform sein könnte. Dieses sei aber nur im Rahmen des Art. 86 Abs. 2 EG zu berücksichtigen.[63]

---

[57] Diese Mittel beliefen sich von 1992 bis 1995 auf 15% bis 18% des Gesamtbetrags ihrer jährlichen Einnahmen.

[58] EuG v. 10.5.2000, Rs. T-46/97 – SIC - Slg. 2000, II-2125, Rn. 78.

[59] Bei der *RTP* bejahte das Gericht übrigens das Vorliegen einer Beihilfe.

[60] EuG v. 10.5.2000, Rs. T-46/97 – SIC - Slg. 2000, II-2125, Rn. 83.

[61] EuG v. 10.5.2000, Rs. T-46/97 – SIC - Slg. 2000, II-2125, Rn. 84.

[62] EuGH Beschluss v. 25.3.1998, Rs. C-174/97 P – FFSA - Slg. 1998, I-1303, Rn. 33.

[63] EuG v. 10.5.2000, Rs. T-46/97 – SIC - Slg. 2000, II-2125, Rn. 84.

2. Kritik am Gericht erster Instanz in der Literatur

Zur Diskrepanz in der Rechtsprechung von Europäischem Gerichtshof und Europäischem Gericht zum Beihilfebegriff in diesen Verfahren äußerte sich *von Brevern*.[64] Er kritisierte insbesondere, dass das EuG lediglich auf die Grundsätze des EuGH aus der *Almelo*-Entscheidung,[65] die sich auf Art. 81 EG bezieht, verweise. Vom Standpunkt der Rechtsprechung des EuGH seit der *Altöl*-Entscheidung besteht nach *von Breverns* Ansicht[66] ein wesentlicher Unterschied zwischen Art. 81 Abs. 1 EG und Art. 87 Abs. 1 EG, den das Gericht verkenne. Eine Wettbewerbsbeschränkung im Sinne des Art. 81 EG liege auch dann vor, wenn diese zwingende Folge einer gemeinwirtschaftlichen Leistungserbringung sei. In diesem Fall, sei nur ein Rückgriff auf die Ausnahmetatbestände der Art. 81 Abs. 3 oder Art. 86 Abs. 2 EG möglich. Im Falle eines staatlichen Zuschusses für eine gemeinwirtschaftliche Aufgabe, welcher die Kosten der Aufgabenerfüllung nicht übersteige, liege dagegen nicht zwingend eine Wettbewerbsverletzung vor, so dass ein Rückgriff auf Art. 87 Abs. 2 und 3 oder Art. 86 Abs. 2 EG hinfällig sei.[67]

3. Stellungnahme

Art. 81 EG knüpft an die Begriffe der *Vereinbarung, Beschlüsse* und *abgestimmte Verhaltensweisen* an. Diese unternehmerischen Handlungsformen verlangen, anders als der Beihilfebegriff des Art. 87 Abs. 1 EG, keine Vorteilserlangung des beteiligten Unternehmens durch die wettbewerbswidrige Maßnahme. Im Sinne der *Altöl*-Entscheidung ist aber genau dieser Aspekt zu überprüfen und zu verneinen, um eine wettbewerbsfeindliche Wirkung der Maßnahme feststellen zu können. Auch der Wortsinn der Begriffe stützt dieses Ergebnis. So liegt eine Vereinbarung im sprachlichen Sinn auch dann stets vor, wenn ihr Gegenstand eine gemeinwirtschaftliche Leistungserbringung ist.[68] Andererseits ist es vom Wortsinn des Begriffs Begünstigung gedeckt, wenn man eine Begünstigung verneint, weil eine tatsächliche Vor-

---

[64] *Von Brevern* EWS 2001, 586.

[65] EuGH v. 27.4.1994, Rs. C-393/92 - Almelo - Slg. 1994, I-1477.

[66] *Von. Brevern* EWS 2001, 586.

[67] *Von Brevern* EWS 2001, 586.

[68] Unternehmen, die zu einer solchen Leistungserbringung verpflichtet sind, könnten beispielsweise vereinbaren, dass sie dieser Verpflichtung nicht nachkommen und dadurch beiderseits den Folgen eines solchen Verstoßes gegen die Verpflichtung ausgesetzt wären. Es läge aber gleichwohl eine Vereinbarung im Sinne des Art. 81 EG vor, die auch wettbewerbsbeschränkend wäre.

teilswirkung aufgrund der Gegenleistung nicht eingetreten ist. *Von Brevern* ist also in diesem Punkt Recht zu geben.

Die Herleitung aus den Art. 81 und 82 EG durch das Gericht ist verfehlt. Die Verbote der Art. 81 und 82 EG stellen wie Art. 87 EG Regeln des Wettbewerbs in der Gemeinschaft dar. Zudem gilt, dass Art. 86 Abs. 2 EG einen Ausnahmebereich zu den allgemeinen Wettbewerbsregeln festlegt. Im Umkehrschluss darf jedoch nicht gefolgert werden, dass die Rechtsprechung des EuGH zu Art. 86 Abs. 2 in Bezug auf Art. 81 und 82 EG in gleicher Weise auf Art. 87 Abs. 1 EG angewendet werden kann.

Weiter ist anzumerken, dass der EuGH im Berufungverfahren in der Sache *FFSA* die Rechtsauffassung des Gerichts nicht ausdrücklich bestätigt hat. Von den Rechtsmittelführern wurde die Frage, ob der Beihilfebegriff im Bereich der Daseinsvorsorge objektiv zu verstehen ist oder nicht, gar nicht aufgegriffen. In der Berufung[69] wurde lediglich gerügt, dass die staatlich subventionierte französische Post hinsichtlich des Vertriebs von Finanz- und Versicherungsprodukten spezifische Dienstleistungen anbiete, welche zu einem Marktbereich gehörten, der nicht vom Wettbewerb befreit werden dürfe.[70]

Der Gerichtshof stellte fest, dass das Gericht richtigerweise zunächst festgestellt habe, dass die Zuschüsse unterhalb der Mehrkosten infolge der Erfüllung der gemeinwirtschaftlichen Aufgabe liege und daher nicht gegen die Kriterien aus der *Corbeau*-Entscheidung verstoßen könne.[71] Da es in der Berufungsentscheidung des EuGH nur um die Frage der richtigen Anwendung des Art. 86 Abs. 2 EG durch das Gericht ging, würde es zu weit führen, von einer Bestätigung der Rechtsprechung des Gerichts in der Beihilfefrage zu sprechen.

Andererseits gibt es zu bedenken, dass der EuGH sich nicht dazu geäußert hat, ob es deswegen nicht zu einer (falschen) Anwendung der *Corbeau*-Kriterien gekommen ist, weil schon keine Beihilfe im Sinne des Art. 87 Abs. 1 EG oder die Voraussetzung von über die Mehrkosten der gemeinwirtschaftlichen Aufgabenerfüllung hinausgehenden Zuschüssen nicht vorlagen.

---

[69] Siehe EuGH, Beschluss v. 25.3.1998, Rs. C-174/97 P – FFSA/Kommission - Slg. 1998, I-1303 Rn. 32.

[70] Dieses ergibt sich aus der Einschränkung des Art. 86 Abs. 2 EG, wie sie der EuGH seit der *Corbeau*-Entscheidung praktiziert.

[71] EuGH, Beschluss v. 25.3.1998, Rs. C-174/97 P – FFSA/Kommission – Slg. 1998, I-1303 Rn. 33f.

Der Entscheidung des Gerichtshofs lässt sich nicht entnehmen, ob er diese Frage in letzterem Sinne verstanden hat. Immerhin setzte sich der Gerichtshof mit der Anwendung des Art. 86 Abs. 2 EG durch das Gericht auseinander.[72]

Die Berufung rügte nur die falsche Anwendung des Art. 86 Abs. 2 EG. Art. 225 Abs. 1 EG bestimmt, dass gegen Entscheidungen des Gerichts nur ein auf Rechtsfragen beschränktes Rechtsmittel beim Gerichtshof eingelegt werden kann. Nach einhelliger Meinung kann der Gerichtshof aber uneingeschränkt die Rechtsanwendung des Gerichts überprüfen und gegebenenfalls korrigieren.[73] Der Gerichtshof hätte also die Möglichkeit gehabt, die von der *Altöl*-Entscheidung abweichende Auffassung des Gerichts zu korrigieren und bereits die Beihilfequalität des Zuschusses abzulehnen.

Allerdings darf daraus nicht gefolgert werden, dass der Gerichtshof die Auffassung des Gerichts bestätigt hätte, denn zum einen durfte er die Berufungsentscheidung auf die Frage der richtigen Anwendung des Art. 86 Abs. 2 EG zuspitzen. Zum anderen handelte es sich um ein bereits unzulässiges Rechtsmittel. Es bestand daher kein Anlass, die Entscheidung des Gerichts materiell zu korrigieren.[74]

Die weitere Kritik *von Breverns* ist teilweise berechtigt. In der Tat stellt das Gericht fest, dass die streitigen Steuervergünstigungen *"nicht über das hinausgingen, was zur Erfüllung der im öffentlichen Interesse liegenden Aufgaben... erforderlich war"*.[75] Das Gericht prüft, ob die Gewährung der Zuschüsse zu einer wettbewerbswidrigen Quersubvention in das dem Wettbewerb ausgesetzte Unternehmenssegment der französischen Post geführt hat.[76] Es geht dem Gericht also nicht nur um eine wettbewerbsrechtliche Überprüfung der direkten Zuschüsse, sondern auch um die Frage der indirekten Zuschüsse durch Quersubvention. Eine derartige Quersubvention kann, ebenso wie die direkte Bezuschussung eines Unternehmensteils, eine Beihilfe im Sinne des Art. 87 Abs. 1 EG darstellen.[77] Der EuGH hat, soweit ersichtlich,

---

[72] Etwa in Rn. 33 und 34 in EuGH, Beschluss v. 15.3.1998, Rs. C-174/97 P – FFSA/Kommission - Slg. 1998, I-1303.

[73] EuGH v. 17.12.1998, Rs. C-185/95 P – Baustahlgewerbe/Kommission – Slg. 1998, I-8417 Rn. 102; *Koenig/Pechstein/Sander*, EU-/EG-Prozessrecht, Rn. 232.

[74] Da ein Verstoß gegen Art. 86 Abs. 2 EG nicht festzustellen war, lag eine Verletzung des Wettbewerbsrechts nicht vor; gleichgültig, ob man bereits die Anwendbarkeit des Art. 87 Abs. 2 EG verneint oder jedenfalls eine Rechtfertigung in Art. 86 Abs. 2 EG bejaht. Natürlich besteht jedenfalls verfahrensrechtlich ein Unterschied zwischen diesen beiden Varianten. Das soll hier zunächst noch offen gelassen werden.

[75] EuG v. 27.2.1997, Rs. T-106/95 - FFSA /Kommission - Slg. 1997, II-229, Rn. 180. Auslassung durch den Autor.

[76] EuG v. 27.2.1997, Rs. T-106/95 - FFSA/Kommission - Slg. 1997, II-229, Rn. 183.

[77] So etwa EuGH v. 11.7.1996, Rs. C-39/94 - SFEI/La Poste - Slg. 1996, I-3547; EuGH v. 2.4.1998, Rs. C-367/95 P - Kommission/Sytraval - Slg. 1998, I-1719.

die Frage bislang noch nicht klären können, ob die Kriterien der *Altöl*-Entscheidung auch bei anschließender Quersubvention greifen. Deswegen ist ein Widerspruch zur *Altöl*-Entscheidung nicht ersichtlich.

Auf der anderen Seite ist zuzugeben, dass das Gericht zwar zunächst die Frage der Quersubvention speziell zur Prüfung nach Art. 87 Abs. 1 EG herausgreift. Dann aber betrachtet es die Quersubvention wiederum im Lichte des Art. 86 Abs. 2 EG. Es stellt also fest, dass eine gemeinschaftsrechtswidrige Quersubvention jedenfalls dann nicht angenommen werden könne, wenn der Zuschussbetrag bei der direkten Subvention die Mehrkosten durch die gemeinwirtschaftliche Aufgabe in diesem Unternehmensteil nicht übersteigt.[78]

Die Problematik der Quersubvention wird also eigentlich dahingehend aufgelöst, dass es mangels Überschusses in dem Unternehmensteil, der den Zuschuss direkt erhalten hat, auch keine rechtswidrige Beihilfe beim möglicherweise quersubventionierten Unternehmensbereich geben kann. Es ergibt sich also infolge der Erweiterung der Problematik um die Frage der Quersubvention kein neuer Grund, die Entscheidungslinie des EuGH in der *Altöl*-Entscheidung zu verlassen und das Problem über Art. 86 Abs. 2 EG zu lösen.

Die Anwendung des Art. 86 Abs. 2 EG erscheint jedoch insoweit nicht verfehlt, da Art. 86 Abs. 2 EG nach seiner Grundkonzeption prinzipiell für das gesamte EG-Wettbewerbsrecht gilt.[79] Die Auffassung des Gerichts geht dahin, dass es die Bezuschussung gemeinwirtschaftlicher Aufgaben nicht, auch nicht teilweise, als Bereichsausnahme des Art. 87 Abs. 1 EG versteht und vielmehr grundsätzlich vom weiten Beihilfebegriff ausgeht.[80] Der Rückgriff auf Art. 86 Abs. 2 EG erscheint daher zwingend, da sonst die vom EG-Vertrag geforderte Privilegierung gemeinwirtschaftliche Aufgaben erfüllender Unternehmen unterlaufen würde.

Im übrigen bedarf es keiner entsprechenden Anwendung der Rechtsprechung des Gerichtshofs[81] zu den Art. 81 und 82 EG, um die Anwendung des Art. 86 Abs. 2 EG zu legitimieren, wie das EuG meint.[82] Die Anwendbarkeit des Art. 86 Abs. 2 EG auch für den Bereich des EG-Beihilferechts ergibt sich bereits aus dem Wortlaut des Art. 87 Abs. 1 EG: “*Soweit in diesem Vertrag nicht etwas anderes bestimmt ist*”.

---

[78] EuG v. 27.2.1997, Rs. T-106/95 - FFSA/Kommission - Slg. 1997, II-229 Rn. 189.

[79] *von Burchard*, in: Schwarze, EU, Art. 87, Rn.51; *Geiger* NJW 2004, Heft 15 Editorial.

[80] Dieser erfasst allgemein jeden wirtschaftlichen Vorteil. Siehe, statt vieler: *Bär-Bouyssière*, in: Schwarze, EU, Art. 87, Rn. 27.

[81] Das EuG zieht die Rechtsprechung des EuGH v. 19.5.1993, Rs. C-320/91 – Corbeau – Slg. 1993, I-2533, Rn. 17f heran.

[82] EuG v. 11.7.1996, Rs. C-39/94 - SFEI/La Poste - Slg. 1996, I-3547 Rn. 177f.

III. Zusammenfassung

Europäischer Gerichtshof und Europäisches Gericht erster Instanz folgen bei der beihilferechtlichen Beurteilung von Ausgleichsleistungen für gemeinwirtschaftliche Verpflichtungen unterschiedlichen Ansätzen. Der Gerichtshof folgt der *Tatbestandslösung*. Demnach sind diese Ausgleichsleistungen als Gegenleistung des Staates für erbrachte Dienste der Daseinsvorsorge bereits nach dem Tatbestand des Art. 87 Abs. 1 EG unbeachtlich. Das Gericht hingegen vertritt die *Rechtfertigungslösung* und erachtet demzufolge Ausgleichsleistungen in jeder Höhe nach dem weiten Beihilfebegriff stets als Beihilfen, ohne deren wirtschaftliche Kompensation im Rahmen des Tatbestands des Art. 87 Abs. 1 EG zu berücksichtigen. Gegen die Auffassung des Gerichts bestehen zwar einige Bedenken, letztlich erweist sie sich aber als rechtskonform.

C. Die *Ferring*-Entscheidung des Europäischen Gerichtshofs

I. Die Entscheidung

In der viel diskutierten[83] *Ferring*-Entscheidung aus dem Jahre 2001 urteilte der Gerichtshof erneut über die Frage der Ausgleichsleistungen im Bereich der Dienste von allgemeinem wirtschaftlichem Interesse. Die Entscheidung befasste sich mit der französischen Praxis der Versorgung von Apotheken mit Arzneimitteln.

1. Rechtlicher Hintergrund der Entscheidung

Diese Versorgung erfolgt in Frankreich auf zwei Wegen: Durch Großhändler (grossistes répartiteurs) und einen Direktverkauf über Pharmahersteller. Um eine ausreichende Grundversorgung der Apotheken mit Arzneimitteln durch die Großhändler sicherzustellen, müssen diese in Frankfreich anders als die Pharmahersteller bestimmte Verpflichtungen erfüllen.[84]

---

[83] Vgl. die Darstellungen bei *Gundel* RIW 2002, 222ff; *Bartosch* NVwZ 2002, 174ff; *ders.* NJW 2002, 3588ff; *Reuter* ZIP 2002, 737ff; *Reich* Pharma Recht 2002, 174ff; *Quardt* EuZW 2002, 424ff; *Nettesheim* EWS 2002, 253ff; *Ruge* EuZW 2002, 50ff; *Jennert* DVBl. 2002, 825ff; *Werner* ZEUS 2003, 309, 324ff; *Leibenath* EuR 2003, 1052, 1060; *Montag/Leibenath*, in: Heidenhain, Hdb. EG-Beihilfenrecht, § 30 Rn. 54ff; *Lübbig/Martín-Ehlers*, Beihilfenrecht der EU, Rn. 463ff.

[84] Diese Verpflichtungen waren bis zum Februar 1998 im Erlass vom 3. Oktober 1962 geregelt und sind heute in Artikel R 5115-13 des Code de la santé publique geregelt, der später noch durch zwei Dekrete geändert wurde. Vgl. den Wortlaut des Art. R. 5115-13 des Code de la santé publique im Anhang.

Am 19. Dezember 1997 wurde in das Gesetzbuch der Sozialen Sicherheit (Code de la sécurité sociale) ein Artikel L. 245-6-1 eingefügt, der eine so genannte Direktverkaufsabgabe regelt: Auf die Umsätze vor Steuern, die in Frankreich gegenüber Apotheken, Genossenschaftsapotheken und Apotheken der Hilfskassen für Bergarbeiter in Form von Großhandelsverkäufen von Arzneispezialitäten bestimmter Art getätigt werden, wird bei den Unternehmen, die eine oder mehrere dieser Arzneispezialitäten vertreiben, eine Abgabe erhoben. Der Satz dieser Direktverkaufsabgabe beträgt 2,5 %.[85] Sie wird von der Zentralstelle der Sozialversicherungsträger eingezogen und an die *Caisse nationale d'assurance maladie* (*CNAMTS*)[86] überwiesen. Diese Abgabe wird nur auf die Direktverkäufe der Pharmahersteller erhoben, um einen finanziellen Ausgleich im Wettbewerb zwischen den beiden Vertriebswegen zu schaffen.

2. Sachverhalt und Verfahren

Die *Ferring SA* ist eine Gesellschaft französischen Rechts, die zu einem multinationalen Pharmakonzern gehört und in Frankreich das Arzneimittel *Lutrelef* per Direktverkauf an Apotheken vertreibt. Sie wurde daher mit einer Direktverkaufsabgabe in Höhe von 40.155 FRF belegt, die sie der Zentralstelle der Sozialversicherungsträger[87] zu entrichten hatte.

Ferring SA erhob daraufhin am 17. September 1998 beim Tribunal des affaires de sécurité sociale Créteil[88] Klage auf Rückzahlung des der *ACOSS* gezahlten Betrages. *Ferring SA* machte in diesem Verfahren unter anderem[89] geltend, die Abgabe sei rechtswidrig, weil ihre Erhebung nur auf die Direktverkäufe der Pharmahersteller staatliche Beihilfe zugunsten der Großhändler darstelle.

ACOSS stellte sich dagegen auf den Standpunkt, dass die streitige Maßnahme schon keine staatliche Beihilfe sei. Jedenfalls sei sie gerechtfertigt durch Natur und Aufbau des französischen Arzneimittelversorgungssystems. Hilfsweise argumentierte *ACOSS*, die Ausnahmevorschrift des Art. 86 Abs.2 EG sei einschlägig, falls die Abgabe doch als Beihilfe im Sinne des Art. 87 Abs. 1 einzuordnen sei.

---

[85] Die Abgabe ist vierteljährlich zu entrichten und wird auf den Umsatz des vorangegangenen Quartals erhoben.

[86] Das ist die französische nationale Krankenversicherung.

[87] Im Folgenden *ACOSS*.

[88] Französisches Sozialgericht – nachstehend: Tribunal Créteil.

[89] Zum anderen machte *Ferring* geltend, die Abgabenerhebung stelle eine gegen Art. 49 EG-Vertrag verstoßende Behinderung des freien Dienstleistungsverkehrs dar. Auf diesen Aspekt wird hier aber nicht eingegangen.

Das zur Entscheidung berufene Tribunal Créteil legte dem Gerichtshof mit Beschluss vom 11. Januar 2000 schließlich bezüglich der beihilfenrechtlichen Problematik folgende Fragen zur Vorabentscheidung gemäß Art. 234 EG vor:[90]

1. Kann die durch Artikel L. 245-6-1 des Codes de la sécurité sociale eingeführte Abgabe als staatliche Beihilfe im Sinne des Art. 87 EG angesehen werden?
Falls ja, ist sie dann durch die Natur und den inneren Aufbau des Systems gerechtfertigt?
2. Sind Großhändler mit Dienstleistungen von allgemeinem wirtschaftlichem Interesse im Sinne des Art.86 Abs. 2 EG betraut?
Fällt die eingeführte Abgabe, falls sie als staatliche Beihilfe eingestuft werden kann, nur dann unter die Ausnahme des Art. 86 Abs. 2 EG, wenn sie lediglich die zusätzlichen Kosten ausgleicht, die den Großhändlern aus den ihnen auferlegten Verpflichtungen entstehen?

3. Die Entscheidung

a) Die erste Vorlagefrage

Der Gerichtshof hat die erste Vorlagefrage so beantwortet:[91]
„Artikel 92 EG-Vertrag (jetzt Artikel 87 EG) ist so auszulegen, dass eine Maßnahme der in Artikel 12 des Gesetzes Nr. 97-1164 vom 19. Dezember 1997 zur Finanzierung der sozialen Sicherheit für 1998 vorgesehen Art, die nur Direktverkäufe von Arzneimitteln durch Pharmahersteller betrifft, nur insoweit eine staatliche Beihilfe zugunsten der Großhändler darstellt, als der Vorteil, den diese daraus ziehen, dass sie der Abgabe auf Direktverkäufe von Arzneimitteln nicht unterliegen, die zusätzlichen Kosten übersteigt, die ihnen für die Erfüllung der ihnen durch die nationale Regelung auferlegten gemeinwirtschaftlichen Pflichten entstehen."

aa) Existiert ein einseitiger Vorteil?

Der Europäische Gerichtshof stellte eingangs fest, dass der Begriff der Beihilfe weiter sei, als jener der Subvention. Darunter fielen also nicht nur positive Maßnahmen, sondern auch Maßnahmen, die in unterschiedlicher Form

---

[90] Siehe EuGH v. 22.11.2001, Rs. C-53/00 – Ferring/ACOSS – Slg. 2001, I-9067 Rn. 13.
[91] EuGH v. 22.11.2001, Rs. 53/00 – Ferring/ACOSS – Slg. 2001, I-9067, Tenor der Entscheidung.

die üblichen Belastungen eines Unternehmens minderten.[92] Als Beihilfe seien jedoch nur solche Vorteile zu verstehen, die *„unmittelbar oder mittelbar aus staatlichen Mitteln finanziert werden oder die eine zusätzliche Belastung für den Staat oder die für diesen Zweck benannten oder errichteten Einrichtungen darstellen"*.[93]

In Anbetracht der nur einseitigen Abgabenerhebung bei den Direktverkäufen der Pharmaindustrie, knüpfte der Gerichtshof an seine Entscheidung *Tiercé Ladbroke/Kommission*[94] an. Dort hatte er einen automatischen Schluss von der unterschiedlichen Behandlung verschiedener Unternehmen auf das Bestehen eines Vorteils für eines oder mehrere von ihnen abgelehnt, sofern die unterschiedliche Behandlung aus systemimmanenten Gründen gerechtfertigt sei.[95]

Der Gerichtshof prüfte daher, ob solche systemimmanenten Gründe im Verfahren *Ferring* in den besonderen gemeinwirtschaftlichen Pflichten der Großhändler bei der Versorgung der Apotheken mit Arzneimitteln bestehen und entwickelte daraus eine zweigeteilte Frage:[96] Kann die Nichterhebung der Direktverkaufsabgabe bei den französischen Pharma-Großhändlern **dem Grundsatz nach** eine staatliche Beihilfe im Sinne des Art. 87 Abs. 1 EG sein? Sodann untersuchte er in einem zweiten Schritt, ob die Beihilfenatur wegen der besonderen gemeinwirtschaftlichen Pflichten, die den französischen Großhändlern bei der Versorgung der Apotheken mit Arzneimitteln auferlegt sind, **auszuschließen** ist.

bb) Nichterhebung der Direktverkaufsabgabe dem Grundsatz nach eine Beihilfe?

Hier stellte sich das Problem, dass die von der *Ferring SA* angeprangerte Maßnahme nicht in einer direkten staatlichen Mittelzuführung zugunsten der französischen Großhändler bestand. Es wurden vielmehr schlicht Umsatzanteile bei den Konkurrenten der Großhändler über die Direktverkaufsabgabe

---

[92] StRspr. EuGH v. 15.3.1994, Rs. C-387/92 – Banco Exterior de España - Slg. 1994, I-877 Rn. 13; EuGH v. 17.6.1999, Rs. C-295/97 – Piaggio - Slg. 1999, I-3735 Rn. 34. Ebenso die allgemeine Auffassung in der Literatur; vgl. statt vieler: *Bär-Bouyssière* in: Schwarze, EU, Art. 87, Rn. 27.

[93] EuGH v. 22.11.2001, Rs. 53/00 - Ferring/ACOSS – Slg. 2001, I-9067 Rn. 15; so auch bereits EuGH v. 7.5.1998, Rs. C-52/97 und C-53/97 – Viscido - Slg. 1998 I-2629 Rn. 13.

[94] EuGH v. 9.12.1997, Rs. C-353/95 P – Tiercé Ladbroke/Kommission – Slg. 1997, I-7007.

[95] So der EuGH im Urteil v. 22.11.2001, Rs. C-53/00 – Ferring/ACOSS – Slg. 2001, I-9067 Rn. 17; so auch bereits EuGH v. 9.12.1997, Rs. C-353/95 P – Tiercé Ladbroke/Kommission – Slg. 1997, I-7007 Rn. 33 und 35.

[96] Siehe EuGH v. 22.11.2001, Rs. C-53/00 – Ferring/ACOSS – Slg. 2001, I-9067 Rn. 18; insoweit folgt der Gerichtshof dem Aufbau der Prüfung von GA *Tizzano*; vgl. dessen Schlussanträge v. 8.5.2001, Rs. C-53/00 – Ferring/ACOSS – Slg. 2001, I-9067, Rn. 30.

abgezogen. Diese abgezogenen Gelder kamen danach nicht einmal den Großhändlern selbst zugute, sondern wurden an die nationale Krankenkasse abgeführt, die bezüglich des Wettbewerbs zwischen den beiden Vertriebswegen keine Rolle spielte.

Der Gerichtshof richtete sein Augenmerk nicht auf die Tatsache der Erhebung der Direktverkaufsabgabe bei den Pharmaherstellern, sondern auf deren Kehrseite, die Nichterhebung dieser Abgabe bei den Großhändlern. Die Nichterhebung der Abgabe stellt nach Auffassung des Gerichtshofs einen Vorteil dar. Er betrachtete dabei insbesondere die tatsächlichen Auswirkungen der Direktverkaufsabgabe auf den französischen pharmazeutischen Markt und führt dabei zwei Argumente ins Feld:[97]

Die Einführung der Direktabgabe diene vor allem der Wiederherstellung des Gleichgewichts der Wettbewerbsbedingungen zwischen den Vertriebswegen. Das läge in der Absicht des französischen Gesetzgebers.

Es sei des weiteren eine rein praktische Entwicklung am französischen Arzneimittelmarkt zu beobachten, die als Indiz für einen Vorteilswirkung der Direktverkaufsabgabe spreche: Die Großhändler hätten seit ihrer Einführung größere Marktanteile von den Pharmaherstellern zurück gewonnen. Der stetige Anstieg der Anzahl der Direktverkäufe in den Jahren sei nicht nur unterbrochen worden. Es bestehe sogar eine rückläufige Tendenz bei den Direktverkäufen der Pharmahersteller.

Daraus folgerte der Gerichtshof, dass die Nichterhebung der Direktverkaufsabgabe bei den Großhändlern einer Abgabenbefreiung der Großhändler gleichstehe.[98] Bei wirtschaftlicher Betrachtung liege ein Verzicht der französischen Behörden auf Einnahmen aus Abgaben gegenüber den Großhändlern vor. Dadurch würde den Großhändlern ein wirtschaftlicher Vorteil aus staatlichen Mitteln gewährt. Die Nichterhebung der Direktverkaufsabgabe *könne* daher eine staatliche Beihilfe sein.

Diese Argumentation des Gerichtshofs ist erläuterungsbedürftig. Es ist anerkannt, dass als Beihilfe im Sinne des Art. 87 Abs. 1 EG nicht nur der (positive) Empfang einer Leistung eingestuft werden kann, sondern auch die (negative) „Verschonung" eines Unternehmens von der Erbringung einer Zahlung.[99] Dann muss es sich um eine Maßnahme handeln, die in verschiedener Form die Belastungen vermindert, welche ein Unternehmen normalerweise zu tragen hat und somit keine Subvention im strengen Sinne des Wortes darstellt, diesen aber nach Art und Wirkung gleichsteht.[100] Die Frage, wel-

---

[97] EuGH v. 22.11.2001, Rs. C-53/00 - Ferring/ACOSS – Slg. 2001, I-9067 Rn. 19.

[98] EuGH v. 22.11.2001, Rs. C-53/00 - Ferring/ACOSS – Slg. 2001, I-9067 Rn. 20.

[99] *Soltész/Makowski* EuZW 2003, 73, 74; *Koenig/Kühling* NJW 2000, 1065, 1066.

[100] EuGH v. 17.6.1999, Rs. C-295/97 – Piaggio – Slg. 1999, I-3735 Rn. 34; EuGH v. 1.12.1998, Rs. C-200/97 – Ecotrade – Slg. 1998, I-7907 Rn. 34; EuGH v. 19.5.1999, Rs. C-6/97 –

che Belastungen die Pharmagroßhändler normalerweise zu tragen hätten, lässt sich nicht leicht beantworten. Man kann in diesem Bereich wohl nur aus dem Blickwinkel des Marktes antworten, dass die Großhändler in einer normalen Wettbewerbssituation nicht von der Abgabe befreit worden wären; vielmehr die Abgabe in keinem der beiden Vertriebswege erhoben worden wäre. Entscheidend ist die Wirkung der Maßnahme.[101] Die Nichterhebung der Abgabe wirkt sich hier im Wettbewerb zu den Pharmaunternehmen begünstigend für die Großhändler aus, denn sie ersparen sich die Zahlung der Abgabe. Dieses stellt sie wirtschaftlich genau so, als wäre ihnen alleine eine unmittelbare finanzielle Zuwendung des entsprechenden Betrags durch den Staat zuteil geworden.

Der innergemeinschaftliche Handel wird nach Auffassung des Gerichtshofs durch diese Vorteilsgewährung auch beeinflusst.[102] Gemäß seiner Rechtsprechung in der Rechtssache *Philip Morris/Kommission*,[103] sieht der Gerichtshof, angesichts der internationalen Prägung des Arzneimittelmarktes in der Gemeinschaft, eine Beeinflussung der Handelsströme zwischen den Mitgliedstaaten.[104]

cc) Vorteilsgewährung aus systemimmanenten Gründen gerechtfertigt?

Der Gerichtshof prüfte dann, ob es trotz unterschiedlicher Behandlung der beiden Vertriebswege an einem Vorteil für die Großhändler fehlt, weil die unterschiedliche Behandlung der beiden Vertriebswege aus systemimmanenten Gründen gerechtfertigt ist.[105] Dieses Vorgehen leitete der Gerichtshof aus seiner Entscheidung im Verfahren *Tiercé Ladbroke/Kommission* ab.[106] In jener Entscheidung hatte der Gerichtshof die Rechtfertigung einer steuerlichen Begünstigung nur eines von zwei Pferdewetten-Veranstalters zu untersuchen und kam zu dem Schluss, dass bei Vorliegen zweier unterschiedlicher Kategorien von Wetten von einer unterschiedlichen Behandlung der

---

Italien/Kommission – Slg. 1999, I-2981 Rn. 15; EuGH v. 11.7.1996, Rs. C-39/94 – SFEI – Slg. 1996, I-3547 Rn. 58; EuGH v. 15.3.1994, Rs. C-387/92 – Banco Exterior - Slg. 1994, I-877 Rn. 13.

[101] EuGH v. 2.7.1974, Rs. 173/73 – Italien/Kommission – Slg. 1974, 709 Rn. 26; EuGH v. 24.2.1987, Rs. 310/85 – Deufil – Slg. 1987, 901 Rn. 8; *Koenig/Kühling/Ritter*, EG-Beihilfenrecht, S. 42.

[102] EuGH v. 22.11.2001, Rs. C-53/00 - Ferring/ACOSS – Slg. 2001, I-9067 Rn. 21.

[103] EuGH v. 17.9.1980, Rs. 730/79 – Philip Morris/Kommission - Slg. 1980, 2671 Rn. 11.

[104] EuGH v. 22.11.2001, Rs. C-53/00 - Ferring/ACOSS – Slg. 2001, I-9067 Rn. 21.

[105] EuGH v. 22.11.2001, Rs. C-53/00 - Ferring/ACOSS – Slg. 2001, I-9067 Rn. 17. Vgl. hierzu auch EuGH v. 9.12.1997, Rs. C-353/95 P – Tiercé Ladbroke/Kommission - Slg. 1997 I-7007 Rn. 33 und 35.

[106] EuGH v. 9.12.1997, Rs. C-353/95 P – Tiercé Ladbroke/Kommission –Slg. 1997, I-7007 Rn. 33.

Veranstalter alleine noch nicht auf das Bestehen eines Vorteils im Sinne des Art. 87 Abs. 1 EG geschlossen werden könne.

Im Verfahren *Ferring* prüfte der Gerichtshof deshalb, ob die oben festgestellte Vorteilsgewährung deswegen auszuschließen sei, weil den Großhändlern besondere gemeinwirtschaftliche Pflichten auferlegt wurden. Der Gerichtshof sah diese besonderen gemeinwirtschaftlichen Pflichten darin, dass die Großhändler ständig gebietsbezogen ein dem jeweiligen Bedarf entsprechendes Sortiment an Arzneimitteln bereithalten mussten und die rasche Verfügbarkeit dieser Arzneimittel innerhalb dieser Gebiete zu gewährleisten hatten.[107]

Der Gerichtshof sieht noch aus einem weiteren Grund keinen Vorteil gegeben. Dazu versuchte er eine Verbindung herzustellen zwischen der Bezuschussung der Großhändler und deren Verpflichtungen gemäß dem Code de la santé publique und zog dabei seine Rechtsprechung im Verfahren *Altöl* heran.[108] Der Gerichtshof sah die Fälle *Altöl* und *Ferring* ähnlich gelagert:[109] Die Tatsache, dass die französischen Großhändler der Direktverkaufsabgabe nicht unterliegen, könne als Gegenleistung für die von diesen erbrachten Leistungen betrachtet werden. Das gelte jedenfalls, soweit die erhobene Direktverkaufsabgabe den tatsächlich entstandenen Kosten entspreche, die den Großhändlern zusätzlich durch ihre Aufgabenerfüllung im gemeinwirtschaftlichen Interesse entstünden. Wegen der Einstufung als Gegenleistung sei daher die Nichterhebung der Abgabe unter dieser Voraussetzung kein Vorteil und somit auch keine staatliche Beihilfe im Sinne des Art. 87 Abs. 1 EG.

Zudem bestehe auf Seiten der Großhändler rein tatsächlich kein Vorteil, wenn sich Kosten- und Abgabenvolumen allenfalls entsprächen, da die Abgabenerhebung nur ausgeglichene Wettbewerbsbedingungen zwischen den beiden Vertriebswegen schaffe.[110] In welchem Verhältnis die Kosten der Aufgabenerfüllung zum Betrag der insgesamt erhobenen Direktverkaufsabgabe stehen, hatte das vorlegende Gericht noch zu klären.

b) Die zweite Vorlagefrage

Der Gerichtshof hat die zweite Vorlagefrage wie folgt beantwortet:[111]

„Artikel 90 Abs. 2 EG-Vertrag (jetzt Artikel 86 Absatz 2 EG) ist so auszulegen, dass er eine Abgabenvergünstigung für Unternehmen, die mit einer ge-

---

[107] EuGH v. 22.11.2001, Rs. C-53/00 - Ferring/ACOSS – Slg. 2001, I-9067 Rn. 24.
[108] EuGH v. 7.2.1985, Rs. 240/83 – ADBHU – Slg. 1985, 531ff.
[109] EuGH v. 22.11.2001, Rs. C-53/00 - Ferring/ACOSS – Slg. 2001, I-9067 Rn. 27.
[110] EuGH v. 22.11.2001, Rs. C-53/00 - Ferring/ACOSS – Slg. 2001, I-9067 Rn. 27.
[111] EuGH v. 22.11.2001, Rs. C-53/00 - Ferring/ACOSS – Slg. 2001, I-9067, Tenor der Entscheidung.

meinschaftlichen Aufgabe betraut sind, wie das im Ausgangsverfahren klagende Unternehmen, nicht deckt, soweit diese Vergünstigung die sich aus der gemeinschaftlichen Aufgabe ergebenden zusätzlichen Kosten übersteigt."

Der Europäische Gerichtshof wies in seiner Entscheidung darauf hin, dass Art. 86 Abs. 2 EG den Vorrang der Wettbewerbsregeln auch im Bereich der Dienstleistungen von allgemeinem wirtschaftlichem Interesse anordnet. Dabei dürfe die Anwendung der Wettbewerbsregeln die Erfüllung der gemeinwirtschaftlichen Aufgaben nicht verhindern. Die Frage der Notwendigkeit der Einräumung eines Vorteils beurteilte der Gerichtshof so:[112]

„Wenn sich somit erweist, dass die Großhändler daraus, dass sie der Abgabe auf den Direktverkauf von Arzneimitteln nicht unterliegen, einen Vorteil ziehen, der die zusätzlichen Kosten übersteigt, die ihnen für die Erfüllung der ihnen durch die nationalen Regelungen auferlegten gemeinwirtschaftlichen Pflichten entstehen, so kann dieser Vorteil, soweit er diese zusätzlichen Kosten übersteigt, jedenfalls nicht als notwendig betrachtet werden, damit diese Marktbeteiligten ihre besondere Aufgabe erfüllen können."

Somit ist eigentlich kein Fall denkbar, der noch unter den Anwendungsbereich des Art. 86 Abs. 2 EG fiele. Der Anwendungsbereich des Art. 87 Abs. 1 EG ist erst eröffnet, wenn es sich bei der staatlichen Maßnahme nicht um eine Gegenleistung im Sinne der *Altöl*-Rechtsprechung handelt. Liegt aber keine solche Gegenleistung vor, fehlt es gleichzeitig an der Auferlegung gemeinwirtschaftlicher Pflichten, denn gemeinwirtschaftliche Pflichten werden regelmäßig mit derartigen Gegenleistungen verknüpft. Ansonsten wäre die Aufgabenerfüllung durch die Unternehmen wirtschaftlich nicht möglich. Ohne diese Verpflichtungen entstünden den Unternehmen aber nicht die im Urteil beschriebenen zusätzlichen Kosten, die der zugewendete Vorteil nicht übersteigen darf.

II. Die Meinungsverschiedenheiten unter den Generalanwälten

In zwei nachfolgenden Verfahren[113] nahmen jeweils die Generalanwälte *Francis G. Jacobs* und *Philippe Léger* kritisch Stellung zum Standpunkt des Europäischen Gerichtshofs in der *Ferring*-Entscheidung. *Léger* lehnte in diesem Zusammenhang die Rechtsprechung des Gerichtshofs in der Sache *Ferring* insgesamt ab und plädierte für eine Rückkehr zur Rechtfertigungslösung.

---

[112] EuGH v. 22.11.2001, Rs. C-53/00 - Ferring/ACOSS – Slg. 2001, I-9067 Rn. 32.
[113] EuGH, Rs. C-280/00 – Altmark Trans - und Rs. C-126/01- GEMO SA.

Jacobs erklärte dagegen sowohl Tatbestands- als auch Rechtfertigungslösung für unzureichend und entwickelte einen eigenen, vermittelnden Ansatz.

1. Schlussanträge von Generalanwalt *Léger* im Verfahren *Altmark Trans*

In seinem Schlussvortrag im Verfahren *Altmark Trans* rief Generalanwalt *Léger* den Gerichtshof auf, die Rechtsprechung in *Ferring* nicht auf den Fall *Altmark Trans* zu übertragen. Sie sei „*geeignet, Struktur und Systematik der Vertragsbestimmungen über staatliche Beihilfe tief greifend zu ändern.*“[114] Vielmehr riet er dem Gerichtshof, sich den Überlegungen des Gerichts erster Instanz im Verfahren *SIC/Kommission*[115] anzuschließen und jede Art von finanziellem Ausgleich an Unternehmen, die eine gemeinwirtschaftliche Aufgabe erfüllen, als Beihilfe anzusehen, unbeschadet der Möglichkeit, die Maßnahme nach den abweichenden Bestimmungen des Vertrages, etwa Art. 73 EG oder Art. 86 Abs. 2 EG, vom Beihilfeverbot auszunehmen.[116]

Nach *Légers* Auffassung bestehen an der *Ferring*-Entscheidung drei wesentliche Kritikpunkte.[117]

a) Vermengen von Beihilfebegriff und Rechtfertigung

Der Generalanwalt ist der Auffassung, die Entscheidung vermenge die Qualifizierung der Maßnahme als Beihilfe und die Frage der Rechtfertigung der Maßnahme.

Bei der Anwendung des Art. 87 Abs. 1 EG sei nicht nach den Gründen und Zielen der fraglichen Maßnahme zu unterscheiden, sondern nur nach ihrer Wirkung. Wie der Gerichtshof bereits zuvor entschieden habe,[118] könnten etwa weder der steuerliche Charakter noch die soziale Zielsetzung oder die allgemeinen Ziele einer Maßnahme dieser ihre Beihilfequalität nehmen. *Léger* betont die Ausgestaltung des Beihilfebegriffs als „objektiver Begriff“. Dem stünde eine Einbeziehung subjektiver Ziele bereits auf der Tatbestandsebene des Art. 87 Abs. 1 EG entgegen. Maßgeblich sei vielmehr ausschließlich, ob eine Maßnahme einem oder mehreren Unternehmen einen Vorteil

---

[114] GA *Léger*, Schlussanträge v. 19.3.2001, Rs. C-280/00 – Altmark Trans – Slg. 2003, I-7747, Rn. 61.

[115] EuG v. 10.5.2000, Rs. T-46/97 – SIC/Kommission – Slg. 2000, II-2125.

[116] GA *Léger*, Schlussanträge v. 19.3.2001, Rs. C-280/00 – Altmark Trans – Slg. 2003, I-7747, Rn. 98.

[117] Die folgende Darstellung basiert auf der Auffassung von Generalanwalt *Léger* (siehe Schlussanträge v. 19.3.2002, Rs. C-280/00 – Altmark Trans – Slg. 2003, I-7747, Rn. 75ff).

[118] *Léger* verweist insbesondere auf EuGH v. 24.2.1987, Rs. 310/85 – Deufil – Slg. 1987, 901 Rn. 8, EuGH v. 29.2.1996, Rs. C-56/93 – Belgien/Kommission – Slg. 1996, I-723 Rn. 79 und EuGH v. 26.9.1996, Rs. C-241/94 – Frankreich/Kommission – Slg. 1996, I-4551 Rn. 20.

verschaffe. Eine Beurteilung anhand der Ziele der staatlichen Maßnahme könne allenfalls später im Rahmen der Ausnahmebestimmungen vorgenommen werden.

Léger bezeichnete die vom Gerichtshof vorgenommene Prüfung des Art. 87 Abs. 1 EG in zwei Schritten[119] als „*symptomatisch*"[120] für die von ihm angeprangerte Vermengung von Beihilfebegriff und Ausnahmebestimmungen.

b) Gefährdung der Nützlichkeit des Art. 86 Abs. 2 EG

Die Entscheidung ist nach Ansicht des Generalanwalts geeignet, Art. 86 Abs. 2 EG einen großen Teil seiner Nützlichkeit zu nehmen.[121]

Nach Auffassung des Gerichtshofs stelle zwar eine Maßnahme, die vom Betrag her geringer oder gleich den Kosten der Aufgabenerfüllung im gemeinwirtschaftlichen Interesse ausfalle, keine Beihilfe dar. Eine Beihilfe liege aber vor, wenn die Ausgleichsleistung diese Kosten übersteige. Im ersten Fall sei Art. 86 Abs. 2 EG nicht anwendbar, da bereits keine Beihilfe im Sinne des Art. 87 Abs. 1 EG vorliege. Aber auch auf den Betrag, der die Kosten der Aufgabenerfüllung übersteige (und somit Beihilfe ist), wäre Art. 86 Abs. 2 EG nicht anwendbar, da der Betrag nach dieser Rechtsprechung nicht als notwendig zu erachten sei, damit die Marktbeteiligten ihre besonderen Aufgaben erfüllen können.

In der Konsequenz würden aus den insgesamt sechs Voraussetzungen[122] des Ausnahmetatbestandes des Art. 86 Abs. 2 lediglich zwei Voraussetzungen, bei deren Erfüllung eine Maßnahme nicht unter Art. 87 Abs. 1 EG falle:[123]

(1) Den begünstigten Unternehmen müssen nach den nationalen Rechtsvorschriften gemeinwirtschaftliche Verpflichtungen auferlegt sein.

(2) Der Betrag der Beihilfe darf die sich aus den gemeinwirtschaftlichen Verpflichtungen ergebenden Kosten nicht übersteigen.

---

[119] Das heißt in einem ersten Schritt die Feststellung, dass es sich bei der Maßnahme dem Grunde nach um eine Beihilfe handeln könnte und in einem zweiten Schritt die Frage, ob eine derartige Maßnahme aus systemimmanenten Gründen gerechtfertigt ist.

[120] GA *Léger*, Schlussanträge v. 19.3.2002, Rs. C-280/00 – Altmark Trans – Slg. 2003, I-7747, Rn. 78

[121] GA *Léger*, Schlussanträge v. 19.3.2002, Rs. C-280/00 – Altmark Trans – Slg. 2003, I-7747, Rn. 79ff.

[122] Diese sechs Voraussetzungen entsprechen jedoch nicht ganz dem Prüfungsumfang, den die h. M. bei Art. 86 Abs. 2 anwendet. *Léger* verweist hier auf seine Schlussanträge v. 10.7.2001, Rs. C-309/99 – Wouters u. a. – Slg. 2002, I-1577 Rn. 157 bis 166 – dort hatte er diese Kriterien aufgestellt, die sich nur teilweise mit den Anforderungen des Gerichtshofs zu Art. 86 Abs. 2 decken.

[123] Siehe GA *Léger*, Schlussanträge v. 19. 3.2002, Rs. C-280/00 – Altmark Trans – Slg. 2003, I-7747, Rn. 88.

Der Generalanwalt vermisst dabei insbesondere die Möglichkeit zu überprüfen, ob die einem Unternehmen auferlegten Verpflichtungen mit dem Ziel der Dienstleistung von allgemeinem wirtschaftlichem Interesse hinreichend in Zusammenhang stehen und unmittelbar zur Befriedigung dieses Interesses beitragen, ebenso wie die Voraussetzung der Spezifizität der Verpflichtung in Bezug auf das Unternehmen und die hinreichend konkrete Festlegung der Verpflichtungen.

Zudem fehle ein der Verhältnismäßigkeitsprüfung im Verhinderungs-Tatbestandsmerkmal des Art. 86 Abs. 2 EG entsprechendes Kriterium, sowie das Merkmal der Auswirkungen auf den Handel zwischen den Mitgliedstaaten.[124]

Die Kriterien des Urteils *Ferring* seien insgesamt daher kein adäquater Rahmen für die Beihilfenkontrolle im Bereich von Aufgaben von allgemeinem Interesse.[125]

c) Verlust der Kontrollmöglichkeit durch die Kommission

Der dritte Kritikpunkt betrifft die Kontrollkompetenz der Kommission. Die Kontrolle durch die Kommission gestalte sich sowohl präventiv wie auch fortlaufend und beinhalte die ausschließliche Befugnis der Kommission, eine Beihilfe als mit dem gemeinsamen Markt vereinbar oder unvereinbar zu erklären.

Der Europäische Gerichtshof habe in seiner Rechtsprechung nicht nur die Zuständigkeit der Kommission für staatliche Beihilfen für Unternehmen, die mit Dienstleistungen von allgemeinem wirtschaftlichen Interesse betraut sind, anerkannt,[126] sondern auch festgestellt, dass diese Beihilfen der Pflicht zur vorherigen Anmeldung nach Art. 88 Abs. 3 EG unterliegen.[127] Diese Anforderungen würden durch die *Ferring*-Entscheidung untergraben: Die Maßnahmen zur Finanzierung der öffentlichen Dienstleistungen würden der Kontrolle der Kommission entzogen. Da sie keine Beihilfen im Sinne des Art. 87 Abs. 1 EG darstellten, seien diejenigen Maßnahmen, welche nur die Kosten der gemeinwirtschaftlichen Verpflichtungen ausglichen, nicht der Anmeldepflicht des Art. 88 Abs. 3 EG unterworfen. Ebensowenig bestehe die Möglichkeit einer fortlaufenden Kontrolle der Maßnahme durch die Kommission noch der Überprüfung anhand Art. 86 Abs. 3 EG. *Léger* sieht daher auch

---

[124] Letzteres sei besonders wichtig, da dieses zu einer Nichtanwendung des Art. 86 Abs. 2 EG führen könne, wenn die fragliche Maßnahme in hohem Maße dem Gemeinschaftsinteresse zuwiderlaufe – vgl. Entscheidung 2001/892/EG der Kommission v. 25.7.2001.

[125] GA *Léger*, Schlussanträge v. 19.3.2002, Rs. C-280/00 – Altmark Trans – Slg. 2003, I-7747, Rn. 90.

[126] EuGH v. 15.3.1994, Rs. C-387/92 – Banco Exterior de España – Slg. 1994, I-877 Rn. 17.

[127] EuGH v. 22.6.2000, Rs. C-332/98 – Frankreich/Kommission – Slg. 2000, I-4833 Rn. 27ff.

das Vorhaben der Kommission gefährdet, mehr Rechtsicherheit für die Unternehmen, die gemeinwirtschaftliche Aufgaben übernommen haben, zu gewähren.[128] Betroffen sei insbesondere das Projekt, langfristig in Zusammenarbeit mit den Mitgliedstaaten eine Gruppenfreistellungsverordnung für staatliche Beihilfen im Bereich der Daseinsvorsorge zu erlassen.

2. *Légers* Kritikpunkte im Spiegel der Meinungen

Die Kritik des Generalanwalt erfuhr sowohl Zustimmung wie auch Ablehnung.

a) Vermengen von Beihilfenbegriff und Rechtfertigung

Es wird von einigen Stimmen bestritten, dass der Beihilfebegriff an Objektivität einbüßt. Die Berücksichtigung der Ausgleichsleistung sei lediglich eine Betrachtung der wirtschaftlichen Wirkung beim Empfänger der staatlichen Leistung.[129] Die *Ferring*-Entscheidung verletze daher nicht den Grundsatz, ausschließlich die Wirkung einer Maßnahme zu betrachten.[130] Es werde nur das Merkmal des einseitigen Vorteils dahingehend präzisiert, dass bei seiner Prüfung eine Einbeziehung der Lasten durch die gemeinwirtschaftlichen Verpflichtungen erfolge.[131] Ausgleichsleistungen hätten eine Doppelwirkung, indem sie einen Mittelzufluss begründeten und zugleich bewirkten, dass diese Zahlung die wirtschaftlichen Belastungen durch die Gemeinwohlverpflichtung ausglichen.[132] Im Saldo neutralisierten sich daher die beiden Leistungen, die überdies beide objektive bezifferbar seien.[133] *Léger* stütze seine Betrachtung allein auf das unbeachtliche *Motiv* des Ausgleichs.[134]

---

[128] Siehe Bericht der Kommission für den europäischen Rat in Laeken v. 17.10.2001 über Leistungen der Daseinsvorsorge (KOM (2001) 598 endg., Nr. 5).

[129] *Nettesheim* EWS 2002, 253, 260; *Bartosch* NJW 2002, 3588, 3591; *Ruge* EuZW 2002, 50; *Leibenath* EuR 2003, 1052, 1060; In diesem Sinne äußerte sich auch GA *Stix-Hackl*, Schlussanträge v. 7.11.2002, verb. Rs. C-34/01 bis C-38/01 – Enirisorse – Slg. 2003, I-14243, Rn. 158.

[130] So aber GA *Léger*, Schlussanträge v. 19.3.2002, Rs. C-280/00 – Altmark Trans – Slg. 2003, I-7747, Rn. 77, unter Hinweis auf die Rechtsprechung des EuGH v. 24.2.1987, Rs. 310/85 – Deufil – Slg. 1987, 901 Rn. 8; EuGH v. 29.2.1996, Rs. C-56/93 – Belgien/Kommission – Slg. 1996, I-723 Rn. 79; EuGH v. 26.9.1996, Rs. C-241/94 – Frankreich/Kommission – Slg. 1996, I-4551 Rn. 20.

[131] *Ruge* EuZW 2002, 50, 51; *Leibenath* EuR 2003, 1052, 1060.

[132] *Leibenath*, ebd.; *Montag/Leibenath*, in: Heidenhain, Hdb. EG-Beihilfenrecht, § 30, Rn. 88.

[133] *Montag/Leibenath*, ebd., § 30, Rn. 89.

[134] *Leibenath* EuR 2003, 1052, 1060.

Offengelassen wird dabei allerdings, wo mit Hinblick auf die Effizienz der Diensterbringung die Grenzen einer zulässigen Saldierung liegen sollen. Immerhin regt *Bartosch*[135] an, die Gemeinwohlverpflichtung hinreichend klar und präzise zu definieren, um eine genau Betrachtung der finanziellen Wirkung der Maßnahme zu ermöglichen und somit den Vorwurf des Vermengens von Tatbestand und Rechtfertigung auszuräumen, den *Léger* erhoben hatte.[136]

Diejenigen Stimmen, die *Légers* Kritik unterstützen, wollen dagegen Gegenleistungen nur bei *„normalen geschäftlichen Transaktionen"* berücksichtigen.[137] Das setze allerdings einen neutralen Austausch voraus, der aber schon deswegen nicht vorliege, weil sowohl Verpflichtung als auch Ausgleichsleistung einseitig vom Staat festgelegt würden. Zudem liege die Pflichterfüllung nicht in einer greifbaren Leistung, sondern im Bereithalten und Zur-Verfügung-Stellen von Infrastrukturnetzen. Eine Begünstigung sei auch ohne Nettogewinn möglich, da es für eine Wettbewerbsverzerrung bereits ausreiche, wenn Umsatzverluste ausgeglichen oder verringert würden.[138] *Sánchez Rydelski* gibt zu Bedenken, dass durch die Berücksichtigung der Gegenleistung letztlich zwei Beihilfenbegriffe entstünden, ein allgemeiner und ein spezieller für den Bereich der Daseinsvorsorge.[139]

b) Verlust des effet utile des Art. 86 Abs. 2 EG

Gegen den von *Léger* befürchteten Verlust des effet utile wenden sich ebenfalls manche Stimmen.[140] Man beruft sich darauf, dass der Europäische Gerichtshof Art. 86 Abs. 2 EG bezüglich eines denkbaren Überschusses der Ausgleichsleistung gegenüber den Lasten aus der Gemeinwohlverpflichtung tatsächlich anwende. Der Gerichtshof komme eben nur konsequent zu dem Schluss, dass der Ausnahmebereich regelmäßig nicht eröffnet sei.[141]

Des weiteren findet sich das Argument, Art. 86 Abs. 2 EG sei doch weiterhin auf die übrigen Wettbewerbsvorschriften und die Grundfreiheiten an-

---

[135] *Bartosch* NJW 2002, 3588, 3591.

[136] GA *Léger*, Schlussanträge v. 19.3.2002, Rs. C-280/00 – Altmark Trans – Slg. 2003, I-7747, Rn. 76ff.

[137] *Gundel* RIW 2002, 222, 224.

[138] *Gundel*, ebd., S. 225.

[139] *Sánchez Rydelski*, Hdb. EU-Beihilfenrecht, S. 63. Ihm folgend *Herten-Koch/Pick* LKV 2004, 62, 63.

[140] *Nettesheim* EWS 2002, 233, 260; *Bartosch* NJW 2002, 3588, 3591; *ders.* NVwZ 2002, 174, 175; *Leibenath* EuR 2002, 1052, 1060; *Gas/Rücker* DÖV 2004, 56, 62; *Kube* EuR 2004, 230, 246.

[141] So *Nettesheim* EWS 2002, 253, 260.

wendbar,[142] so dass von einem Verlust seines effet utile nicht gesprochen werden könne.

Zudem sei es nicht ungewöhnlich, konsequent einzelne Merkmale einer Norm, hier das Merkmal des Vorteils in Art. 87 Abs. 1 EG herauszugreifen und bereits an dieser Stelle zu prüfen, ob sich das streitgegenständliche Verhalten überhaupt darunter subsumieren lasse;[143] auch wenn dadurch nachgelagerte Tatbestände nicht mehr zur Anwendung kämen.

Auf der anderen Seite hält man dem entgegen, dass Art. 86 Abs. 2 EG infolge der Vorverlagerung in den Prüfungsumfang des Art. 87 Abs. 1 EG jedenfalls für das gemeinschaftliche Beihilfenrecht überflüssig werde.[144] Hätte der Gesetzgeber dieses gewollte, so hätte er Art. 87 aus dem Anwendungsbereich des Art. 86 Abs. 2 EG ausdrücklich ausgenommen.[145] Es wird beklagt, dass insbesondere dass Merkmal der Auswirkung des Zuschusses auf den Handel zwischen den Mitgliedstaaten verloren ginge.[146]

c) Kontrollverlust der Kommission

Auch der von Generalanwalt *Léger* vorgezeichnete Kontrollverlust der Kommission wird so nicht von allen beurteilt.[147] Es wird zwar nicht bestritten, dass es eine ausgewiesene Konsequenz der Tatbestandslösung ist, dass die Notifizierungspflicht jedenfalls für lastendeckende Ausgleichszahlungen wegfällt. Aber gerade diese Folge wird auch begrüßt, da man das Notifizierungsverfahren als wenig effektiv und sachgerecht einschätzt.

Beklagt wird zudem, dass die Anwendung des Art. 86 Abs. 2 EG zu einer faktischen Beweislastumkehr zu Lasten der Mitgliedstaaten führt.[148] Eine schematische Anwendung des Art. 88 Abs. 3 EG im Rahmen der Ausgleichsleistungen soll sich daher verbieten.[149] Das bessere Kontrollmittel sei ohnehin die Konkurrentenbeschwerde, die zur Amtsermittlung durch die Kommission führe.[150] Den Konkurrenten traut man offenbar eine bessere Einschätzung der

---

[142] *Nettesheim* ebd., S. 260f; *Leibenath* EuR 2003, 1052, 1060; *Montag/Leibenath,* in: Heidenhain, Hdb. EG-Beihilferecht, § 80, Rn. 92; hierauf verweist auch GA *Sixt-Hackl*, Schlussanträge v. 7.11.2002, verb. Rs. C-34/01 bis 38/01 – Enirisorse – Slg 2003, I-14243, Rn. 159.

[143] *Franzius* NJW 2003, 3029, 3030.

[144] *Ruge* EuZW 2002, 50, 52; *Jennert* DVBl. 2002, 825, 826; *Werner* ZEUS 2003, 310, 325; *Lübbig/Martín-Ehlers*, Beihilfenrecht der EU, Rn. 458; ähnlich kritisch *Püttner*, in: Hrbek/Nettesheim, Europäische Union und mitgliedstaatliche Daseinsvorsorge, S. 32, 54.

[145] *Wallenberg* MMR 2004, 88, 89.

[146] *Jennert* DVBl. 2002, 825, 827.

[147] Insoweit kritisch: *Nettesheim* EWS 2002, 253, 260; *Bartosch* NJW 2002, 3588, 3590; *Leibenath* EuR 2003, 1052, 1060.

[148] *Bartosch* NJW 2002, 3588, 3590; *ders.* NVwZ 2002, 174, 175.

[149] *Nettesheim* EWS 2002, 253, 261.

[150] *Nettesheim* ebd., S. 260.

Wettbewerbswidrigkeit einer Maßnahme zu.[151] Das Vorprüfungsverfahren sei außerdem nicht gänzlich ausgeschlossen, da die Kommission auch nach der *Ferring*-Entscheidung das Recht habe, Maßnahmen zu untersuchen, jedenfalls bis zu dem Punkt, an dem sie feststellt, dass der Vorteil den Nachteil nicht übersteigt.[152] Es fiele lediglich die generelle Notifizierungspflicht hinweg, nicht aber die materiellen Maßstäbe des Beihilferechts.[153]

Überdies sei die Kontrollbefugnis der Kommission gering. Auch würden die Ressourcen der Kommission geschont, wenn sie nicht zahllose, meist ohnehin wettbewerbsrechtlich unbedenkliche, Prüfungsverfahren durchführen müsste.

Aber auch in dieser Frage hat sich eine Gegenposition aufgebaut,[154] die allerdings übersieht, dass die Kommission bei rechtswidrigen Beihilfen jederzeit von Amts wegen ermitteln darf.[155]

3. Stellungnahme zum Streit um die Kritikpunkte *Légers*

a) Vermengen von Beihilfebegriff und Rechtfertigung

Es trifft nicht zu, dass der Europäische Gerichtshof in der *Ferring*-Entscheidung die Prüfung des Beihilfebegriffs und der Rechtfertigung vermengt.

Der Gerichtshof hat vielmehr den Begriff der Begünstigung ausgelegt und ist zu dem Schluss gekommen, dass bei der Betrachtung der Ausgleichsleistung gleichfalls die Belastung des Unternehmens mit Aufgaben der Daseinsvorsorge einzubeziehen ist. Der Vorwurf *Légers* an den Gerichtshof, dieser betrachte die Maßnahme unzulässigerweise nach ihrem Ziel, nicht aber nach ihrer Wirkung,[156] ist unberechtigt. Der Gerichtshof richtet sein Augenmerk auf die Ursache der Maßnahme und stellt dann diese Ursache (Kosten der Pflichterfüllung im gemeinwirtschaftlichen Interesse) in einen Zusammenhang mit der tatsächlichen Auswirkung der Maßnahme. Man könne, so der Gerichtshof,[157] deswegen nicht von einem Vorteil sprechen, weil den Groß-

---

[151] *Bartosch* NJW 2002, 3588, 3590 tritt daher für eine generelle Stärkung des Beschwerdeverfahrens gegenüber dem Notifizierungsverfahren ein.

[152] *Quardt* EuZW 2002, 424, 427; *Franzius* NJW 2003, 3029, 3030.

[153] *Leibenath* EuR 2003, 1052, 1060; *Montag/Leibenath,* in: Heidenhain, Hdb. EG-Beihilferecht, § 30, Rn. 99; GA *Stix-Hackl*, Schlussanträge v. 7.11.2002, verb. Rs. C-34/01 bis C-38/01 – Enirisorse – Rn. 160.

[154] Vgl. *Ruge* EuZW 2002, 50, 52; *Jennert* DVBl. 2002, 825, 827; *Herten-Koch/Pick* LKV 2004, 62, 63; *von Wallenberg* MMR 2004, 88, 89.

[155] Vgl. Art. 10 VerfVO (Verordnung (EG) Nr. 659/1999 des Rates vom 22.3.1999).

[156] GA *Léger*, Schlussanträge v. 19.3.2002, Rs. C-280/00 – Altmark Trans – Slg. 2003, I-7747, Rn. 77.

[157] EuGH v. 22. 11.2001, Rs. C-53/00 –Ferring/ACOSS – Slg. 2001, I-9067 Rn. 27.

händlern durch die Maßnahme tatsächlich kein finanzieller Vorteil entstehe. Dieser Satz verdeutlicht, dass es dem Gerichtshof nicht um eine Betrachtung von Sinn und Zweck der Maßnahme, sondern ihrer tatsächlichen Auswirkungen geht. Nach dem Verständnis des Gerichtshofes wirkt sich daher in Wirklichkeit nur eine den Betrag der zusätzlichen Kosten der Verpflichtungserfüllung übersteigende Maßnahme auf den Wettbewerb aus. Er zieht daraus den Schluss, nur dieser Teil der Maßnahme könne als Beihilfe im Sinne des Art. 87 Abs. 1 EG angesehen werden.

Die von den Vertretern der Rechtfertigungslösung geforderte Beschränkung der Berücksichtigung von Gegenleistungen auf „*normale geschäftliche Transaktionen*",[158] die sich lediglich als neutraler Austausch von Leistungen darstellen, ist abzulehnen. Diese Ausdehnung des Beihilfebegriffs entspricht nicht der auch von den Anhängern der Rechtfertigungslösung immer wieder zitierten Rechtsprechung des Gerichtshofs zum Beihilfebegriff.[159] Demnach muss durch die fragliche Maßnahme eine Belastung verringert werden, die Unternehmen normalerweise zu tragen haben. Diese Beschreibung des Gerichtshofs korreliert aber nicht mit der Beschränkung auf die Berücksichtigung von Leistungen im Rahmen eines neutralen Austauschs. Es wird nicht ausreichend berücksichtigt, dass die Auferlegung von Gemeinwohlverpflichtungen keine Belastung ist, die Unternehmen *normalerweise* zu tragen haben. Die Belastungen treten vielmehr gerade außerhalb des an sich vom Wettbewerb umfassten Marktes ein, da sich die verpflichteten Unternehmen aus wirtschaftlichen Gründen normalerweise nicht in diesem Marktsegment der Daseinsvorsorge engagieren würden.

Ebensowenig greift das Argument, ein Austauschverhältnis sei deswegen abzulehnen, weil Verpflichtung und Ausgleichsleistung einseitig vom Staat festgelegt würden. Hier wird übersehen, dass derartige Verpflichtungen überhaupt nur der Staat festsetzen kann. Wer diese Verpflichtung letztlich setzt ist aber unerheblich, da es nicht auf die Verpflichtung ankommt, sondern auf ihre Auswirkung - das Entstehen von Mehrkosten.

Die Zweiteilung der Prüfung in die Frage nach der grundsätzlichen Eignung einer Maßnahme als Beihilfe und die Frage nach einem Ausschluss des Beihilfecharakters wegen der besonderen gemeinwirtschaftlichen Pflichten deutet nicht auf eine Vermengung der Tatbestände des Art. 87 Abs. 1 und

---

[158] So aber *Gundel* RIW 2002, 222, 224.

[159] EuGH v. 27.6.2000, Rs. C-404/97 – Kommission/Portugal – Slg. 2000, I-4897 Rn. 44; EuGH v. 17.6.1997, Rs. C-75/97 – Belgien/Kommission – Slg. 1999, I-3671 Rn. 23; EuGH v. 11.7.1996, Rs. C-39/94 – SFEI/La Poste – Slg. 1996, I-3547 Rn. 58; EuGH v. 15.3.1994, Rs. C-387/92 – Banco Exterior de España – Slg. 1994, I-877 Rn. 12; EuGH v. 22.3.1977, Rs. 78/76 – Steinike und Weinlig – Slg. 1977, 595 Rn. 22; EuGH v. 23.2.1961, Rs. 30/59 – De Gezamlijke Steenkolenmijen – Slg. 1961, 1, 7.

Art. 86 Abs. 2 EG hin. Diese Zweiteilung war vielmehr aufgrund der Besonderheiten des Falles notwendig. Schließlich musste der Gerichtshof zunächst klären, ob die *Nichterhebung* der Direktverkaufsabgabe bei den Großhändlern überhaupt eine Beihilfe darstellen konnte. Diesen ersten Schritt hätte der Gerichtshof vielleicht nicht gemacht, wenn es statt um die Nichterhebung einer Abgabe um eine unmittelbare Bezuschussung, wie etwa im Fall *Altöl*, gegangen wäre. Der Gerichtshof prüfte also im Rahmen beider Schritte letztlich nie etwas anderes als das Vorliegen eines Vorteils. Dieser Zweischritt wird von der Rechtsprechung des Gerichtshofs im Fall *Tiercé Ladbroke* vorgegeben.[160] Dort hatte der Gerichtshof bereits die Objektivität des Beihilfebegriffs dahingehend präzisiert, dass vom Bestehen (irgend)eines Vorteils nicht automatisch auf das Vorliegen einer Beihilfe geschlossen werden darf. In jener Entscheidung ging der Gerichtshof noch weiter als in der *Ferring*-Entscheidung und ließ das Bestehen systemimmanenter Gründe ausreichen, um das Vorliegen eines Vorteils zu verneinen. Im ähnlich gelagerten Fall *Ferring* stützte sich der EuGH sodann auf die Verrechnung von Leistung und Gegenleistung.

In Wahrheit ist daher der zweite Schritt des Gerichtshofs keine Rechtfertigung im Sinne des Art. 86 Abs. 2 EG, wie es der Generalanwalt versteht.[161] Dieser Irrtum kommt möglicherweise daher, dass der Gerichtshof selbst in der *Tiercé Ladbroke* Entscheidung missverständlich von Rechtfertigung spricht.[162] In der *Ferring*-Entscheidung drückt sich der EuGH schließlich präziser aus, indem er feststellt, dass die gemeinwirtschaftlichen Pflichten die Einstufung der Regelung als Beihilfe ausschließen.[163]

Bei genauer Betrachtung der Entscheidung zeigt sich deutlich, dass der Gerichtshof gerade nicht die beiden Tatbestände vermengen will, sondern sie prinzipiell für parallel anwendbar hält. So prüft er im Rahmen der zweiten Vorlagefrage die Möglichkeit der Anwendung des Art. 86 Abs. 2 EG.[164] Hätte er beide Tatbestände vermengt, könnte er die Frage an dieser Stelle nicht mehr prüfen, denn eine erneute, nachgelagerte Prüfung des Art. 86 Abs. 2 EG könnte zu keinem neuen Ergebnis kommen.

Ruge schließt daraus, dass der EuGH beide Wege für gangbar hält, sowohl den Vorteilsausschluss nach Art. 87 Abs. 1 EG, als auch die Rechtfertigung

---

[160] EuGH v. 9.12.1997, Rs. C-353/95 P – Tiercé Ladbroke/Kommission – Slg. 1997, I-7007 Rn. 33ff.

[161] GA *Léger*, Schlussanträge v. 19.3.2002, Rs. C-280/00 – Altmark Trans – Slg. 2003, I-7747, Rn. 76

[162] Siehe EuGH v. 9.12.1997, Rs. C-353/95 P – Tiercé Ladbroke/Kommission – Slg. 1997, I-7007 Rn. 33 und 35.

[163] Vgl. EuGH v. 22.11.2001, Rs. C-53/00 – Ferring/ACOSS – Slg. 2001, I-9067 Rn. 23.

[164] EuGH v. 22.11.2001, Rs. C-53/00 – Ferring/ACOSS – Slg. 2001, I-9067 Rn. 31ff.

nach Art. 86 Abs. 2 EG.[165] Diese These ist mit einer Einschränkung richtig: Sie gilt nur im Grundsatz. Der EuGH stellt ausdrücklich fest, dass es eine Anwendung des Art. 86 Abs. 2 EG letztlich nicht geben kann, da eine Ausgleichsleistung, die über das Maß der Lasten infolge der Gemeinwohlverpflichtung hinausgeht, insoweit für die Aufgabenerfüllung nicht als notwendig erachtet werden kann.[166]

Die Behauptung *Sánchez Rydelskis*, durch die Tatbestandslösung entstünde ein spezieller Beihilfebegriffe für den Bereich der Daseinsvorsorge, ist unzutreffend. Vielmehr erfolgt auch in diesen Fällen lediglich eine Prüfung der Voraussetzungen des Art. 87 Abs. 1 EG, wobei, wie allerdings bei jeder anderen Beihilfe auch, der Gegenleistungscharakter der Unternehmensleistung tatbestandsausschließend wirkt.

b) Verlust des effet utile des Art. 86 Abs. 2 EG

Léger unterscheidet die Situation, dass der einem Unternehmen gewährte Vorteil geringer oder höchstens gleich hoch wie die Kosten der gemeinwirtschaftlichen Verpflichtungen, und den Fall, dass der Vorteil größer als diese Kosten ist.[167]

Nach der Urteilsbegründung hat der Gerichtshof Art. 86 Abs. 2 EG ganz konsequent auf den zweiten Fall angewendet; mit dem Ergebnis, dass es zu keiner Rechtfertigung nach dieser Vorschrift kommt. Er hat die Systematik der Art. 87 Abs. 1 und 86 Abs. 2 EG konsequent angewendet. Man kann dem Gerichtshof nur den Vorwurf machen, dass er die Voraussetzungen des Voraustatbestands des Art. 87 Abs. 1 EG so eng gefasst hat, dass Art. 86 Abs. 2 EG weitgehend leer läuft.

Es sind in der Tat kaum noch Fälle denkbar, in denen einer Vorteilsgewährung im Sinne dieser Rechtsprechung zwar eine Beihilfequalität beigemessen werden könnte, die aber gleichzeitig nach Art. 86 Abs. 2 EG gerechtfertigt wäre.[168] Der EuGH[169] spricht diesem überschießenden Betrag jede Notwendigkeit in Bezug auf die Aufgabenerfüllung ab. Es ist wohl nicht denkbar, dass ein Vorteil einerseits für ein Unternehmen notwendig ist, damit es seiner Gemeinwohlverpflichtung nachkommen kann; andererseits das Unternehmen ohne diesen Vorteil eine gemeinwirtschaftliche Aufgabe nicht erfüllen könnte. Daher ist nicht anzunehmen, dass der Gerichtshof hier noch einen

---

[165] *Ruge* EuZW 2002, 50, 51.

[166] EuGH v. 22.11.2001, Rs. C-53/00 – Ferring/ACOSS – Slg. 2001, I-9067 Rn. 32.

[167] GA *Léger*, Schlussanträge v. 19.3.2002, Rs. C-280/00 – Altmark Trans – Slg. 2003, I-7747, Rn. 81f.

[168] Siehe bereits oben in diesem Kapitel C I 3 b).

[169] EuGH v. 22.11.2001, Rs. C-53/00 – Ferring/ACOSS – Slg. 2001, I-9067 Rn. 32.

Spielraum für Art. 86 Abs. 2 EG sieht. Offen lässt es der Gerichtshof aber, ob eine Rechtfertigung nach anderen Vorschriften, das heißt insbesondere Art. 87 Abs. 2 und 3 EG und Art. 73 EG[170] möglich wäre.[171]

Art. 86 Abs. 2 EG verliert nicht seinen effet utile. Die Anwendung einer Ausnahmevorschrift ist sinnlos, wenn bereits die Regel zu dieser Ausnahme nicht greift. In materieller Hinsicht ist die Kritik *Légers* allerdings nicht unberechtigt. Die Voraussetzungen des Art. 86 Abs. 2 EG, wobei insbesondere das Wegfallen des Merkmals der Betrauung und die Verhältnismäßigkeitsprüfung eine einschneidende Wirkung hat. Es muss aber beachtet werden, dass Art. 86 Abs. 2 EG eine eng begrenzte Bereichsausnahme mit einem sehr restriktiv zu handhabenden Tatbestand ist. Die Vorschrift ordnet gleichzeitig die Geltung der Vertragsvorschriften an, das heißt wenn sich bereits aus dem Tatbestand des Art. 87 Abs. 1 EG kein Beihilfenverbot ergibt, besteht aus rechtstechnischer Sicht überhaupt keine Notwendigkeit mehr für eine Ausnahme nach Art. 86 Abs. 2 EG. Umgekehrt bedeutet das aber nicht, dass sich die Restriktivität des Art. 86 Abs. 2 EG automatisch auch auf die Tatbestandsauslegung des Art. 87 Abs. 1 EG auswirken muss, denn die restriktive Anwendung des Art. 86 Abs. 2 EG soll letztlich nur die möglichst weitgehende Entfaltung der übrigen Vertragsvorschriften garantieren. Es ist daher eine Frage des Sinn und Zwecks des Art. 86 Abs. 2 EG, ob dessen Voraussetzungen in irgendeiner Weise in Art. 87 Abs. 1 EG „hineingelesen" werden müssen.[172]

c) Verlust der Kontrollmöglichkeit durch die Kommission

Die von Generalanwalt *Léger* angesprochene zentrale Rolle der Kommission bei der Durchführung der Vertragsbestimmungen über staatliche Beihilfen ist unbestritten.[173]

---

[170] *Léger* hält auch Art. 73 EG für praktisch nicht mehr anwendbar, da die im *Ferring*-Urteil aufgestellten Kriterien bereits ausreichten, um die gewährten Beihilfen zu beurteilen (vgl. GA *Léger*, Schlussanträge v. 19.3.2002, Rs. C-280/00 – Altmark Trans – Slg. 2003, I-7747, Rn. 85). Der EuGH ist jedoch im Urteil *Ferring* mit keinem Wort auf die Anwendbarkeit auf Art. 73 EG eingegangen. Es lässt sich daher schwerlich sagen, ob der Gerichtshof im Falle des Art. 73 EG ähnlich entscheiden würde.

[171] Diese Frage stellte sich im Verfahren *Ferring/ACOSS* für den EuGH nicht.

[172] So forderten es *Wernicke* EuZW 2003, 481; *Leibenath* EuR 2003, 1052, 1063. Der EuGH hat diese Problematik offenbar gesehen und in der *Altmark Trans*-Entscheidung versucht, die Voraussetzungen des Art. 86 Abs. 2 EG in seine Rechtsprechung zu Art. 87 Abs. 1 EG mit einzubeziehen. Dazu aber ausführlich unten D IV 1.

[173] Diese starke Position der Kommission sieht auch der Gerichtshof (vgl. EuGH v. 21.11.1991, Rs. 354/90 – Fédération nationale du commerce extérieur – Slg. 1991, I- 5505 Rn. 14 ; EuGH v. 9.8.1994, Rs. C-44/93 – Namur/Les assurances du crédit – Slg. 1994, I- 3829 Rn. 17).

Es überzeugt allerdings die Auffassung, welche die Kontrollkompetenz der Kommission auch noch infolge der *Ferring*-Entscheidung als gesichert sieht. Entscheidend ist, dass es bei der Überwachung von Beihilfen zentral auf die Frage der Wettbewerbswidrigkeit einer Maßnahme ankommt, nicht auf die Frage der Erkenntniserlangung der Kommission. Es sei in diesem Zusammenhang darauf hingewiesen, dass das Notifizierungsverfahren gegenüber dem Beschwerdeverfahren in den relevanten Fällen der Kommission praktisch keine Rolle spielt.[174] Ergibt sich also aufgrund der Erkenntnisse der Kommission, dass eine Ausgleichsleistung den Betrag der Lasten übersteigt und daher als Beihilfe einzustufen ist, unterliegt dieser Teil der Leistung dem Beihilfeverbot und gleichzeitig der Notifizierungspflicht, so dass sich in diesem Rahmen die Kompetenzen der Kommission ergeben.[175]

Eine Gleichordnung von Notifizierungsverfahrens und „Beschwerdeverfahren“[176] lässt sich auch aus der Systematik der VerfVO herleiten. Diese bildet das Kapitel II *Verfahren bei angemeldeten Beihilfen* und das Kapitel III *Verfahren bei rechtswidrigen Beihilfen*. In letzterem Kapitel wird dabei auch der Fall nicht notifizierter Beihilfen geregelt.[177] Aber auch dieses Verfahren führt gemäß Art. 13 Abs. 1 VerfVO zu einer Entscheidung der Kommission nach Art. 4 und Art. 7 VerfVO, so dass die Kommission wiederum genau die gleichen Entscheidungen treffen kann, wie im Rahmen des Vorprüfungsverfahrens. Freilich erleichtert die Notifizierung die Informationsbeschaffung für die Kommission. Die Kompetenzen der Kommission bleiben aber in beiden Verfahrensarten die gleichen, insbesondere gewährt ihr Art. 10 Abs. 2 iVm. Art. 5 Abs. 1 und Abs. 2 VerfVO das Recht auf Auskunftsverlangen. Man kann daher insgesamt nicht von einem Kontrollverlust der Kommission sprechen.

4. Fazit

Die von Generalanwalt *Léger* an der *Ferring*-Entscheidung des Europäischen Gerichtshofs geäußerte Kritik erweist sich insgesamt als unberechtigt. Weder vermengt der Gerichtshof die Tatbestände der Art. 87 Abs. 1 und Art. 86 Abs. 2 EG, noch verliert letztere Vorschrift ihren effet utile. Auch die Kontrollkompetenz der Kommission im Bereich der Beihilfe bleibt vor allem

---

[174] Siehe dazu *Bartosch* NJW 2002, 3588, 3590.

[175] Vgl. *Koenig/Kühling/Ritter*, EU-Beihilfenrecht, S. 187.

[176] Der Begriff Beschwerdeverfahren existiert in der VerfVO nicht. Art. 10 Abs. 1 VerfVO spricht von „*Besitz von Informationen gleich welcher Herkunft*“. In der Praxis werden diese Informationen aber regelmäßig Hinweise von Konkurrenzunternehmen sein, die sich in dieser Form gleichsam über die Wettbewerbsverletzung des begünstigten Unternehmens „beschweren“.

[177] *Koenig/Kühling/Ritter*, EU-Beihilfenrecht, S. 187.

angesichts der tatsächlichen Praxis ungeschmälert. Es zeigen sich auch keine weiteren berechtigten Kritikpunkte. Es besteht daher kein Grund, die *Ferring*-Rechtsprechung des Gerichtshofs aus den von Generalanwalt *Léger* genannten Gründen abzulehnen.

5. Schlussanträge von Generalanwalt *Jacobs* im Verfahren *GEMO SA*

Auch in dem Verfahren *GEMO SA*[178] ging es um die Frage, unter welchen Bedingungen finanzielle Ausgleichsleistungen eines Mitgliedstaats an ein gemeinwohlverpflichtetes Unternehmen als staatliche Beihilfen zu qualifizieren sind.

a) Kritik an Beihilfenansatz und Ausgleichsansatz

Generalanwalt *Jacobs* bezeichnet die bis dahin ergangene Rechtsprechung der Gemeinschaftsgerichte zum Bereich der Beihilfen und den Diensten von allgemeinem wirtschaftlichem Interesse als uneinheitlich.[179] Der Generalanwalt kategorisiert die vom Gerichtshof und dem Gericht erster Instanz entwickelten Ansätze:[180] Denjenigen des Gerichtshofs bezeichnet *Jacobs* als „*Ausgleichsansatz*", da dieser auf einer Verrechnung von Kosten und Vorteilen beruhe. Den Ansatz des Gerichts erster Instanz nennt er „*Beihilfeansatz*", weil das Gericht jede Vorteilszuwendung a priori als Beihilfe qualifiziere.

Neben dem Entfallen der Notifizierungspflicht, beschreibt *Jacobs* den Ausgleichsansatz in seiner Auswirkung dahin gehend, dass nationale Gerichte unmittelbar entscheiden könnten, ob eine Beihilfe vorliege, ohne eine Entscheidung der Kommission über die Zulässigkeit der Maßnahme abzuwarten.[181] Die Urteile *Banco Exterior de España*[182] und *Frankreich/Kommission*[183] hätten zudem die Folge, dass parallel zu Art. 88 Abs. 3 EG auch bei Art. 86 Abs. 2 EG ein Stillhalteerfordernis bis zur Vereinbarkeitserklärung durch die Kommission bestehe. Nationale Gerichte hätten dann sämtliche Konsequenzen daraus zu ziehen, wie bei der Verletzung des Art. 88 Abs. 3 EG.[184]

---

[178] Vgl. EuGH v. 20.11.2003, Rs. C-126/01 – GEMO SA – Slg 2003, I-13769.
[179] GA *Jacobs*, Schlussanträge v. 30.4.2002, Rs. C-126/01 – GEMO SA - Rn. 95f.
[180] Vgl. GA *Jacobs*, Schlussanträge v. 30.4.2002, Rs. C-126/01 – GEMO SA - Rn. 94f.
[181] GA *Jacobs*, Schlussanträge v. 30.4.2002, Rs. C-126/01 – GEMO SA - Rn. 111f.
[182] EuGH v. 15.3.1994, Rs. C-387/92 – Banco Exterior de España – Slg. 1994, I-877.
[183] EuGH v. 22.6.2000, Rs. C-332/98 - Frankreich/Kommission - Slg. 2000, I-4833.
[184] GA *Jacobs*, Schlussanträge v. 30.4.2002, Rs. C-126/01 – GEMO SA - Rn. 113.

Der Generalanwalt empfindet letztlich keinen der Ansätze als geeignet für eine ausschließliche Anwendung.[185] Er plädiert für eine differenzierende Ansicht.

b) Differenzierender Ansatz

Jacobs will grundsätzlich zwei Fallkategorien unterscheiden.[186] Unterscheidungskriterien sollen dabei sein: (1) Die Art des Zusammenhangs zwischen der gewährten Finanzierung und den auferlegten Gemeinwohlverpflichtungen. (2) Das Maß an Klarheit dieser Verpflichtungen.

Ist der Zusammenhang zwischen staatlicher Finanzierung und dem Unternehmen auferlegter Verpflichtung - wobei die Verpflichtung klar definiert sein muss - unmittelbar und offensichtlich, sollten Fälle dieser Kategorie nach dem Ausgleichsansatz beurteilt werden. Ein solcher Fall läge typischerweise vor, wenn die Maßnahme eindeutig eine Gegenleistung für klar definierte Gemeinwohlverpflichtungen darstellt.

Die zweite Kategorie von Fällen, die *Jacobs* nach dem Beihilfenansatz behandeln will,[187] soll dagegen Konstellationen umfassen, in denen nicht von Anfang an[188] klar sei, dass die Finanzierung durch den Mitgliedstaat in eindeutigem Zusammenhang, idealerweise sogar in gegenseitigem Bezug, mit genau definierten Gemeinwohlverpflichtungen steht. Hierzu gehören also Fälle, in denen der Zusammenhang zwischen der staatlichen Finanzierung und den auferlegten Gemeinwohlverpflichtungen entweder nicht unmittelbar, nicht offensichtlich oder die Gemeinwohlverpflichtung nicht klar definiert sei. Exemplarisch nennt *Jacobs* hier den Fall *Banco Exterior de España*.[189]

Jacobs nennt eine Reihe von Gründen für die Anwendung dieser differenzierten Betrachtung:[190] Er meint, in der gemeinschaftsrechtlichen

---

[185] Siehe im Einzelnen: GA *Jacobs*, Schlussanträge v. 30.4.2002, Rs. C-126/01 – GEMO SA - Rn. 115f.

[186] GA *Jacobs*, Schlussanträge v. 30. April 2002, Rs. C-126/01 – GEMO SA - Rn. 117ff.

[187] GA *Jacobs*, Schlussanträge v. 30. April 2002, Rs. C-126/01 – GEMO SA - Rn. 120.

[188] *Jacobs* hebt die Bedeutung einer schriftlichen Niederlegung dieses Zusammenhangs hervor, etwa durch gesetzliche oder vertragliche Regelung des Mitgliedstaates. Dadurch werde auch eine bessere Überprüfbarkeit ermöglicht.

[189] EuGH v. 15.3.1994, Rs. C-387/92 – Banco Exterior de España – Slg. 1994, I-877. Dort hatte ein spanisches Gesetz alle öffentlichen Banken von der Entrichtung bestimmter Abgaben befreit. Aus dem Gesetz ging aber nicht hervor, dass die Vergünstigung als Gegenleistung für die Erfüllung gemeinnütziger Verpflichtungen dienen sollte. Die Verpflichtungen wurden auch nicht definiert. Diese Umstände wurden schließlich erst im Verfahren vor dem Gerichtshof vorgebracht – letzteres ist dargestellt in den Schlussanträgen zum Verfahren *Banco Exterior de España* von GA *Lenz* v. 11.1.1994, Rs. C-387/92, Slg. 1994, I-877 Rn. 12.

[190] GA *Jacobs*, Schlussanträge v. 30.4.2002, Rs. C-126/01 – GEMO SA - Rn. 121ff

Rechtsprechung[191] eine unterschiedliche Behandlung einseitiger staatlicher Maßnahmen und zweiseitiger Geschäfte zwischen Staat und Unternehmen zu beobachten. Diese Rechtsprechung verlange eine ganzheitliche Beurteilung der Beihilfequalität einer staatlichen Leistung im Rahmen zweiseitiger Vereinbarungen. Bei letzteren sei die Verknüpfung von Leistung und Gegenleistung so eng, dass man bei der staatlichen Leistung nicht immer von einer Beihilfe im eigentlichen Sinn sprechen könne. Eine Beihilfe liege dort nur vor, wenn und soweit der von einem Mitgliedstaat beim Erwerb von Waren oder Dienstleistungen an ein Unternehmen gezahlte Preis den Marktwert übersteige.[192]

Generalanwalt *Jacobs* überträgt dieses Modell zur zweiseitigen Vereinbarung auf Fälle, in denen die Leistung des Staates und die Verpflichtung des Unternehmens, ohne eigentlich zweiseitige Vereinbarungen zu sein, ebenfalls so eng miteinander verknüpft sind, dass sie als eine einheitliche Maßnahme anzusehen seien.[193] Genauso wie bei der gegenseitigen Leistung liege demnach eine Beihilfe erst dann vor, wenn und soweit die staatliche Leistung die Kosten der Verpflichtung übersteigt.

Der Generalanwalt identifiziert staatliche Leistungen, die entweder in undeutlichem Zusammenhang mit einer gemeinwirtschaftlichen Verpflichtung stehen oder denen unklar definierte Verpflichtungen gegenüberstehen, als einseitige staatliche Leistungen im Sinne des Beihilfebegriffes. Eine solche staatliche Leistung könne nicht als einheitliche Maßnahme zusammen mit einer gemeinwirtschaftlichen Verpflichtung gesehen werden. Es fehle an einem offensichtlichen Zusammenhang. *Jacobs* räumt allerdings ein, dass eine klare Abgrenzung mitunter schwierig sei.[194]

Man könne, so *Jacobs*,[195] bei der Betrachtung einer einseitigen staatlichen Maßnahme die Beurteilung ihrer Gründe und Zwecke nicht schon im Zuge der Prüfung, ob eine Maßnahme überhaupt eine Beihilfe darstelle, vornehmen, sondern erst im Rahmen des Art. 87 Abs. 2 und 3 EG. Er schlägt deshalb vor, diese Fälle nicht bereits dem Anwendungsbereich des Art. 87 Abs. 1

---

[191] Vgl. EuGH v. 2.2.1988, verb. Rs. 67, 68 und 70/88 – Van der Kooy/Kommission – Slg. 1988, I- 219 Rn. 28ff sowie EuGH v. 29.2.1996, Rs. C-56/93 – Belgien/Kommission – Slg. 1996, I- 723 Rn. 10f.

[192] Vgl. GA *Fennelly*, Schlussanträge v. 26.11.1998, Rs. C-251/97 – Frankreich/Kommission – Slg. 1999, I-6639 Rn. 19.

[193] GA *Jacobs*, Schlussanträge v. 30.4.2002, Rs. C-126/01 - GEMO SA - Rn. 122.

[194] GA *Jacobs*, Schlussanträge v. 30.4.2002, Rs. C-126/01 - GEMO SA - Rn. 129. Dort sagt *Jacobs*, die beiden Fallkategorien seien nicht immer leicht zu unterscheiden. Auf formale Kriterien mit mehr Trennschärfe, wie das Erfordernis eines schriftlichen Vertrages, der die Zusammenhänge herausstellt, will *Jacobs* jedoch insbesondere aus Gründen der Verhältnismäßigkeit verzichten, da man nicht verlangen könne, dass ein Mitgliedstaat alle derartigen Dienste vertraglich regelt.

[195] GA *Jacobs*, Schlussanträge v. 30.4.2002, Rs. C-126/01 - GEMO SA - Rn. 123.

EG zu entziehen, sondern die Begutachtung der Gründe und des Zwecks einer Maßnahme mit undeutlichem Zusammenhang zwischen Leistung und Verpflichtung oder unklarer Verpflichtungsdefinition, auf die Ebene der Rechtfertigung zu verschieben.[196] Das entspreche auch der Parallele zwischen einseitiger staatlicher Leistung und einer solchen, die nicht oder nur undeutlich mit einer Verpflichtung des empfangenden Unternehmens in Zusammenhang stehe.[197]

Der Generalanwalt weist auch auf die große Bedeutung sowohl der Vermeidung einer Umgehung der gemeinschaftsrechtlichen Beihilfevorschriften, als auch der Dienstleistungen von allgemeinem wirtschaftlichem Interesse hin.[198] Mit der Unterscheidung werde der Bedeutung beider Institute Rechnung getragen und die Einwände gegen eine ausschließliche Anwendung des Ausgleichs- oder Beihilfenansatzes entschärft. Schließlich führt Generalanwalt *Jacobs* das Argument an, dass sich die Entscheidungen des Gerichtshofs in den Sachen *ADBHU*, *Banco Exterior de España* und *Ferring*, nach diesem differenzierenden Ansatz besser erklären ließen.[199]

Insgesamt, so *Jacobs*,[200] sei diese Unterscheidung dem Gemeinschaftsrecht auch nicht fremd, denn der Gerichtshof wende etwa im Bereich des Mehrwertsteuerrechts ähnliche Kriterien an.[201] Die Unterscheidung schaffe einen Anreiz für den nationalen Gesetzgeber zur transparenten Darlegung von Sinn und Zweck einer staatlichen Finanzierung und eindeutigen Vereinbarungen in diesem Bereich. Das führe zu einem Abbau von Diskriminierung sowie offeneren Verfahren zur Vergabe öffentlicher Aufträge.

6. Der Ansatz *Jacobs* im Spiegel der Meinungen

a) Die Kritik von Generalanwalt Léger

Der von Generalanwalt *Jacobs* vertretene Gegenleistungsansatz wird insbesondere von Generalanwalt *Léger* heftig kritisiert und im Ergebnis abge-

---

[196] GA *Jacobs*, Schlussanträge v. 30.4.2002, Rs. C-126/01 - GEMO SA - Rn. 123.

[197] Auch im Falle eines unklaren Verpflichtungszusammenhangs bleibt also die Möglichkeit einer Rechtfertigung der Beihilfe über Art. 87 Abs. 2 oder 3 EG. Sie ist jedoch gleichwohl grundsätzlich als Beihilfe einzustufen.

[198] GA *Jacobs*, Schlussanträge v. 30.4.2002, Rs. C-126/01 - GEMO SA - Rn. 124. Die Bedeutung der Dienstleistungen von allgemeinem Interesse ist *Jacobs* zufolge noch einmal erheblich herausgehoben worden durch Art. 16 EG und Art. 36 der EU-Grundrechtscharta.

[199] GA *Jacobs*, Schlussanträge v. 30.4.2002, Rs. C-126/01 – GEMO SA - Rn. 125.

[200] GA *Jacobs*, Schlussanträge v. 30.4.2002, Rs. C-126/01 – GEMO SA - Rn. 129.

[201] Vgl. EuGH v. 5.2.1981, Rs. 154/80 – Coöperatieve Ardappelenbewaarplaats – Slg. 1981, 445 Rn. 12. Dort verlangt der EuGH einen unmittelbaren Zusammenhang zwischen der durchgeführten Lieferung und der erhaltenen Gegenleistung.

lehnt.[202] Der Gerichtshof geht in seiner zwischenzeitlich ergangenen Entscheidung nicht einmal auf *Jacobs* Ansatz ein.[203]

Léger erhebt insbesondere zwei Vorwürfe: Der Gegenleistungsansatz lasse sich erstens nicht mit der Rechtsprechung des Gerichtshofs vereinbaren, dass für die Beurteilung einer staatlichen Maßnahme als Beihilfe ausschließlich die Wirkungen dieser Maßnahme maßgeblichen seien.[204] Zweitens seien die Hauptkriterien der Abgrenzung vage und ungenau definiert.[205]

Auf die Ziele einer staatlichen Maßnahme komme es deshalb nicht an, weil diese keine Auswirkungen auf den Wettbewerb hätten und daher erst im Rahmen der Rechtfertigung zu prüfen seien.[206] Die Prüfung eines unmittelbaren und offensichtlichen Zusammenhangs zwischen staatlichen Mitteln und den Verpflichtungen des öffentlichen Dienstes sei daher ebenso wenig zulässig, wie die Prüfung, ob eine klar definierte Verpflichtung des öffentlichen Dienstes vorliege.[207]

b) Stellungnahme

Der Gegenleistungsansatz liegt auf der Linie der bisherigen Rechtsprechung des Gerichtshofs. Er setzt eine Betrachtung der Wirkung einer Ausgleichsleistung, nicht deren Ziele, voraus. Der Zusammenhang zwischen der gewährten Finanzierung und der klar definierten Gemeinwohlverpflichtung muss nach dem Gegenleistungsansatz unmittelbar und offensichtlich sein.[208] Zweck dieser Voraussetzung ist es aber nicht, die Existenz einer Gemeinwohlverpflichtung nachzuweisen, was dann zu einem Ausschluss des Beihilfecharakters der

---

[202] Siehe die Schlussanträge des GA *Léger* v. 14.1.2003, Rs. C-280/00 – Altmark Trans - (Wiedereröffnung der mündlichen Verhandlung), Slg. 2003, I-7747, Rn. 78ff.

[203] Der EuGH sieht nach der Urteilsbegründung schon keine Betrauung mit einer gemeinwirtschaftlichen Aufgabe gegeben. Die französische Regierung verfolge lediglich gesundheitspolitische Ziele, die als bloße Gründe und Ziele einer staatlichen Maßnahme unbeachtlich seien. Vgl. EuGH v. 20.11.2003, Rs. C-126/01 – GEMO SA – Slg 2003, I-13769, Rn. 34.

[204] Der Generalanwalt verweist insoweit auf die Entscheidungen des EuGH v. 2.7.1974, Rs. 173/73 – Italien/Kommission – Slg. 1974, I-709 Rn. 27; EuGH v. 24.2.1987, Rs. 310/85 – Deufil/ Kommission – Slg. 1987, 901 Rn. 8; EuGH v. 29.2.1996, Rs. C-56/93 – Belgien/Kommission – Slg. 1996, I-723 Rn. 79; EuGH v. 26.9.1996, Rs. C-241/94 – Frankreich/Kommission – Slg. 1996, I-4551 Rn. 20.

[205] So sieht es auch GA *Stix-Hackl*, Schlussanträge v. 7.11.2002, Rs. C-34/01 bis C-38/01 – Enirisorse – Rn. 157. Sie meint allerdings, dass es neben dem Vergabeverfahren noch andere Möglichkeiten gäbe, die Angemessenheit der Vergütung der Leistung an den Staat zu gewährleisten.

[206] GA *Léger*, Schlussanträge v. 14.1.2003, Rs. C-280/00 – Altmark Trans - (Wiedereröffnung der mündlichen Verhandlung), Slg. 2003, I-7747, Rn. 81.

[207] GA *Léger*, Schlussanträge v. 14.1.2003, Rs. C-280/00 – Altmark Trans – (Wiedereröffnung der mündlichen Verhandlung), Slg. 2003, I-7747, Rn. 83.

[208] So GA *Jacobs*, Schlussanträge v. 30.4.2002, Rs. C-126/01 – GEMO SA - Rn. 119.

betreffenden Maßnahme führen würde – dieses wäre eine nach der Rechtsprechung des Gerichtshofs unzulässige Betrachtung der Zielsetzung einer staatlichen Beihilfe. Vielmehr sichert diese Voraussetzung, dass eine klare Aussage darüber gemacht werden kann, ob und in welchem Umfang die Verknüpfung von Gemeinwohlverpflichtung und Ausgleichsleistung als wertgleiches Gegenleistungsverhältnis aufgefasst werden kann. Es geht hier um die Frage, ob Finanzierung und Verpflichtung als eine einzige Maßnahme betrachtet werden müssen.[209] Damit handelt es sich letztlich aber um eine Untersuchung der Wirkung der Maßnahme.

Auch die Tatsache, dass sich die Betrachtung auf eine Gemeinwohlverpflichtung bezieht, macht aus ihr noch keine Anschauung einer Zielsetzung. Es erweist sich nur als schwierig, bei der Verknüpfung von Gemeinwohlverpflichtungen und Ausgleichsleistungen ein Gegenleistungsverhältnis festzustellen, da es, anders als beim Austausch von Waren und Dienstleistungen keinen unmittelbaren Austausch zwischen Staat und Unternehmen gibt.

Berechtigt ist allerdings die Kritik des Generalanwalts, die Kriterien des Gegenleistungsansatzes seien vage und ungenau definiert. Es ließe sich wohl noch bewerkstelligen, eine Gemeinwohlverpflichtung als klar und deutlich definiert einzuordnen.[210] Schwieriger dürfte es dagegen sein, zu entscheiden, wann der Zusammenhang zwischen Finanzierung und Gegenleistungsverpflichtung unmittelbar und offensichtlich ist. Einen Ausweg bietet die Möglichkeit, ein Vergabeverfahren durchzuführen, das diesen Zusammenhang hinreichend belegt, denn die unternehmerische Kalkulation des Preisangebots aufgrund des Vergabeverfahrens macht den Zusammenhang deutlich.

c) Weitere Ansichten

Im Schrifttum findet sich nur sehr vereinzelte Kritik an *Jacobs* vermittelndem Ansatz.[211] *Koenig/Kühling* geben zu bedenken, dass nicht alle Gemeinwohlleistungen kompensationsfähig seien, und daher nicht alle staatlichen Ausgleichsleistungen gleichermaßen unter den Gegenleistungsansatz fallen

---

[209] GA *Jacobs*, Schlussanträge v. 30.4.2002, Rs. C-126/01 – GEMO SA - Rn. 119.

[210] Die Gemeinwohlverpflichtung müsste eben hinreichend konkret beschrieben werden, so dass es letztlich möglich ist, ihren Marktwert zu bestimmen. Unzulässig wären demnach pauschale Aufgabenzuweisungen, deren wirtschaftlicher Wert nicht zu ermitteln ist, und wenn der Verdacht nahe liegt, dass sich hinter der pauschalen Aufgabenzuweisung lediglich ein geringer Aufgabenumfang verbirgt, für den der zugewendete finanzielle Vorteil eigentlich zu groß ist.

[211] Der Europäische Gerichtshof ging in seiner Entscheidung in dieser Sache v. 20.11.2003, Rs. C-126/01 – GEMO SA – mit keinem Wort auf die Ausführungen des Generalanwalts ein. Offenbar ging der Gerichtshof nicht davon aus, dass Dienstleistungen von allgemeinem wirtschaftlichem Interesse erbracht wurden und wendete daher in diesem Verfahren auch die Grundsätze der *Ferring*- und *Altmark Trans*-Entscheidungen nicht explizit an.

könnten.[212] So erbrächten beispielsweise Theater ebenfalls Gemeinwohlleistungen, andererseits existiere der Ausnahmetatbestand Art. 87 Abs. 3 lit. d EG, der Zuschüsse in diesem Bereich gerade aus dem Beihilfeverbot ausnehme, so dass wiederum ein Herausnehmen staatlicher Bezuschussung für Theater aus dem Tatbestand des Art. 87 Abs. 1 EG unnötig sei.[213]

Der Gegenleistungsansatz von Generalanwalt *Jacobs* fand aber insgesamt überwiegend Zustimmung.[214] Gelobt wird vor allem seine hohe Praktikabilität.[215] Das betrifft insbesondere den Vorschlag *Jacobs*, den Ausgleichsansatz nur in Fällen, in denen ein Verfahren über die Vergabe öffentlicher Aufträge durchgeführt wurde, anzuwenden.[216] Dadurch entstehe mehr Klarheit, welche Gemeinwohlverpflichtungen dem Unternehmen konkret auferlegt würden und es werde zudem gleichsam ein Markt für die Erbringung dieser Verpflichtungen geschaffen.[217] Diese Klarheit sei auch bereits in der *Ferring*-Entscheidung gefordert worden; mithin stehe der Gegenleistungsansatz in vollem Einklang mit der *Ferring*-Rechtsprechung.[218]

7. Stellungnahme

Der Gegenleistungsansatz läuft darauf hinaus, dass grundsätzlich nur ein Vertragsschluss über die Erbringung von Dienstleistungen in öffentlichem Auftrag nach der Durchführung eines Verfahrens über die Vergabe[219] dieser Aufträge zur Anwendung des Ausgleichsansatzes führen soll.[220] Daneben bleibt es offen, ob auch Fälle außerhalb eines Vergabeverfahrens denkbar sind, die gleichfalls zur Anwendung des Ausgleichsansatzes führen könnten.

Hinter dieser Voraussetzung steht der Gedanke, einen reellen Marktwert für Gemeinwohlverpflichtungen zu ermitteln, indem der Staat gezwungen wird eine konkrete Beschreibung dieser Pflichten im Rahmen des Vergabeverfahrens zu erbringen, da vernünftige Unternehmen sich nur dann auf die Über-

---

[212] *Koenig/Kühling* ZHR 166 (2002), 656, 660.

[213] Koenig/Kühling ebd.

[214] Zustimmend vor allem *Bartosch* NJW 2002, 3588, 3590; *Nettesheim* EWS 2002, 253, 262; GA *Stix-Hackl*, Schlussanträge v. 7.11.2002, verb. Rs. C-34/01 bis C-38/01 – Enirisorse – Rn. 153ff; differenzierend: *Koenig/Kühling* ZHR 166 (2002), 656, 661f.

[215] Koenig/Kühling ebd.

[216] Vgl. GA *Jacobs*, Schlussanträge v. 30.4.2002, Rs. C-126/01 – GEMO SA - Rn. 119.

[217] *Koenig/Kühling* ZHR 166 (2002), 656, 661f. In diesem Sinne auch *Püttner*, in: Hrbek/Nettesheim, Europäische Union und mitgliedstaatliche Daseinsvorsorge, S. 32, 54f.

[218] *Bartosch* NJW 2002, 3588, 3590; *Nettesheim* EWS 2002, 253, 262.

[219] Zwingend ist die Durchführung eines solchen Verfahrens nicht in jedem Fall. Sie ist nur dann geboten, wenn die Vergabe des Dienstleistungsauftrags von den EU-Richtlinien über öffentliches Beschaffungswesen erfasst werden. Vgl. die Richtlinien 92/50/EWG, 93/37/EWG, 93/36/EWG und 93/38/EWG.

[220] So GA *Jacobs*, Schlussanträge, v. 30.4.2002, Rs. C-126/01 – GEMO SA – Rn. 119.

nahme solcher Verpflichtungen einlassen werden, wenn sie das daraus resultierende finanzielle Risiko abschätzen können. Außerdem dient die Durchführung eines Vergabeverfahrens der Stärkung des Wettbewerbs, weil dasjenige Unternehmen zum Zuge kommen wird, das die besten Leistungen zu erbringen vermag.

Die Durchführung eines Vergabeverfahrens garantiert allerdings noch nicht, dass damit immer der tatsächlich marktmäßige Preis für die Übernahme von Gemeinwohlverpflichtungen ermittelt werden kann. Im Rahmen dieses Verfahrens ist schließlich nicht nur der niedrigste Preis, den ein Unternehmen für die Übernahme des Auftrags verlangt, maßgeblich. Gerade im Bereich der Daseinsvorsorge spielen noch andere Kriterien, wie Zuverlässigkeit, Beständigkeit und Erfahrung eine Rolle bei der Entscheidung, welches Unternehmen den Zuschlag erhält. Zudem ergeben sich natürlich Schwierigkeiten, wenn an dem Vergabeverfahren nur ein einziges Unternehmen teilnimmt, oder wenn es unzulässige Absprachen zwischen den Konkurrenten hinsichtlich der Preisgestaltung geben sollte.

Ein Widerspruch zur *Ferring*-Entscheidung lässt sich indes nicht feststellen, da der Gerichtshof es dort offen gelassen hat, wie der Betrag, der zur Erfüllung der Gemeinwohlverpflichtung zusätzlich notwendig ist, tatsächlich zu ermitteln ist. Insoweit dient die Durchführung des Vergabeverfahrens der Ermittlung dieses Grenzwerts und gleichzeitig der Disziplinierung der staatlichen Stellen, die zu einer präzisen Beschreibung der Gemeinwohlverpflichtungen gezwungen wären, wenn sie ein langwieriges Notifizierungsverfahren vermeiden wollen.[221]

III. Weitergehende Untersuchung der *Ferring*-Entscheidung

Eine weitergehende Untersuchung der *Ferring*-Entscheidung führt zu der zentralen Frage, wie das Merkmal der Begünstigung, insbesondere unter Einbeziehung von staatlichen Leistungen als Gegenleistung für Sonderbelastungen, auszulegen ist. Dieser Überlegung kommt entscheidende Bedeutung für die Entscheidung zwischen Tatbestands- und Rechtfertigungslösung zu.

---

[221] *Bartosch* NJW 2002, 3588, 3590 weist in diesem Zusammenhang darauf hin, dass eine Überprüfung der Maßnahme anhand der *Ferring*-Rechtsprechung ohne klare Vorgaben hinsichtlich der Gemeinwohlverpflichtung nicht möglich wäre. Die Voraussetzungen des Gegenleistungsansatzes müssten daher gleichsam automatisch in der Praxis erfüllt sein, um auch die Voraussetzungen der *Ferring*-Entscheidung zu erfüllen.

1. Begünstigung

Ausgangspunkt der Betrachtung ist eine staatliche Maßnahme. Diese muss eine Begünstigung im Sinne des Art. 87 Abs. 1 EG darstellen. Das bedeutet, der Staat muss dem Betreffenden *freiwillig* und *unentgeltlich*, also ohne marktgerecht entlohnte Gegenleistung, einen finanziellen Vorteil zukommen lassen, sei es im Wege einer positiven Leistung, sei es durch die Befreiung von üblicherweise zu tragenden Belastungen.[222] Rechtsform und Zweck der begünstigenden Maßnahme sind bedeutungslos. Entscheidend ist nur die tatsächliche Wirkung einer mitgliedstaatlichen Maßnahme.[223] Daher sind Maßnahmen nicht bereits deshalb von einer Einordnung als Beihilfe ausgenommen, weil sie einen sozialen, regional-, wirtschafts-, industrie-, oder arbeitsmarktpolitischen Zweck verfolgen.[224]

a) Empfang einer Leistung

Nach der ständigen Rechtsprechung des EuGH muss die Beihilfe *„einen Vorteil gewähren, der in verschiedener Form die Belastungen vermindert, die ein Unternehmen normalerweise zu tragen hat“*.[225] Gemeint ist damit die freiwillige Zuwendung eines wirtschaftlichen Vorteils jedweder Art.[226]

Darunter fällt nicht nur die positive Handlung, wie die Zuführung von Geldmitteln als ein Fall des klassischen Subventionsbegriffs, sondern auch Maßnahmen, welche die Belastungen von Unternehmen mindern.[227] Exempla-

---

[222] EuGH v. 23.2.1961, Rs. 30/59 – De Gezamenlijke Steenkolenmijnen/Hohe Behörde – Slg. 1961, 1, 43; *Geiss*, Rechtsstaatliche Grundsätze im Beihilferecht der Europäischen Gemeinschaft, S. 32; *Koenig/Kühling/Ritter*, EG-Beihilfenrecht, S. 40; *Cremer*, in: Calliess/Ruffert, EUV/EGV, Art. 87, Rn. 7; *Oppermann* Europarecht Rn. 1111; *Mederer*, in: Schröter/Jakob/Mederer, Europäisches Wettbewerbsrecht, Art. 87, Rn. 5; *Oder*, Das gemeinschaftliche Beihilfenkontrollverfahren nach Art. 93 EG-Vertrag, S. 36.

[223] EuGH v. 2.7.1974, Rs. 173/73 – Italien/Kommission – Slg. 1974, 709, Rn. 26/28; EuGH v. 24.2.1987, Rs. 310/85 – Deufil – Slg. 1987, 901, Rn. 8.

[224] EuGH v. 7.3.2002, Rs- C-310/99 – Italien/Kommission – Slg. 2002, I-2289; vgl. auch *Nowak* EuZW 2003, 389, 393 m.w.N. zur Rechtsprechung des EuG.

[225] EuGH v. 19.9.2000, Rs. C-156/98 –Deutschland/Kommission – Slg. 2000, I-6857 Rn. 25; EuGH v. 26.9.1996, Rs. C-241/94 – Frankreich/Kommission – Slg. 1996, I-4551; EuGH v. 11.7.1996, Rs. C-39/94 – SFEI – Slg. 1996, I-3547; EuGH v. 20.11.2003, Rs. C-126/01 – GEMO SA – Rn. 28.

[226] Die Begriffe sind hier nicht immer einheitlich. Manche Autoren sprechen in diesem Zusammenhang von der Leistung eines geldwerten Vorteils, vgl. *Koenig/Kühling/Ritter*, EG-Beihilfenrecht, S. 40. Andere sprechen von staatlichen Vergünstigungen durch Bevorzugung bestimmter Unternehmen, *Frisinger/Behr* RIW 1995, 708, 710. Sie alle verstehen aber auch darunter sowohl die Zuführung von Geldmitteln wie die Belastungsminderung.

[227] EuGH v. 15.3.1994, Rs. C-387/92 – Banco Exterior de España – Slg. 1994, I-877 Rn. 13f; EuGH v. 29.6.1999, Rs. C-256/97 – DMT – Slg. 1999, I-3913, Rn. 19; zustimmend

risch[228] zu nennen sind: Befreiungen von Soziallasten, Sondertarife oder finanzielle Verschonungen, wie Steuer- und Abgabenerleichterungen,[229] Grundstücksverkäufe unter Wert,[230] staatliche Beteiligungen an privaten oder öffentlichen Unternehmen.[231] Außerdem sind noch die Fälle von Quersubventionen in dem Wettbewerb unterliegende Marktsegmente eines Unternehmens zu nennen.[232] Bei der Betrachtung der Wirkung einer Maßnahme, besteht der Vorteilseffekt der Maßnahme regelmäßig in einer staatlich veranlassten Kostensenkungswirkung beim begünstigten Unternehmen.[233] Das begünstigte Unternehmen ist in der Lage, aufgrund dieser Kostensenkung in vorteilhafter Weise im Wettbewerb zu agieren, während ihm dieses ohne die Begünstigung nicht möglich gewesen wäre. Dabei ist es wichtig, festzuhalten, dass sich letztlich die Begünstigung in ihrer Wirkung auf den tatsächlichen oder potentiellen Wettbewerb des begünstigten mit anderen Unternehmen auswirken muss. Abzugrenzen sind von den Subventionen allerdings noch staatliche Investitionen, welche die öffentliche Hand wie jeder Wirtschaftsteilnehmer vornehmen darf.[234]

b) Keine angemessene Gegenleistung

Die Zuwendung eines Vorteils ist nur dann eine Beihilfe, wenn sie unentgeltlich erfolgt, also der Zuwendung keine angemessene Gegenleistung für

---

Koenig/Kühling/Ritter, EG-Beihilfenrecht, S. 40; *Bleckmann/Koch*, in: Bleckmann Europarecht Rn. 2052; *Bär-Bouyssière*, in: Schwarze, EU, Art. 87, Rn. 27.

228 Ein detailreicher Überblick zu den von den Gemeinschaftsgerichten bislang anerkannten Fällen der Belastungsminderung bei *Bär-Bouyssière*, in: Schwarze, EU, Art. 87, Rn. 27; siehe auch *Hakenberg/Erlbacher* EWS 2001, 208, 210ff; *Hancher/Ottervanger/Slot*, E.C. State Aids, Nr. 2-030ff.

229 Vgl. dazu EuGH v. 26.9.1999, Rs. C-256/97 – DTM – Slg. 1999, I-3913 mit Anmerkung von *Streinz*, JuS 2000, 487f; EuGH v. 17.6.1999, Rs. 295/97 – Piaggio – Slg. 1999, I-3735.

230 Vgl. dazu *Schütterle* EuZW 1993, 625ff.

231 EuGH v. 14.11.1984, Rs. 323/82 – Intermills-Industrie/Kommission – Slg. 1984, 3809, Rn. 31; EuGH v. 13.3.1985, verb. Rs. 296/82 und 318/82 – Niederlande und Leeuwarder Papierwarenfabriek BV/Kommission – Slg. 1985, 809, Rn. 20; EuGH v. 10.7.1986, Rs. 40/95 – Belgien/Kommission – Slg. 1986, 2321, Rn. 12ff.

232 EuGH v. 11.7.1996, Rs. C-39/94 – SFEI/La Poste – Slg. 1996, I-3547; EuGH v. 2.4.1998, Rs. C-367/95 P – Kommission/Sytraval – Slg. 1998, I-1719; EuG v. 27.2.1997, Rs. T-106/95 – FFSA – Slg. 1997, II-229.

233 *Koenig/Kühling/Ritter*, EG-Beihilfenrecht, S. 42; abwegig: *Frisinger/Behr* RIW 1995, 708, 710, die eine Staatsbürgschaft für ein Unternehmensdarlehen allein als eine Beihilfe an das unterstützte Unternehmen begreifen, nicht aber als Beihilfe an die auszahlende Bank.

234 EuGH v. 2.2.1988, verb. Rs. 67, 68 u. 70/85 – Van der Kooy – Slg. 1985, 219; *Nicolaysen*, Europarecht II, S. 282; *Fischer* Europarecht S. 371. Zu beachten ist in diesem Zusammenhang jedoch der Grundsatz des *marktwirtschaftlich handelnden Kapitalgebers*, der eine marktgerechte Investition durch den Staat garantieren soll. Vgl. dazu *Geiss*, Rechtsstaatliche Grundsätze im Beihilferecht der Europäischen Gemeinschaft, S. 35ff.

erbrachte Dienstleistungen gegenübersteht.[235] Der ebenfalls bisweilen verwendete Begriff der Einseitigkeit[236] der Maßnahme weist eine Unschärfe auf, denn es sind nicht nur einseitige Vorteilsgewährungen gemeint, sondern auch die Fälle, in denen das begünstigte Unternehmen durchaus eine Gegenleistung für die staatliche Leistung erbringt, diese aber der staatlichen Leistung im Wert nicht entspricht.[237]

Bei der Betrachtung der Verknüpfung von Leistung und Gegenleistung ist eine wirtschaftliche Gesamtbetrachtung vor dem Hintergrund „normaler Marktbedingungen" anzustellen.[238]

Problematisch ist mitunter, welche Maßstäbe für die Beurteilung der Angemessenheit von Leistung und Gegenleistung anzulegen sind. Das gilt vor allem, wenn es einen transparenten Marktpreis für die Leistung nicht gibt. Die Kommission knüpft hier hauptsächlich an formale Kriterien, insbesondere die in objektiven Bietverfahren erzielten Preise an.[239] Die Kommission akzeptiert aber auch den detaillierten Nachweis der Kosten für die Erbringung bestimmter Leistungen.[240]

Zur Bestimmung der Marktüblichkeit wird auch der sog. *private investor test* (Prinzip des marktwirtschaftlich handelnden Kapitalgebers) herangezogen.[241] Dabei wird danach gefragt, wie sich ein marktwirtschaftlich handelnder Privatinvestor unter den konkreten Umständen verhalten hätte.[242] Dieser Test, der eine Ausprägung des Grundsatzes der Gleichbehandlung von

---

[235] EuGH v. 7.2.1985, Rs. 240/83 – ADBHU – Slg. 1985, 531, Rn. 17f; EuGH v. 22.3.1977, Rs. 78/76 – Steinike und Weinlig – Slg. 1977, 595, Rn. 22; *Bär-Bouyssière*, in: Schwarze, EU, Art. 87, Rn. 27; *Müller-Graff* ZHR 152 (1988), S. 403; *Cremer*, in: Calliess/Ruffert, EUV/EGV, Art. 87, Rn. 7; *Koenig/Kühling*, in: Streinz, EUV/EGV, Art. 87 Rn. 27; *Niemeyer* EuZW 1993, 273; *Lefèvre*, Staatliche Ausfuhrförderung und das Verbot wettbewerbsverfälschender Beihilfen im EWG-Vertrag, S. 113; *Rengeling*, in: KSE, Bd. 32, S. 23, 27; *Sánchez Rydelski*, Hdb. EU Beihilferecht, S. 63; *Mederer*, in: Schröter/Jakob/Mederer, Art. 87, Rn. 6, der jedoch von „*Einseitigkeit*" der Leistung spricht.

[236] *Mederer*, in: GTE II, Art. 92, Rn. 6.

[237] EuG v. 28.1.1999, Rs. T-14/96 – BAI – Slg. 1999, II-139, Rn. 71ff; Hancher/Ottervanger/Slot, E.C. State Aids, Nr. 2-007. Siehe auch die Entscheidung der Kommission v. 8.7.1999, ABl. 2000 L 150/1 sowie die Schlussanträge des GA *Tizziano* v. 20.9.2001, Rs. C-209/00 – WestLB.

[238] *Koenig/Kühling* NJW 2000, 1065, 1066; *dies./Ritter*, EG-Beihilfenrecht, S. 43.

[239] *Bär-Bouyssière*, in: Schwarze, EU, Art, 87, Rn. 28; *Cremer*, in: Calliess/Ruffert, EUV/EGV, Art. 87, Rn. 7; *Koenig/Kühling/Ritter*, EG-Beihilfenrecht, S. 44.

[240] Vgl. die Pressemitteilung IP/96/882 der Kommission v. 10.2.1998; sowie EuG v. 10.5.2000, Rs. T-46/97 – SIC – Rn. 75ff.

[241] *Bär-Bouyssière*, in: Schwarze, EU, Art. 87, Rn. 30; *Crellwitz*, Artikel 87 EGV zwischen Wettbewerbsfreiheit und Beschäftigungspolitik, S. 33; Mitteilung der Kommission, ABl. 1993 Nr. L 254, S. 16, Z. 13-21; vgl. auch *Hakenberg/Erlbacher* EWS 2001, 208, 211.

[242] Der EuGH überlässt Feststellungen hierzu in der Regel den nationalen Gerichten – EuGH v. 29.6.1999, Rs. C-256/97 – DMT – Slg. 1999, I-3913, Rn. 22ff.

öffentlichem und privatem Sektor darstellt,[243] findet vor allem im Bereich der staatlichen Eigenkapitalbeteiligung an privaten Unternehmen Anwendung.[244] Er betrifft aber auch die Kreditvergabe und Bürgschaftsvereinbarungen zugunsten privater Unternehmen.[245]

Neben den Gegenleistungen werden ebenfalls nicht als Beihilfen angesehen Ausgleichszahlungen des Staates, zu denen dieser von Rechts wegen verpflichtet ist.[246] Das betrifft beispielsweise die Erstattung zu Unrecht erhobener Abgaben[247] oder die Zahlung von Schadensersatz.[248]

Manche kritisieren die Verrechnung von Leistung und Gegenleistung mit dem Argument, dass bereits die Auslastung von Produktions- und Lagerkapazitäten durch, wenn auch geringe, Aufträge wettbewerbsverzerrend wirken könnten.[249]

c) Behandlung dieser Kriterien in der Ferring-Entscheidung

aa) Brutto- und Nettokonzeption der staatlichen Leistung

In der *Ferring*-Entscheidung steht der Europäische Gerichtshof auf dem Standpunkt, dass Maßnahmen, die sich darauf beschränken, die Kosten der gemeinwirtschaftlichen Verpflichtungen auszugleichen, keinen Vorteil darstellen.[250] Soweit die Erfüllung der Verpflichtungen zusätzliche Kosten hervorrufe, habe eine solche Maßnahme lediglich die Wirkung, das begünstigte Unternehmen in die gleiche Lage zu versetzen wie seine Konkurrenten. Diese Maßnahme verschaffe dem begünstigten Unternehmen daher keinen echten Vorteil und könne dadurch nicht den Wettbewerb verfälschen. Der Gerichtshof geht nach einer Netto-Konzeption der Beihilfe vor.[251]

Die Anhänger der Rechtfertigungslösung,[252] gehen dagegen von einer Brutto-Konzeption, also einer stets getrennten Betrachtung von Leistung und Ausgleichsleistung, aus. Die Brutto-Konzeption sei von den Vertragsgebern vorausgesetzt worden und finde sich zudem in den Art. 87 Abs. 2 und 3 und in Art. 73 EG. Jeder staatlichen Leistung im Beihilfenbereich stehe eine Ge-

---

[243] *Nowak* EuZW 2001, 293, 295.
[244] *Koenig/Kühling/Ritter*, EG-Beihilfenrecht, S. 46 m.w.N.
[245] *Bär-Bouyssière,* in: Schwarze, EU, Art. 87, Rn. 30.
[246] *Fischer* Europarecht, S. 372.
[247] EuGH v. 27.3.1980, Rs. 61/79 – Denkavit – Slg. 1980, 1205.
[248] EuGH v. 27.9.1988, verb. Rs. 106 bis 120/87 – Asteris – Slg. 1988, 5515.
[249] *Gas/Rücker* DÖV 2004, 56, 62; *Gundel* RIW 2002, 222, 225.
[250] Vgl. EuGH v. 22.11.2001, Rs. C-53/00 – Ferring/ACOSS – Slg. 2001, I-9067 Rn. 25ff.
[251] Schlussantrag des GA *Léger* v. 14.1.2003, Rs. C-280/00 (Wiedereröffnung der mündlichen Verhandlung), Slg. 2003, I-7747, Rn. 31.
[252] Schlussantrag des GA *Léger* v. 14.1.2003, Rs. C-280/00 (Wiedereröffnung der mündlichen Verhandlung), Slg. 2003, I-7747, Rn. 33ff. Ihm zustimmend *Herten-Koch/Pick* LKV 2004, 62.

genleistung des Begünstigten gegenüber, da gemäß Art. 87 Abs. 2 und 3 EG eine Beihilfe nur dann als mit dem Gemeinsamen Markt vereinbar angesehen werden könne, wenn sie bestimmte Ziele, namentlich die Ziele der Europäischen Gemeinschaft, verfolge. Die Gegenleistung erscheine dann in Gestalt einer Investition. Am Ende verbleibe dem Begünstigten daher netto praktisch keinerlei Vorteil. Eine ähnliche Verknüpfung von Leistung und Gegenleistung sei auch in Art. 73 EG erkennbar vorausgesetzt.

Die Anwendung einer Brutto-Konzeption steht im Gegensatz zu den anerkannten Grundsätzen des Beihilfenrechts. Der EG-Vertrag geht davon aus, dass nur solche Zuwendungen als Beihilfen aufzufassen sind, die keine marktgerechte Gegenleistung für eine von diesem Wirtschaftsteilnehmer erbrachte Leistung darstellen.[253] Schwerpunkt dieser Betrachtung ist die Frage, ob die Gegenleistung dem Wert der staatlichen Leistung entspricht oder diese übersteigt. Folgte man dem Brutto-Prinzip, wäre jegliche staatliche Zuwendung als Beihilfe anzusehen und somit grundsätzlich notifizierungspflichtig, etwa auch staatliche Zahlungen im rein fiskalischen Bereich. Ein Rechtfertigung solcher Leistungen wäre aber gar nicht möglich, da sie weder unter den Anwendungsbereich des Art. 87 Abs. 2 und 3 EG noch unter Art. 86 Abs. 2 EG fallen würden. Im Ergebnis wären solche Leistungen grundsätzlich als gemeinschaftsrechtswidrig einzustufen. Daher geht das Brutto-Konzept zu weit. Leitbild des gemeinschaftlichen Beihilferechts ist die Verhinderung von Vorteilen, die sich durch Kostensenkung bei einem Unternehmen auf dessen Stellung im Wettbewerb auswirken.[254] Die Leistungserbringung infolge gemeinwirtschaftlicher Verpflichtungen bringt dem Unternehmen regelmäßig keinen Vorteil. Sonst wäre eine Verpflichtung des Unternehmens nicht notwendig. Die Leistungserbringung verursacht daher nur Mehrkosten. Ein deckungsgenauer Ausgleich dieser Kosten erlaubt es dem Unternehmen somit nicht, in irgendeiner Weise finanzielle Vorteile zu realisieren, die ihm ein stärkeres Auftreten auf einem dem Wettbewerb unterworfenen Markt ermöglichen würden. Nichts anderes soll aber Art. 87 Abs. 1 EG verhindern, denn genau das wäre wettbewerbsfeindlich.

---

[253] *Koenig/Kühling*, in: Streinz, EUV/EGV, Art. 87, Rn. 31; *Cremer*, in: Calliess/Ruffert, EUV/EGV, Art. 87, Rn. 7; *Lefèvre*, Staatliche Ausfuhrförderung und das Verbot wettbewerbsverfälschender Beihilfen im EWG Vertrag, S. 113f; *Rengeling*, Das Beihilfenrecht der Europäischen Gemeinschaften, in: KSE, Bd. 32, S. 23, 26; *Müller-Graff* ZHR 152 (1988), S. 403; *Ehle/Meier*, EWG-Warenverkehr, Außenhandel-Zölle-Subventionen, S. 244; *Niemeyer* EuZW 1993, 273; *Mederer*, in: GTE II, Art. 92, Rn. 6.

[254] Siehe dazu bereits oben III 1 a.

bb) Gegenleistungsverhältnis

Der Gerichtshof sah im *Ferring*-Verfahren ohne weiteres ein Gegenleistungsverhältnis zwischen der Übernahme der Gemeinwohlverpflichtungen durch die Großhändler und der Nichterhebung der Direktverkaufsabgabe und stellte dabei auf einen Vergleich mit seiner *Altöl*-Entscheidung ab.[255]

In beiden Verfahren bestand die Schwierigkeit, dass die Leistung des Unternehmens und die staatliche Ausgleichsleistung nicht unmittelbar in einem Gegenleistungsverhältnis stehen, da die Leistung des Unternehmens unmittelbar zugunsten des Gemeinwohls erfolgt. Daran schließt sich die Frage an, was genau unter Leistung und Gegenleistung in diesem Sinne zu verstehen ist.

Es fällt auf, dass der Gerichtshof in der *Altöl*-Entscheidung nur auf das Gegenleistungsverhältnis zwischen den Leistungen der Unternehmen, also das Abholen oder Beseitigen von Altöl, auf der einen und den staatlichen Zuschüssen auf der anderen Seite abstellte. Er bezog sich hingegen nicht auf die durch die Richtlinie aufgestellten Verpflichtungen, die gerade auf diese Leistungen der Unternehmen abzielten. Insoweit entstand eine Dreiecks-Situation. Die Abhol- und Entsorgungsunternehmen waren gegenüber dem Staat nach Art. 5 der Richtlinie verpflichtet. In umgekehrter Richtung flossen die Zuschüsse aus der Abgabe auf Ölprodukte. Das vom Gerichtshof herangezogene Leistungsverhältnis bezüglich Abholung und Beseitigung des Altöls bestand dagegen zwischen den Unternehmen und den Altöl produzierenden Unternehmen. Das gleiche gilt für die Gemeinwohlverpflichtung der Großhändler und die Nichterhebung der Direktverkaufsabgabe in der *Ferring*-Entscheidung. Es ist fraglich, ob man insoweit von einem Gegenleistungsverhältnis zwischen Staat und Unternehmen sprechen kann.

Lübbig/Martín-Ehlers verneinen dieses, da sie nur eine synallagmatische Verknüpfung von Leistung und Gegenleistung als tatbestandsausschließend anerkennen wollen.[256] Eine Verrechnung von Leistung und Gegenleistung sei hier nicht möglich, da die öffentliche Hand nicht selbst Empfänger einer Leistung der Unternehmen sei; diese leisteten vielmehr an die Öffentlichkeit. Zwar sei grundsätzlich auch eine Leistung an Dritte möglich, ein Gegenleistungsverhältnis bestünde jedoch nur dann, wenn die öffentliche Hand den Dritten gegenüber zur Leistung verpflichtet sei. Daseinsvorsorge zähle zwar zu den Verpflichtungen der öffentlichen Hand, es existiere jedoch keine Vergütungspflicht der Leistungsempfänger gegenüber der öffentlichen Hand.

---

[255] EuGH v. 22.11.2001, Rs. C-53/00 – Ferring/ACOSS – Slg. 2001, I-9067 Rn. 26.
[256] Vgl. *Lübbig/Martín-Ehlers*, Beihilfenrecht der EU, Rn. 467ff.

Ein Gegenleistungsverhältnis ist jedoch aus zwei Gründen zu bejahen. Zunächst lässt sich eine zivilrechtliche Überlegung anstellen. Gegenseitige Verträge sind nur typischerweise synallagmatisch, das heißt echte Austauschverträge zwischen zwei Parteien; eine Ausgestaltung, die statt eines Austauschs auch eine Leistung zugunsten eines Dritten ermöglicht, ist genauso als gegenseitig anzusehen.[257] Maßgeblich ist der Grundsatz des *do ut des*. Die Besonderheit dieser Verträge besteht in der gegenseitigen Abhängigkeit der beiderseitigen Hauptverpflichtungen zur Leistung und zur Gegenleistung.[258] Genauso ist es aber bei den hier zu untersuchenden Leistungen. Die eine Leistung würde nicht ohne die andere erbracht.

Es führt zu weit, eine Gegenleistung nur dann anzunehmen, wenn die öffentliche Hand dem Dritten gegenüber zur Leistung verpflichtet ist, denn im Beihilfebereich bestehen typischerweise nie Verpflichtungen der öffentlichen Hand in dieser Weise. Es muss daher ausreichen, wenn die Erbringung der Leistung an Dritte lediglich im Interesse der öffentlichen Hand liegt, das heißt vor allem in Erfüllung ihrer Aufgaben erfolgt oder den Zielsetzungen der Europäischen Gemeinschaft entspricht.

Zweitens kann man darauf abstellen, dass es dem Gerichtshof auf den Charakter des wirtschaftlichen Ausgleichs der Leistungen ankam. Entscheidend sind im Beihilfenrecht stets die Wirkungen einer Maßnahme.[259] Es ist aber wirtschaftlich nicht nachzuvollziehen, dass die Leistungen des Staates gleichsam ohne Gegenleistung der Unternehmen erfolgten, so als hätten diese gar nicht geleistet. Bei wirtschaftlicher Betrachtung stellen sich die beiden Leistungen trotz des Leistungs-Dreiecksverhältnisses letztlich als gegenseitige Leistungen dar.

In der Stellungnahme der Kommission zum Verfahren, auf die der Gerichtshof sich in den Entscheidungsgründen bezieht,[260] thematisiert die Kommission, dass die Zuschüsse *„als Ausgleich“* für die Verpflichtungen gewährt würden, die den Abhol- und Beseitigungsunternehmen auferlegt seien.[261] Man kann demnach auch auf das Gegenleistungsverhältnis zwischen Zuschussleistung und der Verpflichtung der betroffenen Unternehmen gegenüber dem Staat abstellen.

Maßgeblich für das Vorliegen einer Gegenleistung ist demzufolge die Existenz einer gemeinwohlorientierten Verpflichtung als Ursache eines Zuschus-

---

257 Vgl. RG 150, 129, 133.

258 *Brox/Walker*, Allgemeines Schuldrecht, § 3 Rn. 2.

259 EuGH v. 2.7.1974, Rs. 173/73 – Italien/Kommission – Slg. 1974, 709 Rn. 26; EuGH v. 24.2.1987, Rs. 310/85 – Deufil – Slg. 1987, 901 Rn. 8; *Götz*, in: Dauses, Hdb. des EU-Wirtschaftsrechts, H.III Rn. 24.

260 EuGH v. 7.2.1985, Rs. 240/85 – ADBHU – Slg. 1985, 531 Rn. 18.

261 Kommission, vgl. EuGH v. 7.2.1985, Rs. 240/85 – ADBHU – Slg. 1985, 531, 543.

ses. Bei der einseitigen Leistung fehlt dagegen eine solche Verpflichtung. Leistungen und Ausgleichsleistungen in den genannten Verfahren sind daher zu Recht als Leistung und Gegenleistung im Sinne des Begünstigungsmerkmals aufzufassen.

Der vom Gerichtshof in ständiger Rechtsprechung weit gefasste Beihilfenbegriff[262] dient letztlich dazu, möglichst alle Formen der vielfältigen Möglichkeiten staatlicher Beihilfen zu erfassen. Das ist notwendig, da es zahlreiche Umgehungsformen der direkten staatlichen Subvention gibt.[263] Dieses bedeutet jedoch nicht, dass dadurch automatisch möglichst viele Formen staatlicher Leistungen unmittelbar der Beihilfenkontrolle unterworfen werden sollen. Die *Ferring*-Entscheidung zielt, wie schon gezeigt wurde, in erster Linie auf verfahrensrechtliche Konsequenzen ab.

Vor diesem Hintergrund gewinnt daher eine andere Frage an Bedeutung, die den Gerichtshof in anderem Zusammenhang bereits beschäftigt hat: Die Frage des materiellen Vergleichsmaßstabs zur Bestimmung der Marktüblichkeit.[264] Auf den Fall *Ferring* übertragen bedeutet das, einen Weg zu suchen, wie überprüft werden kann, ob die staatliche Ausgleichsleistung die Kosten der Gemeinwohlverpflichtung übersteigt. Diese Frage wurde in der *Ferring*-Entscheidung jedoch offen gelassen. Generalanwalt *Jacobs* hat hierzu einen Vorschlag gemacht.[265] Der Gerichtshof hat sich hierzu erst in der *Altmark Trans*-Entscheidung geäußert.

Liegt eine Überkompensation vor, so nimmt der Gerichtshof *insoweit* keine Gegenleistung an.[266] Diese Betrachtung ähnelt der Berechnung des Beihilfenäquivalents, das sich aus der Differenz zwischen dem Marktwert der tatsächlich erbrachten Leistung und der tatsächlich erhaltenen Gegenleistung ergibt.[267] Dieses entspricht auch einer wirtschaftlichen Betrachtung, denn der Leistungsanteil, der die Kosten der Gemeinwohlverpflichtung übersteigt, wirkt sich bei dem bezuschussten Unternehmen letztlich begünstigend aus. Es erhält insoweit tatsächlich einen finanziellen Vorteil, dem keine Gegenleistung gegenüber steht. Allerdings würde es zu weit führen, die Leistung insgesamt als Begünstigung zu qualifizieren.

---

[262] StRspr. seit EuGH v. 23.2.1961, Rs. 30/59 – De Gezamlijke Steenkolenmijen – Slg. 1961, 1, 43.

[263] *Nicolaysen*, Europarecht II, S. 281f.

[264] Zur Prüfung der Angemessenheit von Leistung und Gegenleistung ziehen sowohl die Kommission als auch der EuGH den *private investor test* heran, der eine staatliche Kapitalzuführung an dem hypothetischen Verhalten eines privaten Vergleichsinvestors misst. Siehe dazu: *Hakenberg/Erlbacher* EWS 2003, 201, 204.

[265] Vgl. dazu oben C II 5 b).

[266] EuGH v. 22.11.2001, Rs. C-53/00 – Ferring/ACOSS – Slg. 2001, I-9067 Rn. 29.

[267] Siehe EuG v. 30.4.1998, Rs. T-16/96 – Cityflyer Express – Slg. 1998, II-757 Rn. 52f; *Koenig/Kühling/Ritter*, EG-Beihilfenrecht, S. 48f.

Insgesamt geht der Gerichtshof zu Recht davon aus, dass eine staatliche Ausgleichsleistung insoweit keine Begünstigung und damit keine Beihilfe im Sinne des Art 87 Abs. 1 EG darstellt, als sie nicht über den Betrag der Kosten, die für die Erfüllung einer Gemeinwohlverpflichtung anfallen, hinausgeht.

2. Bestimmung der Höhe des zulässigen Ausgleichs

Der Gerichtshof konzentrierte sich in der *Ferring*-Entscheidung auf die Klärung der Frage, ob eine Ausgleichsleistung für die Übernahme von Gemeinwohlverpflichtungen eine den Tatbestand der Begünstigung ausschließende Gegenleistung darstellt. Im übrigen stellte er lediglich fest, dass Ausgleichsleistungen nur insoweit eine staatliche Beihilfe darstellen, als der Vorteil, den sie daraus ziehen, die zusätzlichen Kosten übersteigt, die ihnen durch die gemeinwirtschaftlichen Pflichten entstehen.

Der Gerichtshof stellt also für den Vergleich der Kosten mit der Ausgleichsleistung auf einen subjektiven Bemessungsmaßstab ab, da er die tatsächlich entstandenen Kosten ins Visier nimmt, nicht den Betrag *angemessener* Kosten.[268] Dadurch wird nicht verhindert, dass ineffiziente Maßnahmen gefördert werden, die tatsächlich weit über den Kosten effizienterer Maßnahmen liegen.[269] In diesem Zusammenhang besteht die Gefahr einer wettbewerbsschädlichen Quersubventionierung mit Mitteln, die über die realistischen Nettomehrkosten der Aufgabenerfüllung hinausgehen.[270]

Hier zeigt sich auch die von Generalanwalt *Jacobs* bemängelte Schwäche der *Ferring*-Entscheidung, keine klaren Kriterien für die Bemessung dieser Faktoren aufzustellen. *Jacobs* löst dieses Problem durch die Kostenbemessung im Rahmen eines Vergabeverfahrens.[271]

Auf der anderen Seite wurde vom Gerichtshof die Frage offen gelassen, ob und in welchem Umfang ein Gewinninteresse des Unternehmens im Rahmen der Vorteilsberechnung zu berücksichtigen ist.

3. Verfahrensrechtliches

Auch in verfahrensrechtlicher Hinsicht besteht bei der *Ferring*-Entscheidung auf den ersten Blick eine Ungereimtheit. Es existiert scheinbar ein Widerspruch zur Systematik des Verfahrens bei neuen Beihilfen nach Art. 88 Abs. 3

---

[268] Vgl. *Kühling/Wachinger* NVwZ 2003, 1202, 1203; *Koenig/Haratsch* ZUM 2003, 804, 810.
[269] *Püttner*, in: Hrbek/Nettesheim, Europäische Union und mitgliedstaatliche Daseinsvorsorge, S. 32, 55.
[270] *Bartosch* NVwZ 2002, 174, 175.
[271] GA *Jacobs*, Schlussanträge v. 30.4.2002, Rs. C-126/01 – GEMO SA – Rn. 119.

EG, Art. 2 bis 9 VerfVO. Neue Beihilfen sind nach diesen Vorschriften prinzipiell bei der Kommission anzumelden. Die Kommission kann nach Abschluss des Vorprüfungsverfahrens drei Arten von Entscheidungen treffen:[272] Sie erklärt das Vorhaben zur Beihilfe, die aber mit dem Gemeinsamen Markt vereinbar ist. Das führt zu einer Positiventscheidung nach Art. 7 Abs. 3, Abs. 4 VerfVO. Kann die Beihilfe nicht genehmigt werden, erlässt die Kommission eine Negativentscheidung nach Art. 7 Abs. 5 VerfVO. Die Kommission kann aber auch feststellen, dass die angemeldete Maßnahme keine Beihilfe darstellt, Art. 7 Abs. 2 EG.

Nun stellt sich die Frage, ob die Verfahrensverordnung davon ausgeht, dass jedwede Maßnahme nach Art. 88 Abs. 3 EG anzumelden ist und es letztlich eine Fragestellung des Vorprüfungsverfahrens ist, ob die Maßnahme als Beihilfe eingeordnet werden muss oder nicht. Das hätte für den Fall *Ferring* zur Folge, dass auch Ausgleichsmaßnahme, die nicht als Beihilfen anzusehen sind, prinzipiell notifiziert werden müssten.

Es sprechen einige Gesichtspunkte gegen diese Überlegung. Es ist davon auszugehen, dass der Gerichtshof letztlich auch über die Frage der Notifizierungspflicht bei Ausgleichsleistungen entscheiden wollte. Die verfahrensrechtlichen Auswirkungen stellen die einzigen Unterschiede zwischen der Tatbestands- und der Rechtfertigungslösung dar. Wenn sich der Gerichtshof erstmals derart ausdrücklich zur Tatbestandslösung bekennt, muss das bedeuten, dass es ihm am Ende zumindest auch darauf ankam, die verfahrensrechtlichen Rechtsfolgen der Tatbestandslösung zu erwirken.

Zudem ist es als problematisch anzusehen, wenn eine bloße sekundärrechtliche Verschrift zur Interpretation des EG-Vertrages herangezogen wird, denn das Primärrecht ist gegenüber dem Sekundärrecht vorrangig.[273]

Außerdem geht Art. 7 VerfVO bei genauer Betrachtung nicht von einer derart weitgehenden Notifizierungspflicht aus. Die Überschrift des Art. 7 VerfVO „*Entscheidungen der Kommission über den Abschluss des förmlichen Prüfverfahrens*“ verdeutlicht, dass die Norm hauptsächlich den *Abschluss* eines einmal eingeleiteten Verfahrens regelt, nicht aber die Voraussetzungen der Verfahrenseinleitung. Der Kommission muss im Zuge ihrer Abschlussentscheidung aber auch die Möglichkeit gegeben werden, eine angemeldete Maßnahme nicht als Beihilfe einzustufen.

---

[272] Vgl. dazu *Koenig/Kühling/Ritter*, EU-Beihilfenrecht, S. 185.
[273] *Ruffert*, in: Calliess/Ruffert, EUV/EGV, Art. 249, Rn. 9.

IV. Abschließende Beurteilung der *Ferring*-Entscheidung

Die *Ferring*-Entscheidung des Europäischen Gerichtshofs sah sich einiger Kritik durch Generalanwalt *Léger* und gewisser Stimmen in der Literatur ausgesetzt. Die zentralen von *Léger* vorgebrachten Kritikpunkte des Vermengens der Tatbestände des Art. 87 Abs. 1 und Art. 86 Abs. 2 EG, des Verlustes des effet utile des Art. 86 Abs. 2 EG und des Kontrollverlustes der Kommission in Beihilfeverfahren für Dienste von allgemeinem wirtschaftlichem Interesse, halten einer kritischen Überprüfung allerdings nicht stand.

Teilweise ablehnend steht der Entscheidung Generalanwalt *Jacobs* gegenüber, der weder der Tatbestands-, noch der Rechtfertigungslösung im Grundsatz folgen will. Er entwickelte daher einen vermittelnden, sogenannten *Gegenleistungsansatz*, der die Fassung klarer Gemeinwohlverpflichtungen und einer möglichst mit der Durchführung eines Vergabeverfahrens belegten deutlichen Verknüpfung von Gemeinwohlverpflichtung und Ausgleichsleistung verlangt. Der Ansatz von *Jacob* bedarf angesichts noch recht vage gehaltener Voraussetzungen zwar einer weiteren Präzisierung. Er steht jedoch grundsätzlich im Einklang mit der *Ferring*-Rechtsprechung und ist daher mit dem Gemeinschaftsrecht rechtskonform.

Abschließend bleibt festzuhalten, dass der Gerichtshof sich mit der *Ferring*-Entscheidung auf den richtigen Weg begeben hat, hin zu einer wünschenswerten Vereinfachung und Entbürokratisierung des Beihilfeverfahrens im Bereich der Daseinsvorsorge. Damit wird insgesamt vermehrt dafür Sorge getragen, dass die Dienste von allgemeinem wirtschaftlichem Interesse reibungslos funktionieren können. Das entspricht insbesondere auch dem Auftrag des Art. 16 EG, diese Dienste zu stärken.

Dennoch bleiben einige Zweifel bestehen. Als problematisch darf angesehen werden, dass Art. 86 Abs. 2 EG mit seinem differenzierenden Regelungsgehalt in diesem Bereich faktisch nicht mehr zur Anwendung gelangen kann, auch wenn dieses eine rechtssystematisch einwandfreie Folge der Entscheidung ist. Bedeutsam ist diese Konsequenz allerdings nur, wenn man in dieser Vorschrift eine übergeordnete Wertentscheidung der Vertragsgeber sieht.

Eine weitere Schwäche der Entscheidung besteht darin, dass sie für die Höhe des erlaubten Ausgleichs auf eine subjektive Bemessungsgrenze abstellt, nämlich die tatsächlich im Unternehmen anfallenden Kosten, gleichgültig ob diese etwa infolge schlechten Wirtschaftens überhöht sind.[274] Auf der anderen Seite fehlt ein Bewertungsmaßstab für die Bemessung der Kosten von gemeinwirtschaftlicher Aufgabenerfüllung. Genausowenig äußert

[274] *Leibenath* EuR 2003, 1052, 1061.

sich die Entscheidung dazu, ob und in welchem Umfang einem solchen Unternehmen eine gewisse Gewinnspanne angerechnet werden kann.

D. Die *Altmark Trans*-Entscheidung des Europäischen Gerichtshofs

In der *Altmark Trans*-Entscheidung[275] vom 24.7.2003, in der er unter anderem über die beihilfenrechtliche Zulässigkeit von Zuschüssen im öffentlichen Personen Nahverkehr (ÖPNV) zu entscheiden hatte, bestätigte der Europäische Gerichtshof die *Ferring*-Rechtsprechung dem Grundsatz nach. Das Urteil fand in Deutschland ein großes Echo und wurde unter anderem als „wegweisend“[276] und „radikale Neuordnung“[277] des ÖPNV beschrieben.

I. Das nationale Ausgangsverfahren

Im nationalen Ausgangsverfahren ging es um einen Konkurrentenstreit über die Vergabe von Genehmigungen im öffentlichen Personennahverkehr nach dem Personenbeförderungsgesetz (PBefG).[278] Dort ging es vor allem um die Frage, ob die Gewährung öffentlicher Zuschüsse an Verkehrsunternehmen, die Verkehrsdienste im ÖPNV ohne solche Zuschüsse nicht kostendeckend erbringen können, zur Folge haben muss, die gesetzlich geforderte Leistungsfähigkeit des betreffenden Unternehmens zu verneinen und die Verkehrsdienste daher als gemeinwirtschaftlich, statt eigenwirtschaftlich im Sinne des PBefG zu qualifizieren. Das BVerwG kam in seinem Vorlagebeschluss, unter dem Vorbehalt der Vereinbarkeit mit dem Gemeinschaftsrecht, zu dem Ergebnis, dass nach nationalem Recht öffentliche Zuschüsse an ein Verkehrsunternehmen nicht automatisch dazu führten, dessen Dienste dem gemeinwirtschaftlichen Verkehr zuzuordnen. Nach § 8 Abs. 3 Satz 2 PBefG seien öffentliche Zuschüsse zu defizitären Verkehrsleistungen eigenwirtschaftliche Einnahmen. Mit der unterschiedlichen Behandlung eigen- und gemeinwirtschaftlicher Verkehrsleistungen sollte dem jeweiligen Unternehmer ein Wahlrecht, in welcher Form er seine Dienste erbringen möchte, eingeräumt werden. Dieses Wahlrecht entfiele, wenn man defizitäre Verkehrsdienste per se den gemeinwirtschaftlichen Verkehrsdiensten zuordnete.

Gemeinschaftsrechtliche Grundlage ist neben der Art. 73 EG konkretisie-

---

[275] EuGH v. 24.7.2003, Rs. C-280/00 – Altmark Trans – Slg. 2003, I-7747.

[276] Financial Times Deutschland v. 25.7.2003, S. 13.

[277] FAZ v. 25.7.2003, S. 11.

[278] Vgl. zu den Einzelheiten dieses Verfahrens *Roth* NVwZ 2001, 616, 617ff; *Ronellenfitsch* VerwArch 2001, 131, 133ff; Vorlagebeschluss des BVerwG v. 6.4.2000, 3 C 7/99, NVwZ 2001, 320ff.

renden VO 1191/169,[279] das allgemeine Beihilfenverbot des Art. 87 Abs. 1 EG. Die VO 1191/169 verpflichtet die Mitgliedstaaten, die mit dem Begriff des öffentlichen Dienstes verbundenen Verpflichtungen, auf dem Gebiet des Eisenbahn-, Straßen- und Binnenschiffsverkehrs aufzuheben, um daraus resultierende Wettbewerbsverzerrungen in der Verkehrswirtschaft zu beseitigen. Für den Bereich des ÖPNV gelten allerdings verschiedene Ausnahmen. So räumt die Verordnung den Mitgliedstaaten die Möglichkeit ein, durch einseitigen, hoheitlichen Akt, bestehende Verpflichtungen beizubehalten oder neue aufzuerlegen, wobei diejenige Lösung mit den geringsten Kosten für die Allgemeinheit zu wählen ist. Erleidet das betroffene Verkehrsunternehmen aus der Erbringung der Verkehrsdienste einen wirtschaftlichen Nachteil, steht ihm ein Ausgleichsanspruch zu. Das PBefG unterscheidet insoweit zwischen eigen- und gemeinwirtschaftlichen Verkehrsdiensten. Nach § 8 Abs. 4 Satz 3 PBefG ist die VO 1191/69 nur auf gemeinwirtschaftliche Verkehrsdienste anzuwenden, eigenwirtschaftliche Verkehrsleistungen im Sinne des § 8 Abs. 4 Satz 2 PBefG sind von der VO 1191/69 ausgenommen.

Der Europäische Gerichtshof hatte die Frage zu klären, ob die Mitgliedstaaten nach Art. 1 Abs. 1 UAbs. 2 VO 1191/69 befugt sind, lediglich Teilbereiche des ÖPNV, im vorliegenden Fall die vom deutschen Gesetzgeber so bezeichneten „eigenwirtschaftlichen" Verkehrsdienste, vom Anwendungsbereich der VO 1191/69 auszunehmen, anstatt den Anwendungsbereich für diesen Verkehrssektor insgesamt auszuschließen.[280] In einem zweiten Schritt findet das allgemeine Beihilfenrecht Anwendung.

II. Die Entscheidung des Gerichtshofs zur Auslegung von Art. 87 Abs. 1 EG

1. Bestätigung der *Ferring*-Rechtsprechung im Grundsatz

Der Gerichtshof hatte daher erneut über die für das gemeinschaftliche Beihilfenrecht im Bereich der mitgliedstaatlichen Daseinsvorsorge wesentliche

---

[279] Verordnung (EWG) des Rates v. 26.6.1969 über das Vorgehen der Mitgliedstaaten bei mit dem Begriff des öffentlichen Dienstes verbundenen Verpflichtungen auf dem Gebiet des Eisenbahn-, Straßen- und Binnenschiffsverkehrs, ABl. L 156/1, geändert durch Verordnung (EWG) des Rates Nr. 1893/91, ABl. L 169/1. Vgl. zum neuen Verordnungsentwurf der Kommission von 2002: *Michaels/Kühschelm* EuZW 2003, 520ff.

[280] Auf diesen Aspekt des Verfahren soll hier jedoch nicht weiter eingegangen werden. Der Gerichtshof verwies jedenfalls die abschließende Prüfung, ob durch § 8 PBefG hinreichend klar geregelt ist, welche Bereiche des ÖPNV dem Anwendungsbereich der VO 1191/69 unterliegen und welche von ihr ausgenommen sein sollen, dem BVerwG. Sollte nach dessen Einschätzung die Anwendung der VO 1191/69 wirksam ausgeschlossen sein, gälten die allgemeinen Vertragsvorschriften über staatliche Beihilfen.

Frage zu entscheiden, inwieweit gemeinwirtschaftlich bedingte Ausgleichszahlungen von Art. 87 Abs. 1 EG erfasst werden. Mit Spannung war erwartet worden, wie sich der Gerichtshof zu der Kontroverse unter den Generalanwälten[281] und zu der Forderung von Generalanwalt *Léger*, zu der Rechtsprechung des Europäischen Gerichts erster Instanz in den Entscheidungen *FFSA* und *SIC* zurückzukehren, stellen würde.[282] Der Gerichtshof ging jedoch mit keinem Wort auf diese Auseinandersetzung ein und bestätigte zunächst im Grundsatz die *Ferring*-Entscheidung.[283] Demnach ist eine staatliche Maßnahme keine Beihilfe, soweit sie als Ausgleich anzusehen ist, der die Gegenleistung für Leistungen bildet, die von den Unternehmen, denen sie zugute kommt, zur Erfüllung gemeinwirtschaftlicher Verpflichtungen erbracht werden, so dass diese Unternehmen in Wirklichkeit keinen finanziellen Vorteil erhalten und die Maßnahme somit nicht bewirkt, dass sie gegenüber den mit ihnen im Wettbewerb stehenden Unternehmen in eine günstigere Wettbewerbsstellung gelangen.[284]

2. Einschränkung der *Ferring*-Rechtsprechung

Der Gerichtshof schränkte diesen Grundsatz der *Ferring*-Entscheidung ein. Er orientiert sich zwar sichtlich an den Vorschlägen von Generalanwalt *Jacobs* in der Rechtssache *GEMO SA*, jedoch ging er über das Gebot eines unmittelbaren Zusammenhangs zwischen Finanzierung und klar definiertem Gemeinwohlauftrag hinaus, indem er weitere Voraussetzungen aufstellte.[285] Der beschriebene Ausgleich sei im konkreten Fall nämlich nur unter den folgenden vier Voraussetzungen nicht als staatliche Beihilfe zu qualifizieren:[286]

1. Das begünstigte Unternehmen muss tatsächlich mit der Erfüllung der gemeinwirtschaftlichen Verpflichtung betraut sein und diese Verpflichtungen müssen klar definiert sein.

2. Die Parameter, anhand deren der Ausgleich berechnet wird, sind zuvor objektiv und transparent aufzustellen.

---

[281] Siehe dazu oben C II.

[282] Schlussantrag des GA *Léger* v. 19.3.2002, Rs. C-280/00 – Altmark Trans – Slg. 2003, I-7747, Rn. 98.

[283] EuGH v. 24.7.2003, Rs. C-280/00 – Altmark Trans – Slg. 2003, I-7747, Rn. 85ff.

[284] EuGH v. 24.7.2003, Rs. C-280/00 – Altmark Trans – Slg. 2003, I-7747, Rn. 87.

[285] *Böck/Theobald* EWS 2003, 409, 412; *Franzius* NJW 2003, 3029, 3030. *Wachinger* WiVerw 2004, 27, 47 betont, dass diese vier Kriterien nur hilfsweise anzuwenden seien, falls die staatliche Ausgleichsleistung nicht bereits am nationalen Beihilfenrecht scheitere.

[286] EuGH v. 24.7.2003, Rs. C-280/00 – Altmark Trans – Slg. 2003, I-7747, Rn. 88; die folgenden Voraussetzungen Rn. 89ff.

3. Der Ausgleich darf nicht über das hinausgehen, was erforderlich ist, um die Kosten der Erfüllung der gemeinwirtschaftlichen Verpflichtungen unter Berücksichtigung der dabei erzielten Einnahmen und eines angemessenen Gewinns ganz oder teilweise auszugleichen.

4. Erfolgt die Wahl des Unternehmens, das mit der Erfüllung gemeinwirtschaftlicher Verpflichtungen betraut werden soll, nicht durch ein Verfahren über die Vergabe öffentlicher Aufträge, ist die Höhe des erforderlichen Ausgleichs auf der Grundlage einer Analyse der Kosten zu bestimmen, die einem durchschnittlichen, gut geführten Unternehmen aufgrund der Erfüllung der betreffenden Verpflichtungen unter Berücksichtigung der daraus erzielten Einnahmen und eines angemessenen Gewinns entstünden.

Eine staatliche Maßnahme, die eine oder mehrere dieser Voraussetzungen nicht erfüllt, stellt eine Beihilfe dar.[287] Die genannten Voraussetzungen haben inzwischen bei den Organen der Gemeinschaft Akzeptanz erfahren.[288]

III. Die vier Voraussetzungen der *Altmark Trans*-Entscheidung

1. Betrauung mit klar definierten Verpflichtungen

Diese Bedingung schafft die Voraussetzungen dafür, die aus der Aufgabenerfüllung resultierenden Kosten überhaupt zu berechnen, denn ohne eine präzise Darlegung der gemeinwirtschaftlichen Verpflichtung könnte der Umfang der durch sie verursachten Kosten nicht bestimmt werden.[289] Der Begriff der Betrauung ist erkennbar aus Art. 86 Abs. 2 EG entlehnt.[290] Betrauung bedeutet demnach, dem Unternehmen muss von einem Mitgliedstaat eine gemeinwirtschaftliche Aufgabe kraft eines Hoheitsakts der öffentlichen Gewalt übertragen werden.[291] Im Nahverkehrsbereich kann diese Voraussetzung durch Vereinbarungen, etwa Verkehrsverträgen oder Dienstleistungskonzessionen erfüllt werden.[292] Zur Absicherung der Unternehmen schlägt *Zeiss* diesen vor, ein Leistungsverzeichnis zu führen, um auch nach-

---

[287] EuGH v. 24.7. 2003, Rs. C-280/00 – Altmark Trans – Slg. 2003, I-7747, Rn. 94.

[288] So etwa erstmals von der Kommission für den Bereich der Elektrizität, vgl. *Allibert/Sikora*, Competition Policy Newsletter 2004 Nr. 1, S. 83. Siehe zu den jüngsten Legislativentwürfen der Kommission unten D VI.

[289] *Leibenath* EuR 2003, 1052, 1061.

[290] *Koenig* BB 2003, 2185, 2186; *ders./Haratsch* ZUM 2003, 804, 807.

[291] EuGH v. 30.1.1974, Rs. 127/73 – BRT I - Slg. 1974, 51 Rn. 19/22; EuGH v. 14.7.1981, Rs. 172/80 – Züchner/Bayerische Vereinsbank – Slg. 1981, 2021 Rn. 7; EuGH v. 23.10.1997, Rs. C-159/94 – Kommission/Frankreich – Slg. 1997, I-5815 Rn. 65.

[292] So *Kiepe* StädteT 2003, Heft 11, S. 6, 8.

träglich den Umfang ihrer Leistungen nachweisen zu können.[293] Der gerade im Bereich des ÖPNV übliche nachträgliche pauschale Defizitausgleich dürfte der Vergangenheit angehören.[294]

2. Vorherige Festlegung von Parametern zur Berechnung des Ausgleichs

Die vorherige Festlegung der Parameter zur Berechnung des Augleichs erfordert es, dass bereits im Vorfeld die Kosten der Aufgabenerfüllung in Grundzügen berechnet werden müssen.[295] Damit bezweckt der Gerichtshof offenbar einerseits die Erhöhung der Ausgabendisziplin bei den Unternehmen und den Mitgliedstaaten, andererseits soll mehr Transparenz in die finanziellen Beziehungen zwischen Unternehmen und Mitgliedstaat gebracht werden.[296]

3. Keine Überkompensierung durch den Ausgleich

Der Grundsatz des Verbots der Überkompensierung durch die staatliche Ausgleichszahlung aus der *Ferring*-Entscheidung dient dem Gerichtshof als Ausgangspunkt. Zu berücksichtigen seien die „*dabei erzielten Einnahmen*“ und ein „*angemessener Gewinn*“.[297] Der erste Posten wirkt sich zu Lasten der Unternehmen, der zweite zu ihren Gunsten aus.

Diese Voraussetzung entspricht nunmehr den Forderungen, die bereits nach der *Ferring*-Entscheidung laut geworden waren.[298] Schließlich hätte ohne dieses Zugeständnis bei den Unternehmen überhaupt kein Anreiz dafür bestanden, in ihrer gemeinwirtschaftlichen Sparte Gewinn zu machen. Auffällig ist, dass der Gerichtshof auf einen *angemessenen* Gewinn, nicht auf den tatsächlichen Gewinn abstellt.[299] Einer Ausgleichszahlung, die trotz Erzielung eines außergewöhnlichen, also mehr als angemessenen Gewinns, geleistet würde, käme eine begünstigende Wirkung zu. Die Zahlung wäre als Beihilfe anzusehen.

Die dritte Voraussetzung verkörpert das Nettomehrkostenprinzip.[300] Das bedeutet eine Berechnung der Mehrkosten nach Bereinigung der Einnahmen.

---

[293] *Zeiss* ZfBR 2003, 749, 750.

[294] *Kafka* StädteT 2003, Heft 11, S. 10, 12; *Böck/Theobald* EWS 2003, 409, 413; *Werner/Quante* ZEuS 2004, 83, 90.

[295] *Leibenath* EuR 2003, 1052, 1061.

[296] Leibenath, ebd.

[297] EuGH v. 24.7.2003, Rs. C- 280/00 – Altmark Trans – Slg. 2003, I-7747, Rn. 92.

[298] Siehe dazu oben C II.

[299] *Koenig* BB 2003, 2185, 2187.

[300] *Kühling/Wachinger* NVwZ 2003, 1202, 1203; *Koenig* BB 2003, 2185, 2187.

Ziel dieser Voraussetzung ist es, Überkompensationen zu verhindern, die Quelle anschließender wettbewerbsverzerrender Quersubventionen sein können.[301]

Abzustellen ist dabei auf die konkreten Kosten und Einnahmen, die bei der Leistungsbereitstellung anfallen, ansonsten ginge die *Altmark Trans*-Entscheidung über die Anforderungen in *Ferring* hinaus, was vom Gerichtshof nicht gewollt war, denn er wollte wohl mit *Altmark Trans* die *Ferring*-Entscheidung präzisieren, nicht ausdehnen.[302]

Offengelassen hat der Gerichtshof jedoch, was als angemessener Gewinn zu erachten ist. Es zeichnet sich daher ab, dass in künftigen Verfahren im Einzelfall eine Abgrenzung zum übermäßigen Gewinn erforderlich sein wird.[303]

4. Vergabeverfahren oder Heranziehung des Vergleichsmaßstabs eines „durchschnittlichen, gut geführten Unternehmens"

Die vierte Voraussetzung beinhaltet die wesentlichste Neuerung. Das zentrale Motiv ist, die Kostenbelastung der Allgemeinheit so gering wie möglich zu halten.[304] Es gilt, die erforderliche Kostenbelastung zu berechnen. Der Gerichtshof geht dabei grundsätzlich von einer Ermittlung im Zuge eines Vergabeverfahrens aus.[305] Das Vergabeverfahren führt nach Ansicht des Gerichtshofs zur Auswahl desjenigen Unternehmens, das seine Dienste zu den geringsten Kosten für die Allgemeinheit zu erbringen vermag.[306]

Ein Vergabeverfahren muss nicht zwingend durchgeführt werden, um den Beihilfecharakter einer staatlichen Maßnahme auszuschließen.[307] Die Durchführung eines Vergabeverfahrens liegt schließlich nicht in der Hand der Unternehmen, sondern der vergebenden Stelle der öffentlichen Hand.

Alternativ ermittelt der Gerichthof den erforderlichen Ausgleichsbetrag mit Hilfe der Figur des *„durchschnittlichen, gut geführten Unternehmens"* und vergleicht, ob einem solchen fiktiven Unternehmen dieselben Kosten für die-

---

[301] So zutreffend *Koenig* BB 2003, 2185, 2186.

[302] *Kühling/Wachinger* NVwZ 2003, 1202, 1203; *Koenig* BB 2003, 2185, 2187; *ders./Haratsch* ZUM 2003, 804, 810.

[303] *Leibenath* EuR 2003, 1052, 1062.

[304] So zutreffend *Leibenath* EuR 2003, 1052, 1062; *Böck/Theobald* EWS 2003, 409, 413.

[305] Vgl. EuGH v. 24.7.2003, Rs. C-280/00 – Altmark Trans – Slg. 2003, I-7747, Rn. 93.

[306] *Leibenath* EuR 2003, 1052, 1062. Nach seiner Auffassung bezieht sich der Gerichtshof auf die seit den Privatisierungsleitlinien der Kommission etablierte Verwaltungspraxis, Beihilfenelemente in Fällen der Durchführung eines offenen, transparenten und bedingungsfeindlichen Bietverfahrens auszuschließen (Kommission, Leitlinien zur beihilferechtlichen Beurteilung von Privatisierungsmaßnahmen, 23. Wettbewerbsbericht (1993) Tz. 403).

[307] *Kafka* StädteT 2003, Heft 11, S. 10, 12; *Kühling/Wachinger* NVwZ 2003, 1202, 1203.

selben Leistungen entstünden.[308] Hier wird deutlich, dass der Gerichtshof wie schon bei der Einbeziehung einer angemessenen Gegenleistung auf einen objektiven Wert abstellt und sich dadurch von der subjektiven Bemessungsgrundlage aus der *Ferring*-Entscheidung entfernt.[309] Der Gerichtshof greift nicht auf ein Idealunternehmen zurück, sondern orientiert sich an einem durchschnittlichen Unternehmen.[310] Insoweit weicht der Gerichtshof von den Grundlinien eines typischen Vergabeverfahrens ab. Dort erhält in der Regel das wirtschaftlichste Angebot, bzw. dasjenige mit dem geringsten Zuschussbedarf den Zuschlag.[311]

IV. Untersuchung der *Altmark Trans*-Entscheidung

Die Entscheidung des Gerichtshofs wurde in der Literatur überwiegend begrüßt.[312] Die inzwischen ergangene Entscheidung des Gerichtshofs in der Rechtssache *GEMO SA* enthielt keine ausdrückliche Anwendung der Kriterien der *Altmark Trans*-Entscheidung.[313] Eine ausdrückliche Bestätigung der *Altmark Trans*-Entscheidung und die Anwendung ihrer Kriterien findet sich hingegen in der Entscheidung *Enirisorse*.[314] Zunächst soll der Versuch unternommen werden, das Urteil auf eine dogmatische Grundlage zu stellen, da eine eingehende Begründung des Gerichtshofs fehlt. Dann sollen die einzelnen Neuerungen gegenüber der *Ferring*-Rechtsprechung genau untersucht werden.

1. Versuch einer dogmatischen Herleitung

Der Gerichtshof bleibt in der Entscheidung eine Begründung für die Aufstellung der eben dargestellten vier Voraussetzungen schuldig. In der Literatur findet sich nur der Begründungsansatz, die Kriterien des Art. 86 Abs. 2 EG seien in den Tatbestand des Art. 87 Abs. 1 EG „*hineinzulesen*“,[315] bzw. es

---

308 EuGH v. 24.7.2003, Rs. C-280/00 – Altmark Trans – Slg. 2003, I-7747, Rn. 93.

309 So *Leibenath* EuR 2003, 1052, 1063; *Koenig* BB 2003, 2185, 2187; *ders./Haratsch* ZUM 2003, 804, 810; *Kühling/Wachinger* NVwZ 2003, 1202, 1203.

310 Kühling/Wachinger, ebd.

311 *Böck/Theobald* EWS 2003, 409, 413.

312 *Franzius* NJW 2003, 3029, 3031; *Wernicke* EuZW 2003, 481; *Werner/Köster* EuZW 2003, 503, 504; *Kühling/Wachinger* NVwZ 2003, 1202, 1205; *Sellmann* DVBl. 2003, 1211; *Leibenath* EuR 2003, 1052, 1059; *Lehr* SächsVBl. 2003, 253ff.

313 Vgl. insbesondere EuGH v. 20.11.2003, Rs. C-126/01 – GEMO SA – Slg. 2003, I-13769. Der Gerichtshof sah keine Betrauung mit einer gemeinwirtschaftlichen Aufgabe gegeben (siehe dort Rn. 34). Zu der unterschiedlichen Beurteilung der Sachverhalte durch die Fünfte, bzw. die Sechste Kammer des Europäischen Gerichtshofs siehe *Bartosch* EuZW 2004, 295, 299.

314 EuGH v. 27.11.2003, verb. Rs. C-34/01 bis C-38/01 – *Enirisorse* – EWS 2004, 26ff, Rn. 31ff.

315 *Leibenath* EuR 2003, 1051, 1063.

finde ein *Rückgriff* auf die Kriterien des Art. 86 Abs. 2 EG statt.[316] Das scheint nicht verwunderlich, wurde doch bei der Tatbestandslösung ein Verlust des effet utile des Art. 86 Abs. 2 EG beklagt.[317]

Wenn die Anwendung der Grundsätze des Art. 86 Abs. 2 EG als Begründung für die Aufstellung der vier Voraussetzungen der *Altmark Trans*-Entscheidung dienen sollen, müssen zwei Voraussetzungen erfüllt sein: Zunächst muss die Ausdehnung der Grundsätze des Art. 86 Abs. 2 EG auf Art. 87 Abs. 1 EG gemeinschaftsrechtlich geboten sein. Dann müssen die vier Voraussetzungen der Zwecksetzung des Art. 86 Abs. 2 EG auch tatsächlich dienen.

a) Ausdehnung des Art. 86 Abs. 2 EG auf Art. 87 Abs. 1 EG

Es ist gemeinschaftsrechtlich geboten, die Grundsätze des Art. 86 Abs. 2 EG auch im Rahmen des Art. 87 Abs. 1 EG zu wahren, sie also in diese Vorschrift hineinzulesen.

Ein solches Gebot folgt nicht unmittelbar aus Art. 16 EG, denn diese Vorschrift darf, wie im dritten Kapitel gezeigt wurde, allenfalls bei der Auslegung von Vorschriften des Vertrages herangezogen werden. Die zu diskutierende Aufstellung von Voraussetzungen, wie sie der Gerichtshof vollzogen hat, geht jedoch über eine bloße Auslegung der Vorschrift hinaus, denn diese detaillierten Voraussetzungen lassen sich nicht mehr durch die bekannten Auslegungsmethoden aus einem einzigen Tatbestandsmerkmal (Begünstigung) des Art. 87 Abs. 1 EG gewinnen. Die Voraussetzungen entsprechen vielmehr wiederum im Kern den speziellen Voraussetzungen des Art. 86 Abs. 2 EG. Daher muss nach einem Weg gesucht werden, eine Ausdehnung dieser Vorschrift auf Art. 87 Abs. 1 EG zu begründen.

Es ist unter anderem Thema dieser Arbeit, das Verhältnis der beiden Bereiche Wettbewerb und gemeinwirtschaftliche Dienste zueinander aufzuzeigen. Im zweiten Kapitel wurde gezeigt, dass das Prinzip des Wettbewerbs einen grundsätzlich höheren Stellenwert hat, als das Modell der Daseinsvorsorge in jedweder wirtschaftspolitischen und rechtlichen Ausprägung in den Mitgliedstaaten. Andererseits dürfen und müssen die Mitgliedstaaten Daseinsvorsorge betreiben. Die Grenze der Gestaltungsfreiheit, insbesondere in Bezug auf die Beihilfeaktivitäten der Mitgliedstaaten, ziehen die gemeinschaftsrechtlichen Wettbewerbsvorschriften. Bedeutsam ist dabei insbesondere, so zeigt es das

---

[316] *Wernicke* EuZW 2003, 481.

[317] Dieser Vorwurf wurde bereits oben (C II 3 b) ausgeräumt. Dort wurde auch schon der Gedanke einer Wertentscheidung in Art. 86 Abs. 2 EG als übergeordnetes Prinzip, das auch auf Art. 87 Abs. 1 EG ausstrahlen könnte, aufgeworfen.

dritte Kapitel dieser Arbeit, die Vorschrift des Art. 86 Abs. 2 EG. Diese repräsentiert als eng begrenzte Bereichsausnahme für das gemeinschaftsrechtliche Wettbewerbsrecht einen kodifizierte Ansatzpunkt für einen Ausgleich zwischen beiden Bereichen. Sie ist nämlich die einzige Vorschrift, die beide Bereiche zueinander in Verhältnis setzt, indem sie den Primat der gemeinschaftsrechtlichen Vorschriften anordnet und zugleich unter bestimmten Voraussetzungen Ausnahmen für den Bereich der Dienste von allgemeinem wirtschaftlichem Interesse zulässt. Unter Anerkennung des Vorrangs der Wettbewerbsfreiheit gelangen infolge dieser Weichenstellung beide Bereiche zu einer im Sinne des Vertrages optimalen Entfaltung.

Man kann Art. 86 Abs. 2 EG daher als ein Optimierungsgebot in Bezug auf das Verhältnis von Wettbewerb und gemeinwirtschaftlichen Diensten verstehen.[318] Wesentlicher Kern der Vorschrift ist dabei der Grundsatz der Verhältnismäßigkeit bei der notwendigen Beschränkung der Wettbewerbsfreiheit. Angesichts des Bedürfnisses, einen Ausgleich zwischen dem Prinzip des Wettbewerbs und dem Modell der gemeinwirtschaftlichen Dienste zu finden, lässt sich daher der Vorschlag unterbreiten, in derartigen Kollisionsfällen die Grundsätze des Art. 86 Abs. 2 EG und dabei insbesondere den Grundsatz der Verhältnismäßigkeit anzuwenden. *Wernicke* bezeichnet das als eine Auflösung des beschriebenen Spannungsverhältnisses unter Rückgriff auf die inhaltlichen Maßstäbe des Art. 86 Abs. 2 EG.[319]

Als ein solches Optimierungsgebot käme eine Anwendung der Grundsätze des Art. 86 Abs. 2 EG auch auf den Tatbestand des Art. 87 Abs. 1 EG in Betracht, denn gerade bei der Frage der Rechtmäßigkeit von Ausgleichsleistungen für die Erfüllung gemeinwirtschaftlicher Verpflichtungen zeigt sich das Spannungsverhältnis zwischen Wettbewerbsfreiheit und Daseinsvorsorge.

b) Förderung der Zwecksetzung des Art. 86 Abs. 2 EG

Art. 86 Abs. 2 EG beinhaltet drei Grundsätze:[320] Die Grundsätze der Neutralität, Gestaltungsfreiheit und Verhältnismäßigkeit.

Der Grundsatz der Neutralität stellt es den Mitgliedstaaten frei, ob sie Dienste durch öffentliche oder private Unternehmen erbringen lassen.[321] Der Grundsatz der Gestaltungsfreiheit gewährt den Mitgliedstaaten einen weiten politischen Gestaltungsspielraum, welche Leistungen dem Bereich der

---

[318] So *Wernicke* EuZW 2003, 481; *Jung*, in: Calliess/Ruffert, EUV/EGV, Art. 86, Rn. 34; *Harms*, in: Brede, Wettbewerb in Europa und die Erfüllung öffentlicher Aufgaben, S. 25, 30.

[319] *Wernicke* EuZW 2003, 481.

[320] Kommission, Leistungen der Daseinsvorsorge in Europa, ABl. 2001 Nr. C 17, Rn. 20; *Montag/Leibenath*, in: Heidenhain, Hbd. EG-Beihilferecht, § 30, Rn. 35ff.

[321] Kommission, ebd., Rn. 21.

Daseinsvorsorge zuzurechnen sind und von welchen Unternehmen sie erbracht werden.[322] Der Grundsatz der Verhältnismäßigkeit steht schließlich dafür, dass die betreffenden Dienste einerseits leistungsfähig sind, andererseits ihre Erbringung keine unnötigen Handelshemmnisse erzeugt.[323]

Eine wesentliche Verbesserung bewirkt die *Altmark Trans*-Entscheidung für den Grundsatz der Verhältnismäßigkeit. Art. 86 Abs. 2 EG beinhaltet eine doppelte Verhältnismäßigkeitsprüfung.[324] Zunächst findet eine Befreiung der Unternehmen von den Vertragsvorschriften in dem Maße statt, das erforderlich ist, damit die Erfüllung der Leistungen nicht rechtlich oder tatsächlich verhindert wird. Eine Befreiung von den Vertragsvorschriften ist jedoch nur erlaubt, wenn dadurch nicht die Entwicklung des Handelsverkehrs in einem Ausmaß beeinträchtigt wird, das dem Interesse der Gemeinschaft zuwider läuft.

Zunächst dient die Voraussetzung des Betrauungsaktes dem Verhältnismäßigkeitsgrundsatz, da nur durch die Transparenzfunktion der Betrauung überhaupt eine Überprüfung der Verhältnismäßigkeit der Ausgleichszahlung möglich ist.[325] Gleiches gilt für die objektiven, zuvor aufgestellten Parameter, die Teil des Betrauungsaktes sind.[326]

Das Überkompensationsverbot selbst dient nicht unmittelbar dem Verhältnismäßigkeitsgrundsatz. Es ist vielmehr notwendig, um den Tatbestand einer Begünstigung auszuräumen. Dagegen wirkt sich die Neuerung des objektiven Kostenmaßstabs günstig auf den Verhältnismäßigkeitsgrundsatz aus. Ein Ausgleich darf nicht über das hinausgehen, was für die Erfüllung gemeinwirtschaftlicher Verpflichtungen objektiv erforderlich ist.[327] Die Gewährung eines Ausgleichs für lediglich marktgerechte und daher objektive Mehrkosten der Gemeinwohlverpflichtung stellt den geringsten Eingriff in den freien Wettbewerb dar, da lediglich Nachteile kompensiert, jedoch keine zusätzlichen Vorteile gewährt werden, wie das bei einer Orientierung an den tatsächlichen, das heißt subjektiven Kosten der Fall wäre. Eine wettbewerbsschädliche Quersubventionierung wird dagegen weitgehend ausgeschlossen. Gleichzeitig ist die Ausgleichsleistung auch notwendig, da anzunehmen ist, dass ohne sie, mangels wirtschaftlichen Anreizes, eine Erfüllung der gemeinwirtschaftlichen Leistung nicht stattfände, diese also letztlich verhindert würde. Damit wird also bewirkt, dass die Dienste von allgemeinem

---

[322] Kommission, ebd., Rn. 22.

[323] Kommission, ebd., Rn. 23.

[324] *Montag/Leibenath*, in: Heidenhain, Hdb. EG-Beihilferecht, § 30, Rn. 47.

[325] Vgl. *Wernicke*, EuZW 2003, 481; *Montag/Leibenath*, in: Heidenhain, Hdb. EG-Beihilferecht, § 30, Rn. 44.

[326] *Wernicke* EuZW 2003, 481.

[327] *Koenig* EuZW 2003, 417; *Wernicke* EuZW 2003, 481.

wirtschaftlichem Interesse leistungsfähig sind, zugleich aber keine weiteren Handelshemmnisse entstehen.

2. Die einzelnen Voraussetzungen

Die vier Voraussetzungen der *Altmark Trans*-Entscheidung stellen sicher, dass öffentliche Zuschüsse nicht als Ausgleichsleistung deklariert werden, obwohl sie tatsächlich wirtschaftliche Vorteile bringen.[328] Insofern sind sie das Korrelat für den mit der einschränkenden Bestimmung des Beihilfebegriffs verbundenen Wegfall der Notifizierungspflicht.[329]

a) Voraussetzungen bezüglich der erforderlichen Angaben

Über die Notwendigkeit der ersten beiden Voraussetzungen besteht hinsichtlich des Erfordernisses der Betrauung und klar definierter Verpflichtungen Einigkeit im Schrifttum. Gegen die zweite Voraussetzung bestehen hauptsächlich praktische Bedenken. Eine vorherige Aufstellung der Kostenparameter sei *„schwierig"*.[330] *Kämmerer* sieht im Erfordernis einer vorherigen Parameteraufstellung eine teleologische Reduktion des Beihilfebegriffs.[331] Künftig stelle selbst eine in der ex-post Betrachtung nicht überkompensierende Ausgleichsleistung eine Beihilfe dar, wenn ex-ante das Vorherigkeits- und Transparenzgebot missachtet werde. Damit werde das Leitbild der Begünstigung aufgegeben und ein neues Leitbild der Nachweispflicht einer marktgerechten Gegenleistung im Zuwendungszeitpunkt geschaffen. Zudem werde das Risiko einer Fehleinschätzung auf die Beihilfenempfänger abgewälzt. Die Europäische Kommission hat übrigens inzwischen zu den Voraussetzungen der Betrauung detailliert Stellung bezogen.[332]

Gegen die zweite Voraussetzung wird weiter vorgebracht, sie bürde den öffentlichen Dienstleistern ein unternehmerisches Risiko auf, da diese vor der Übernahme der Verpflichtung sicherstellen müssten, dass alle Kostenfaktoren zutreffend erkannt und budgetiert würden.[333]

---

[328] Nach *Gas/Rücker* DÖV 2004, 56, 61 sollen die vier Kriterien einen Automatismus bei der Befreiung vom Beihilfenverbot des Art. 87 Abs. 1 EG vermeiden.

[329] *Sellmann* DVBl. 2003, 1211, 1213.

[330] *Kiepe* StädteT 2003, Heft 11, S. 6, 8. Der Gerichtshof hat auch offen gelassen, auf welche Parameter es in der ex-post Betrachtung ankommt, wenn sich im Laufe der Diensterbringung ergibt, dass andere als die dargestellten Parameter eine Rolle bei der Kostenverursachung spielen.

[331] *Kämmerer* NVwZ 2004, 28, 33.

[332] Kommission, Entscheidung über die Anwendung von Art. 86 EG-Vertrag, v. 16.1.2004, Quelle: www.europa.eu.int/comm/competition/state_aid/others, Erwägungsgrund 11.

[333] *Van Ysendyck/Zühlke* EWS 2004, 16, 18.

b) Stellungnahme zu den erforderlichen Angaben

Die zweite Voraussetzung ist in der Tat reichlich vage. Es wird nicht deutlich, ob eine Grundkalkulation der Kosten oder sogar ein bloßes Aufzählen der relevanten Kostenfaktoren ausreichen. Für die Einschätzung der Erforderlichkeit des Kostenausgleichs ist eine solche vorherige Parameterangabe nicht nötig, denn diese Einschätzung ist erst möglich, wenn die Dienste bereits erbracht worden sind.

Nach Auffassung des Gerichtshofs dient diese Voraussetzung auch in erster Linie der Disziplinierung der Unternehmen und Mitgliedstaaten.[334] Es genügt aber eine ex-post Betrachtung der Kostenfaktoren, denn es ist Sache der Unternehmen im vorhinein dafür Sorge zu tragen, dass sie aufgrund der richtig ausgewählten Parameter bereits vor dem Mittelzufluss einschätzen können, in welchem Umfang Kosten auf sie zukommen. Dieses kann daher nicht eine Voraussetzung des Beihilfeverfahrens sein. Die Voraussetzung ist daher als Verpflichtung der Unternehmen zur präventiven Selbstkontrolle zu verstehen. Damit würde aber der Tatbestand des Art. 87 Abs. 1 EG überspannt. Ein weiteres Problem liegt darin, dass mit dieser Anforderung faktisch die Beweislast im Rahmen des Art. 87 Abs. 1 EG zum Nachteil der bezuschussten Unternehmen umgekehrt wird.[335] Diese Voraussetzung ist deswegen abzulehnen.

c) Das Überkompensationsverbot
aa) Berücksichtigung der erzielten Einnahmen und eines angemessenen Gewinns

In Zusammenhang mit der dritten Voraussetzung bleiben einige Fragen offen. Zunächst fehlen Anhaltspunkte dafür, was jeweils als erzielte Einnahmen und insbesondere, was als angemessene Gewinnspanne zu erachten ist.[336] Zu Lasten der Unternehmen sind auf jeden Fall aufzunehmen die sonstigen Vorteile, welche die Unternehmen im Zuge der Aufgabenerfüllung haben.[337]

Bei Unternehmen, die nicht ausschließlich gemeinwirtschaftliche Leistungen erbringen, sondern daneben auch solche Leistungen, die einer Subventionierung nicht bedürfen, kann die Ermittlung der Nettomehrkosten problema-

---

[334] Vgl. dazu *Leibenath* EuR 2003, 1052, 1061.

[335] *Bartosch* WuW 2001, 673, 678f; *Werner/Quante* ZEuS 2004, 83, 100. Zur Beweislast im Rahmen des Art. 87 Abs. 1 vgl. *Bartosch* NVwZ 2002, 174, 175 und *ders.* EuZW 2000, 333, 334.

[336] *Leibenath* EuR 2003, 1052, 1062; *Koenig* BB 2003, 2185; vgl. hierzu ausführlich *Schebstadt* DVBl 2004, 737, 744ff.

[337] *Kühling/Wachinger* NVwZ 2003, 1202, 1203; *Koenig* BB 2003, 2185, 2187.

tisch sein.[338] Aus der Entscheidung geht nicht hervor, ob hier eine sehr präzise oder lediglich eine pauschale Betrachtung erfolgen soll. Bei einer präzisen Betrachtung müsste an sich für jeden Betriebsablauf genau ermittelt werden, ob dieser auch ohne die gemeinwirtschaftliche Verpflichtung bestehen würde und welche Mehrkosten, bzw. Vorteile und Gewinnanteile sich daraus ergeben.[339] Bei komplexen Betriebsabläufen, die sich gegenseitig beeinflussen, dürfte es schwer fallen, den Anteil gemeinwirtschaftlicher Betriebskosten zu ermitteln. Die Anforderungen an die Feststellung der Nettomehrkosten dürfen daher gerade in solchen Fällen nicht überspannt werden.

Für die Ermittlung des angemessenen Gewinns wird vorgeschlagen, grundsätzlich eine angemessene Rendite auf das eingesetzte Kapital zu berücksichtigen, falls es an einem tatsächlichen Vergleichswert fehlt.[340] Man könnte aber auch im Rückgriff auf die vierte Voraussetzung der *Altmark Trans*-Entscheidung, falls ein solches durchgeführt wurde, das Ergebnis eines Ausschreibungsverfahrens heranziehen. Der angemessene Gewinn wäre dann derjenige, den das Unternehmen, welches den Zuschlag erhält, für sich einkalkuliert hat. Freilich bedarf es hier bei einer Ausschreibung im Monopolbereich erhöhter Vorsicht.[341]

Das grundsätzliche Heranziehen der angemessenen Kapitalrendite hat den Nachteil, dass dieses zu einer unvermeidlichen Kostenerhöhung für die Allgemeinheit führen kann. Die erforderliche Beihilfeleistung erhöht sich nämlich automatisch um den Betrag der Rendite des eingesetzten Kapitals. Es fehlt dann an einem Anreiz für die Unternehmen, ihre Betriebskosten zu senken, da sie diesen finanziellen Vorteil in jedem Fall erhalten. Es besteht auch kein Anreiz für die Unternehmen, sich mit einem niedrigeren als dem angemessenen Gewinn zufrieden zu geben. Letzteres ist im Preiswettbewerb aber eine wichtige Verhaltensoption der Wettbewerber.[342] Diese könnten unter Umständen die Vereinnahmung eines sehr geringen oder gar keines Gewinns in Kauf nehmen, etwa weil die Erbringung des gemeinwirtschaftlichen Dienstes ihnen Benchmarking- oder Imagevorteile einbringt oder überschüssige Kapazitäten bindet.

Auch das Ziel, die Leistungen der Daseinsvorsorge zu für die Allgemeinheit möglichst geringen Kosten zu erhalten, wird bei einer starren Handhabung

---

[338] *Koenig/Haratsch* ZUM 2003, 804, 810.

[339] Für eine derartige präzise, betriebswirtschaftliche Betrachtung streiten insbesondere *Kühling/Wachinger* NVwZ 1202, 1203; *Koenig* BB 2003, 2185, 2186f.

[340] Dieser Vorschlag stammt von *Koenig* BB 2003, 2185, 2187.

[341] *Kube* EuR 2004, 230, 242 weist auf die verschiedenen Möglichkeiten des Wettbewerbs in einem vermeintlichen Monopolmarkt hin, z.B. Taxiunternehmen als potentielle Konkurrenten einer im Schienennetz konkurrenzlosen Bahnstrecke.

[342] Zur Bedeutung des Preiswettbewerbs als Wettbewerbsparameter, vgl. *Bunte*, Kartellrecht, S. 5f.

des Angemessenheits-Begriffs verfehlt. Es kann nicht im Interesse der Allgemeinheit liegen, einen angemessenen Gewinn der gemeinwirtschaftlichen Unternehmen zu finanzieren. Das gilt aber nur dann, wenn überhaupt ein Unternehmen bereit ist, die gemeinwirtschaftlichen Dienste zu erbringen. Im Einzelfall kann es daher sogar gerechtfertigt sein, einen sehr hohen Gewinn in Aussicht zu stellen, damit eine bestimmte Aufgabe überhaupt von einem Unternehmen übernommen wird.

Man wird daher den Begriff des angemessenen Gewinns so verstehen müssen, dass dieser in erster Linie der Marktsituation angepasst ist. Diese lässt sich einerseits in einem durchgeführten Vergabeverfahren ermitteln. Fehlt es an einem solchen, wird die Kommission von Fall zu Fall entscheiden müssen. Sie wird gegebenenfalls einen der Kapitalrendite entsprechenden Betrag zusprechen oder im Einzelfall auch entscheiden müssen, dass gar kein Gewinn oder sogar ein sehr hoher Gewinn angemessen ist.

bb) Vergabeverfahren oder vergleichsweise heranzuziehendes, durchschnittliches, gut geführtes Unternehmen

aaa) Objektiver Kostenmaßstab

α) Marktüblichkeit des Leistungsaustauschs

Im Schrifttum wird es weithin begrüßt, dass der Gerichtshof bei der Ermittlung des erforderlichen Ausgleichs für die Übernahme gemeinwirtschaftlicher Pflichten, ohne dieses verpflichtend vorzuschreiben, grundsätzlich die Durchführung eines Vergabeverfahrens ausreichen lässt.[343] Die Ausdehnung der Verwaltungspraxis der Kommission bei Privatisierungsmaßnahmen[344] auf den Bereich der Beihilfen für Dienste von allgemeinem wirtschaftlichem Interesse erscheint sinnvoll, da sich mit dem Instrument des Vergabeverfahrens am ehesten der Marktwert einer gemeinwirtschaftlichen Dienstleistung ermitteln lässt. Das setzt natürlich voraus, dass ein wettbewerbliches Bietverfahren ohne Absprachen zwischen den Teilnehmern durchgeführt wird.[345]

---

[343] Vgl. *Leibenath* EuR 2003, 1052, 1062; *Kafka* StädteT 2003, Heft 11, S. 10, 13; *Kühling/Wachinger* NVwZ 2003, 1202, 1203; *Böck/Theobald* EWS 2003, 409, 413; *Sellmann* DVBl. 2003, 1211, 1213; *Werner/Quante* ZEuS 2004, 83, 101; kritisch *Kämmerer* NVwZ 2004, 28, 33f; *Gas/Rücker* DÖV 2004, 56, 63; für den Vergleichsmaßstab eines Vergabeverfahrens auch GA *Jacobs*, Schlussanträge v. 30.4.2002, Rs. C-126/01 – GEMO SA – Rn. 119; seinen Ansatz in der Rs. GEMO SA befürworteten bereits *Koenig/Kühling* ZHR 166 (2002), 656, 661.

[344] Kommission, Leitlinien zur beihilferechtlichen Beurteilung von Privatisierungsmaßnahmen, 23. Wettbewerbsbericht (1993), KOM(1994) 161, endg., Tz. 403; siehe auch oben (III. 4.).

[345] Auf die Problematik der Rechtmäßigkeit des durchgeführten Vergabeverfahrens soll hier nicht eingegangen werden. Siehe dazu ausführlich *Werner/Quante* ZEuS 2004, 83, 101ff.

Vergabeverfahren werden von der Kommission dann als ungeeignet zur Bestimmung des erforderlichen Ausgleichsbetrags angesehen, wenn sie in einem monopolistischen oder in einem wirtschaftlich nicht umkämpften Markt durchgeführt werden.[346]

Die Variante, die nach dem Willen des Gerichtshofs zur Anwendung kommen soll, wenn kein Vergabeverfahren durchgeführt wird, ist hingegen nicht völlig unproblematisch. Eine wichtige Neuerung liegt darin, dass nicht mehr, wie noch in der *Ferring*-Entscheidung, auf eine subjektive, sondern auf eine objektive Bemessungsgrenze bei der Analyse der Kosten abgestellt wird.[347] Das rührt von dem Gebot der Marktüblichkeit beim Leistungsaustausch mit der öffentlichen Hand her, denn auch bei sonstigen Austauschgeschäften der öffentlichen Hand mit Privaten können nicht die dem leistungserbringenden Unternehmen tatsächlich entstandenen Kosten, sondern nur die marktüblichen geltend gemacht werden.[348] Der Gerichtshof stützt sich hier nach dem Verständnis mancher,[349] auf den Maßstab des „marktwirtschaftlich handelnden Kapitalgebers“, den er zuerst zur Beurteilung staatlicher Kapitalmaßnahmen entwickelt hatte.[350] Im Rahmen des „market economy investor“ Tests wird geprüft, ob eine staatliche Kapitalzufuhr unter Bedingungen erfolgt, die für einen hypothetischen privaten Vergleichsinvestor unter normalen marktwirtschaftlichen Voraussetzungen akzeptabel wären.[351] Das bedeutet, dass auch solche Gegenleistungen des Unternehmens, die mit der staatlichen Maßnahme nicht direkt verknüpft sind, sofern sie unter normalen Marktbedingungen berücksichtigungsfähig sind, nicht als Beihilfen einzuordnen wären.[352]

---

[346] Kommission v. 12.11.2002, Non-Paper, Dienste von allgemeinem wirtschaftlichen Interesse und staatliche Beihilfen, Quelle: http://www.europa.eu.int/comm/competition/state_aid/others/.

[347] So EuGH v. 24.7.2003, Rs. C-280/00 – Altmark Trans – Slg. 2003, I-7747, Rn. 93.

[348] *Koenig* BB 2003, 2185, 2187; *ders.*/Kühling/Ritter, EG-Beihilfenrecht, S. 43ff; *Schebstadt* DVBl 2004, 737, 738.

[349] So *Leibenath* EuR 2003, 1052, 1063; *Wohltmann* Der Landkreis 2003, 746, 752; *Werner/Quante* ZEuS 2004, 83, 87.

[350] Vgl. EuGH v. 21.3.1991, Rs. C-305/89 – Italien/Kommission – Slg. 1991, I-1603 Rn. 19ff; EuGH v. 21.3.1991, Rs. C-303/88 – Italien/Kommission – Slg. 1991, I-1433 Rn. 21f; EuGH v. 16.5.2002, Rs. C-482/99 – Frankreich/Kommission – Slg. 2002, I-4397, Rn. 69.

[351] EuGH v. 16.5.2002, Rs. C-482/99 – Frankreich/Kommission – Slg. 2002, I-4397, Rn. 70; EuGH v. 3.1.1991, Rs. C-261/89 – Italien/Kommission – Slg. 1991, I-4437 Rn. 8; *Koenig/Kühling*, in: Streinz, EUV/EGV, Art. 87, Rn. 32; *Cremer*, in: Calliess/Ruffert, EUV/EGV, Art. 87, Rn. 7; *Hakenberg/Erlbacher* EWS 2003, 201, 204; *Lübbig/Martín-Ehlers*, Beihilfenrecht der EU, Rn. 136.

[352] *Koenig/Kühling*, in: Streinz, EUV/EGV, Art. 87, Rn. 32.

β) Stellungnahme

Dieses Verständnis ist ungenau.[353] Der „private economy investor" Test bezweckt, den Grundsatz der Gleichbehandlung öffentlicher und privater Unternehmen[354] aus Art. 295 EG auf Fälle der Beteiligung der öffentlichen Hand als Eigen- oder Fremdkapitalgeberin an selbständig operierenden Unternehmenseinheiten auszudehnen.[355] Die Anwendung des objektiven Kostenmaßstabs hingegen zielt nicht auf die Gleichbehandlung öffentlicher und privater Unternehmen ab. Vielmehr soll damit eine möglichst geringe Belastung der öffentlichen Hand durch die Ausgleichszahlungen erreicht werden.[356] Insoweit ist dieser Kostenmaßstab daher Ausfluss des Verhältnismäßigkeitsprinzips in Art. 86 Abs. 2 EG.[357] Außerdem ist der Vergleich auch deswegen verfehlt, weil ein privater Investor schon angesichts der gemeinwirtschaftlichen Zielsetzung der Dienste kein wirtschaftliches Interesse haben kann, in sie zu investieren.

Der objektive Kostenmaßstab folgt zwingend aus der dritten Voraussetzung. Es wäre nicht miteinander zu vereinbaren, bei der Betrachtung des erforderlichen Ausgleichs auf den objektiven Maßstab des angemessenen Gewinns abzustellen,[358] also den Betrag des erforderlichen Ausgleichs durch einen objektiven Maßstab zu begrenzen, und gleichzeitig als Variable dieser Rechnung (Kosten aufgrund der Erfüllung der Verpflichtung) einen subjektiven Wert zu verwenden. Schließlich gebietet auch der Vergleich mit dem Vergabeverfahren die Verwendung eines objektiven Maßstabs. Ziel des Vergabeverfahrens ist es, durch die künstliche Erzeugung eines Marktes, einen objektiven Kostenmaßstab zu finden, indem durch den Bietwettbewerb ein möglichst niedriger, noch marktgerechter Kostenbetrag ermittelt wird.

bbb) Durchschnittliches, gut geführtes Unternehmen

Bezugspunkt dieses objektiven Kostenmaßstabs ist nach der Auffassung des Gerichtshofs ein durchschnittliches, gut geführtes, nicht (unbedingt) ein ide-

---

[353] Kritisch insoweit auch *Werner/Quante* ZEuS 2004, 83, 87.

[354] Vgl. *Koenig/Kühling*, in: Streinz, EUV/EGV, Art. 295, Rn. 16; *Wohltmann* Der Landkreis 2003, 746, 752; *Heidenhain*, in: ders., Hdb. EG-Beihilferecht, § 4, Rn. 2.

[355] Vgl. EuGH v. 16.5.2002, Rs. C-482/99 – Frankreich/Kommission – Slg. 2002, I-4397, Rn. 69; EuGH v. 21.3.1991, Rs. C-303/88 – Italien/Kommission – Slg. 1991, I-1433 Rn. 20; *Lübbig/Martin-Ehlers*, Beihilfenrecht der EU, Rn. 136.

[356] Siehe EuGH v. 24.7.2003, Rs. C-280/00 – Altmark Trans – Slg. 2003, I-7747, Rn. 93.

[357] So interpretieren die Entscheidung auch *Wernicke* EuZW 2003, 481; *Müller-Graff* ZHR 2004, 1, 4; kritisch *Kämmerer* NVwZ 2004, 28, 33f.

[358] Vgl. dazu oben IV 1 b aa).

ales Unternehmen.[359] Dieser Vergleichsmaßstab wirft in mehrfacher Hinsicht Fragen auf.

Das Kriterium des durchschnittlichen, gut geführten Unternehmens wird im Schrifttum einhellig dahingehend interpretiert, dass als Maßstab für die erforderlichen Kosten ein Vergleich des zu prüfenden Unternehmens entweder mit existierenden anderen Unternehmen am Markt oder im Rahmen simulierter Wettbewerbsbedingungen stattfindet.[360] Der Gerichtshof stellt dazu fest, dass mangels Durchführung eines Vergabeverfahrens gerade die Bestimmung der geringsten Kosten für die Allgemeinheit nicht möglich und daher auf ein durchschnittliches Unternehmen abzustellen sei.[361] Dieser Schluss ist jedoch nicht zwingend, denn auch ohne Durchführung eines Vergabeverfahrens ist es denkbar, dass sich die wirtschaftlichsten Kosten der Aufgabenerfüllung durch eine Analyse der am Markt tätigen Unternehmen feststellen lassen. Es ist daher anzunehmen, dass der Gerichtshof dadurch, dass er auf ein durchschnittliches Unternehmen als Vergleichsmaßstab abstellte, lediglich verhindern wollte, dass überzogene Anforderungen an diesen Vergleichsmaßstab gestellt werden und vielmehr ein gewisser Spielraum bei der Beurteilung der Erforderlichkeit von Kosten verbleibt.

In gleicher Weise ist zweifelhaft, was unter einem „gut geführten" Unternehmen zu verstehen ist. *Koenig* will hier sogar so weit gehen, dass nur Unternehmen, die an Märkten mit Wettbewerb tätig sind, aufgrund der Wettbewerbssituation überhaupt gut geführt sein können.[362]

Wie dieser Vergleichsmaßstab im Einzelnen ermittelt werden soll, bleibt nach der *Altmark Trans*-Entscheidung ungewiss.[363] Das hat zur Folge, dass weder die öffentliche Hand noch das begünstigte Unternehmen im vorhinein sicher beurteilen können, ob der fragliche Zuschuss beihilfenfrei ist.[364]

Problematisch sind einerseits die Fälle, in denen ein Vergleich mit privaten Unternehmen nicht möglich ist und andererseits die Betrachtung von Märkten mit tatsächlichen oder faktischen Monopolunternehmen. Im ersten Fall wird teilweise verlangt, dass als Vergleichsmaßstab nur regelmäßig kosten-

---

[359] EuGH v. 24.7.2003, Rs. C-280/00 – Altmark Trans – Slg. 2003, I-7747, Rn. 93; über diese Interpretation besteht Einigkeit. Vgl. *Kühling/Wachinger* NVwZ 2003, 1202, 1203; *Koenig* BB 2003, 2185.

[360] Vgl. *Wohltmann* Der Landkreis 2003, 746, 752; *Koenig* BB 2003, 2185, 2187f; *Kühling/Wachinger* NVwZ 2003, 1202, 1203; *van Ysendyck/Zühlke* EWS 2004, 16, 18; *Herten-Koch/Pick* LKV 2004, 62, 63; *Werner/Quante* ZEuS 2004, 83, 91.

[361] EuGH v. 24.7.2003, Rs. C-280/00 – Altmark Trans – Slg. 2003, I-7747, Rn. 93.

[362] *Koenig* BB 2003, 2185, 2187.

[363] So sehen es auch *van Ysendyck/Zühlke* EWS 2004, 16, 18; *Leibenath* EuR 2003, 1061, 1063; *Werner/Köster* EuZW 2003, 503, 504; *Werner/Quante* ZEuS 2004, 83, 91. Kritisch auch *Bartosch* EStAL 2003, 375ff.

[364] *Werner/Quante* ZEuS 2004, 83, 98.

günstiger arbeitende Privatunternehmen herangezogen werden dürften.[365] Folgt man dieser Anforderung, kann sich allerdings das Problem ergeben, dass sich das Unternehmen der Daseinsvorsorge in einem Markt befindet, in dem es mit keinem privaten Anbieter unter normalen Marktbedingungen vergleichbar ist.[366] Manche wollen in solchen Fällen daher auf einen echten Vergleich verzichten und andere Lösungen suchen.[367]

Ein ähnliches Problem besteht bei monopolistischen Märkten. Muss zwingend auf Unternehmen desselben Marktes zurückgegriffen werden oder genügt auch ein Vergleich mit anderen Wettbewerbsmärkten, gegebenenfalls unter Anrechnung eines Monopolabschlags?[368] Ein weiteres Problem wird darin gesehen, dass der durchschnittliche Kostenmaßstab infolge des Wettbewerbs stetig sinken werde und daher nicht verlässlich bestimmt werden könne.[369]

Aufgrund dieser vielfältigen Vergleichsschwierigkeiten in Fällen mangelnden Wettbewerbs wird ein Modell simulierter sektorspezifischer Wettbewerbsbedingungen vorgeschlagen:[370] Demnach berechnet sich der erforderliche Ausgleichsbetrag im Sinne der vierten Voraussetzung aus den konkreten Nettomehrkosten der Erbringung gemeinwirtschaftlicher Leistungen abzüglich einer Preissteigerungsrate und eines Monopolabschlags. Dieser Monopolabschlag ergibt sich aus den Ineffizienzen faktischer, noch existenter, bzw. ehemaliger Monopolunternehmen. Dabei wird von einer hypothetisch kosteneffizienten Leistungsbereitstellung ausgegangen.

Der Nachteil dieser Berechnung liegt darin, dass sie eine Kostenanalyse durch spezialisierte Wirtschaftsprüfer erfordert.[371] Außerdem bewirkt diese Berechnungsmethode eine so starke Angleichung an einen Wert, wie er auch

---

[365] *Werner/Köster* EuZW 2003, 503, 504; *Werner/Quante* ZEuS 2004, 83, 91. Für einen derartigen Vergleich mit privaten Anbietern: *Wohltmann* Der Landkreis 2003, 746, 752.

[366] *Wohltmann* ebd.

[367] *Koenig* BB 2003, 2185, 2187 ist der Ansicht, in solchen Märkten sei ein Vergleich grundsätzlich nicht möglich. Er will diese Fälle daher nach seinen noch zu beschreibenden fiktiven Wettbewerbsbedingungen berechnen. Für *Wohltmann* Der Landkreis 2003, 746, 752 ergibt der Grundsatz der Gleichbehandlung öffentlicher und privater Unternehmen, dass nur Vergleichbares miteinander verglichen werden dürfe. Er will diese Fälle daher analog der *Chronopost*-Entscheidung des EuGH (EuGH v. 7.3.2003, verb. Rs. C-83/01 P, C-93/01 P u. C-94/01 P – Chronopost SA/Frankreich – EuZW 2003, 504ff) anhand der tatsächlichen Kosten betrachten.

[368] Vgl. zum Monopolabschlag *Koenig* BB 2003, 2185, 2188; *Kühling/Wachinger* NVwZ 2003, 1202, 1203.

[369] *Kafka* StädteT 2003, Heft 11, S. 10, 13.

[370] *Koenig* BB 2003, 2185, 2187 mit einer genauen Darstellung der maßgeblichen Berechnungspositionen. Genauso *Kühling/Wachinger* NVwZ 2003, 1202, 1203.

[371] So *Koenig* BB 2003, 2185, 2187.

bei Durchführung eines Vergabeverfahrens ermittelt würde, dass sie letztlich eine Abkehr vom Kriterium des durchschnittlichen, gut geführten Unternehmens bedeutet.

ccc) Ausgleichsleistung oberhalb der objektiven, aber unterhalb der subjektiven Kostenschwelle

Eine weitere Frage in Zusammenhang mit der *Ferring*-Rechtsprechung bleibt auch nach der *Altmark Trans*-Entscheidung weiterhin offen: In *Ferring* entschied der Gerichtshof, dass Kosten, welche die subjektive Kostenschwelle übersteigen und daher Beihilfen sind, nicht nach Art. 86 Abs. 2 EG gerechtfertigt sein können.[372] Die *Altmark Trans*-Entscheidung lässt offen, ob Ausgleichszahlungen, die zwar die objektive Kostenschwelle übersteigen - und daher als Beihilfen anzusehen sind - nicht aber die subjektive Kostenschwelle, nach Art. 86 Abs. 2 EG gerechtfertigt sein können.[373] *Leibenath* meint, es bleibe insoweit bei der subjektiven Schwelle aus der *Ferring*-Entscheidung, denn eine nach Art. 86 Abs. 2 EG zu rechtfertigende Finanzierung über die objektive Schwelle hinaus müsse den Mitgliedstaaten möglich sein, sonst hätten sie in der Daseinsvorsorge überhaupt keinen Spielraum mehr.[374]

Dazu ist anzumerken, dass der Gerichtshof in *Altmark Trans*, anders als in der *Ferring*-Entscheidung, nicht zur Frage der Rechtfertigung nach Art. 86 Abs. 2 EG Stellung zu nehmen hatte. Es ist daher nicht ohne weiteres ersichtlich, dass der Gerichtshof in Bezug auf Art. 86 Abs. 2 EG an der subjektiven Kostenschwelle festhalten wollte. In *Ferring* erachtete der Gerichtshof Leistungen, welche die subjektive Kostenschwelle überstiegen „*nicht als notwendig*" für die Erfüllung der übertragenen Aufgaben.[375] Kann eine staatliche Leistungsgewährung, die höher als die marktmäßigen Kosten, jedoch immer noch niedriger als die für das Unternehmen anfallenden Kosten, ausfällt, für die Erfüllung der gemeinwirtschaftlichen Aufgaben notwendig sein? Derartige Mehrkosten können nur auf die Ineffizienz des betroffenen Unternehmens zurück zu führen sein. Die Finanzierung ineffizienter Leistungen ist aber nur dann notwendig, wenn die Ineffizienz entweder nicht abgestellt werden kann, oder es kein anderes Unternehmen gibt, das dieselbe Leistung auch zu marktmäßigen Kosten zu erbringen vermag. Der Sachverhalt muss daher in diesem Punkt aufgeklärt werden. Es verbietet sich also pauschal die Notwendigkeit einer solchen Leistung zu verneinen, da einem derartigen

---

[372] EuGH v. 22.11.2001, Rs. C-53/00 – Ferring/ACOSS – Slg. 2001, I-9067 Rn. 32.

[373] *Leibenath* EuR 2003, 1052, 1064. **A.A.** *Wohltmann* Der Landkreis 2003, 746, 751, der meint, bei Nichtvorliegen einer der Voraussetzungen sei Art. 86 Abs. 2 EG allenthalben anwendbar.

[374] *Leibenath* EuR 2003, 1052, 1065.

[375] EuGH v. 22.11.2001, Rs. C-53/00 – Ferring/ACOSS – Slg. 2001, I-9067 Rn. 32.

Unternehmen wirtschaftlich, anders als im Fall des Übersteigens der subjektiven Kostenschwelle, kein Vorteil zufällt. Die Frage der Kompensationsnotwendigkeit ineffizienter Leistungserbringung sollte daher einer Überprüfung im Rahmen der Bereichsausnahme des Art. 86 Abs. 2 EG vorbehalten bleiben. Im Ergebnis ist daher *Leibenath* zuzustimmen.

d) Stellungnahme zum Überkompensationsverbot

Das Kriterium des durchschnittlichen, gut geführten Unternehmens ist vage. Was ein durchschnittliches Unternehmen im jeweiligen Markt ist, lässt sich in vielen Fällen zwar ermitteln, wenn vergleichbare Unternehmen existieren. Was der Gerichtshof mit „gut geführt“ meint, bleibt dagegen offen, denn dieses Kriterium ist subjektiv und unbestimmt und birgt die Gefahr einer willkürlichen Anwendung.

Das Gebilde des durchschnittlichen, gut geführten Unternehmens belässt insgesamt zu viel Spielraum bei der Beurteilung der Erforderlichkeit einer Ausgleichsleistung. Wenn es möglich ist, die fiktiven Kosten eines durchschnittlichen, gut geführten Unternehmens, das mit der gleichen gemeinwirtschaftlichen Aufgabe betraut ist, zu ermitteln, muss es auch möglich sein, die tatsächlich marktmäßigen Kosten zu bemessen, die sich nach aller Voraussicht im Rahmen eines Vergabeverfahrens ergeben hätten.

Im Interesse größerer Transparenz und der Gewährleistung niedrigerer Kosten für die Allgemeinheit darf es aber nicht zu einer Privilegierung von Ausgleichsleistungen außerhalb von Vergabeverfahren kommen. Das Kriterium des durchschnittlichen, gut geführten Unternehmens ist daher abzulehnen. An die Stelle dieser Voraussetzung sollte die Durchführung eines „fiktiven Vergabeverfahrens“ gesetzt werden. Die von *Koenig* beschriebene Berechnungsmethode eignet sich genauso zur Berechnung der marktgerechten Ausgleichsleistung.[376] Will die öffentliche Hand hingegen auch andere Kriterien, als das der marktgerechten Leistungserbringung berücksichtigen,[377] muss ein Ausschreibungsverfahren durchgeführt werden, in welchem der insgesamt beste, nicht unbedingt der billigste Anbieter ausgewählt werden kann.

---

[376] *Koenig* räumt selbst ein, dass die von ihm beschriebene Berechnungsmethode ohnehin weniger zur Berechnung auf der Grundlage eines durchschnittlichen, gut geführten Unternehmens geeignet ist, sondern vielmehr den wirtschaftlichsten Kostenbetrag ermittelt – *Koenig* BB 2003, 2185, 2187.

[377] Gerade im ÖPNV besteht oftmals ein Interesse daran, regionale Anbieter zu bevorzugen. Siehe dazu SZ v. 25.7.2003, S. 4.

e) Folgen für das Beihilfenverfahren

Aus der *Altmark Trans*-Entscheidung geht nicht unmittelbar hervor, welche Konsequenzen sich im Hinblick auf das Notifizierungsverfahren ergeben. Liegen die vier Voraussetzungen vor, handelt es sich bei der Ausgleichsleistung nicht um eine Beihilfe im Sinne des Art. 87 Abs. 1 EG.[378] Somit wäre sie von vorn herein nicht anzumelden.[379] Die für die Vergabe zuständigen Stellen der öffentlichen Hand müssen also vorab prüfen, ob die vier Voraussetzungen eingehalten werden, da sie sonst zur Notifizierung verpflichtet sind. Wird ein Ausschreibungsverfahren durchgeführt und liegen auch die übrigen Voraussetzungen vor, entfällt die Notifizierungspflicht ohne weiteres.[380] Wird dagegen kein Ausschreibungsverfahren durchgeführt, besteht eine Unsicherheit, ob ein Notifizierungsverfahren durchgeführt werden muss. Der Gerichtshof verlangt eine Analyse der Kosten, die ein durchschnittliches, gut geführtes Unternehmen zu tragen hätte. Dabei wird nicht deutlich, ob der Gerichtshof die Tatsache der Durchführung dieser Analyse durch die öffentliche Hand als notwendig erachtet.

Dafür spricht, dass die Analyse nach dem Wortlaut der *Altmark Trans*-Entscheidung das Ausschreibungsverfahren gleichsam ersetzt, wobei die Tatsache der Durchführung des Ausschreibungsverfahrens dann bei kumulativer Erfüllung der übrigen Voraussetzungen erst die Notifizierungspflicht entfallen lässt. Im Umkehrschluss ließe dann auch erst die Durchführung der Analyse die Notifizierungspflicht entfallen.

Es spricht aber auch einiges gegen eine solche Interpretation. Die Beschreibung der Analyse dient vor allem dazu, der Kommission einen Maßstab an die Hand zu geben, mit dem sie mangels Vergabeverfahren gleichwohl eine Überprüfung der Erforderlichkeit der Ausgleichsleistung vornehmen kann. Es geht also darum, ob materiell eine Beihilfe vorliegt. Freilich sind die für die Vergabe von Beihilfen zuständigen Stellen gut beraten, im Wege einer solchen Analyse vorab zu klären, ob und in welcher Höhe sie Ausgleichsleistungen erbringen dürfen, ohne diese anmelden zu müssen. Dagegen bedeutet die Durchführung des Vergabeverfahrens unmittelbar, dass die materiellen Voraussetzungen einer Beihilfe nicht erfüllt sind. Sie begründet also eine unwiderlegliche Vermutung.

---

378 EuGH v. 24.7.2003, Rs- C-280/00 – Altmark Trans – Slg. 2003, I-7747, Rn. 88.

379 So auch *Heinze* DÖV 2004, 428, 431.

380 *Gas/Rücker* DÖV 2004, 56, 63 setzen hier mit ihrer Kritik an; eines der Ziele der Tatbestandslösung, nämlich die Vermeidung des schwerfälligen Notifizierungsverfahrens werde verfehlt, da dieses nur durch das nicht weniger umfangreiche Vergabeverfahren ersetzt werde.

Daher würde es zu weit gehen, die Tatsache der Durchführung einer Kostenanalyse als Voraussetzung für das Entfallen der Notifizierungspflicht anzusehen.

Es gibt aber noch weitere Schwierigkeiten. *Böck/Theobald* kritisieren an dem beschriebenen Analyseverfahren, dass für die bezuschussten Unternehmen eine Unsicherheit bliebe, ob sie dem Kostenmaßstab eines durchschnittlichen Unternehmens entsprechen.[381] Diese Kritik ist insofern berechtigt, da die bezuschussten Unternehmen es nicht in der Hand haben, ob ein Vergabeverfahren durchgeführt wird oder nicht. Das kann allein die Vergabestelle der öffentlichen Hand entscheiden. Die Rückerstattungsforderung wegen formell oder materiell rechtswidriger Beihilfen richtet sich aber gegebenenfalls gegen die Unternehmen. Sie tragen daher auch das Risiko einer fehlerhaften Analyse. Die Analyse wird durch die Verwendung der, wie oben bereits dargelegt wurde, recht ungenauen Begriffe, zusätzlich erschwert.

Andererseits haben die Unternehmen auch keinen Anspruch auf Notifizierung durch die öffentliche Hand. Wird kein Ausschreibungsverfahren durchgeführt und gelingt es den Unternehmen nicht, das erlaubte Maß der Ausgleichsleistung selbst zu bestimmen, was, wie hier beschrieben wurde, ausgesprochen schwierig und aufwendig sein kann, verbleiben ihnen erhebliche Rechtsunsicherheiten, die im schlimmsten Fall in einer Verpflichtung zur Rückerstattung der Zuschüsse gipfeln kann.[382]

V. Abschließende Beurteilung der *Altmark Trans*-Entscheidung

Die *Altmark Trans*-Entscheidung weist in die richtige Richtung, hin zu einem transparenteren Verfahren bei der Erbringung von Ausgleichsleistungen. Dieser Zweck ist in der Entscheidung jedoch überbetont. Somit fehlt es bei Teilen der Anforderungen, die die Entscheidung voraussetzt, um eine Beihilfe auszuschließen, an einer rechtlichen Grundlage.

Schwierig ist es nach dieser Entscheidung, das zulässige Maß einer Ausgleichsleistung zu bestimmen, auch wenn die Abkehr von einem subjektiven, hin zu einem objektiven Kostenmaßstab zu begrüßen ist. Es bleiben aber viele Fragen offen. Es empfiehlt sich für die Stellen der öffentlichen Hand daher, wenn man Rechtssicherheit erlangen will, ein Ausschreibungsverfahren durchzuführen.[383] Das ist natürlich nicht für jeden Bereich akzeptabel. Gerade im Bereich des ÖPNV galt es bislang als wünschenswert, nicht zwin-

---

[381] *Böck/Theobald* EWS 2003, 409, 413.
[382] So auch *Böck/Theobald* EWS 2003, 409, 413.
[383] *Werner/Quante* ZEuS 2004, 83, 91.

gend ein Ausschreibungsverfahren durchführen zu müssen.[384] An der *Altmark Trans*-Entscheidung wurde dieses Ergebnis sogar ausdrücklich begrüßt.[385]

Wird kein Ausschreibungsverfahren durchgeführt, muss künftig eine Kostenanalyse erstellt werden, die sich am vagen Begriff des durchschnittlichen, gut geführten Unternehmens zu orientieren hat. Die, soweit ersichtlich, einzige bislang dazu diskutierte Berechnungsmethode ist die von *Koenig* beschriebene, welche die Ineffizienzen infolge faktischer Monopolstellung mit einbezieht. Diese Methode ermittelt jedoch gerade nicht die Werte eines durchschnittlichen Unternehmens, sondern marktgerechte Kostenbeträge. Mit diesen Werten müssten jedoch gleichfalls im Sinne der *Altmark Trans*-Entscheidung zulässige Werte zu ermitteln sein, weil ihre Maßstäbe strenger sind. Die Vergabestellen haben also die Wahl, wenn sie kein Ausschreibungsverfahren durchführen wollen. Sie können entweder eine Kostenanalyse erstellen oder ein Notifizierungsverfahren einleiten. Letzteres ist ihnen unbenommen. Zwingend ist immerhin die Aufstellung der Parameter, die von den ersten beiden Voraussetzungen der *Altmark Trans*-Entscheidung verlangt wird, sonst wäre die Ausgleichsleistung ohnehin formell rechtswidrig. Wird nur eine Kostenanalyse erstellt, verbleibt angesichts der komplexen Berechnungsmethode und der geringen Begriffsklarheit der Voraussetzungen in der *Altmark Trans*-Entscheidung ein gewisses Risiko, dass der in beihilfenrechtlicher Hinsicht zulässige Ausgleichsbetrag überschritten und die Ausgleichsleistung dadurch sowohl formell wie materiell rechtswidrig und somit vom begünstigten Unternehmen zurückzugewähren ist. Dieses Risiko könnte dadurch vermindert werden, dass entweder der europäische Gesetzgeber oder der Gerichtshof[386] verlässliche Kriterien aufstellt, die außerhalb eines Vergabeverfahrens für Rechtssicherheit bei der Beurteilung von Ausgleichsleistungen sorgen.

---

[384] Vgl. die Aussage von Inge Reichert, Direktorin des Europäischen Zentralverbands der öffentlichen Unternehmen CEEP zur Altmark Trans-Entscheidung: "Es ist wichtig, dass man keine Ausschreibungen machen muss – das hätte regionale und örtliche Betriebe bürokratisch überfordert." (nachzulesen in der Financial Times Deutschland v. 25.7.2003, S. 13.

[385] Vgl. *Kafka* StädteT 2003, Heft 11, S. 10, 12; *Kühling/Wachinger* NVwZ 2003, 1202, 1203; *Monti* FAZ v. 25.7.2003, S. 11.

[386] In der zuletzt ergangenen Entscheidung des EuGH v. 27.11.2003, verb. Rs. C-34/01 bis C-38/01 – Enirisorse – EWS 2004, 26ff, Rn. 31ff, hatte der Gerichtshof keine Gelegenheit, die Kriterien weiter zu präzisieren, da die vier Voraussetzungen schon nicht gegeben waren.

VI. Reaktion der Europäischen Kommission auf *Altmark Trans*

Die Europäische Kommission hat im Zuge des *Altmark Trans*-Urteils den Entwurf einer auf Art. 86 Abs. 3 EG gestützten Entscheidung vorgelegt.[387] Dessen Besonderheit liegt darin, dass bestimmte Ausgleichszahlungen, die zwar nicht sämtliche der vier *Altmark Trans*-Kriterien erfüllen, gleichwohl gemäß Art. 86 Abs. 2 EG für mit dem Gemeinsamen Markt vereinbar erklärt werden könnten.[388] Dazu wird eine doppelte Schwelle eingeführt, die kumulativ auf die Höhe der Ausgleichszahlung und auf den Umsatz des empfangenen Unternehmens abstellt.[389] Es wird dabei vorausgesetzt, dass Ausgleichszahlungen in geringer Höhe, die mit der Erbringung von Dienstleistungen von allgemeinem wirtschaftlichem Interesse betrauten Unternehmen gewährt werden, deren Umsatz begrenzt ist, nicht geeignet sind, den Wettbewerb spürbar zu verfälschen.[390] Daher sollen derartige Ausgleichszahlungen[391] von der Anmeldepflicht nach Art. 88 Abs. 3 EG ausgenommen werden.[392]

Diese Kommissionspraxis steht freilich im Widerspruch zum in der *Ferring*-Entscheidung aufgestellten Grundsatz, dass Art. 86 Abs. 2 EG dann nicht mehr anwendbar ist, wenn bereits eine Überkompensation bezogen auf die subjektiven Kosten der Aufgabenerfüllung festgestellt worden ist.[393] Der Gerichtshof hat diese Frage in der *Altmark Trans*-Entscheidung nicht erneut aufgeworfen. Die Entscheidungspraxis der Kommission scheint jedoch dem vielfach beklagten Verlust des effet utile des Art. 86 Abs. 2 EG entgegenzuwirken.[394] Darüber hinaus wird die strenge Anwendung der *Alt-*

---

[387] Kommission, Entscheidung über die Anwendung von Art. 86 EG-Vertrag auf staatliche Beihilfen, die bestimmten Unternehmen als Ausgleich für die Erbringung von Dienstleistungen von allgemeinem wirtschaftlichem Interesse gewährt werden, v. 16.1.2004, Quelle: www.europa.eu.int/comm/competition/state_aid/others. Zu den von der Kommission vorgelegten neuen Legislativentwürfen zur Umsetzung der Vorgaben der *Altmark Trans*-Judikatur vgl. *Bartosch* EuZW 2004, 295, 298f und *Thyri* EWS 2004, 444ff.

[388] Kommission, Entscheidung über die Anwendung von Art. 86 EG-Vertrag auf staatliche Beihilfen, die bestimmten Unternehmen als Ausgleich für die Erbringung von Dienstleistungen von allgemeinem wirtschaftlichem Interesse gewährt werden, 7. Erwägungsgrund.

[389] *Thyri* EWS 2004, 444, 446.

[390] *Bartosch* EuZW 2004, 295, 298.

[391] Zur Berechnung der zulässigen Ausgleichszahlung vgl. *Thyri* EWS 2004, 444, 447. Die Kommission verfolgt demnach einen tatsächlichen Nettokostenansatz unter Einbeziehung eines angemessenen Gewinns, während die *Altmark Trans*-Entscheidung auch die Möglichkeit eines hypothetischen Nettokostenansatzes zulässt.

[392] Kommission, aaO., Art. 1 und 16. Erwägungsgrund.

[393] EuGH v. 22.11.2001, Rs. C-53/00 – Ferring/ACOSS – Slg. 2001, I-9067, Rn. 27; vgl. auch oben C I 3 b.

[394] Siehe dazu oben C II 2 b und C II 3 b.

mark Trans-Kriterien nicht von allen befürwortet.[395] Die gegebenenfalls zusätzliche Anwendung des Art. 86 Abs. 2 EG soll es ermöglichen, den Nachteil fehlender Vergleichsmöglichkeiten mit anderen Unternehmen insbesondere in Monopolbereichen zu korrigieren.[396]

Der Entscheidungsentwurf der Kommission ermöglicht durch die Einbeziehung eines tatsächlichen Nettokostenansatzes eine Aufweichung der *Altmark Trans*-Kriterien, indem letztlich die Überschreitung der subjektiven Kostenschwelle, wenn auch nur im Einzelfall, ermöglicht wird.[397] Es wurde bereits dargestellt, dass die *Ferring*-Entscheidung Zuwendungen oberhalb der subjektiven Kostenschwelle eindeutig verbietet.[398] Die Frage der Rechtfertigung nach Art. 86 Abs. 2 EG für Zuschüsse, die oberhalb der objektiven, aber unterhalb der subjektiven Kostenschwelle bleiben, wurde vom Gerichtshof offen gelassen. Nach der hier vertretenen Ansicht ist Art. 86 Abs. 2 EG für derartige Zuschüsse anwendbar, auch wenn dabei sein restriktiver Anwendungsbereich zu beachten ist. Abzulehnen ist jedoch die Überlegung, Art. 86 Abs. 2 EG angesichts der Schwierigkeiten der Ermittlung einer konkreten Kostenstruktur der Aufgabenerbringung und dem daraus resultierenden Scheitern der Ausgleichszahlungen an der vierten *Altmark Trans*-Voraussetzung gleichsam als Ausweg aus dem Beihilfenverbot einzusetzen.[399] Wenn der objektive Kostenmaßstab nicht ermittelt werden kann,[400] lässt sich hingegen der subjektive Kostenmaßstab unschwer ermitteln. Es gibt also keinen Anlass diese Linie der *Ferring*-Rechtsprechung zu verlassen.

E. Zusammenfassung

Das Verhältnis der Art. 87 Abs. 1 und Art. 86 Abs. 2 EG wird bei Ausgleichsleistungen für die Erfüllung von gemeinwirtschaftlichen Verpflichtungen entweder nach der Tatbestands- oder nach der Rechtfertigungslösung bestimmt. Der Unterschied zwischen den Lösungen liegt im verfahrensrechtlichen Bereich, da Ausgleichsleistungen nur nach dem letztgenannten Ansatz stets nach Art. 88 Abs. 3 EG notifizierungspflichtig sind.

Der Europäische Gerichtshof folgt in seiner inzwischen mehrfach bestätig-

---

[395] *Bartosch* EuZW 2004, 295, 300; *Sinnaeve* EStAL 2003, 351, 358.

[396] So *Bartosch*, ebd. *Bartosch* sieht den Vorteil dieser Lösung darin, dass es in derartigen Fällen bei einer Notifizierungspflicht bleibt, auch wenn die Beihilfe letztlich materiell rechtmäßig sein kann. Die formelle Rechtswidrigkeit der Beihilfe könne am Ende nach nationalem Recht zu „*weitreichenden Konsequenzen*“ führen, wie etwa BGH EuZW 2003, 444 verdeutliche. Zu letzterem siehe auch *König/Kühling*, in: Streinz, EUV/EGV, Art. 88, Rn. 44 m.w.N.

[397] Vgl. hierzu kritisch *Thyri* EWS 2004, 444, 449

[398] Siehe oben D III 2 c) bb) ccc).

[399] So aber *Bartosch* EuZW 2004, 295, 300.

[400] Auf diese Problematik wurde oben bereits hingewiesen C IV 2 c) bb) aaa).

ten Rechtsprechung entgegen teilweise heftiger Kritik der Tatbestandslösung. Er legt dabei dem Merkmal der Begünstigung in Art. 87 Abs. 1 EG einen Nettomehrkosten-Maßstab zugrunde und stuft Ausgleichsleistungen nur soweit sie eine Überkompensation der durch gemeinwirtschaftliche Verpflichtungen entstehenden Kosten darstellen, als Beihilfen ein. Anders als das Gericht erster Instanz und Teile der Literatur geht der Gerichtshof dabei vom Gegenleistungscharakter der Ausgleichszahlung aus.

Mittels einer Ausdehnen der Grundsätze des Art. 86 Abs. 2 EG, insbesondere des Grundsatzes der Verhältnismäßigkeit, auf den Tatbestand des Art. 87 Abs. 1 EG stellt der Gerichtshof bestimmte Voraussetzungen an die Modalitäten der Ausgleichszahlung, die andernfalls als Beihilfen einzuordnen sind. Insbesondere genügt die Durchführung eines Vergabeverfahrens, um die Ausgleichszahlung nicht der Notifizierungspflicht zu unterwerfen. Der vom Gerichtshof hilfsweise gebildete unspezifische Maßstab eines durchschnittlichen, gut geführten Unternehmens, ist jedoch abzulehnen, da nur eine Kostenberechnung auf der Basis eines fiktiven Vergabeverfahrens den Anforderungen des Verhältnismäßigkeitsprinzips in Art. 86 Abs. 2 EG gerecht werden kann.

Zusammenfassung in Thesen

1. Der Begriff der Daseinsvorsorge bezeichnet in Deutschland den Bereich öffentlicher wie privater Versorgungsleistungen, die dem Gemeinwohl dienen.
2. Im deutschen Recht hat dieser Begriff aber keine rechtlichen Auswirkungen und gibt dem Staat vor allem keine besonderen Befugnisse.
3. Der Staat kann allerdings, vor allem zum Schutz der Grundrechte, auf dem Boden der Rechtsordnung in diesem Bereich gesetzgeberisch und administrativ tätig werden – insbesondere durch die Gewährung von Beihilfen.
4. Der französische service public erkennt grundsätzlich eine Unterordnung aller Wirtschaftsfaktoren unter das Gemeinwohl an. Der service public erlaubt es daher, den Wettbewerb dort zu beschränken, wo es der Staat im Interesse des Gemeinwohls für erforderlich hält.
5. Das vorrangige staatliche Mittel ist die Proklamation einer gemeinwirtschaftlichen Aufgabe als Staatsaufgabe mit anschließender Delegation an Private bei fortlaufender staatlicher Kontrolle, Eingriffs- und Gestaltungsbefugnis.
6. Der Bereich der Dienste von allgemeinem wirtschaftlichem Interesse hat eine herausragende Bedeutung für Gesellschaft und Wirtschaft der Europäischen Gemeinschaft. Die Mitgliedstaaten bestimmen selbst, welche Arten von Diensten dazu gehören sollen. Die Organe der Gemeinschaft haben bei der Überwachung dieser sog. Einschätzungsprärogative der Mitgliedstaaten nur die Möglichkeit einer Missbrauchskontrolle.
7. Die Europäische Gemeinschaft hat gemäß dem EG-Vertrag eine prinzipiell marktwirtschaftliche Wirtschaftsverfassung. Das sichert dem Gemeinschaftsziel eines unverfälschten Wettbewerbs im Binnenmarkt eine starke Verankerung in den Grundsätzen des EG-Vertrags. Der EG-Vertrag beinhaltet jedoch keine Fixierung auf irgendein marktwirtschaftliches Modell.
8. Gleichwohl darf die Freiheit des Wettbewerbs nicht schrankenlos gelten. Im Bereich der Dienste von allgemeinem wirtschaftlichem Interesse besteht insbesondere durch staatliche Einflussnahme durch Beihilfen für bestimmte Unternehmen, ein Spannungsverhältnis zwischen der Wettbewerbsfreiheit und dem Recht der Mitgliedstaaten, Dienste von allgemeinem wirtschaftlichem Interesse zu fördern.
9. Ein prinzipieller und uneingeschränkter Vorrang des einen oder des anderen Vertragsgrundsatzes ergibt sich wegen ihrer grundsätzlichen Gleichrangigkeit nicht.
10. Für die Lösung dieses Konflikts im Bereich staatlicher Beihilfen eignet sich Art. 86 Abs. 2 EG unmittelbar nicht. Dieser kann hier nur in sehr begrenztem Umfang zur Anwendung kommen, da die Einschätzungspräroga-

tive der Mitgliedstaaten für die Dienste von allgemeinem wirtschaftlichem Interesse ebenso zu beachten ist, wie die Tatsache, dass Art. 86 Abs. 2 EG bei gebotener restriktiver Auslegung nur einen sehr begrenzten Anwendungsbereich haben kann.

11. Ebensowenig eignet sich Art. 16 EG für die Lösung dieses Zielkonflikts. Diese Norm hat lediglich die Funktion, die Bedeutung der Dienste von allgemeinem wirtschaftlichem Interesse bei der Auslegung anderer Vertragsnormen zur Entfaltung zu bringen.

12. Der Konflikt zwischen Wettbewerbsfreiheit und Daseinsvorsorge im Bereich der Beihilfen ist im Rahmen der Anwendung der Verbotsnorm des Art. 87 Abs. 1 EG zu suchen.

13. Zur Anwendung kommt dabei die sog. Tatbestandslösung. Übersteigt demnach eine staatliche Ausgleichsleistung für die Erfüllung gemeinwirtschaftlicher Aufgaben nicht die durch diese Aufgabenerfüllung entstehenden Mehrkosten, samt eines angemessenen Gewinns, stellt sie schon tatbestandlich keine Beihilfe im Sinne des Art. 87 Abs. 1 EG dar. Maßgeblich ist dabei ein objektiver Kostenmaßstab.

14. Eine Ausdehnung der Grundsätze des Art. 86 Abs. 2 EG auf den Tatbestand des Art. 87 Abs. 1 EG ergibt hierfür noch weitere Voraussetzungen:
Die Unternehmen müssen zunächst ausdrücklich mit klar definierten Aufgaben betraut worden sein.
Wird ein Vergabeverfahren durchgeführt, gilt zudem die unwiderlegliche Vermutung, dass der Betrag der Ausgleichsleistung keine Überkompensation verpflichtungsbedingter Mehrkosten beinhaltet.
Fehlt es hingegen an einem solchen Verfahren, genügt für den Nachweis, dass keine solche Überkompensation vorliegt, die ex-ante Erstellung einer Kostenanalyse für die Erfüllung der gemeinwirtschaftlichen Aufgabe im Rahmen eines fiktiven Vergabeverfahrens.

15. Liegen diese Voraussetzungen nicht kumulativ vor, ist in jedem Fall vor Zuwendung der Ausgleichsleistung ein Notifizierungsverfahren nach Art. 88 Abs. 3 EG durchzuführen.

16. Der vom Europäischen Gerichtshof als Ersatz für ein Vergabeverfahren ebenfalls anerkannte Kostenmaßstab eines durchschnittlichen, gut geführten Unternehmens, ist hingegen abzulehnen.

Anhang

Art. R 5115-13 des Code de la santé publique:

Jeder Betrieb, der der Tätigkeit des Großhändlers nachgeht, legt durch Erklärung [...] das Gebiet fest, für das jede seiner Niederlassungen ihre Vertriebstätigkeit ausübt. Diese Erklärung erfolgt spätestens bei der Eröffnung des Betriebes und wird bei jeder Änderung des Vertriebsgebiets erneuert.

Jede Gemeinde, in der der Betrieb gewöhnlich mindestens eine Apotheke beliefert, gehört zu diesem Gebiet.

In seinem Vertriebsgebiet hat jeder Betrieb die folgenden gemeinwirtschaftlichen Pflichten zu erfüllen:

1. - Er hat einen Vorrat an Arzneimitteln bereitzuhalten, der mindestens neun Zehntel der in Frankreich effektiv gehandelten Aufmachung entspricht.

2. - Er muss in der Lage sein,

a) jederzeit den Bedarf seiner üblichen Kundschaft für mindestens zwei Wochen zu decken;

b) jedes zu seinem Sortiment zählende Arzneimittel binnen 24 Stunden nach Eingang der Bestellung zu liefern;

c) jeder Apotheke auf Verlangen jedes Arzneimittel und, soweit er deren Vertrieb unter den Voraussetzungen des Artikels R.5108-1 sicherstellt, alle anderen in Artikel L.512 genannten Erzeugnisse, Gegenstände oder Artikel sowie jedes in Nr. 4 des Artikels L. 511-1 aufgeführte und in Frankreich gehandelte Teilarzneiprodukt zu liefern.

Diese Vorschriften hindern einen Betrieb nicht daran, ausnahmsweise in dringenden Fällen eine Apotheke außerhalb ihres Vertriebsgebiets zu beliefern.

Ausnahmsweise und bei Fehlen einer anderen Versorgungsquelle, kann der Generaldirektor der französischen Agentur für die gesundheitliche Sicherheit der Heilmittel von Amts wegen [...] einen Betrieb verpflichten, eine Apotheke außerhalb seines Vertriebsgebiets zu beliefern.

Literaturverzeichnis

Achterberg, Norbert, Allgemeines Verwaltungsrecht, 2. Auflage, Heidelberg 1986

Alexander, Willy, The EEC Rules of Competition, London 1973

Allibert, Brice/ Sikora, Alicja, La Commission applique pour la première fois la jurisprudence Altmark dans le domaine d'électricité, Competition Policy Newsletter 2004 Nr. 1, S. 83

Arndt, Hans-Wolfgang, Europarecht, 7. Auflage, Heidelberg 2004

Bach, Albrecht, Wettbewerbsrechtliche Schranken für staatliche Maßnahmen nach europäischem Gemeinschaftsrecht, Tübingen 1992

Badura, Peter

- Die Daseinsvorsorge als Verwaltungszweck der Leistungsverwaltung und der soziale Rechtsstaat, DÖV 1966, S. 624ff
- „Dienste von allgemeinem wirtschaftlichem Interesse" unter der Aufsicht der Europäischen Gemeinschaft, in: Liber amoricum *Thomas Oppermann*, Berlin 2001
- Staatsziele und Garantien der Wirtschaftsverfassung in Deutschland und Europa, in: FS für *Klaus Stern*, München 1997
- Wirtschaftliche Betätigung der öffentlichen Hand zur Gewährleistung von Daseinsvorsorge, in: *Schwarze* (Hrsg.), Daseinsvorsorge im Lichte des Wettbewerbsrechts, Baden-Baden 2001, S. 25ff

Bartosch, Andreas

- 5 Jahre Verfahrensverordnung in Beihilfesachen, eine Zwischenbilanz, EuZW 2004, 43ff
- Der EuGH zieht der EG-Beihilfenkontrolle engere Schranken – das Urteil in der Rechtssache Ferring/ACOSS, NVwZ 2002, 174ff
- Die Kommissionspraxis nach dem Urteil des EuGH in der Rechtssache Altmark – Worin liegt das Neue?, EuZW 2004, 295ff
- Neue Transparenzpflichten – eine kritische Analyse des Kommissionsentwurfs einer neuen Transparenzrichtlinie, EuZW 2000, 333ff
- Rulings in Altmark and Chronopost, EStAL 2003, 375ff
- Schnittstellen zwischen öffentlicher Auftragsvergabe und europäischem Beihilfenrecht, WuW 2001, 673ff
- Schranken-Schranken in der EG-Beihilfenkontrolle, NJW 2002, 3588ff

Basedow, Jürgen

- Von der deutschen zur europäischen Wirtschaftsverfassung, Tübingen 1992

- Zielkonflikte und Zielhierarchien im Vertrag über die Europäische Gemeinschaft, in: FS für *Ulrich Everling* Band I, Baden-Baden 1995, S. 49ff

Battis, *Ulrich*, Allgemeines Verwaltungsrecht, 3. Auflage, Heidelberg 2002

Bauby, *Pierre*/ *Boual*, *Jean-Claude*
- (Hrsg.) Les services publics au défi de l'Europe, Paris 1993
- Quels services publics demain en France, en Europe?, in: dies. (Hrsg.), Les services publics au défi de l'Europe, S. 11ff

Baumbach, *Adolf*/ *Hefermehl*, *Wolfgang*, Wettbewerbsrecht, 23. Auflage, München 2004

BDI, Deckmantel Daseinsfürsorge – Privatwirtschaft in Bedrängnis, Broschüre vom 7.12.2000

Behrens, *Peter*, Das Wirtschaftsrecht des Europäischen Binnenmarktes, Jura 1989, 561ff

Bell, *John*, L'expérience britannique, in: AJDA Spezialausgabe, Le service public – unité et diversité, vom 20. Juni 1997, S. 130ff

Bellamy, *Christopher*/ *Child*, *Graham*, Common Market Law of Competition, London, New York 1973

Beutler, *Bengt*/ *Bieber*, *Roland*/ *Pipkorn*, *Jörn*/ *Streil*, *Jochen*, Die Europäische Union, 4. Auflage, Baden-Baden 1993 (zit.: *Bearbeiter*, in: Beutler/ Bieber/Pipkorn/Streil, Die Europäische Union)

Blankart, *Charles*, Modelle der Daseinsvorsorge aus EG-rechtlicher und ökonomischer Sicht, WuW 2002, 340ff

Blankart, *Charles*/ *Knieps*, *Günther*, Regulierung von Netzen?, ZEW 1996, 483ff

Bleckmann, *Albert*
- Der Vertrag über die Europäische Union, DVBl 1992, 335ff
- Europarecht, 6. Auflage, Köln u.a. 1997
- Subventionsprobleme des GATT und der EG. Ordnungsrahmen für das Recht der Subventionen (Gutachten für den 55. Deutschen Juristentag), RabelsZ 1984, 419ff
- Zum Begriff des Gemeinsamen Marktes im EWG-Vertrag, MDR 1986, 5ff

Blümel, *Willi* (Hrsg.), Ernst Forsthoff – Kolloquium aus Anlaß des 100. Geburtstags von Prof. Dr. Dr. h.c. *Ernst Forsthoff*, Berlin 2003 (zit: Blümel, Ernst Forsthoff Kolloquium)

Böck, *Rudolf*/ *Theobald*, *Christian*, Aufbruch in den ÖPNV-Märkten – Handlungsbedarf für Aufgabenträger & Verkehrsunternehmen, EWS 2003, 409ff

Boiteau, Claudie, Concept communautaire de service public et services publics locaux, in: Le service public et la construction communautaire, RFDA 1995, S. 320ff

Borchardt, Klaus-Dieter, Die rechtlichen Grundlagen der Europäischen Union, 2. Auflage, Heidelberg 2002

Börner, Bodo, Irrwisch Daseinsvorsorge, BayVBl. 1971, S. 406ff

Börner, Bodo/ Neundorf, Konrad (Hrsg.), Recht und Praxis der Beihilfen im Gemeinsamen Markt, Köln u.a. 1984 (zit.: *Bearbeiter*, in: KSE, Bd. 32)

Braibant, Guy, Le droit administratif français, 3. Auflage, Paris 1992

Brede, Helmut (Hrsg.), Wettbewerb in Europa und die Erfüllung öffentlicher Aufgaben, Baden-Baden 2000/2001 (zit.: *Bearbeiter*, in: Brede, Wettbewerb in Europa und die Erfüllung öffentlicher Aufgaben)

Breidenstein, Gert, Das Recht des service public in Frankreich, Würzburg 1969

von Brevern, Daniel, Kommentar zur Entscheidung des EuGH in der Rs. C-53/00 – Ferring/ACOSS – EWS 2001, 586ff

Brohm, Winfried, Strukturen der Wirtschaftsverwaltung, Stuttgart 1969

Broß, Siegfried, Daseinsvorsorge – Wettbewerb – Gemeinschaftsrecht, JZ 2003, 874ff

Brox, Hans/ Walker, Wolf-Dietrich, Allgemeines Schuldrecht, 29. Auflage, München 2003

Bull, Hans-Peter, Allgemeines Verwaltungsrecht, 6. Auflage, Heidelberg 2000

Bunte, Hermann-Josef, Kartellrecht, München 2003

Burkhardt, Jürgen, Kartellrecht, München 1995

Calliess, Christian/ Ruffert, Matthias, Kommentar des Vertrages über die Europäische Union und des Vertrages zur Gründung der Europäischen Gemeinschaft – EUV/EGV, 2. Auflage, Neuwied, Kriftel 2002 (zit.: *Bearbeiter*, in Calliess/Ruffert, EUV/EGV)

Cartou, Louis, Europäische Organisationen, Freudenstadt 1967

Cassese, Sabino, Les services publics en Italie, in : CEEP (Hrsg.), Europe, concurrence et service public, Paris 1995, S. 109ff

Catalano, Nicola
- Manuel de droit des Communautés européenes , 2. Auflage, Paris 1965
- Application des Disposition du Traité C.E.E. (et notamment des Règles de Concurrence) aux Entreprises publiques, in: FS für *Otto Riese*, Karlsruhe 1964

CDU/CSU-Gruppe im Europäischen Parlament (Hrsg.), Daseinsvorsorge und Wettbewerb in der Europäischen Union", vom Februar 2002, abrufbar unter: http://www.cdu-csu.ep.de

CEEP (Hrsg.), Europa, Wettbewerb und öffentliche Dienstleistungen, Bericht des CEEP und Vorschläge zur Änderung des Vertrages zur Gründung der europäischen Union sowie für eine Europäische Charta der Dienstleistungen von allgemeinem wirtschaftlichen Interesse, Beiträge zur öffentlichen Wirtschaft, Heft 15, Berlin 1996

Celestine, Patrick/ Felsner, Marcus, Öffentliche Unternehmen, Privatisierung und service public in Frankreich, RIW 1997, 105ff

Chapus, René, Droit administratif général, Band 1, 13. Auflage, Paris 1999

Chevallier, Jaques, Le service public, Que sais-je?, 3. Auflage, Paris 1994

Comtes, Auguste, Système de politique positive, 4 Bände, Paris 1851-1854

Conseil d'État, Service public, services publics; déclin ou renouceau, in: Conseil d'État (Hrsg.), Rapport public 1994, EDCE Nr. 46, Paris 1995, S. 14ff

Cox, Helmut (Hrsg.), Daseinsvorsorge und öffentliche Dienstleistungen in der Europäischen Union, Baden-Baden 2000

Crellwitz, Kristin, Art. 87 EGV zwischen Wettbewerbsfreiheit und Beschäftigungspolitik, Baden-Baden 2001

Cunningham, James, The Competition Law of the E.E.C, London 1973

Dauses, Manfred (Hrsg.), Handbuch des EU-Wirtschaftsrechts Band 1 und 2, 2. Auflage, München 2002 (zit.: *Bearbeiter*, in: Dauses, Hdb. des EU-Wirtschaftsrechts)

Degenhart, Christoph, Staatsrecht I, Staatsorganisationsrecht, 20. Auflage, Heidelberg 2004

Deininger, Werner, Die Subventionen als Instrument der Wirtschaftspolitik, Augsburg 1975

Delvolvé, Pierre, Service public et libertés publiques, RFD adm. 1985, 1ff

Detterbeck, Steffen, Allgemeines Verwaltungsrecht, 2. Auflage, München 2004

Deuster, Jan, Das Weißbuch zu den Dienstleistungen von allgemeinem Interesse, EuZW 2004, 526ff.

Dohms, Rüdiger, Daseinsvorsorge im Lichte des Wettbewerbsrechts – Die Vorstellungen der Kommission zur Daseinsvorsorge, Quelle: http: europa.eu.int/comm/competition/speeches/text/sp000_025_de.pdf

Dörr, Dieter/ Cloß, Wolfgang, Die Vereinbarkeit der Gebührenfinanzierung des Österreichischen Rundfunks mit dem EG-Beihilferecht, ZUM 1996, 105ff

Dörr, Dieter/ Haus, Florian, Das Wettbewerbsrecht des EGV, JuS 2001, 313ff

Duguit, Léon
- Les transformations du Droit Public, Paris 1913
- Traité de droit constitutionel, Band 1, 3. Auflage, Paris 1927

Edward, David/ Hoskins, Mark, Art. 90: Deregulation and EC Law, Reflections Arising from the XVI FIDE Conference, C.M.L.Rev. 1995, 157ff

Ehle, Dieter/ Meier, Gerd, EWG-Warenverkehr, Außenhandel-Zölle-Subventionen, Köln 1971

Ehlermann, Claus Dieter, Les entreprises publiques et le controle des aides d'état, RMC 1992, 613ff

Ehricke, Ulrich, Der Art. 90 EWGV – eine Neubetrachtung, EuZW 1993, 211ff

Eiden, Hanns-Christoph, Die Agrarmarktordnung der Europäischen Gemeinschaften, DVBl. 1988, 1087ff

Emmerich, Volker
- Das Wirtschaftsrecht der öffentlichen Unternehmen, Bad Homburg 1969
- Internationale Personalberatung im Lichte des EWG Vertrages, BB 1989, Beilage 3, S. 9ff
- Kartellrecht, 9. Auflage, München 2001

Engel, Christoph, Europarechtliche Grenzen für öffentlich-rechtliche Spartenprogramme, Berlin 1996

Erichsen, Hans-Uwe/ Ehlers, Dirk (Hrsg.), Allgemeines Verwaltungsrecht, 12. Auflage, Berlin 2002 (zit.: *Bearbeiter*, in: Erichsen/Ehlers, Allgemeines Verwaltungsrecht)

Everling, Ulrich, Zur Wettbewerbskonzeption in der neueren Rechtsprechung des Gerichtshofs der Europäischen Gemeinschaften, WuW 1990, 995ff

Eucken, Walter, Die Grundlagen der Nationalökonomie, 7. Auflage, Berlin u.a. 1959

Faber, Heiko, Verwaltungsrecht, 4. Auflage, Tübingen 1995

Fehling, Michael, Zu Möglichkeiten und Grenzen identischer Wettbewerbsbedingungen für öffentliche Unternehmen der Daseinsvorsorge und private Konkurrenten, in: Schwarze, Daseinsvorsorge im Lichte des Wettbewerbsrechts, S. 195ff

Fikentscher, Wolfgang
- Wirtschaftsrecht Band 1, München 1983
- Wettbewerb und gewerblicher Rechtsschutz, München u.a. 1958

Fischer, Hans Georg, Europarecht, 4. Auflage, München 2004

Fischerhof, Hans, Öffentliche Versorgung mit Wasser, Gas, Elektrizität und öffentliche Verwaltung, DÖV 1957, S. 305ff

Fleiner, Fritz

- Institutionen des deutschen Verwaltungsrechts, 8. Auflage, Aalen 1960
- Über die Umbildung zivilrechtlicher Institute durch das öffentliche Recht – Akademische Antrittsrede, Tübingen 1906

Forsthoff, Ernst

- Das neue Gesicht der Verwaltung und die Verwaltungsrechtswissenschaft, Deutsches Recht 1935, S. 331ff
- Der Staat der Industriegesellschaft, München 1971
- Die Verwaltung als Leistungsträger, Stuttgart, Berlin 1938
- Führung und Planung, Deutsches Recht 1937, S. 48f
- Lehrbuch des Verwaltungsrecht Band I – Allgemeiner Teil, 10. Auflage, München 1973
- Rechtsfragen der leistenden Verwaltung, Stuttgart, 1959
- Von den Aufgaben der Verwaltungsrechtswissenschaft, Deutsches Recht 1935, S. 398ff

Franzius, Claudio, Auf dem Weg zu mehr Wettbewerb im ÖPNV – Zum „Altmark Trans" Urteil des EuGH, NJW 2003, 3029ff

Frenz, Walter, Dienste von allgemeinem wirtschaftlichem Interesse, EuR 2000, 901ff

Frisinger, Jürgen/ Behr, Andreas, Staatsbürgschaften, Banken und EU-Beihilfenverbot, RIW 1995, 708ff

von Gamm, Otto-Friedrich, Das Kartellrecht im EWG-Bereich, Köln u.a. 1969

Gas, Tonio/ Rücker, Martin, Die Finanzierung von Public Private Partnerships unter dem Blickwinkel des EG-Beihilferechts, DÖV 2004, 56ff

Gassner, Ulrich, Grundzüge des Kartellrechts, München 1999

Geiger, Andreas, Fußball-WM 2006 im Fokus der EU-Kommission!, NJW 2004, Heft 15 Editorial

Geiger, Rudolf, EG-Vertrag, 4. Auflage, München 2004

Geiss, Marcus, Rechtsstaatliche Grundsätze im Beihilferecht der Europäischen Gemeinschaft, Baden-Baden 2001

Glassen, Helmut/ von Hahn, Helmut/ Kersten, Hans-Christian/ Rieger, Harald, Frankfurter Kommentar zum Kartellrecht Band VI – EG-Kartellrecht, Köln 2001 (zit.: *Bearbeiter*, in: FK VI)

Gleiss, Alfred/ Hirsch, Martin/ Burkert, Thomas (Hrsg.), Kommentar zum EG-Kartellrecht Band 1, 4. Auflage, Heidelberg 1993 (zit.: Gleiss/ Hirsch, EG-Kartellrecht Band 1)

Gloy, Wolfgang, Handbuch des Wettbewerbsrechts, München 1986 (zit.: *Bearbeiter*, in: Gloy, Hdb. des Wettbewerbsrechts)

González-Varas, Santiago, Die Auffassung der „öffentlichen Dienstleistungen“ oder Daseinsvorsorge im spanischen Recht (servicios públicos), in: Hrbek/Nettesheim, Europäische Union und mitgliedstaatliche Daseinsvorsorge“, Baden-Baden 2002, S. 210ff

Grabitz, Eberhard/ Hilf, Meinhard, Das Recht der Europäischen Union, Band I bis IV, München 2003 (zit.: *Bearbeiter* in: GH I bis IV)

Grimm, Dieter, Solidarität als Rechtsprinzip – Die Rechts- und Staatslehre Léon Duguits in ihrer Zeit, Frankfurt 1973

von der Groeben, Hans

- Europa – Plan und Wirklichkeit, Baden-Baden 1967
- Wettbewerbspolitik in der Europäischen Wirtschaftsgemeinschaft, WuW 1961, 373ff
- Wettbewerb im Gemeinsamen Markt, Europa-Archiv 1961, 643ff

von der Groeben, Hans/ Thiesing, Jochen/ Ehlermann, Claus-Dieter (Hrsg.), Kommentar zum EU-/EG-Vertrag, 5. Auflage, Baden-Baden 1999 (zit.: *Bearbeiter,* in GTE, EU-/EG-Vertrag)

von der Groeben, Hans/ Schwarze, Jürgen (Hrsg.), Kommentar zum Vertrag über die Europäische Union und zur Gründung der Europäischen Gemeinschaft, Band 1 und 2, 6. Auflage, Baden-Baden 2003 (zit.: *Bearbeiter* in: von der Groeben/Schwarze)

Gröttrup, Hendrik, Die kommunale Leistungsverwaltung, Stuttgart, Berlin, Köln, Mainz 1973

Gundel, Jörg, Staatliche Ausgleichszahlungen für Dienstleistungen von allgemeinem wirtschaftlichen Interesse: Zum Verhältnis zwischen Art. 86 Abs. 2 EGV und dem EG-Beihilfenrecht, RIW 2002, 222ff

Günther, Eberhard, Wege zur Europäischen Wettbewerbsordnung, Baden-Baden 1968

Gutsch, Hans-Martin, Die Rechtsstellung der Postbank im nationalen und europäischen Bankenwettbewerb, Baden-Baden 1994

Hailbronner, Kay, Öffentliche Unternehmen im Binnenmarkt – Dienstleistungsmonopole und Gemeinschaftsrecht, NJW 1991, 593ff

Hailbronner, Kay/ Klein/Eckart/ Magiera, Siegfried/ Müller-Graff, Peter-Christian, Handkommentar zum EU-Vertrag, Köln 1998 (zit.: *Bearbeiter*, in: Hailbronner u.a., Handkommentar zum EU-Vertrag)

Hakenberg, Waltraud/ Erlbacher, Friedrich

- Die Rechtsprechung des EuGH und EuGeI auf dem Gebiet der staatlichen Beihilfen in den Jahren 2001 und 2002, EWS 2003, 201ff

- Die Rechtsprechung des EuGH und EuGeI auf dem Gebiet der staatlichen Beihilfen in den Jahren 1999 und 2000, EWS 2001, 208ff
Hancher, Leigh/ Ottvanger, Tom/ Slot, Piet Jan, E.C. State Aids, 2. Auflage, London 1999
Hanlon, James, European Community Law, 2. Auflage, London 2000
Harms, Jens, Daseinsvorsorge im Wettbewerb. Zur Abgrenzung von Dienstleistungen von allgemeinem wirtschaftlichem Interesse im Sinne der Art. 16 und 86 EG-Vertrag, in: Brede (Hrsg.), Wettbewerb in Europa und die Erfüllung öffentlicher Aufgaben, S. 25ff
Heidenhain, Martin (Hrsg.), Handbuch des Europäischen Beihilfenrechts, München 2003 (zit.: *Bearbeiter*, in: Heidenhain, Hdb. EG-Beihilfenrecht)
Heinze, Christian, Genehmigung und Zuschüsse für den Kraftfahrzeug-Linienverkehr nach dem „Altmark-Urteil" des EuGH vom 24. Juli 2003, DÖV 2004, 428ff
Heiß, Andreas, EuGHE Altmark Trans, C-280/00 oder: Die Revolution findet nicht statt, VBlBW 2003, 429ff
Hellermann, Johannes, Örtliche Daseinsvorsorge und gemeindliche Selbstverwaltung, Tübingen 2000
Hennis, Wilhelm, Politik und praktische Philosophie, Neuwied 1963
Herdegen, Matthias, Europarecht, 6. Auflage, München 2004
Herdzina, Klaus, Wettbewerbspolitik, 5. Auflage, Stuttgart 1999
Hermes, Georg, Staatliche Infrastrukturverantwortung – Rechtliche Grundstrukturen netzgebundener Transport- und Übertragungssysteme zwischen Daseinsvorsorge und Wettbewerbsregulierung am Beispiel der leitungsgebundenen Energieversorgung in Europa, Tübingen 1998
Herten-Koch, Rut/ Pick, Tom, Ausgleich gemeinwirtschaftlicher Verpflichtungen im öffentlichen Personennahverkehr, LKV 2004, 62f
Hesse, Konrad, Grundzüge des Verfassungsrechts der Bundesrepublik Deutschland, 20. Auflage, Heidelberg 1995
Hobe, Stefan, Europarecht, 2. Auflage, Köln u.a. 2004
Holoubek, Michael/Segalla, Patrick, Daseinsvorsorge in Österreich, in: Hrbek/Nettesheim, Europäische Union und mitgliedstaatliche Daseinsvorsorge, Baden-Baden 2002, S. 199ff
Hösch, Ulrich
- Altmark Trans – Bleibt alles beim Alten?, Editorial zu NJW 35/2003
- Die kommunale Wirtschaftstätigkeit, Tübingen 2000
Hrbek, Rudolf/ Nettesheim, Martin (Hrsg.), Europäische Union und mitgliedstaatliche Daseinsvorsorge, Baden-Baden 2002
Huber, Ernst Rudolf, Wirtschaftsverwaltungsrecht Band 1, 2. Auflage, Tübingen 1953

Huber, *Peter*, Recht der Europäischen Integration, 2. Auflage, München 2002

IFIG (Hrsg.), Perspektiven der öffentlichen Wirtschaft in Europa – Die Aufgaben der öffentlichen Unternehmen im Binnenmarkt, Baden-Baden 1994

Immenga, *Ulrich/ Mestmäcker*, *Ernst-Joachim*, EG-Wettbewerbsrecht, Band 1 und 2, München 1997 (zit.: *Bearbeiter*, in: Immenga/Mestmäcker, EG-Wettbewerbs-recht I oder II)

Ipsen, *Jörn*
- Allgemeines Verwaltungsrecht, 3. Auflage, Köln, München 2003
- Staatsrecht II (Grundrechte), 7. Auflage, Neuwied und Kriftel 2004

Ipsen, *Hans Peter*
- Der deutsche Jurist und das europäische Gemeinschaftsrecht (Verhandlungen des 45. DJT, Bd. II, L), München Berlin 1964
- Europäisches Gemeinschaftsrecht, Tübingen 1972
- Zur Legalität des Werbefernsehens, NJW 1963, 2049ff

Ipsen, *Hans Peter/ Nicolaysen*, *Gert*, Öffentliche Unternehmen im Gemeinsamen Markt und Bericht über die aktuelle Entwicklung des Gemeinschaftsrechts, NJW 1964, 2336ff

Isensee, *Josef/ Kirchof*, *Paul*
- Handbuch des Staatsrechts, Band I, Heidelberg 1987
- Handbuch des Staatsrechts, Band III, Heidelberg 1988
- Handbuch des Staatsrechts, Band IV, Heidelberg 1990

(zit.: *Bearbeiter* in: Isensee/Kirchof, HStR)

Jarass, *Hans*, Wirtschaftsverwaltungsrecht, 3. Auflage, Neuwied u.a. 1997 (zit.: *Bearbeiter*, in: Jarass, Wirtschaftsverwaltungsrecht)

Jellinek, *Walter*, Verwaltungsrecht, 3. Auflage, Berlin u.a. 1931

Jennert, *Carsten*, Urteilsanmerkung zu EuGH v. 22.11.2001, Rs. C-53/00 – Ferring/ACOSS, DVBl. 2002, 825ff

Jèze, *Gaston*, Les pricipes généraux du droit administratif – La notion de service public – Les individus au service public – Le statut des agents publics, 3. Auflage, Paris 1930

Jimenez-Blanco, *A.*, Les services publics en Espagne, in: CEEP (Hrsg.), Europe, concurrence et service public, Paris 1995, S. 163ff

Kafka, *Axel*, Folgen des EuGH-Urteils in Sachen „Altmark Trans", StädteT 2003, Heft 11, S. 10ff

Kämmerer, Jörn Axel
- Daseinsvorsorge als Gemeinschaftsziel oder: Europas „soziales Gewissen“, NVwZ 2002, 1041ff
- Strategien zur Daseinsvorsorge, NVwZ 2004, S. 28ff

Kapteyn, P.J.G./ Verloren van Themaat, Pieter, Inleiding tot het recht van de Europese Gemeenschappen, 3. Auflage, Kluwer, Deventer 1987

Kaufmann, Erich, Verwaltung, Verwaltungsrecht, in: Wörterbuch des Deutschen Staats- und Verwaltungsrechts, begr. von Karl Stengel, Bd. 3, 2. Auflage, Tübingen 1914

Keller, Jan, Service public und Art. 86 Abs. 2 EGV, Frankfurt a. M. u.a. 1999

Kennedy, John, La notion de service public au Royaume-uni et en Irlande, in: Moderne/Marcou (Hrsg.), L'idée de service public dans le droit des ètats de l'union européenne, S. 225ff

Kiepe, Folkert, Der ÖPNV vor neuen Herausforderungen, StädteT 2003, Heft 11, S. 6ff

Kilian, Wolfgang, Europäisches Wirtschaftsrecht, München 1996

Klein, Hans
- Daseinsvorsorge, EvStL 1966, Sp. 270ff
- Die Teilnahme des Staates am wirtschaftlichen Wettbewerb, Heidelberg 1968

Knauff, Matthias, Das Grünbuch der Kommission über Dienstleistungen von allgemeinem Interesse, NJW 2003, 453ff

Knemeyer, Esther, Die Etablissements publics im französischen Verwaltungsrecht, Baden-Baden 1996

Koenig, Christian
- Anmerkung zu BGH (EuZW 2003, 444), EuZW 2003, 417
- Daseinsvorsorge durch Wettbewerb, EuZW 2001, 481
- Die neuen EG-beihilferechtlichen Kompensationsmaßstäbe in der Daseinsvorsorge – das Altmark Trans-Urteil in der Praxis, BB 2003, 2185ff

Koenig, Christian/Haratsch, Andreas
- Die Rundfunkgebühren auf dem Prüfstand des Altmark Trans-Urteils des Europäischen Gerichtshofs, ZUM 2003, 804ff
- Europarecht, 3. Auflage, Tübingen 2000

Koenig, Christian/ Kühling, Jürgen
- Grundfragen des EG-Beihilfenrechts, NJW 2000, 1065ff
- „Totgesagte Vorschriften leben länger“: Bedeutung und Auslegung der Ausnahmeklausel des Art. 86 Abs. 2 EG, ZHR 166 (2002), 656ff

Koenig, Christian/Kühling, Jürgen/ Rasbach, Winfried, Versorgungssicherheit im Wettbewerb – ein Vergleich der gemeinschaftsrechtlichen, französischen und deutschen Energierechtsordnungen, ZNER 2003, 3ff

Koenig, Christian/ Kühling, Jürgen/ Ritter, Nicolai, EG-Beihilferecht, Heidelberg 2002

Koenig, Christian/Pechstein, Matthias/ Sander, Claude, EU-/EG-Prozessrecht, 2.Auflage Tübingen 2002

Koenig, Christian/ Roth, Wulf-Henning/ Schön, Wolfgang, Aktuelle Fragen des EG-Beihilfenrechts, Heidelberg 2001 (zit.: *Bearbeiter*, in: Koenig/Roth/Schön, Aktuelle Fragen des EG-Beihilfenrechts)

König, Klaus/ Benz, Angelika (Hrsg.), Privatisierung und staatliche Regulierung: Bahn, Post und Telekommunikation, Rundfunk, Baden-Baden 1997 (zit.: *Bearbeiter*, in: König/Benz (Hrsg.), Privatisierung und staatliche Regulierung)

Köttgen, Arnold

- Gemeindliche Daseinsvorsorge und gewerbliche Unternehmerinitiative im Bereich der Wasserversorgung und Abwässerbeseitigung, Göttingen 1961

- Verwaltungsrecht der öffentlichen Anstalt, in: Veröffentlichungen der Vereinigung der Deutschen Staatsrechtslehrer (1929), VVDStRL, H. 6

Krüger, Herbert, Staatsverfassung und Wirtschaftsverfassung, DVBl. 1951, 361ff

Kube, Hanno, Die Gleichheitsdogmatik des europäischen Wettbewerbsrechts – zur Beihilfenkontrolle staatlicher Ausgleichsleistungen, EuR 2004, 230ff

Kühling, Jürgen/ Wachinger, Lorenz, Das Altmark Trans-Urteil des EuGH – Weichenstellung für oder Bremse gegen mehr Wettbewerb im deutschen ÖPNV?, NVwZ 2003, 1202ff

Kühne, Gunther, Gemeinschaftsrechtlicher Ordnungsrahmen der Energiewirtschaft zwischen Wettbewerb und Gemeinwohl, RdE 2002, S. 257ff

Lachaume, Jean François, Grands services publics, Paris u.a. 1989

Langen, Eugen/ Bunte, Hermann-Josef, Kommentar zum deutschen und europäischen Kartellrecht, 9. Auflage, Neuwied, Kriftel 2001 (zit.: *Bearbeiter*, in: Langen/Bunte, Kartellrecht)

Lecheler, Helmut

- Die Fortentwicklung des Rechts der Europäischen Union durch den Amsterdam-Vertrag, JuS 1998, 392ff

- Die Versorgung mit Strom und Gas als „service public“ und die Bedeutung der „service public-Doktrin“ für Art. 90 Abs. 2 EGV, RdE 1996, 212ff

Lecheler, Helmut/ Gundel, Jörg, Die Rolle von Art. 90 Abs. 2 und 3 EGV in einem liberalisierten Energiemarkt – Zur Bedeutung der EuGH-Entscheidung vom 23.10.1997 für die Zukunft, RdE 1998, 92ff

Lefèvre, Dieter, Staatliche Ausfuhrförderung und das Verbot wettbewerbsverfälschender Beihilfen im EWG-Vertrag, Baden-Baden 1977

Léger, Philippe (Hrsg.), Commentaire article par article des traités UE et CE, Basel u.a. 2000 (zit.: *Bearbeiter*, in: Léger, Commentaire TCE)

Lehr, Marc, Europarechtliche Vorgaben für die ÖPNV-Finanzierung, SächsVBl. 2003, 253ff

Leibenath, Christoph, Gemeinschaftliches Beihilfenrecht und mitgliedstaatliche Finanzierung von Leistungen der Daseinsvorsorge, EuR 2003, 1052ff.

Leisner, Walter, Grundrecht und Privatrechte, München 1960

Lenz, Carl Otto/ *Borchardt, Klaus-Dieter*, EU- und EG-Vertrag, 3. Auflage, Köln u.a. 2003 (zit.: *Bearbeiter*, in: Lenz/Borchardt, EUV/EGV)

Löwenberg, Fabian, Service public und öffentliche Dienstleistungen in Europa, Berlin 2001

Lübbig, Thomas/*Martín-Ehlers, Andrés*, Beihilfenrecht der EU, München 2003

Magiera, Siegfried, Gefährdung der öffentlichen Daseinsvorsorge durch das EG-Beihilfenrecht?, in: FS für *Dietrich Rauschning*, Köln u.a. 2001, S. 269ff

Marcou, Gérard, Les services publics en droit allemand, in: Moderne/Marcou (Hrsg.), L'idée de service public dans le droit des états de l'union européenne, S. 83ff

Markert, Kurt, Wettbewerb und Wirtschaftspolitik in der EWG, EuR 1970, 349ff

Maunz, Theodor, Grundfragen des Energiewirtschaftsrechts, VerwArch 50 (1959), 315ff

Maunz, Theodor/ *Dürig, Günther*, Kommentar zum Grundgesetz, München 2003 (zit.: *Bearbeiter*, in: Maunz-Dürig, Komm. z. GG)

Maurer, Hartmut
- Allgemeines Verwaltungsrecht, 15. Auflage, München 2004
- Staatsrecht I, 3. Auflage, München 2003

Mayer, Franz/ *Kopp, Ferdinand*, Allgemeines Verwaltungsrecht, 5. Auflage, Stuttgart, München 1985

Mégret, Jacques/ *Louis, Jean-Victor*/ *Vignes, Daniel*/ *Waelbroeck, Michel*, Le Droit de la Communauté économique européen, Band 4: Concurrence, Brüssel 1997 (zit.: *Bearbeiter*, in: Mégret, Concurrence)

Mescheriakoff, Alain-Serge, Droit des services publics, Paris 1991

Mestmäcker, Ernst-Joachim
- Auf dem Wege zu einer Ordnungspolitik für Europa, in: FS für *Hans v.d. Groeben*, Baden-Baden 1987
- Daseinsvorsorge und Universaldienst im europäischen Kontext, in: FS für *Hans Zacher*, Heidelberg 1998, S. 635ff
- Europäisches Wettbewerbsrecht, München 1974
- Offene Märkte im System unverfälschten Wettbewerbs in der Europäischen Gemeinschaft; in: FS für *Franz Böhm*, Karlsruhe 1965, S.. 383ff
- Staat und Unternehmen im europäischen Gemeinschaftsrecht, RabelsZ 52 (1988), 526ff
- Wirtschaft und Verfassung, DÖV 1964, 606ff

Michaels, Sascha/ Kühschelm, Sabine, Europäische ÖPNV-Systeme im Lichte der europäischen Reformtendenzen, EuZW 2003, 520ff

van Miert, Karel, La Conférence Intergouvernementale et la politique communautaire de concurrence, Competition Policy Newsletter Nr. 2, S. 1ff

Moderne, Franck
- La notion de service public (servicio público) en Espagne, in: ders./Marcou (Hrsg.), L'idée de service public dans le droit des états de l'union européenne, S. 313ff
- Les transcriptions doctrinales del'idée de service public, in: ders./ Marcou, (Hrsg.), L'idée de service public dans le droit des états de l'union européenne, S. 9ff

Moderne, Franck/ Marcou, Gérard (Hrsg.), L'idée de service public dans le droit des états de l'union européenne, Paris 2001

Monnier, Lionel, Die Zukunft der öffentlichen Dienstleistungen in der Europäischen Union, in: Cox, Helmut (Hrsg.), Öffentliche Dienstleistungen in der Europäischen Union: Zum Spannungsfeld zwischen Service Public und Wettbewerbsprinzip, Baden-Baden 1996, S. 41ff

Monti, Mario, Services of General Interest in Europe, EuZW 2001, 161

Möschel, Wernhard
- Privatisierung, Deregulierung und Wettbewerbsordnung, JZ 1988, 885ff
- Recht der Wettbewerbsbeschränkungen, Köln 1983

Müller, Martin, Zur verfassungsrechtlichen Problematik kommunaler Unternehmen auf dem Telekommunikationsmarkt, DVBl. 1998, 1256ff

Müller-Armack, Alfred, Wirtschaftsordnung und Wirtschaftspolitik, 2. Auflage, Bern, Stuttgart 1976

Müller-Graf, Peter-Christian
- Die Erscheinungsformen der Leistungssubventionstatbestände aus wirtschaftlicher Sicht, ZHR 152 (1988), S. 403ff

- Die wettbewerbsverfaßte Marktwirtschaft als gemeineuropäisches Verfassungsprinzip, EuR 1997, 433ff
- Wandel des Europäischen Wirtschaftsverfassungsrechts?, ZHR 168 (2004), S. 1ff

von Münch, Ingo, Staatsrecht I, 6. Auflage, Stuttgart u.a. 2000

von Münch, Ingo/ Kunig, Philip (Hrsg.), Grundgesetz Kommentar, 5. Auflage, München 2000 (zit.: *Bearbeiter,* in: Münch/Kunig, GG)

Mussler, Werner, Die Wirtschaftsverfassung der Europäischen Gemeinschaft im Wandel, Baden-Baden 1998

Nagel, Bernhard, Gemeindeordnung als Hürde?, Baden-Baden 1999

Nahamowitz, Peter, Staatsinterventionismus und Recht, Baden-Baden 1998

Neri, S./Sperl, H, Traité instituant la Communauté Economique Européenne, Travaux préparatoires, Cour de Justice des Communautés Européennes, Luxemburg 1960

Nettesheim, Martin
- Europäische Beihilfeaufsicht und mitgliedstaatliche Daseinsvorsorge, EWS 2002, S. 253ff
- Mitgliedstaatliche Daseinsvorsorge im Spannungsfeld zwischen Wettbewerbskonformität und Gemeinwohlverantwortung, in: Hrbek/Nettesheim, Europäische Union und mitgliedstaatliche Daseinsvorsorge, S. 39ff

Nicolaysen, Gert, Europarecht II – Das Wirtschaftsrecht im Binnenmarkt, Baden-Baden 1996

Niemeyer, Hans-Jörg, Recent Developments in EC State Aid Law, EuZW 1993, 273ff

Nipperdey, Hans Carl, Die soziale Marktwirtschaft in der Verfassung der Bundesrepublik, Karlsruhe 1954

Nowak, Carsten
- Die Entwicklung des EG-Beihilfenkontrollrechts in den Jahren 1998, 1999 und 2000, EuZW 2001, 293ff
- Die Entwicklung des EG-Beihilfenkontrollrechts in den Jahren 2001 und 2002, EuZW 2003, 389ff

Oder, Burak, Das gemeinschaftliche Beihilfenkontrollverfahren nach Art. 93 EG-Vertrag, Köln 2000

Oldiges, Martin,
- (Hrsg.) Daseinsvorsorge durch Privatisierung – Wettbewerb oder staatliche Gewährleistung, Baden-Baden 2001
- Daseinsvorsorge durch Privatisierung – Wettbewerb oder staatliche

Gewährleistung, im von ihm herausgegebenen, gleichnamigen Sammelband, S. 15ff
Ophüls, C. F., Grundzüge europäischer Wirtschaftsverfassung, ZHR 124 (1962), S. 136ff
Oppermann, Thomas
- Deutsche Rundfunkgebühren und europäisches Beihilferecht, Berlin 1997
- Europarecht, 2. Auflage, München 1999
Ossenbühl, Fritz, Daseinsvorsorge und Verwaltungsprivatrecht, DÖV 1971, 513ff
Osterloh, Lerke, Die Privatisierung von Verwaltungsaufgaben, in: VVDStRL 54 (1995), S. 204ff

Peine, Franz-Josef, Allgemeines Verwaltungsrecht, 6. Auflage, Heidelberg 2002
Petersmann, Ernst-Ulrich, Thesen zur Wirtschaftsverfassung der EG, EuZW 1993, 593ff
Pielow, Johann-Christian
- Frankreich – Service Public, in: Hrbek/Nettesheim, Europäische Union und mitgliedstaatliche Daseinsvorsorge, S. 155ff
- Grundstrukturen öffentlicher Versorgung, Tübingen 2001
Pluge, Wolf, Wasserwirtschaft zwischen Daseinsvorsorge und Wettbewerb, abrufbar unter: http://www.bundesverband-gas-und-wa.publik/trinkwasser/vortrag_ wawi.htm
Püttner, Günter
- Das grundlegende Konzept der Daseinsvorsorge. Kommunale Daseinsvorsorge – Begriff, Geschichte, Inhalt, in: Hrbek/Nettesheim, Europäische Union und mitgliedstaatliche Daseinsvorsorge, Baden-Baden 2002, S. 32ff
- Daseinsvorsorge und service public im Vergleich, in: Cox(Hrgs.), Daseinsvorsorge und öffenliche Dienstleistungen in der Europäischen Union, Baden-Baden 2000, S. 45ff
- Die Aufwertung der Daseinsvorsorge in Europa, ZögU 2000, 373ff

Quardt, Gabriele, Zur Abschaffung von Anstaltslast und Gewährträgerhaftung, EuZW 2002, 424ff

Rapold, Max, Demokratie und Wirtschaftsordnung, Zürich 1974
Rapp, Lucien, Public Services or Universal Services? Telecommunications Policy, Vol. 20, London 1996

Reich, Dietmar, Abgabenvergünstigungen für Arzneimittelhändler auf dem Prüfstand des EG-Beihilenrechts, Pharma Recht 2002, 174ff
Reich, Norbert, Binnenmarkt und „service public" – einige Überlegungen zu einer aktuellen Kontroverse, in: Winter, Gerd (Hrsg.), Die Europäische Gemeinschaft und das Öffentliche, ZERP Diskussionspapier 7/91, Bremen 1991, S. 15ff
Rengeling, Hans-Werner, Das Beihilferecht der Europäischen Gemeinschaften, in: Börner/Neundorf (Hrsg.), Recht und Praxis der Beihilfen im Gemeinsamen Markt, Köln u.a. 1984, S. 23ff
Reuter, Alexander, Die Projektfinanzierung öffentlich-rechtlicher Aufgaben aus dem Blickwinkel des Beihilferechts : Public-Private Partnerships nach EuGH-Ferring aus Bankensicht, ZIP 2002, 737
Ritter, Ernst-Hasso, Der Wandel der Wirtschaft und die wirtschaftsverfassungsrechtliche Bedeutung des Gesetzes gegen Wettbewerbsbeschränkungen, BB 1968, 1393ff
Ritter, Lennart/ Braun W. David/ Rawlinson, Francis, European Competition Law: A Practitioner's Guide, 2. Auflage, Den Haag u.a. 2000 (zit.: Ritter/Braun/ Rawlinson, European Competition Law)
Rodriguez, Stéphane, Les Services Publics et le Traité d'Amsterdam, RMC 1998, 37ff
Rolland, Louis, Précis de droit administratif, 11. Auflage, Paris 1957
Ronellenfitsch, Michael
- Daseinsvorsorge als Rechtsbegriff, in: Blümel, Willi (Hrsg.), Ernst Forsthoff – Kolloquium aus Anlaß des 100. Geburtstags von Prof. Dr. Dr. h.c. Ernst Forsthoff, Berlin 2003, S. 53ff
- Der ÖPNV im europäischen Binnenmarkt, VerwArch 2001, 131ff
- Der Verkehrssektor als Bereich der öffentlichen Daseinsvorsorge in Deutschland, in: Hrbek/Nettesheim (Hrsg.), Europäische Union und mitgliedstaatliche Daseinsvorsorge, S. 89ff
Röpke, Wilhelm, Wettbewerb. Ideengeschichtliche und ordnungspolitische Stellung, in: Handbuch der Sozialwissenschaften Band 12, Stuttgart u.a. 1965 (zit.: *Röpke*, in: HDSW)
Rosenfeld, Katrin, Das Verfahrensrecht der gemeinschaftsrechtlichen Beihilfenaufsicht, Baden-Baden 2000
Roth, Frank, Von der Direktvergabe zur Ausschreibung öffentlicher Verkehrsleistungen, NVwZ 2001, 616ff
Ruge, Reinhard, Urteilsanmerkung zu EuGH *Ferring*, EuZW 2002, 50ff

Sabbioni, Paolo, Le service public et l'état de droit en Italie, in: Moderne/Marcou (Hrsg.), L'idée de service public dans le droit des états de l'union européenne, S. 259ff

Sachs, Michael, Grundgesetz, 3. Auflage, München 2003 (zit.: *Bearbeiter*, in: Sachs, GG)
Sánchez Rydelski, Michael, Handbuch EU-Beihilfenrecht, Baden-Baden 2003 (zit.: Hdb. EU-Beihilferecht)
Schebstadt, Arndt, Der Kostenausgleich für Daseinsvorsorgeverpflichtungen in der europäischen Beihilfeaufsicht, DVBl 2004, 737ff
Scheidemann, Dieter, Der Begriff Daseinsvorsorge, Göttingen 1991
Scherer, Josef, Die Wirtschafsverfassung der EWG, Baden-Baden 1970
Schink, Alexander, Öffentliche und private Entsorgung, NVwZ 1997, 435ff
Schmidt, Ingo, Wettbewerbspolitik und Kartellrecht, 5. Auflage, Stuttgart 1996
Schmitt, Carl, Der Hüter der Verfassung, 2. Auflage, Berlin 1969
Schramm, Theodor, Staatsrecht Band I, 4. Auflage, Köln u.a. 1987
Schröter, Helmut/ Jakob, Thinam/ Mederer, Wolfgang (Hrsg.), Kommentar zum Europäischen Wettbewerbsrecht, Baden-Baden 2003 (zit.: *Bearbeiter*, in: Schröter/Jakob/Mederer, Europäisches Wettbewerbsrecht)
Schubert, Thure, Der Gemeinsame Markt als Rechtsbegriff – Die allgemeine Wirtschaftsfreiheit des EG-Vertrages, München 1999
Schütterle, Peter, EG-Beihilfenkontrolle und kommunale Grundstücksverkäufe, EuZW 1993, 625ff
Schwarze, Jürgen
- Das Staatsrecht in Europa, JZ 1993, 585ff
- Das wirtschaftsverfassungsrechtliche Konzept des Verfassungsentwurfs des Europäischen Konvents – zugleich eine Untersuchung der Grundprobleme des europäischen Wirtschaftsrechts, EuZW 2004, 135ff
- (Hrsg.), EU-Kommentar, Baden-Baden 2000
- Europäisches Verwaltungsrecht Band I, Baden-Baden 1988
- (Hrsg.) Daseinsvorsorge im Lichte des Wettbewerbsrechts, Baden-Baden 2001
- Daseinsvorsorge im Lichte des Wettbewerbsrechts, im gleichnamigen Band, herausgegeben von Schwarze, Baden-Baden 2001
- Daseinsvorsorge im Lichte des europäischen Wettbewerbsrechts, EuZW 2001, 334ff
- Europäisches Verwaltungsrecht Band I, Baden-Baden, 1988
- Le service public: l'expérience allemande, in: AJDA Spezialausgabe: Le service public – unité et diversité, 20. Juni 1997, S. 150ff

Schweitzer, Heike, Daseinsvorsorge, „service public", Universaldienst, Baden-Baden 2001/2002
Schweitzer, Michael/ Hummer, Waldemar, Europarecht, 5. Auflage, Neuwied u.a. 1996

Sellmann, Klaus-Albrecht, Anmerkung zu EuGH Altmark Trans, DVBl. 2003, 1211ff

Selmer, Peter/ Gersdorf, Hubertus, Die Finanzierung des Rundfunks in der Bundesrepublik Deutschland auf dem Prüfstand des EG-Beihilfe-regimes, Berlin 1994

Sinnaeve, Adinda, Die Rückforderung gemeinschaftsrechtswidriger nationaler Beihilfen, Berlin 1997

Soltész, Ulrich/ Makowski, Gösta Christian, Die Nichtdurchsetzung von Forderungen der öffentlichen Hand als staatliche Beihilfe i.S. von Art. 87 I EG, EuZW 2003, 73ff

Stein, Ekkehart/ Frank, Götz, Staatsrecht, 18. Auflage, Tübingen 2002

Steiner, Udo (Hrsg.), Besonderes Verwaltungsrecht, 7. Auflage, Heidelberg 2003 (zit.: *Bearbeiter*, in: Steiner (Hrsg.), Besonderes Verwaltungsrecht)

Stengel, Karl, Wörterbuch des Deutschen Staats- und Verwaltungsrechts, Bd. 3, 2. Auflage, Tübingen 1914

Stern, Klaus/ Püttner, Günter, Die Gemeindewirtschaft, Recht und Realität, Stuttgart 1965

Stewing, Clemens, Gasdurchleitungen nach Europäischem Recht, Köln u.a. 1989

Stober, Rolf, Wirtschaftsverwaltungsrecht I, 3. Auflage, Stuttgart u.a. 1984

Stoffaës, Christian, Reprendre l'initiative et forger des alliances, in: Bauby, Pierre/Boual, Jean-Claude (Hrsg.), Les services publics au défi de l'Europe, S. 77ff

Storr, Stefan, Zwischen überkommener Daseinsvorsorge und Diensten von allgemeinem wirtschaftlichem Interesse, DÖV 2002, 357ff

Streinz, Rudolf
- Europarecht, 6. Auflage, Heidelberg 2003
- EUV/EGV, München 2003 (zit.: *Bearbeiter*, in: Streinz, EUV/EGV)

Sydow, Gernot, Strukturen europäischer Planungsverfahren, DÖV 2003, 605ff

Tettinger, Peter
- Dienstleistungen von allgemeinem wirtschaftlichem Interesse in der öffentlichen Versorgungswirtschaft. Entwicklungslinien im primären Gemeinschaftsrecht, in: Cox, Daseinsvorsorge und öffentliche Dienstleistung in der Europäischen Union, S. 97ff
- Für die Versorgungswirtschaft bedeutsame Entwicklungslinien im primären Gemeinschaftsrecht, RdE 1999, 45ff
- Maastricht II – Vertragsergänzung zur Sicherung der Daseinsvorsorge in Europa?, DVBl. 1997, 341ff
- Verfassungsrecht und Wirtschaftsordnung, DVBl. 1999, 679ff

- Zum Thema „Sicherheit“ im Energierecht, RdE 2002, 225ff

Thiemeyer, Theo, Koexistenz von Privatwirtschaft und Gemeinwirtschaft im Rahmen der Marktwirtschaft, in: IFIG (Hrsg.), Perspektiven der öffentlichen Wirtschaft in Europa – Die Aufgaben der öffentlichen Unternehmen im Binnenmarkt, Baden-Baden 1994, S. 25ff

Thiry, Bernard, Öffentliche Dienstleistungen - Konzepte und Realitäten, Cox, Öffentliche Dienstleistungen in der Europäischen: Zum Spannungsfeld zwischen Service Public und Wettbewerbsprinzip, Baden-Baden 1996, S. 29ff

Thyri, Peter, Der Kommissionsvorschlag zur Behandlung von Ausgleichsbeihilfen in der Daseinsvorsorge, EWS 2004, 444ff

Truchet, Didier, Unité et diversité des “grands principes” du service public, in: AJDA, Spezialausgabe: Le service public, unité et diversité, 1997, S. 38ff

von Turegg, Kurt/ Kraus, Erwin, Lehrbuch des Verwaltungsrechts, 4. Auflage, Berlin 1962

Verloren van Themaat, Pieter, Gedanken zur Wettbewerbspolitik im Gemeinsamen Markt, WuW 1963, S. 555ff

Verstrynge, Jean-François, The Obligations of Member States as Regards Competition in the EEC Treaty, in: 1988 Fordham Corp. L. Inst., S. 17-1-17-43

Vlachos, Georges, Fondemants et fonction de la notion de service public, in: Recueil Dalloz 1978, Chronique, S. 257ff

Vogelaar, Floris/ Stuyck, Jules/ van Reeken, Bart, Competition Law in the EU, ist Member States and Switzerland, Deventer 2000 (zit.: *Bearbeiter*, in: Vogelaar/Stuyck/van Reeken, Competition Law)

Vollmer, Lothar, Wirtschaftsverfassung und Wirtschaftspolitik der EG nach „Maastricht“, DB 1993, 25ff

Vygen, Klaus, Öffentliche Unternehmen im Wettbewerbsrecht der EWG, Köln u.a. 1967

Wachinger, Lorenz, Der Marktzugang im straßengebundenen ÖPNV nach dem EuGH-Urteil in der Rechtssache „Altmark Trans“, WiVerw 2004, 27ff

von Wallenberg, Gabriela

- Die Vereinbarkeit der staatlichen Finanzierung öffentlich-rechtlicher Fernsehanstalten mit Art. 92 EGV, in: Gedächtnisschrift für *Eberhard Grabitz*, München 1995

- Anmerkung zu EuGH Altmark Trans, MMR 2004, 88ff

von Weizsäcker, *Carl Christian*, Wettbewerb in Netzen, WuW 1997, 572ff
Werner, *Michael Jürgen*, ÖPNV-Unternehmen im Visier der europäischen Beihilfenaufsicht, ZEUS 2003, 309ff
Werner, *Michael Jürgen*/ *Köster*, *Thomas*, Anmerkung zu EuGH Altmark Trans, EuZW 2003, 503ff
Werner, Michael Jürgen/ *Quante*, *Peter*, Altmark Trans: Wendepunkt im Beihilfenrecht der nationalen Daseinsvorsorge?, ZEuS 2004, 83ff
Wernicke, *Stephan*, Die Wirtschaftsverfassung der Gemeinschaft zwischen gemein-wirtschaftlichen Diensten und Wettbewerb, oder: Wer hat Angst vor Art. 86 II EG?, EuZW 2003, 481
Wiedemann, *Gerhard*, Handbuch des Kartellrechts, München 1999 (zit.: *Bearbeiter*, in: Wiedemann, Hdb. KartellR)
von Wilmowsky, *Peter*, Mit besonderen Aufgaben betraute Unternehmen unter dem EWG-Vertrag, ZHR 155 (1991), 545ff
Winter, *Gerd* (Hrsg.), Die Europäische Gemeinschaft und das Öffentliche, ZERP Diskussionspapier 7/91, Bremen 1991
von Winterfeld, *Achim*, Zur Durchsetzung der Wettbewerbsregeln des EWG-Vertrages durch den EuGH, EuR 1987, 68ff
Wohltmann, *Matthias*, Neue europäische Weichenstellungen zu den rechtlichen Rahmenbedingungen der kommunalen Daseinsvorsorge, Der Landkreis 2003, 746ff
Wolff, *Hans*/ *Bachof*, *Otto*/ *Stober*, *Rolf*, Verwaltungsrecht Band 1, 11. Auflage, München 1999
Wolff, *Winfried*, Allgemeines Verwaltungsrecht, 2. Auflage, Baden-Baden 1991
Wyatt, *Derrick*/ *Dashwood*, *Alan*, European Union Law, 4. Auflage, London 2000 (zit.: *Bearbeiter*, in: Wyatt & Dashwood's, European Union Law)

van Ysendyck, *Anne*/*Zühlke*, *Susanne*, Staatliche Beihilfen und Ausgleich für Leistungen der Daseinsvorsorge, EWS 2004, S. 16ff

Zacher, *Hans*, Aufgaben einer Theorie der Wirtschaftsverfassung, in: FS für *Hans Böhm*, Karlsruhe 1965, S. 63ff
Zeiss, *Christopher*, ÖPNV auf dem Prüfstand – Grundsatzentscheidung des EuGH zu Zuschüssen im Verkehrssektor („Altmark Trans“-Fall), ZfBR 2003, 749ff
Ziller, *Jaques*, Absence et présences de la notion de service public dans le droit des états membres de Benelux, in: Moderne/Marcou (Hrsg.), L'idée de service public dans le droit des états de l'union européenne, S. 193

Zuck, Rüdiger, Aktuelle Probleme der Wirtschaftspolitik und die tragenden Grundsätze der Wirtschaftsverfassung, BB 1967, 805ff

Zuleeg, Manfred, Demokratie und Wirtschaftsverfassung in der Rechtsprechung des Europäischen Gerichtshofs, EuR 1982, 21ff

Europäische Integration
und internationale Wirtschaftsbeziehungen
Rechtswissenschaftliche Studien

Herausgegeben von Peter Behrens

Band 1 Hella Kinder: Die Außenindustriepolitik der Europäischen Gemeinschaft dargestellt am Beispiel von Antidumpingmaßnahmen. 1996.

Band 2 Stefan Flach: Rechtsbindung einer industriepolitischen Instrumentalisierung öffentlicher Aufträge. 1996.

Band 3 Nicolas Baron von Behr: Multinationale Unternehmen und Exportkontrollen. Völkerrechtliche Zulässigkeit und Grenzen extraterritorialer Ausfuhrbeschränkungen. With an English Summary. 1996.

Band 4 Andreas Pense: Die personalistische Eurokapitalgesellschaft als Instrument der Unternehmenskooperation in der EU. Ein Entwurf auf rechtsvergleichender Grundlage. 1997.

Band 5 Marcus Mackensen: Institutionelle Anleger im Unternehmensrecht Deutschlands und der USA. 2000.

Band 6 André Schwanna: Die Gründung von Gesellschaften in Deutschland, Frankreich und Großbritannien. Gemeineuropäische Prinzipien des Gesellschaftsrechts. 2002.

Band 7 Ulfert Frenzel: Die Beurteilung von Forschungs- und Entwicklungskooperationen zwischen Herstellern und Zulieferern in der deutschen Automobilindustrie nach europäischem und deutschem Kartellrecht. 2003.

Band 8 Fabian Stancke: Einstweilige Anordnungen im dezentralen Vollzug des Gemeinschaftsrechts. Einstweilige Anordnungen und die Kohärenz des gemeinschaftlichen Rechtsschutzsystems bei der Anwendung des Gemeinschaftsrechts durch deutsche Verwaltungs- und Zivilgerichte. 2004.

Band 9 Katerina Buchtova: Marktstrukturelle Kriterien bei der kartellrechtlichen Beurteilung vertikaler Bindungen im europäischen und im tschechischen Kartellrecht. 2004.

Band 10 Katja Koch: Handelspräferenzen der Europäischen Gemeinschaft für Entwicklungsländer. Typologie, Konditionierungen, WTO-Konformität. 2004.

Band 11 Julia Richter: Gatekeeper Positionen in der europäischen Fusionskontrolle. Marktabschottungsgefahren bei Zusammenschlüssen im Informations- und Kommunikationssektor. 2004.

Band 12 Ulrike Schmidt-Tiedemann: Geschäftsführung und Vertretung im Gesellschaftsrecht Deutschlands, Frankreichs und Englands. Eine rechtsvergleichende Untersuchung zur Feststellung gemeineuropäischer Prinzipien des Gesellschaftsrechts. 2004.

Band 13 Kerstin Dittmann: Öffnung von Märkten durch kartellrechtlichen Kontrahierungszwang. Eine Analyse von § 20 Abs. 1 GWB und Art. 82 EG unter Berücksichtigung der *essential facilities-doctrine*. 2004.

Band 14 Susanne Wendt: Die Kontrolle der Geschäftsführung in Personen- und Kapitalgesellschaften in Deutschland, Frankreich und England. Eine rechtsvergleichende Untersuchung zur Ermittlung gemeinsamer Prinzipien des Gesellschaftsrechts. 2004.

Band 15 Britta Noack: Industrielle Zulieferverträge und Art. 81 EGV. Unter besonderer Berücksichtigung der Gruppenfreistellungsverordnung 2790/99 für vertikale Vereinbarungen. 2004.

Band 16 Sven Krämer: Der Wechsel von Gesellschaftern bei Personen- und Kapitalgesellschaften in Deutschland, England und Frankreich. Eine rechtsvergleichende Untersuchung zur Ermittlung gemeinsamer gesellschaftsrechtlicher Prinzipien. 2004.

Band 17 Philip Peitsmeyer: Die Vererbung von Gesellschaftsanteilen an Personen- und Kapitalgesellschaften in Deutschland, Frankreich und England. Eine rechtsvergleichende Untersuchung zur Ermittlung gemeinsamer Prinzipien des Gesellschaftsrechts. 2004.

Band 18 Jörg Arzt-Mergemeier: Der gesellschaftsrechliche Minderheitenschutz in Deutschland, England und Frankreich. Eine rechtsvergleichende Untersuchung zu Ermittlung gemeinsamer Prinzipien des europäischen Gesellschaftsrechts. 2006.

Band 19 Christian Rosner: Staatliche Ausgleichsleistungen für gemeinwirtschaftliche Verpflichtungen im Spannungsfeld zwischen Wettbewerb und Daseinsvorsorge. 2006.

www.peterlang.de

FSC
www.fsc.org
MIX
Papier | Fördert
gute Waldnutzung
FSC® C083411

Kolibri 360 GmbH
Ferdinand-Jühlke-Straße 7
99095 Erfurt, Deutschland
produktsicherheit@kolibri360.de

Druck:
CPI Druckdienstleistungen GmbH
im Auftrag der
Kolibri 360 GmbH
Ferdinand-Jühlke-Str. 7
99095 Erfurt